스페인 문화 순례:

세비야에서 산티아고 데 콤포스텔라까지

스페인 문화 순례: 세비야에서 산티아고 데 콤포스텔라까지

초판 1쇄 발행 2013년 8월 20일
초판 7쇄 발행 2021년 4월 30일

엮은이 김창민
펴낸이 오세정
펴낸곳 서울대학교출판문화원

출판등록 제15-3호

주소 08826 서울 관악구 관악로 1
대표전화 02-880-5252 **팩스** 02-889-0785
도서주문 02-889-4424, 02-880-7995
이메일 snubook@snu.ac.kr
홈페이지 www.snupress.com

ISBN 978-89-521-1479-2 03920

스페인 문화 순례

김창민 편

세비야에서
산티아고 데 콤포스텔라까지

서울대학교출판문화원

Cultural Pilgrimage to Spain:
From Seville to Santiago de Compostela

Edited by

Chang-min Kim

Seoul National University Press

| 머리말 |

한 나라를 이해한다는 것이 쉬운 일은 아니다. 한 나라를 잘 이해한다고 여기는 사람들 사이에서도 생각과 입장이 다 다르다. 같은 대한민국의 국민이면서도 대한민국에 대한 이해의 깊이와 생각은 사람마다 다 다를 것이다. 따라서 한 권의 책을 통해 외국을 제대로 이해하려는 시도는 애초부터 무리일 수 있다. 몇십 년 전에 비하면 요즘은 스페인에 대한 책이 많이 나오고 있다. 여행 안내서가 압도적으로 많다. 문학작품을 비롯한 역사, 문화 관련 서적도 간간히 나오고 있다. 그래도 우리 국민이 스페인과 관련된 정보를 가장 많이 얻는 것은 역시 텔레비전을 비롯한 대중매체일 것이다. 이제 스페인은 우리 국민에게 많이 익숙해진 나라다. 일반인에게 스페인은 돈키호테의 나라, 레알 마드리드와 바르셀로나로 대표되는 프리메라리가가 있는 축구의 나라, 플라멩코와 투우의 나라, 산티아고 데 콤포스텔라로

가는 순례길의 나라 정도로 인식되어 있다. 틀린 이미지들이 아니다. 스페인이 그것보다 더 다양한 모습을 지니고 있지만 아쉽게도 우리 국민이 접할 수 있는 기회가 부족했다는 것이다.

내게는 지금도 잊히지 않는 스페인 유학 시절의 몇 가지 장면이 있다. 내가 스페인으로 유학을 간 해는 1989년이었다. 당시 스페인은 보수적인 가톨릭 독재자 프랑코의 36년 장기 독재체제에서 벗어난 지 불과 15년 정도밖에 지나지 않은 시기였다. 급격하지만 순조롭게 민주화와 개방화가 진행되고 있었다. 길거리에서 여성이 담배를 물고 다니는 것이 예사였다. 젊은 남녀가 공공장소에서 부둥켜 안고 진한 애정표현을 하는 장면은 일상적인 거리의 모습이었다. 약간 후미진 곳에서는 동성애자끼리도 애정표현을 하는 장면을 쉽게 목격할 수 있는 시절이었다.

내가 스페인에 도착한 지 며칠 지나지 않은 날이었다. 늦은 밤에 아이가 고열에 복통이 심해 택시를 이용해 가까운 병원 응급실로 갔고, 바로 입원을 하게 되었다. 이틀이 지난 뒤 장염이 가라앉아 퇴원을 하는 데 아직 유학생 신분증도 없고, 의료보험증도 없는 상태였다. 퇴원수속을 하는 데 유학생 신분을 증명할 아무 서류도 없고, 의료보험증도 없다고 하자, 그냥 주소만 대라고 하면서 며칠 뒤 청구서가 집으로 갈 거라고 했다. 뭘 믿고 이렇게 그냥 퇴원을 시켜 주는지 의아했다. 며칠 뒤 유학생 신분에 준하는 소액의 청구서가 집으로 왔다. 정말 신선한 충격이었다. 상당한 신뢰 사회라는 느낌을 받았다.

또 1990년 어느 날, 60세 가까이 되어 보이는 동네 아저씨가 담배를 피면서 지나가는 고등학생을 불러 세우고는 학생이 담배 피면 안 된다고 큰 소리로 나무라는 것이었다. 그 당시 한국에서도 이미 담배 피우는 고등학생이 너무 많고, 그런 불량학생을 나무라다가 봉변을 당하는 일이 잦아 그렇게 용감한(?) 시민이 흔치 않은 시절이라 신선하게 느껴졌다. 당시 스페인은 우리보다 훨씬 개방적인 사회라고 생각했던 터라 그 아저씨의 '무모한' 행동은 더욱 신선하게 다가왔다. 어느 날은 학교를 가다가 미성년자 성폭행 사건에 대한 라디오 대담 프로그램을 듣게 되었다. 전화로 청취자의 의견을 듣는 순서에서 수많은 청취자가 마치 자기 딸이 당한 듯 극단적인 언어를 써 가며 범죄자에 대해 분노를 표현했다. 공분公憤이 살아 있는 사회라는 느낌을 강하게 받았다. 공동체의식이 살아 있는 사회라는 것을 확인하는 순간이었다.

스페인에서는 어디에서나 집시를 볼 수 있다. 50-60만 명이 살고 있다. 서유럽 국가 중 가장 많다. 이베리아 반도에서 500년 이상 함께 살아왔다고 한다. 특히 오늘날 거리에서 꽃을 파는 여성은 거의 집시다. 집시들은 정착 생활에 잘 적응하지 못해 경제적으로 궁핍하고, 범죄에 많이 노출되어 있다. 그래서 스페인 사회에서도 적잖이 멸시를 받는 사람들이다. 유학 당시 일요일 아침마다 아파트 단지에 와서 음악을 틀거나 연주하면서 동냥을 하는 집시 가족이 있었다. 모처럼 휴일에 늦잠을 즐기려는 사람에겐 너무 이른 시간이었다. 더구나 아파트 단지는 울림이 있어 소리가 엄청 크게 들렸다. 하지만 아파트 주민 어느 누구 하나 그 집시 가족을 향해 조용히 하라고 소리 지르는 사람을 보지 못했다. 오히려 꽤 많은 사람이 아파트 아래로 동전을 던져 주었다. 아마 집시들이 우리나라 아파트 단지에서 휴일 아침에 그랬다가는 당장 쫓겨났을 것이다. 약자를 배려하는 사회라는 것을 느낄 수 있는 일상의 풍경이었다.

같은 맥락의 다른 일화가 있다. 우리 아이가 현지 초등학교 1학년에 다닐 때, 당시 스페인에서는 교실 청소를 학생에게 시키지 않고 청소하는 사람을 따로 두었다. 그런데 청소하는 사람들이 임금을 인상해 달라고 파업을 하게 되었다. 그러니 당연히 교실이 하루하루 갈수록 더 더러워졌다. 그렇지만 선생님은 학생에게 청소를 시키지 않고 그 지저분한 교실에서 계속 수업을 한다고 아이에게 들었다. 한국식 사고로는 이해가 되지 않았다. 우리나라처럼 학생과 선생님이 조금만 수고를 하면 금방 해결될 일을 그냥 방치한다니……. 하도 답답해서 이웃 사람에게 이해가 안 된다고 말했다. 그 사람은 오히려 내가 이해가 안 된다는 듯 나를 빤히 쳐다보면서 어깨를

들썩하더니 '아마도 청소부의 권익을 지켜 주기 위해서' 그럴 거라는 대답을 했다. 머리를 한 대 크게 얻어맞은 느낌이었다. 우리식 사고에 빠져 있던 내 자신이 부끄러웠고, 공존의 미덕을 가진 스페인 사회가 부러웠다.

스페인은 바bar가 정말 많은 나라다. 스페인의 일상은 바를 떠나서는 상상할 수 없다. 스페인 바는 술집이라기보다 커피숍이자 간이식당이자 선술집이다. 그래서 도심에는 모퉁이마다, 아니, 한 가게 건너마다 바가 있고, 아파트 건물에도 1층에는 바가 여러 개 있기도 하다. 동네사람들이 아침에는 간단히 아침 식사를 때우는 곳이고, 저녁에는 퇴근길에 가벼운 안주로 포도주나 맥주를 한잔 하는 곳이다. 그러다 보니 동네 이웃끼리 가장 많이 마주치는 곳이고, 축구 경기가 있는 날이면 자기 지역 팀을 함께 응원하는 곳이기도 하다. 바와 관련해서 지금도 잊히지 않는 장면은 아파트 단지 놀이터에서 놀던 아이들이 목이 마르면 서슴없이 옆에 있는 바에 들어가 물을 달라고 하고, 주인은 전혀 귀찮은 표정 없이 아이에게 물잔을 건네는 것이었다. 물론 그 아이들은 자기 부모와 함께 그 바에 자주 들린 적이 있었을지도 모르고, 주인 입장에서는 먼 미래의 고객이라고 생각했을 수도 있다. 하지만, 그것보다는 이웃 간의 유대와 소통, 공동체 의식이 있어서 가능한 일이 아닐까 생각된다.

이제 많은 사람이 알고 있다. 스페인이 유럽과 아프리카의 교차지점이고, 가톨릭 문명과 이슬람 문명이 충돌한 곳이고, 유럽과 라틴아메리카의 연결고리이며, 오랜 세월 지중해 해상세력의 각축장이었다는 것을 말이다. 오랜 세월 동안 이베리아 반도는 그렇게 치열한 생존투쟁의 현장이었지만, 동시에 수많은 민족과 문화가 공존하고 뒤섞여 온, 그야말로 '문명의 샐러드 그릇salad bowl'이자 '문명의 용광로melting pot'였다고 해도 과언이 아닐 것이다. 800여 년 동안 이슬람 지배 아래서 이슬람 교도, 기독교도, 유대교도가 공존하며 살았다. 이질적인 문명이 끊임없이 충돌한 곳에서 어떻게 관용과 배려, 신뢰와 공존의 미덕이 뿌리내릴 수 있었는지 쉽게 이해되지는 않는다. 역설적으로 충돌의 역사를 통해 그런 미덕을 체득한 것일까? '단군

할아버지의 후손'이라고, 단일민족이라고 자랑해 온 우리는 어째서 아직 그러한 모습을 보여 주지 못하고 있을까 하는 생각을 하게 만든다.

1975년, 36년간의 프랑코 장기독재가 끝났다. 좌우 정치세력 간, 지역 간 내란의 상처가 치유되지 않은 상태에서 서로 감정의 상처와 앙금을 딛고 대승적 차원에서 화해를 이루고, 짧은 기간 내에 평화적으로 민주국가로 이행할 수 있었던 것도 결코 쉬운 일은 아니었을 것이다. 또한 이미 오래전에 공화제를 경험한 나라가 20세기 후반에, 더욱이 독재자 프랑코가 기획한 것임에도 불구하고, 입헌군주제를 받아들이고 오늘날까지 40년 가까이 유지하는 것도 스페인적인 관용과 여유를 보는 듯하다.

어떻게 스페인에서 세르반테스, 피카소, 가우디 같은 대가들이 탄생하게 되었을까? 어떻게 오늘날에도 여전히 음악, 미술, 건축 등 모든 예술 분야에서 세계 정상의 수준을 보여 주고 있는 걸까? 스페인이 축구 강국이라는 것은 우리에게 잘 알려져 있다. 그런데 사실, 스페인은 농구, 테니스, 사이클, 자동차경주, 골프 등 거의 모든 스포츠 분야에서도 세계적인 수준에 도달해 있다. 어떻게 그게 가능했을까? '다양성이야말로 스페인 역사의 핵심이다'라는 말이 있다. '다양성' 혹은, 다양성이 낳은 '혼종성'이 그 해답이 아닐까? 스페인 문화의 다양성과 혼종성에서 세르반테스와 피카소, 가우디의 창의성이 생겨나지 않았을까?

우리는 흔히 '스페인 춤' 하면 플라멩코를 떠올린다. 열정과 절제가 어우러져 우리의 한恨과 같은 것이 느껴지게 만드는 춤이다. 하지만 스페인에는 각 지방마다 서로 다른 춤이 있다. 중부지방에는 둘씩 짝을 지어 추는 경쾌한 호타jota가 있고, 카탈루냐에는 여럿이 양손을 잡고 둥글게 서서 경쾌한 발놀림으로 추는 사르다나sardana가 있다. '스페인 축제' 하면 팜플로나, 발렌시아, 세비야의 축제가 우리에게 잘 알려져 있지만, 사실 지역마다 다양한 전통 축제가 있고, 다양한 놀이가 있다. '파에야'와 '타파스'가 스페인 요리의 대명사처럼 우리에게 알려져 있다. 하지만 스페인처럼 음식이 다양하고 풍요로운 나라도 드물 것이다. 스페인은 대서양과 지중해를 양쪽에 끼고 있고, 북쪽에는 많은 산이 있고, 중남부에는 넓은 평원이 펼쳐져 있다. 지중해성 기후, 해양성 기후, 온대 내륙 기후, 아열대 기후에 이르기까지 기후도 다양하다. 그래서 온갖 종류의 음식재료를 구할 수 있다. 기후와 지리 조건에 따라 음식이 지방마다 다양하게 발전해 왔다. 더구나 라틴아메리카의 정복과 여러 동서양 문화와의 교류를 통해서 스페인 음식문화는 더욱 풍요로워졌다. '분자요리'를 창안한 페란 아드리아, 예술과 음식을 접목한 카르멘 루스카예다, 바스크 요리의 대가 후안 마리 아르삭 같은 세계적인 요리사가 스페인에서 배출되고, 동시에 스페인 요리가 오늘날 세계적으로 주목받는 것이 결코 우연이 아니라는 생각이 든다.

스페인이 콜럼버스의 항해를 계기로 대서양을 장악해서 제국을 건설한 해양국가라는 사실은 우리에게 잘 알려져 있지만, 이미 중세에 스페인의 아라곤 왕국이 지중해의 해양제국이었다는 사실은 잘 알려져 있지 않다. 『돈키호테』가 시대착오적이고 무모한 기사 이야기로 잘 알려져 있지만, 17세기 스페인 사회의 시대상을 비판적으로 재현하고, 자유주의 정신을 담아내는 선구적 작품이라는 것은 잘 알려져 있지 않다. 20세기 서구 현대미술에서 스페인의 피카소, 달리, 그리스, 미로 등이 미친 영향이 절대적이라는 사실은 잘 알려져 있지만, 이미 19세기 프랑스 화단에서 스페인의 벨라스케스와 고야에 대한 관심과 존경심이 지대했고, 그 영향을 받았다는 사실은 잘 알려져 있지 않다.

이 책은 우리나라의 일반 대중에게 상식보다는 좀 더 깊은 지식을 전달하고자 기획되었다. 일반 독자가 스페인 문화를 보다 다양한 각도에서 보다 깊이 이해하는 데 도움을 주고자 기획되었다. 스페인 역사를 통해서 문화의 뿌리를 조명하고, 나아가 현재 스페인 사람의 일상을 소개함으로써 스페인 문화를 총체적으로, 생동감 있게 보여 주고자 하였다. 다양한 분야의 전공자가 가능한 평이한 언어를 사용하되 깊이 있는 내용을 전달하려고 노력하였다.

서울대학교 라틴아메리카연구소가 기획한 이 책은 스페인 문화가 지닌 혼종적 특성을 전문가의 상세한 설명을 통해 확인시키고, 혼종이 만들어 내는 아름다운 장관을 함께 경험하는 데 일차적 주안점을 둔다. 이를 통해 개인적으로, 또한 사회적으로 인식의 지평을 넓히고, 우리 문화의 폭을 더욱 확장시킬 수 있는 계기를 마련코자 한다.

우리 연구소는『스페인 문화 순례』를 통해 문화의 가치는 절대적인 것이 아니라 상대적인 것이란 사실을 독자들이 이해하고 육화하는 데 최종적 목표를 둔다. 문화는 그 문화가 탄생하고 성장해 온 사회와 그 구성원들의 인식을 축적해 온 결과물이기에 궁극적으로는 인간이 살아가는 방식이라 할 수 있다. 우리가 문화의 상대성을 인정하고 겸허히 수용한다는 것은 우리와 다른 공간에서 삶을 영위하고 있는 타인의 삶의 방식을 인정하는 것이고, 그들을 존중하고 사랑하는 것이라는 확장된 인식의 지평을 본 도서는 지향하고 있다.

끝으로 이 책은 2008년 정부(교육부)의 재원으로 한국연구재단의 지원을 받아 수행된 연구(NRF-2008-362-B00015)임을 밝히며, 이 책의 출판을 위해 애써 주신 서울대학교출판문화원의 여러 분께 진심으로 감사드린다.

편집자 김창민
서울대학교 라틴아메리카연구소 소장

| 차례 |

혼종성,
이베리아 반도의 원형질

최해성

에스파냐, 에스파냐, 에스파냐.
이천 년의 역사는 아직도 너를 다 완성시키지 못했구나.
(……)
더욱 아름다운 미래, 밝게 타오르는 에스파냐,
너의 사람들 속에서 광활한 너의 삶, 영원한 너의 자유.
-에우헤니오 데 노라, <에스파냐, 삶의 열정> 중에서-

1. 동서고금을 막론한 '스페인 열병'

낭만주의의 열기가 유럽을 휩쓸던 19세기, 유럽에는 일종의 '스페인 열병'이 유행했다. 형식과 규범에 얽매이기를 거부하며, 정열과 감성으로 새로운 이상향을 표현하고자 했던 많은 작가와 예술가들은 신비롭고 비이성적이며 비非유럽적 문화가 녹아 있는 스페인으로 시선을 돌렸다. 강렬한 태양, 애절한 듯 격정을 토해 내는 플라멩코의 선율, 화려한 장식의 이슬람식 건축물, 자존심 강하면서도 이방인에게 쉽게 마음을 여는 국민성…… 이러한 매력들은 여행객의 발길을 끌어당겼고, 바이런, 슐레겔, 위고, 메리메 등 위대한 작가들의 펜에 활력을 불어넣었다. 뿐만 아니라, 리스트, 비제, 쇼팽, 베르디, 드뷔시, 라벨, 림스키-코르사코프 등 당대 내로라하는 음악가들은 경쟁하듯 스페인이라는 이름을 붙인 작품들을 내놓았다.[1] 이들에게 이베리아란 이질적인 문화가 섞여 있으면서도 거북하지 않게 녹아 있는 곳, 억눌린 인간의 본성이 풀려 나고 잠자던 상상력이 깨어나는 대지였다. 그로부터 두 세기가 지난 지금, 전 세계에서 매년 6,000만 명이 넘는 관광객들이 또 다른 '낭만주의자'를 꿈꾸며 이베리아 반도를 찾는다. 특히 이들의 85퍼센트는 두 번 이상 스페인을 방문했고, 무려 열 번 넘게 방문한 사람들도 40퍼센트에 이른다고 하니, 한번 걸린 스페인의 마력은 쉽게 풀리지 않는 것 같다.

그렇다면 이런 스페인의 흡인력은 대체 어디서 나오는 것일까. 한 작가는 스페인이라는 나라의 근원에는 두 가지 불변의 원칙이 있다는 말로 그 힌트를 제공한다. 첫째, 스페인에는 상투적인 이미지와 그것에 반대되는 이미지가 함께 들어 있다. 둘째, 스페인의 예술적 감성에서 드러나듯 그들에게는 주변적인 것, 왜곡된 것, 배제된 것을 예술적 실재로 통합시키는 능력이 있다.[2] 결국 너무 흔한 표현이지만, '다양성이야말로 스페인 역사의 핵심'이라는 어느 역사가의 확신에서 하나의 답을 찾을 수 있다(카 외, 2006: 11). 하지만 이러한 특징에도 불구하고 스페인에 대한 강력한 고정관념들이 그 외의 모습을 그늘지게 한다. 남부 안달루시아에 긴박감 넘치는 플라멩코가 있다면, 북부에는 차분하고 서정적인 켈트 음악이 있다. 격렬한 몸짓의 플라멩코 춤사위 너머로, 둘씩 짝을 지어 경쾌하게 춤을 추는 중부지역의 호타jota나 우리의 강강술래를 연상시키는 카탈루냐의 사르다나sardana를 볼 수도 있다.

콜럼버스 항해 이후 세계 대제국의 건설에 앞장선 왕국이 카스티야라면, 그보다 앞선 중세시대에 나폴리, 시칠리아, 그리스의 일부를 장악하며 지

1 일부 작품만 간단히 소개하면, 리스트의 '스페인 광시곡', 비제의 '스페인 세레나데' 및 '카르멘', 라벨의 '스페인 광시곡', 드뷔시의 '이베리아', 랄로의 '스페인 교향곡', 쇼팽의 '볼레로' 및 '마주르카', 림스키-코르사코프의 '스페인 기상곡' 등을 들 수 있다.

2 Fuentes(1992: 16-17). 이 책은 스페인과 중남미의 역사를 함께 다루고 있지만, 국내에서는 『라틴아메리카의 역사』라는 제목으로 번역, 출간되었다.

중해 해상 제국으로 떠오른 것은 아라곤 왕국이었다. 이베리아 반도가 오랜 기간 이슬람의 지배를 받은 것은 잘 알려져 있지만, 그 속에서 기독교도, 이슬람 교도, 유대인들이 공존하여 살았고, 아랍 어로 된 고대 그리스 고전들을 라틴 어로 재번역하여 유럽으로 건네준 사실은 잘 언급되지 않는다. 이제 그늘에 가려진 스페인의 진면목을 이해하기 위해, 스페인 문화의 원형질을 찾아 세월의 흐름을 거슬러 떠나 보자.

2. '문명의 교차로'에 위치한 대륙의 축소판

더 이상 나아갈 수 없는non plus ultra 구세계의 극지점, 지중해의 서단西端, 유럽 대륙의 '땅끝Finisterre' 등 다양한 수식어로 표현되는 이베리아 반도는 유럽 중앙부를 기준으로 볼 때면 늘 주변적이고 고립적인 존재로 인식되어 왔다. 게다가 유럽으로 향한 북쪽 면도 절반 이상이 해안으로 이루어져

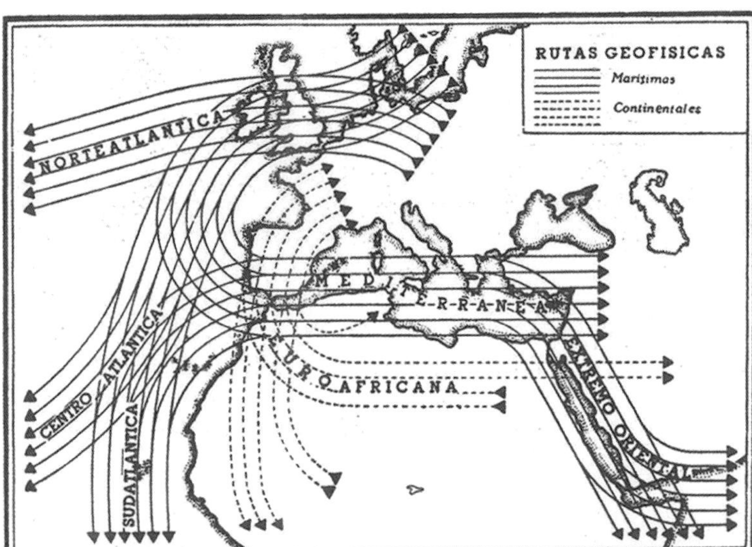

이베리아 반도의 지정학적, 지문화적地文化的 위치(비센스-비베스)

이베리아 반도의 지형도

'4면'이 바다로 둘러싸였고, 프랑스와 맞닿은 좁은 육로마저 피레네 산맥으로 차단되어 있어 '반도peninsula'라는 어원적 의미에 가장 가까운, 즉 '거의pene' '섬insula'이나 다름없는 곳이다. 하지만 관점을 약간만 바꾸면 동서로 지중해와 대서양문명이 만나고 남북으로 유럽과 아프리카가 접하는 문명의 교차로임을 알 수 있다. 이러한 지문화적 위치로 인해, 이베리아 반도에는 예로부터 이베로 족, 켈트 족 등의 토착문화 위에 그리스, 페니키아, 카르타고, 로마, 아랍 등 다양한 이민족의 문화가 더해져 스페인만의 독특한 정체성을 형성했다.

그러나 스페인 문화의 다양성이 외적 요인에 의해서만 이루어진 것은 아니다. 스페인 내부의 독특한 지리적 환경 또한 적지 않은 영향을 미쳤다. 이베리아 반도 내부로 눈을 돌리면 산맥으로 둘러싸인 중부지역의 거대한 고원이 눈에 들어온다. 메세타라 불리는 이 고원 한가운데 자리 잡은 마드리드는, 피레네 산맥의 안도라를 제외하면 유럽에서 가장 높은 곳에 위치한 수도다(해발 655미터). 또한 메세타의 광활한 넓이로 인해 해발 400미터 이상의 토지가 전 국토의 73퍼센트에 달하는 스페인은 산악국가인 스위스 다음으로 평균고도가 높은 국가다. 한편, 해안지대에 형성된 평원과 중앙 메세타는 산맥으로 단절되어 있어 원활한 소통이 이루어지기 매우 어려운 구조다. 지역별로 고립된 이러한 지리적 환경은 각 지역의 독자적인 문화와 언어가 발달하고, 지역 민족주의가 쉽게 뿌리내리는 요인이 된다.

스페인에 나타나는 기후환경의 다양성도 눈여겨볼 만하다. 남부 안달루시아 지방은 사하라 지대에서 불어오는 바람의 영향으로 덥고 건조한 기후가 주를 이루며, 일부 지역에는 사막지대처럼 매우 건조한 기후가 존재한다. 스페인의 지방도로를 달리다 보면 척박한 대지에 잘 자라는 올리브가 끝없이 펼쳐진 광경을 쉽게 목격할 수 있다. 그와는 대조적으로, 북부와 중북부지방은 피레네 산맥 북쪽에서 남하하는 찬 공기에 덮여 혹독한 겨울을 보내야 한다. 한편, 카탈루냐, 발렌시아 등 동부 지방은 온화한 지중해성 기후의 혜택을 누리고 있으며, 대서양에 접한 북서부 갈리시아 지방은 풍부한 강우량과 녹음 짙은 아름다운 풍광을 자랑한다.

이렇듯 변화무쌍한 모습들을 볼 때, 스페인은 하나의 국가라기보다는 차라리 '작은 대륙'이라 부르는 편이 더 어울릴 듯하다. 종종 '스페인' 대신 '스페인들Spains'이라는 표현이 사용되거나, 스페인 문화를 다루는 글에 지리적 특성이 언급되는 연유도 여기에 있지 않을까.[3]

3. 문화 교류 속에 탄생한 초기 문명, 타르테소스

유럽에서 가장 먼저 인류가 살기 시작한 곳은 이베리아 반도였다. 고고학의 보고寶庫라 불리는 스페인 중북부 아타푸에르카 유적에서는 인류의 가장 오래된 조상의 하나인 호모 안테케소르(약 80~100만 년 전)의 유골을 비롯해 다양한 초기 인류의 유물이 대량으로 발굴되었다. 그러나 무엇보다 선사시대를 대표하는 가장 유명한 유적은 알타미라의 동굴화일 것이다. 지금부터

3 Vilar(1977: 1-2); 카(2006: 11-15) 참조.

약 1만 5,000년 전인 후기 구석기 마들렌 문화에 해당하는 이 그림들 속에는 소와 말, 사슴과 멧돼지 등이 매우 생동감 있게 표현되어 있다. 당시의 위대한 예술가들은 마치 서양화를 그리듯 동굴 천정에 밑그림을 그린 후 두 가지 이상의 색을 입혀 작품을 완성하였다. 우리를 더욱 놀라게 하는 것은 섬세한 표현을 위해 동물의 깃털이나 가죽을 이용하고, 볼록하게 튀어나온 표면을 활용하여 입체효과까지 거두었다는 점이다. 한편, 신석기 시대 북유럽에서 확산되어 들어온 거석문화, 청동기시대 미케네에서 유입된 도자기 등은 이베리아 반도가 일찍부터 문화의 교류터였음을 보여 준다.

이베리아 반도의 이러한 특징은 초기 정착민의 형성과정에서도 찾아볼 수 있다. 역사의 기록에 나타나는 가장 오래된 민족은 반도 남부와 레반테 지역에 거주한 '이베리아 인(또는 이베로 족)'이었다. 고대 그리스의 문헌에도 등장하는 이들은 북아프리카에서 이주했을 가능성이 높으며, 독자적인 언어체계와 '바사의 부인Dama de Baza'과 같은 뛰어난 예술품들을 남겼다. 반면, 반도 북서부에는 피레네 산맥 북쪽에서 내려온 켈트 인들이 자리를 잡고 남부로 세력을 확산하였다. 남동부의 이베로 족과 북서부의 켈트 족이 서로 만나는 중앙 메세타 지역에는 두 민족의 혼혈 형태인 켈티베리아(셀티베로) 인들이 거주했다. 이베리아 반도 선주민先住民의 중추가 되는 켈티베리아 인이 북아프리카 계와 유럽 계가 만나 이루어졌다는 사실은 이후의 역사에서 지속적으로 일어나는 광범위한 인종적, 문화적 혼종을 예고하는 듯하다.

한편, 일부 학자들이 사라진 이상향 '아틀란티스'라고 추정하는 고도로 발전된 문명이 반도 남서부에 등장한다. 그것은 바로 선주민과 이민족 간의 활발한 문화 교류에 의해 개화된 '타르테소스Tartesos' 문화다. 기원전 8세기 무렵, 그리스, 페니키아 등 지중해 동부의 여러 민족들이 교역을 위해 이베리아 반도를 방문하기 시작했다. 그중에서 특히 페니키아 인들의 영향이 지대하였는데, 이들은 반도 남부에 서유럽 최초의 도시 카디스를 건설하고 현지주민들과 적극적인 교류를 펼쳤다. 평화로운 두 문화 간의 소통

타르테소스 문화의 발상지 및 확산 영역

은 곧 이베리아 반도 최초의 수준 높은 문명 타르테소스를 탄생시켰다. 과달키비르 강 하구(오늘날 세비야, 우엘바 지역)의 풍부한 광물 및 수산 자원을 기반으로 하고 그 위에 페니키아 인들의 높은 기술력이 더해져 발전한 타르테소스 문화는 곧 안달루시아 전역으로 퍼져 나갔고, 그리스 역사서에 풍요로운 낙원으로 묘사될 정도로 번영하였다.[4] 고대 그리스 인들도 기원전 7세기경에는 타르테소스와 교역을 시작한다. 이들은 남프랑스에 식민도시 마르세유를 건설한 후, 카탈루냐 북부 해안에 엠포리온(현재의 암푸리아스)을 건설하여, 그리스 문물의 유통 항구로 이용하였다. 반도 곳곳에서 그리스 도자기와 화폐가 많이 출토되는 것으로 보아 이들의 문화적 영향력도 적지 않았음을 알 수 있다. 그러나 페니키아가 쇠퇴한 후 그 뒤를 이은 카르타고는 기원전 540년경 지브롤터 해협을 장악하고, 그리스 인들을 이베리아 반도 교역에서 몰아낸다. 이후 로마의 등장까지 타르테소스를 포함한 서지중해 지역의 교역은 카르타고가 독점하였다.

기원전 3세기에 접어들면 이러한 지중해의 패권구도에 지각변동이 일어나고, 그와 더불어 이베리아 반도도 새로운 국면을 맞게 된다. 지중해의 새로운 강자로 떠오른 로마와 카르타고 사이에 제1차 포에니전쟁(BC 264~241)이 일어난 것이다. 전쟁에 패한 카르타고는 곧바로 시선을 이베리아 반도로 돌려, 물자가 풍부한 남부지방을 적극적으로 관리하기 시작했다. 특히 이들은 지중해 연안의 한 도시에 이 지역의 중심수도를 건설하고 '카르타

4 유명한 헤로도투스의 『역사』에는 대단히 풍요로웠던 타르테소스 왕국과 100년 넘게 그곳을 통치했다는 아르간토니오스 왕에 대한 기록이 나온다. 또한 플라톤은 『대화편: 티마이오스』에서 아틀란티스는 '헤라클레스의 기둥', 즉 지브롤터 해협 너머에 있다고 언급하였는데, 20세기 초 아돌프 슐텐Adolf Schulten을 비롯한 일군의 학자들은 그 위치가 타르테소스에 해당된다고 주장하였다.

카르타고와 로마의 대치

고노바Cartago Nova', 즉 '새로운 카르타고'라 명명한다(오늘날의 카르타헤나). 로마 사료에 따르면 카르타고의 한니발 장군은 스페인 남부 광산에서 상당한 양의 은을 거둬들인 것으로 보인다. 얼마 지나지 않아 카르타고노바는 카르타고와 로마의 영향권을 나누는 경계 역할을 하게 된다.

하지만 양측의 평화는 오래가지 않았다. 카르타고노바 북쪽에 위치한 로마의 동맹도시 사군툼(오늘날 사군토)에 한니발이 개입하자 로마는 즉각적인 철수를 주장하였고, 이것이 곧 제2차 포에니전쟁으로 비화하였다. 한니발 장군이 군대를 이끌고 알프스를 넘어 이탈리아로 진격할 즈음, 스페인에는 로마 군이 상륙하였다. 수년간의 전투 끝에 스키피오 아프리카누스 장군이 이끄는 로마 군이 카르타헤나를 점령하면서 이베리아 반도에서 카르타고의 시대는 막을 내린다(BC 206년).

4. 로마의 창작물, '히스파니아'의 탄생

지중해 맹주들 간에 펼쳐진 두 번째 대결은 이베리아 반도의 지정학적 중요성을 보여 주는 일대사건이었다. 그 후 서기 5세기까지 약 700년간 이베리아 반도를 지배한 로마 인들은 단지 영토의 점령에 머물지 않고, 자신들의 언어, 법령, 종교, 예술, 문화, 나아가 정치, 사회제도까지 이식하려 하였다. 그러므로 당시 로마화는 문명화와 같은 의미였으며, 이베리아 반도의 로마 세계 편입은 오늘날 스페인의 원형原型을 만드는 중대한 전환점이기도 했다.

그러나 이베리아 반도 주민들이 처음부터 로마의 지배를 환영한 것은 아니었다. 그들은 포에니전쟁의 종료와 함께 로마 군도 곧 철수하리라 믿었지만, 로마의 입장에서 이베리아는 쉽게 단념할 수 없는 자원의 보고였다. 로마는 곧 이베리아 반도의 지중해 연안 지역을 두 개의 행정구역(히스파니아 키테리오르, 히스파니아 울테리오르)으로 나누어 지배하기 시작했다. 이제 전쟁은 선주민들의 저항과 로마 군의 진압이라는 또 다른 형태로 지속되어, 복속이 완료되기까지 200년의 시간이 소요되었다. 10년이 채 걸리지 않은 카이사르의 갈리아 정복과 비교하면, 선주민들의 저항이 얼마나 치열하였는지 알 수 있다. 특히 막강한 로마 군을 상대로 20년이나 지속된 누만시아 Numancia의 항전은 켈티베리아 인의 용맹심을 상징하는 역사가 되었다. 모든 공격이 무위로 돌아가자 로마 군은 최후의 수단으로 도시 봉쇄 작전을 펼쳤고, 외부로부터 식량을 공급받지 못한 누만시아 시민들은 항복 대신 자살의 길을 선택했다(BC 133년). 로마의 역사가 유스티누스는 누만시아의 군사지휘관 비리아토를 '스페인 민족 중에서 가장 훌륭한 군인'이라 묘사했으며, 또 다른 역사가 아피아누스는 누만시아의 종말을 카르타고의 함락과 같은 비중으로

로마 정복 초기의 행정체제

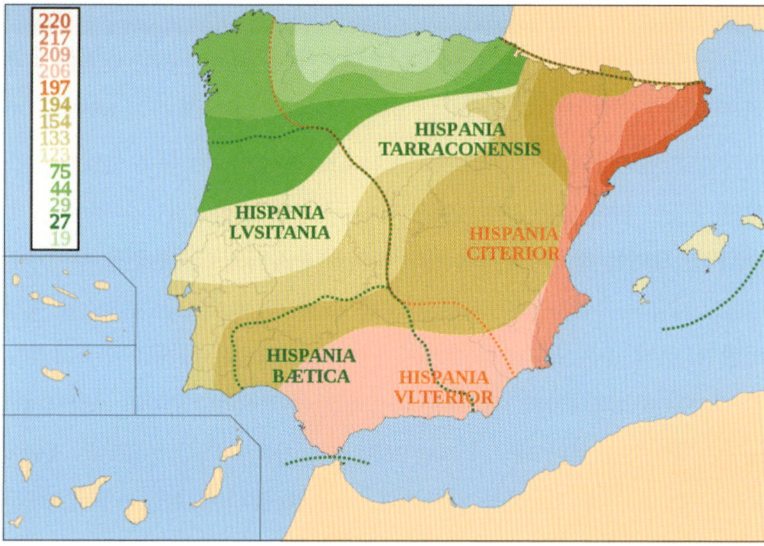

로마의 정복과정(위의 연도는 기원전)

다루어 로마 인들이 느낀 중압감을 짐작케 하였다. 하지만 누만시아의 패배 이후 스페인의 저항은 눈에 띄게 약화되었다. 히스파니아 총독으로 부임한 카이사르(BC 61~60년)에게 부와 권력을 획득하는 기회의 땅이 되었던 이베리아는, 로마 제국 초대 황제 아우구스투스 시기에 완전히 복속되고 만다(BC 19년).

히스파니아의 로마화는 아우구스투스 황제의 '팍스 로마나Pax Romana'와 함께 속도를 더했다. 로마 제국의 일부가 됨으로써, 다양한 민족이 흩어져 살던 이베리아에 처음으로 '히스파니아'라는 하나의 지역적 개념이 탄생했다. 이러한 행정적인 통일은 로마법이 도입되어 제도적으로 더욱 충실해졌고, 라틴 어 사용이 확대되면서 언어와 민족이 다른 스페인 인들 사이에 일체감이 형성되었다. 또한 로마 인들의 뛰어난 도로·건축 기술 앞에 해안과 내륙을 가로막은 산맥들은 더 이상 소통의 장애물이 되지 못했다. 따라서 오늘날의 스페인은 로마의 창작물이라 해도 과언이 아니다. 심지어 일부 역사학자들은 스페인의 역사는 로마 시대에 비로소 시작되었다고 주장하기도 한다.

한편, 히스파니아의 로마화는 도시를 중심으로 전개되었다. 교통의 요충지에는 새로운 도시들이 세워지고, 기존 도시들은 아름다운 건축물들로 장식되었다. 메리다의 원형극장, 세고비아 수로교(로마 수로교) 등 오늘날까지 스페인 곳곳에 남아 있는 유적들에서 당시 로마 문화력의 일단을 엿볼 수 있다. 또한 로마는 히스파니아의 여러 지역에 순차적으로 시민권을 부여하였다. 각 지방의 유력자들은 라티푼디움을 소유하면서 새로운 지배층을 형성하였고, 품질 좋은 올리브나 포도를 재배하여 지중해 세계로 수출하였다. 한 작가는 히스파니아의 로마화를 다음과 같이 평했다. "로마의 곡창지대인 이베리아 반도는 로마 제국이 지닌 모든 영토 가운데 가장 풍요로운 지방이었을 것이다. 스페인은 충분히 로마화되었고 또 로마에 충성스러웠기 때문에 단지 상징적인 차원에서 하나의 군대만 주둔해도 충분할 정도였다."

이제 로마와 일체가 된 히스파니아는 제국의 중앙무대에서 활약할 유능한 인물들을 배출한다. 네로의 스승으로 유명한 스토아 학파 철학자 세네카, 그리고 그의 조카이면서 다재다능한 시인으로 알려진 루카누스는 모두 코르도바 출신이었다. 수사학의 대부라 일컬어진 퀸틸리아누스, 풍자시인 마르티알리스 등 뛰어난 문인들도 로마 문학의 발전에 크게 기여했다. 뿐만이 아니라 히스파니아 출신의 황제들도 등장한다. 예를 들면, 로마의 태평성대를 이끈 오현제 중 3명의 황제가 이베리아계 가문이었는데, 속주 출신으로는 최초로 황제에 오르는 트라야누스, 그의 조카 하드리아누스, 철인哲人황제 마르쿠스 아우렐리우스가 이에 해당한다. 그 밖에 동·서로 분리된 로마 제국을 통합하여 통치한 마지막 황제 테오도시우스도 히스파니아 태생이었다. '대제大帝'라는 칭호를 받은 그는 특히 기독교를 로마의 국교로 선포한 것으로 잘 알려져 있다. 로마의 일부가 된 히스파니아에 기독교가 처음 들어간 것은 서기 1세기의 일이며, 3세기 무렵에는 히스파니아 전역으로 넓혀진다. 그 후 로마 가톨릭 교회는 로마 제국의 붕괴, 서고트 족의 유입, 이슬람의 지배를 뛰어넘어 스페인에 깊게 뿌리를 내린다.

로마 제국이 위기를 맞는 5세기, 스페인은 제국의 다른 지역들과 유사한 환경에 처하게 된다. 게르만 족의 이베리아 반도 침입과 그에 따른 사회적 변화였다. 게르만 족 중에서 가장 먼저 이베리아 반도로 이동한 것은 알란 족, 수에비 족, 반달 족이었지만, 반도에 완전히 정착하여 새로운 국가를 건설한 민족은 마지막으로 들어온 서고트 족이었다. 갈리아 지방에서 어느 정도 로마 문명을 접한 서고트 족은 초기의 혼란을 극복하고 톨레도를 도읍으로 한 왕국을 수립한다. 이 왕국은 스페인 역사상 최초의 통일된 '독립' 국가라는 중대한 정치적 의미를 지닌다. 물론 최초의 통일된 행정단위는 히스파니아였지만 로마의 속주라는 한계가 있었다. 이러한 의미에서, 훗날 이베리아 반도가 이슬람 인들에게 점령되었을 때, 기독교인들은 자신들이 회복해야 할 나라는 서고트 왕국이라고 분명하게 인식한다.

7세기 전후 안정기에 접어든 서고트 사회에서 로마 인과 고트 인은 더 이상 서로 구별이 어려울 정도로 인종적 · 문화적 결합을 이루었다. 또한 서고트의 가장 위대한 지식인이라 추앙받는 세비야 주교 이시도로가 활약한 시기도 이 무렵이었다. 그가 남긴 방대한 저술 중에서 특히 20권으로 된 『어원학*Etymologiae*』은 당대의 지식을 집대성한 백과사전식 전서로서, 서고트 왕국은 물론 유럽 전역에서 널리 읽혔으며, 서양 중세시대 수백 년간 필수불가결한 참고문헌이 되었다.

하지만 7세기 말 서고트 왕국은 정치적 · 사회적 갈등으로 치유하기 힘든 분열이 일어났고, 이 내분이 지브롤터 너머의 이슬람 인들을 끌어들이는 계기가 되었다. 게다가 서고트 왕국 내에서 박해받던 유대인들도 유대교에 관대한 이슬람 세력의 침입을 크게 환영하였다. 중세의 문턱에서 스페인은 지금까지와는 전혀 다른, 더욱 복잡하고 경이로운 시대를 맞게 된다.

5. 중세 스페인에 새겨진 '콘비벤시아(공존)'의 전통

잘 알려진 바와 같이, 이베리아 반도는 이슬람 인들이 지브롤터 해협을 건너 들어온 711년부터 마지막 왕국 그라나다가 몰락하는 1492년까지 약 800년간 이슬람 세력의 지배와 영향을 받았다. 사실 이슬람 인들의 이베리아 반도 진출은 그리 놀라운 일이 아니었다. 630년대에 시작된 이슬람 세력의 확장은 당시에 이미 이집트를 지나 북아프리카에까지 도달해 있었으며, 어떤 의미에서 이베리아 반도 원정은 그러한 세력팽창의 연장이었다. 하지만 이들을 이베리아 반도로 불러들인 직접적인 계기는 앞서 언급한 서고트 왕국의 내분이었다. 710년 새로운 왕 로드리고가 즉위하자, 그에 반대하는 세력이 북아프리카의 이슬람 인들에게 지원을 요청하였고, 이에 응하여 이슬람 군의 이베리아 공략이 시작되었다.[5] 이들은 별다른 저항을 받지 않은 채 북진을 계속하여 713년에는 수도 톨레도에 입성하고, 716년경에는 스페인 영토의 대부분을 점령한다. 광활한 이슬람 제국의 한 속주가 된 스페인은 이제 아랍 어로 '알-안달루스'라 불리게 되었다.

1) 메트로폴리탄 코르도바의 번영

초기 이슬람 인들의 지배는 서고트 족의 경우와 마찬가지로 군사적으로 강력한 소수의 이민족이 다수의 토착민을 지배하는 형태였다. 따라서 원래의 주민들을 철저히 제압하기보다는 토착문화를 인정하고 기존의 계급 질서를 유지한 채, 최고 지배층으로 군림하는 전략을 사용하였다. 물론 이슬람 인들을 피해 북부로 도피하거나 전투에서 패하여 포로나 노예로 전락하는 사례도 있었지만, 대부분의 주민들은 신분, 재산은 물론 이슬람 이외의 신앙까지도 보장을 받았다. 그러나 시간이 흐르면서 이슬람으로 개종하는 수

---

5 서고트의 지원 요청을 받은 북아프리카 총독 무사 이븐 누사이르Musa Ibn Nusair는 처음에 부하 장수 타리크 이븐 지야드를 파견하였는데, 오늘날 지브롤터란 지명은 그의 이름을 딴 '자발 알 타리크(타리크의 산)'에서 유래된 것이다.

가 계속 늘어났다. 이슬람으로 개종한 기독교인들을 물라디muladí 또는 무왈라드muwallad, 이슬람 지역에 거주하면서도 기독교를 고수한 이들을 '모사라베mozárabe'라 불렀는데, 이러한 구분은 이슬람 교도와 비이슬람 교도 간에 차별이 존재하였음을 의미한다. 비이슬람 교도들은 다양한 세금을 납부하거나 신분적 불이익을 받아야 했지만, 그 차별의 정도는 종교적 신념을 지키기 위해 충분히 감내할 수 있는 수준이었을 것으로 보인다. 이는 모사라베들이 문학, 예술, 건축 등 다양한 분야에서 크게 활약한 사실에서도 확인할 수 있다.

이렇게 타종교에 일정 수준의 관용을 베풀고, 개종 여부에 따라 차등을 두는 관습은 기독교지역에서도 나타난다. 10세기 중반 이후 기독교인들이 남하하면서 이슬람 지역을 재정복했을 때, 기독교로 개종한 사람들을 '모리스코morisco', 기독교 문화는 받아들이지만 이슬람교를 견지한 이들을 '무데하르mudéjar'라 불렀다. 이교도에 대한 관용과 개방성은 중세 초·중기 이베리아 반도에 나타나는 매우 중요한 특징이라 하겠다.

한편, 초기 알-안달루스의 상황을 결정적으로 변화시킨 사건이 756년에 발생했다. 다마스쿠스를 중심으로 대제국을 건설한 우마이야 왕조가 압바스 가家에게 멸망되었을 때, 학살을 피해 도주한 우마이야의 일족 압둘 라흐만(압데라만)이 이베리아 반도에 들어와 독립 왕국(후기 우마이야 왕조)을 건설하고 스스로 압둘 라흐만 1세라 칭하였다.[6] 자연스럽게 바그다드와 경쟁관계에 놓인 왕조는 그 후 약 250년 동안 세계에서 유래를 찾기 어려울 정도의 문화 대국을 건설하였고, 수도 코르도바를 유럽 최대의 도시로 성장시켰다. 당시 런던, 파리 등 유럽 주요 도시들의 인구가 채 3만을 넘지 못하던 시기에, 코르도바에는 12만 호의 주택에 약 50만의 주민이 거주하였고,

6 압데라만의 활약상은 『롤랑의 노래』의 배경을 이루기도 한다. 압데라만은 왕조 수립 초기에 여러 저항세력들의 반란에 맞서야 했는데, 그 세력 중 하나가 프랑크 왕국에 지원을 요청하여 카롤루스(샤를마뉴) 군의 개입을 불러왔다. 하지만 프랑크 군은 사라고사 정복에 실패하고 후퇴하던 도중 바스크 인들의 습격을 받게 되고, 후위 부대를 지휘하던 롤랑은 장렬히 전사한다. 그의 용맹함은 『롤랑의 노래』를 통해 전설이 되었다.

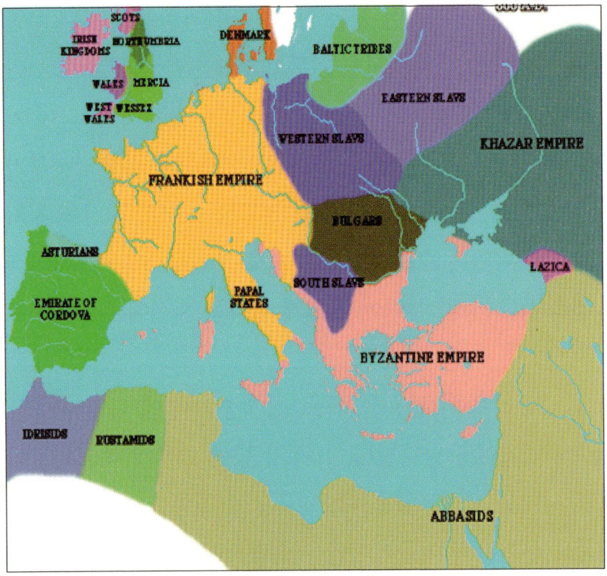

이슬람 제국에서 독립한 코르도바 왕국

700개의 메스키타(모스크), 900개의 공중목욕탕, 50개의 병원, 70개의 도서관 등 각종 시설들이 갖추어져 있었다. 특히 문화 강국답게 왕립도서관에는 약 40만 권의 도서가 소장되어 있었는데, 이는 당시 프랑스 전체의 도서를 모두 합친 것보다 많은 수였다. 유럽에서 유일하게 포장도로와 가로등을 볼 수 있는 곳도 코르도바였다.

그러나 이러한 외형적 화려함보다 더 중요한 것은 코르도바 왕국이 다양한 학문의 발전을 이끈 중세 유럽 문화의 중심지였다는 점이다. 타종교, 타문화에 개방적이었던 이슬람 인들은 '요람에서 무덤까지 지식을 구하라'는 가르침에 따라 새로운 문물의 습득에도 매우 적극적이었다. 그 결과 중세 이슬람 스페인에서는 철학, 논리학, 수학, 의학, 기하학, 지리학 등 다방면에 걸쳐 뛰어난 인물들이 배출되었다. 아리스토텔레스 철학의 권위자로서 중세 유럽 철학에 결정적인 영향을 미친 아베로에스(이븐 루슈드), 중세시대 최고의 외과의사 아불카심 알자흐라위, 안경을 고안하고 라이트 형제보다 1,000년을 앞서 비행 실험에 도전한 광학과 천문학의 대가 이븐 피르나

코르도바에 세워진 아베로에스 동상

스, 당대 가장 뛰어난 지리서를 남긴 이븐 사이드, 유럽 최초로 음악학교를 세워 음악발전에 기여하고, 보건, 장식, 의상 등에도 깊은 조예를 지녔던 지르얍 등 일일이 열거하기 어려울 정도다. 이제 코르도바는 신학문의 중심지가 되었고, 새로운 지식을 찾아 유럽 전역에서 모여든 유학생과 학자들로 늘 붐볐다. 이슬람 인들의 문명사적 공헌은 고대 그리스·로마의 학문을 아랍어로 번역, 보존하였을 뿐만 아니라, 그를 더욱 발전시켜 고전을 잊고 지내던 유럽으로 재전달했다는 점이다. 이러한 노력은 12~13세기 서유럽에 지적 자극이 되어 라틴 기독교 세계의 근대 과학을 싹트게 하였으며, 나아가 르네상스의 태동에 밑거름이 되었다.

2) 레콩키스타, 정체성 회복을 위한 기나긴 도전

8세기 초 이슬람 인들이 이베리아 반도를 대부분을 점령하였을 때, 반도 북부의 극히 일부 지역만이 그들의 지배권에서 벗어나 있었다. 잃어버린 서고트왕국을 회복하려는 기독교인들의 저항은 바로 이곳에서 시작되었다. 로마, 서고트 시대를 지나면서도 정체성을 줄곧 유지해 온 바스크 인과 산악지대의 아스투리아스 및 칸타브리아 인들이, 이슬람 지배를 피해 이주한 서고트 인들과 함께 '국토회복전쟁Reconquista'을 추진하였다. 본래 레콩키스타는 군사적인 의미가 강하며, 회복된 영토에 주민을 이주시키는 사회적 의미의 재입식再入植, repoblación과 영토 재분배repartimiento[7] 과정이 그 뒤를 따랐다.

7 라틴아메리카에서는 '레파르티미엔토' 제도가 노동력의 할당, 재배치와 관련이 있지만, 중세 스페인에서 이 제도는 토지의 할당, 재배치와 관련이 깊다.

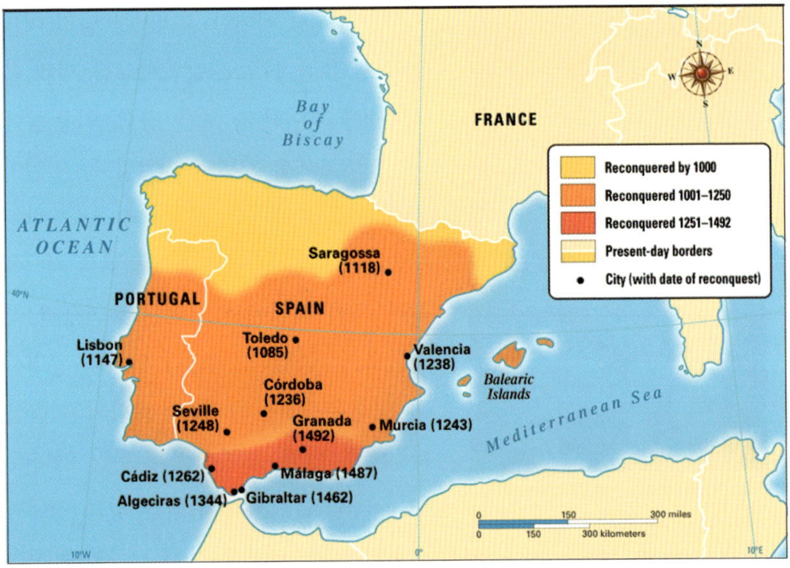

레콩키스타의 진행 과정

레콩키스타는 아스투리아스 산악지대 코바동가에서 기독교군이 이슬람군을 최초로 격파한 722년을 그 출발점으로 삼는다. 이 전투를 승리로 이끈 인물은 서고트 계 귀족 출신으로 아스투리아스 왕국의 국왕에 선출된 펠라요Pelayo였다. 한편, 피레네 산맥 서부에서는 바스크 인들의 부족 연합이 수차례에 걸친 프랑크 군의 공격을 격퇴한 후 나바라 왕국을 건설한다. 11세기에 전성기를 맞은 나바라 왕국은 주변 왕국들을 병합하거나 보호령으로 삼을 만큼 강성해지면서 기독교 스페인 지역의 패권국가가 되었다. 하지만 뛰어난 통치력을 보인 국왕 산초 3세의 사후, 왕국은 3명의 왕자들에게 분할 계승되어 나바라, 레온-카스티야, 아라곤 왕국이 재탄생한다. 11세기 후반 이후 국토회복전쟁을 주도하는 레온-카스티야 왕국, 아라곤 왕국이 바스크 인들이 주축을 이룬 나바라 왕국에서 유래한다는 점은 역사의 아이러니가 아닐 수 없다.

일반적인 통념을 깨는 역사의 또 다른 단면은, 국경을 마주한 기독교-이슬람 두 문화가 항상 적대적인 것은 아니었다는 사실이다. 서기 1000년 무렵에는 기독교도 기사들이 칼리프 군대에서 용병으로 복무하거나, 상인들이 양 지역을 오가며 물품을 매매하였고, 알-안달루스 지역의 모사라베들이 북부 기독교지역으로 건너가 문화 발전에 크게 이바지하기도 했다. 후에 교황에 오르는 프랑스 성직자 제르베르가 카탈루냐의 한 수도원에서 모사라베 기독교인, 유대인 지식인들로부터 수학을 비롯해 다양한 학문을 배운 것은 유명한 일화다.

초기에 별다른 진척이 없던 국토회복전쟁은 11세기 초 후기 우마이야 왕조가 붕괴되고 기독교 스페인이 군사적 우위를 점하면서 중대한 전환점을 맞이한다. 서고트 왕국의 옛 수도 톨레도의 회복(1085)은 이러한 전세의 역전을 가장 잘 상징하는 사건일 것이다. 이후 국토회복전쟁은 13세기까지 비약적인 진전을 보여, 발렌시아와 안달루시아 지방 대부분을 되찾고, 나스리 왕조의 그라나다 왕국만을 남겨 두게 된다.

그러나 11세기는 무엇보다 '엘 시드El Cid'의 시대였다. 본명이 로드리고 디아스 데 비바르인 이 영웅은 뛰어난 무훈뿐만 아니라 훌륭한 인격 덕분에 기독교인들은 물론 이슬람 인들로부터도 존경을 받았다. 원래 그는 카스티야 왕국의 귀족으로서 국왕을 위해 봉사하지만, 왕국에서 추방당하자 이슬

부르고스에 세워진
엘 시드의 동상

람 지역으로 건너가 활약을 펼친다. 이는 당시 스페인의 상황이 단순히 종교적 대립으로 그려질 수 없는 복잡한 구도로 되어 있음을 시사한다. 같은 종교 지역 내의 소왕국들 간에 서로 갈등과 충돌이 빈번했고, 불리한 상황에 직면한 왕국은 다른 종교권의 왕국들에게 지원을 요청하기도 하였다.

11세기 후반에서 13세기까지 기독교 지역에서는 나바라 왕국의 우위가 무너지고 카스티야-레온 연합왕국과 아라곤 연합왕국이 주도하는 새로운 정치체제가 태동한다. 알폰소 6세(1065~1109) 시기에 카스티야 왕국은 톨레도를 탈환하고, 타호 강 유역까지 국경을 남하시켰다. 비록 엘 시드를 추방한 왕으로 더 많이 알려지긴 했지만, 알폰소 6세는 당시 교황으로부터 '황제' 칭호를 받고, 기독교 스페인 왕국들 사이에서 주도권을 장악하였으며, 소왕국으로 분열된 이슬람 국가들에게 군사적 보호를 제공하고 그 대가로 '파리아paria'라는 일종의 공물을 징수했다. 알폰소 6세의 손자 알폰소 7세(1126~1157) 시대에는 통상 '톨레도 번역자 학교'로 알려진 학문과 지식의 번역, 교류, 확산 활동이 이루어졌다. 기독교인, 유대인, 이슬람 인들이 공존한 톨레도는 대주교 라이문도의 비호 아래 고전문화와 이슬람 학문 연구의 중심도시가 되었고, 많은 외국 지식인들을 불러 모아 서유럽의 지적 부흥을 선도하였다.

하지만 이러한 번역활동과 문화 공존이 절정에 달한 것은 국왕의 적극적

알폰소 10세와 궁정학자들

인 후원이 있었던 알폰소 10세(1252~1284) 때의 일이다. '현왕el Sabio'이라는 별칭을 얻은 왕은 아랍 어, 히브리 어, 라틴 어에 능통한 지식인들을 널리 구하여, 아랍 어와 히브리 어로 보존된 고대 그리스의 과학서적들을 라틴어와 카스티야 어로 재번역하는 사업을 강화하였다. 특히 기독교지역으로 넘어온 코르도바와 세비야의 도서관에서 아랍 어로 된 천문학 서적들을 발굴·번역하고, 이후 수세기 동안 천문관측의 기준이 될 '행성운행표(일명 tablas alfonsíes)'를 만들었다. 지적 탐구심이 왕성한 왕은 그 외에도 역사, 문학, 그리고 체스에 이르기까지 다양한 분야의 저술을 직접 주도하였다. 게다가 이러한 저술과 기록을 지역어로 제작토록 하여 라틴 어의 방언에 불과했던 카스티야 어castellano를 교양어로 정착시키는 데 크게 공헌하였다. 뿐만 아니라, '현왕'은 로마법의 원리에 바탕을 둔 <7부법전>과 <통합 자치법Fuero Real>을 편찬하여 법적, 정치적 통합을 꾀하였는데, 이렇게 중세에서 유래된 지방법령fuero의 발달은 오늘날까지도 스페인 법체제의 큰 특징으로 남아 있다.

이러한 법 체제 외에 중세 스페인의 또 다른 특징으로 유럽에서 가장 먼저 의회 제도를 탄생시켰다는 점을 들 수 있다. 1188년 레온 왕국을 선두로 카스티야, 아라곤 왕국에서도 신분의회Cortes가 소집되었다. 물론 오늘날 민주주의 의회와는 큰 차이가 있지만, 사제, 귀족과 함께 평민pueblo llano 대표가 참가했다는 사실은 중요한 의미를 지닌다. 이들이 농민이나 하층민까지 대변했다고 보기는 어렵지만, 봉건귀족에 대항하는 자유시민이라는 계급을 형성하는 데 기여한 것은 분명해 보인다. 이렇게 스페인은 중세시대에 어느 나라보다도 일찍 지방자치법과 의회 제도를 갖추고 근대 민주주의 국가로 전환할 수 있는 준비를 끝냈다. 그러나 문제는 실제로 근대에 들어섰을 때 이러한 제도들이 제대로 작동하지 않았다는 데에 있다.

3) 지중해 제국에서 대서양 제국으로

카스티야 왕국에서 알폰소 10세가 활약하던 시기는 아라곤 왕국을 지중해 제국으로 발전시킨 하이메 1세(1213~1276)의 시기이기도 했다. '정복왕el

Conquistador'이라는 별칭답게 하이메 1세는 지중해로 눈을 돌려 5세기 동안 이슬람 지배하에 있던 지중해 교역의 중심지 발레아레스 제도(마요르카, 메노르카 등)를 정복하고, 지중해 연안의 발렌시아와 무르시아를 복속시켰다. 그 후 지중해 팽창은 후계의 왕들에게로 이어져 시칠리아, 코르시카, 사르데냐 섬들을 차례로 점령하고, 나폴리 왕국까지 소유하게 되었다. 이로써 카탈루냐와 발렌시아, 그중에서도 특히 모직물, 피혁, 금속가공, 조선업 등이 크게 발전한 바르셀로나는 13, 14세기 동안 이탈리아, 비잔틴, 이슬람 세계의 도시들 사이에서 지중해 무역의 중심적 역할을 수행하였다. 13세기 후반에 설치된 해사海事재판소Consulado del Mar, 그리고 알렉산드리아, 콘스탄티노플 등 지중해 무역 거점도시들에 파견된 해사재판관 등이 그러한 위상을 잘 보여 준다. 특히 해사관련 법령을 모은 '해사법전Libro del Consulado del Mar'은 영어, 프랑스 어, 이탈리아 어 등 여러 언어로 번역되어 수세기 동안 해상무역법의 준거로 활용되었다.

그러나 레콩키스타의 완성은 카스티야 왕국이 주도했다. 1212년의 라스 나바스 데 톨로사Las Navas de Tolosa 전투가 국토회복전쟁의 결정적인 분수령이 되었다. 이 전투에서 카스티야 왕국을 중심으로 나바라와 아라곤이 가세한 기독교 연합군이 이슬람 지역의 강력한 알모하드 군을 격파하였다. 이후 카스티야 왕국의 전진이 계속되어 14세기 중엽에는 지브롤터 해협 주변부까지 남하하였고, 15세기에는 대서양의 카나리아 제도를 점령하여

아라곤 연합왕국의 지중해 팽창도

아메리카 대륙 진출의 전초 기지를 마련했다.

안달루시아 남단부로 영토가 축소된 그라나다의 나스르(나사리) 왕조가 1492년까지 계속 유지된 데에는 다양한 요인들이 작용하였다. 먼저 나스르의 왕은 카스티야 왕국에 공물을 바치는 제후의 위치에 있었으며, 카스티야에게 그라나다는 무슬림 인구의 탈출구라는 유용함도 있었다. 또한 그라나다 왕국이 산악지대에 있었다는 점, 그라나다 인구의 문화적·종교적 단일성, 지브롤터 건너에 강력한 이슬람 세력이 버티고 있었다는 점 등도 작용했을 것이다. 하지만 15세기 말에 카스티야의 이사벨 여왕과 아라곤의 페르난도 왕이 정략결혼을 통해 영토의 형식적 통일을 이룬 후, 왕권강화와 근대국가 건설을 지향하면서 그라나다 왕국은 최후를 맞게 된다.

1492년은 레콩키스타의 완료, 콜럼버스의 출항, 안토니오 데 네브리하의 『스페인 어 문법』 발간 등으로 장식된 역사적인 해이지만, 유대인과 이슬람 인들의 추방으로 그늘진 해이기도 하다. 유대인들이 이베리아 반도에 들어오기 시작한 것은 상당히 이른 시기인 페니키아 시대부터였으나, 대규모 이주가 이루어진 것은 로마 제국이 예루살렘을 점령, 학살하던 시점이었다. 이들은 새로 정착한 이베리아 땅을 세파라드sefarad라 불렀는데, 이 말에서 유래되어 이베리아 반도 출신의 유대인들을 세파르디sefardí라 부른다. 오늘날과는 달리 유대인들과 이슬람 인들은 좋은 관계를 맺으면서 시작하였다. 중세 초중반 이슬람 스페인 지역에서는 마이모니데스를 비롯해 뛰어난 유대인 학자들이 활약하였고, 레콩키스타가 진척되는 중세 중반 이후에는 기독교 지역에서 유대인들의 활약이 두드러졌다. 그러나 이슬람 지역에서는 중세 중반기 광신적인 알모아드 족이 들어와 유대인들에게 개종을 강요하였고, 기독교 지역에서는 레콩키스타가 종료되는 중세 후반 이후 유대인들에 대한 차별이 심화되었다. 결국 1492년 유대인들은 가톨릭으로 개종하거나 그렇지 않으면 이베리아 반도를 떠나야 하는 처지에 몰리게 된다. 중세 시대 대부분에 걸쳐 다양한 철학과 학문, 사상과 종교가 공존하던 이베리아 반도는, 중세가 막을 내릴 무렵 오히려 타문화, 타종교에 대한 배타적인 분위기 속에서 근대를 맞이하게 된다. 종교적 순혈주의는 일시적으로 국가를 통제하고 국력을 확장하는 데 기여한 듯 보였다. 그러나 그러한 경직성은 모든 분야에서 근본적인 변화를 가져온 근대세계에 스페인이 쉽게 적응할 수 없게 만드는 장애물이 된다.

6. 현대의 콘비벤시아를 그리며

1991년 10월 30일, 전 세계의 이목을 집중시킨 한 회담이 마드리드에서 개최되었다. 수십 년간 전쟁으로 얼룩진 중동지역에 평화의 분수령을 만들기 위한 최초의 평화회담이었다. 회담에서 구체적인 결론은 도출하지 못했지만, 당시 언론들의 평가처럼 이스라엘과 팔레스타인 등 분쟁당사자들이 처음으로 얼굴을 맞대고 협상 테이블에 앉은 것 자체가 커다란 결실이었다. 특히 그해는 현대전의 무서운 파괴력을 실시간으로 보여 준 페르시아만 전쟁(일명 걸프전)이 있었던 만큼, 이 평화회담이 지닌 의미는 각별할 수밖에 없었다. 그와 함께 회담 개최 장소로 마드리드가 선정된 데에 대해서도 특별한 관심이 쏠렸다. 스페인이 협상 양측(유대인과 이슬람 인들)과 원만한 관계를 유지했다는 점도 있었겠지만, 무엇보다 그 어디에서도 찾아볼 수 없는 기독교인, 이슬람 인, 유대인들 사이의 공존convivencia의 역사가 새겨져 있었기 때문이다. 따라서 스페인 역사가 발신하는 메시지에 귀를 기울이라는 당시 언론들의 주장에는 깊은 울림이 있었다.

한 가지 흥미로운 사실은 중세시대 다양한 종교 간의 공존을 지칭할 때 '코엑시스텐시아(영어의 coexistence)' 대신 '콘비벤시아convivencia'라는 단어를 쓰는 점이다. 이는 단순히 함께 존재하는co-exist 것이 아니라 '더불어con' '살아간다vivir'는 적극적이고 능동적인 상호관계를 중시했기 때문이 아닐까.

결론적으로, 스페인 문화의 혼종성은 공간적 요인과 시간적 요인이 서로 맞물리며 엮어 낸 거대한 작품이다. 지리적 다양성을 지닌 이베리아 반도라는 공간 위에 시간의 흐름에 따라 다양한 이민족들이 들어와 그들 방식의 콘비벤시아를 실현함으로써 스페인만의 독특한 '문화 파에야'를 만들어 내었다. 그리고 이러한 스페인 문화의 특질은 근대 초 아메리카로 건너가 라틴아메리카 문화의 형성에도 큰 영향을 미친다. 중세시대 이교도들과 공존을 체험한 스페인 인들은 아메리카 원주민들과의 혼혈에 거부감이 없었고, 이는 그때까지 존재하지 않았던 메스티소라는 새로운 인류 구성원을 탄생시킨다. 그리고 곧 새롭게 형성된 아메리카 문화가 다시 스페인으로 유입되어 이베리아 반도에는 유럽-아프리카-아시아의 문화적 혼화 위에 아메리카 문화가 더해지는, 이른바 전 지구적 규모의 문화 혼종이 일어나게 된다.

참고문헌

엘리엇, 존 H. 외(2003), 『히스패닉 세계: 스페인과 라틴아메리카의 역사와 문화』, 김원중 외 역, 새물결.

카, 레이몬드 외(2006), 『스페인사』, 김원중 · 황보영조 역, 까치.

푸엔테스, 카를로스(1997), 『라틴아메리카의 역사』, 서성철 역, 까치.

Fernando García de Cortázar y José Manuel González Vesga (1999), *Breve hisotria de España*, Madrid: Alianza Editorial.

Fuentes, Carlos (1992), *The Buried Mirror: Reflections on Spain and the New World*, Boston: Houghton Mifflin.

Menocal, María Rosa (2002), *The Ornament of the World: How Muslims, Jews, and Christians Created a Culture of Tolerance in Medieval Spain*, Boston: Little Brown.

Tusell, Javier et al. (2001), *Historia de España* (2vols.), Madrid: Taurus.

Vilar, Pierre (1977), *Spain: A Brief History*, Oxford: Pergamon.

스페인의 황금시대
(1474~1700)

김원중

1. 들어가며

두드러지지 않은 변방 국가에 불과했던 스페인은 15세기 말 불과 반半세기만에 "지상에서 가장 강대한 국가가 되고, 유럽의 지배자로 군림했으며, 광대한 해외 영토를 식민지로 만들고, 색다른 문명을 창조하여 유럽의 문화적 전통에 독특한 공헌을 했다." 스페인이 세계적인 강국으로 부상한 것은 너무나 갑작스러운 것이어서 페르난데스-아르메스토에 의하면, "갑자기 뒷다리로만 서서 잘 걸어다님으로써 세상 사람들을 놀라게 한 존슨 박사의 개"를 연상케 했다. 이 같은 스페인의 갑작스런 흥기는 외형적으로 볼 때 대체로 두 가지 요인에 기인했다고 할 수 있겠는데, 하나는 왕조 간 혼인계약에서 비롯된 이득으로서, 특히 합스부르크 가문과의 결혼동맹은 유럽 어떤 다른 나라와도 비교할 수 없을 정도로 광대한 영토와 막대한 영향력을 스페인에 안겨 주었다. 다른 하나는 콜럼버스와 정복자들이 주도한 아메리카 대륙의 '발견'과 정복이 스페인에 가져다준 엄청난 땅과 부다.

그러나 스페인의 '황금시대'가 그리 오래가지는 못했다. 지나치게 급속하게 이루어진 성공은 그것을 견고하게 만드는 데 필요한 시간을 허락하지 않았으며, 그로 인해 스페인은 17세기 들어 떠오를 때만큼이나 급속하게 몰락했다. 스페인의 패권은 유럽의 전통적 강자 프랑스와 신흥 강국 네덜란드, 영국 등의 도전을 받게 되었고, 어떻게든 이런 도전을 이겨 내고 주도권을 유지하려고 한 스페인 지배자들의 고집스런 정책은 스페인을 끊임없이 파괴적인 전쟁으로 내몰고 국가 재정에 과도한 부담을 가져다주어 결국 스페인 제국은 다시 급속한 몰락의 길을 걷게 되었다. 스페인은 다시 네 발로 걷는 예전의 평범한 개로 돌아간 것이다. 이 글에서는 이른바 황금세기Siglo de Oro라 불리는 16~17세기 스페인 제국의 발전 과정, 성격, 의미 등을 간략히 정리하고자 한다.

2. 중세적 유산: 레콩키스타(국토회복운동)

8세기 초 북아프리카의 무슬림들이 지브롤터 해협을 건너 이베리아 반도로 건너와 불과 몇 년 만에 반도 북단 산악지대를 제외한 이베리아 반도 전체를 수중에 넣었다. 무슬림들은 땅이 비옥하고 기후가 온화한 남부 지방을 선호하였고, 자신들의 지배 지역을 알-안달루스Al-Andalus라 불렀다. 무슬림들은 고대 지중해와 오리엔트 세계의 풍요로운 문화유산을 물려받고 있었으며, 그 유산을 더욱 발전시켜 과학, 예술, 문화 분야를 중심으로 세련되고 수준 높은 문명을 만들어 냈다. 또한 이를 바탕으로 10~11세기의 히스패닉-이슬람 왕국은 '암흑의 시기'를 벗어나지 못하고 있던 당시 서유럽 세계에 동방의 선진 문명이 흘러들어가는 통로 역할을 톡톡히 했다.

그러나 이베리아 반도 내 이슬람 문명은 높은 문화적 성취에도 불구하고 그 지배 구조가 안정되지는 못했다. 무슬림 정복자들은 부족들 간의 정치적·종교적 분쟁으로 스스로 분열되고 해체되기 시작했다. 특히 무슬림들 중에서도 지배자 격인 중동 출신의 소수 아랍 인과, 그들의 하위에 위치하며 이슬람교로 개종한 지 얼마 되지 않은 북아프리카 출신 다수 베르베르 인 사이의 갈등이 심각했다. 11세기 중반이면 알-안달루스는 여러 개의 소왕국들taifas로 분열되어 서로 끊임없이 전쟁을 하는 지경에 이르렀다.

레콩키스타의 한 장면. 스페인 중세사는 북쪽 기독교도들과 남쪽 무슬림들의 갈등과 공존의 역사였다. 『산타 마리아의 찬가*Cantigas de Santa María*』에서.

이런 분열과 약화를 틈타 북쪽 산악지역에서 발원한 군소 기독교 왕국들이 점차 강국으로 성장해 갔다. 이 와중에서 반도 서쪽에 자리 잡은 포르투갈은 12세기 중반 카스티야 왕국에서 독립해 떨어져 나가고, 중심부 지역에서는 카스티야Castilla와 레온León 왕국이 연합하여 세력을 확대해 나갔으며, 북동부 지역에서는 아라곤 왕국, 카탈루냐 공국, 발렌시아 공국이 독자적인 발전을 하다가 후에 하나의 연합왕국(아라곤 연합왕국)으로 재편되었다. 이 기독교 왕국들은 각각 남쪽으로 서서히 팽창해 나갔고, 이 과정을 스페인사에서는 보통 레콩키스타(국토회복운동)라고 부르며, 이 레콩키스타는 1492년에 가서야 종결된다. 그러니까 대략 7년에 걸쳐 상실한 영토를 되찾는 데 7세기 이상이 걸린 셈이 된다.

레콩키스타는 처음에는 스페인의 왕실과 귀족이 빼앗긴 그들의 토지와 농노들을 다시 찾기 위한 싸움으로 시작되었으나 나중에는 십자군 전쟁의 성격을 띠게 되었다. 특히 9세기 초 사도 야고보(산티아고)의 무덤이 반도 북서부 지역(지금의 산티아고 데 콤포스텔라)에서 발견되었다고 알려지면서 이곳이 유명한 기독교 성지가 되었고, 산티아고는 국토회복을 위해 스페인 기독교도

레콩키스타의 완결. 1492년 무슬림 최후의 왕국 그라나다의 지배자가 항복한다는 의미로 가톨릭 공동왕에게 알람브라 궁의 열쇠를 넘겨 주고 있다.

들이 벌이는 전쟁에서 승리를 보장해 주는 수호성인의 역할을 떠맡게 된다.

스페인의 무슬림들은 북아프리카의 베르베르 족을 불러들여 기독교도들의 남진을 저지하려고 했으나 성공하지 못했다. 스페인 내 기독교 왕국들 가운데 가장 강력하고 넓은 영토를 가진 카스티야 왕국이 레콩키스타를 주도했으며, 1212년 안달루시아 북쪽 라스나바스데톨로사에서 기독교도들이 거둔 승리는 레콩키스타의 결정적 전환점이었다. 카스티야의 페르난도 3세는 이슬람 교도의 핵심 도시인 코르도바와 세비야를 차례로 점령하였으며, 1252년 그가 사망할 무렵이면 그라나다 소왕국만이 이슬람의 영토로 남게 되었다.

수백 년에 걸친 이슬람 세력과의 투쟁은 카스티야 왕국의 성격에 많은 변화를 가져다주었다. 전쟁은 카스티야 인의 일상이 되었고, 그에 따라 육체노동 혹은 자본 축적을 경멸하는 대규모의 전쟁귀족층이 형성되었다. 용기·인내·명예라는 군사적 덕목이 특히 강조되는 사회가 출현하였으며, 귀족뿐만 아니라 평민들도 점차 그 가치관을 수용하게 되었다. 전리품과 토지 획득이라는 유혹에 이끌려 많은 농민과 장인이 군대로 몰려들었으며, 군사적·귀족적 이상이 사회 구석구석까지 침투하였다.

3. 가톨릭 공동왕(이사벨과 페르난도)의 시대

스페인 제국시대는 1469년 카스티야의 왕위 계승권자인 이사벨Isabel과 아라곤 연합왕국의 왕자 페르난도Fernando 간의 혼인에 의한 통합에서 시작되었다. 중세 말 스페인의 가장 중요한 이 두 기독교 왕국의 통합은 현저하게 차이가 나는 상대 간의 통합이었다. 당시 카스티야는 이베리아 반도 전체 면적의 3분의 2, 인구의 65퍼센트(600만 명)를 차지하고 있었던 것에 비해 아라곤 연합왕국은 면적은 17퍼센트, 인구는 12퍼센트(100만 명)에 불과했다. 경제적으로도 번영하는 양모 무역에 기반을 둔 카스티야 경제는 13세기의 전성기를 넘기고 쇠퇴일로를 걷고 있던 아라곤 왕국에 비해 훨씬 역동적이고 밝은 미래를 약속하고 있었다. 이런 차이는 두 왕국의 통합에서 주도권을 카스티야가 쥐게 됨을, 그리고 앞으로 펼쳐질 '스페인 국가'의 미래가 카스티야에 의해 주도될 것임을 의미했다.

두 왕국의 통합은 그러나 진정한 의미의 통일이 아니었으며, 양국이 같은 군주를 갖기로 합의한 것에 불과했다. 통합에도 불구하고 양국은 기존의 독자적인 법과 제도를 그대로 유지했고, 국가 전체의 통일이나 스페인 전체의 중앙집권화는 시도조차 되지 않았다. 아메리카 정복과 식민화도 원칙적으로 이 사업에 자금을 댄 카스티야 정부와 카스티야 인들의 사업이었으며, 여기에서 카탈루냐와 아라곤 인들은 외국인으로 간주되어 배제되었다. 두 지역의 경제나 행정을 통일하려는 시도 또한 거의 나타나지 않았다.

이런 식의 영토통합은 16~17세기 내내 유지되어 스페인 제국의 성격을 규정하는 매우 중요한 요인으로 작용하였다. 카스티야가 중심이 되는 스페인 제국은 차후 왕조 간 혼인 혹은 상속으로 여러 영토를 병합하게 되지만 아메리카를 제외한 모든 영토의 병합이 이런 식으로, 즉 해당 지역의 자치권을 온전히 보장하는 형태로 이루어졌다. 이런 상황에서 스페인 제국이 진정 하나로 통일된 형태로 혹은 중앙집권적인 형태로 발전하는 것은 불가능했고, 따라서 스페인 제국은 끝까지 독자적인 제도와 법에 따라 지배되는 여러 정치체들의 집합체로 남게 되었다. 그러므로 이 시기에 카스티야 왕국 내에서는 상당한 왕권 강화 혹은 '근대 국가'로의 이행이 진행되었지만 그것이 스페인 제국 전체로 확산되지는 못했다.

그러나 어찌됐든 통합은 통합이었고, 가톨릭 공동왕은 이 국가 통합의 기반 위에서 카스티야 왕국에, 나아가 카스티야를 중심으로 하는 스페인 국가에 탄탄한 발전의 토대를 마련해 주었다. 1481년부터 10년간의 전쟁 끝에 1492년 1월 마지막 남은 무슬림 소왕국 그라나다를 점령하여 수 세기에 걸쳐 진행되어 오던 레콩키스타를 종결하였고, 자치 도시들에는 국왕의 행정관들을 파견하여 중앙집권적 지배권을 강화하였으며, 오랫동안 정치 불안의 온상이 되어 온 귀족들에 대해서는 불법 취득 토지의 몰수, 중간 계층의 중용 등으로 그들의 정치적 힘을 약화시켰다. 가톨릭 교회에 대해서도 교황을 압박하여 고위 성직자에 대한 임명권, 교회에 대한 과세권 등을 이끌어 냄으로써 교회 길들이기에 성공하고 있었다. 그런가 하면 광대한 영지와 막대한 재산을 가진 종교기사단들Órdenes Militares을 복속시켰으며, 기존 세원稅源의 보다 효과적인 관리를 통해 국가 수입을 크게 증대시켰다. 여기에 콜럼버스의 아메리카 '발견'과 정복의 강화는 아직 그 중요성이 온전히 드러나지는 않고 있었지만 장차 세계 제국으로의 발전을 약속하고 있었다. 한 마디로 가톨릭 공동왕은 스페인의 근대화와 세계 제국의 토대를 마련한 것이다.

국토회복의 완성, 아메리카의 발견과 정복, 유럽에서 스페인이 누리게 된 위세 등은 이처럼 비할 바 없는 위엄과 영광을 두 왕국의 통합으로 창출된 새로운 스페인 국가에 가져다주었다. 그 때문에 스페인 인들, 특히 보수주의자들은 오랫동안 이 가톨릭 공동왕의 시대를 스페인 역사의 황금기로 간주하곤 했다. 그렇지만 공동왕의 치세를 영광스런 황금색으로만 칠해서는 안 되며, 그리 영광스럽지 않은 회색이나 검정색과 적당히 조화를 이루지 않으면 안 된다는 것이 최근의 연구 경향이다. 공동왕이 이루어 낸 국가 통합이 진정한 의미의 국가 통일은 아니었고, 대귀족의 정치적 영향력 약화도 사회경제적 영향력의 유지로 그 의미가 반감되었으며, 교회를 개혁하였으나 대신 종교재판소를 창설했고, 유대인이라는 당시 사회의 가장 역동적이고 능력 있는 집단을 추방한 것 등이 그런 부정적 요인이었다.

스페인의 운명을 바꾸어 놓은 결정적인 계기가 된 합스부르크 가문과의 혼인동맹은 가톨릭 공동왕(이사벨과 페르난도)이 추진한 외교 정책의 산물이었다. 당시 스페인의 외교는 라이벌 프랑스를 고립시키는 쪽으로 방향이 맞추어져 있었고, 이를 위해 합스부르크 가문의 신성 로마 제국뿐만 아니라 포르투갈, 잉글랜드와도 결혼을 통한 동맹 관계를 체결하였다. 그러나 이 외교정책은 공동왕의 2세 혹은 3세들의 예기치 않은 잇단 죽음으로 결국 스페인의 왕위가 합스부르크 가로 출가한 둘째 딸 후아나와 그녀의 배우자 펠리페 대공(당시 신성 로마 제국 황제 막시밀리안의 아들)에게 돌아가게 만들었고, 궁극적으로는 펠리페 대공의 갑작스런 죽음과 그로 인한 후아나의 '정신이상'으로 스페인의 왕위가 펠리페와 후아나의 장남 카를에게 승계되는 결과를 가져왔다. 합스부르크 가문의 카를은 이 스페인과 그 제국에다, 부계 쪽으로 합스부르크 왕조의 세습령들을 상속하여 유럽과 신대륙 양쪽에 걸친 거대한 제국의 지배자가 되었다.

그러니까 프랑스를 고립시키기 위한 동맹 세력 확보 차원에서 추진된 혼인외교가 엉뚱하게 스페인과 그 제국을 한 외국인 왕조의 수중에 가져다주는 결과를 초래한 것이다. 이 합스부르크 가와의 연계는 차후 스페인 역사의 발전 방향과 관련하여 결정적인 중요성을 갖는 것이었으니, 결론적으로 말해 그것은 스페인에 영광과 불행을 동시에 가져다주었다.

4. 카를로스 1세 시대(1516~1556): 유럽 최강의 지배자

17세의 나이로 스페인 왕에 즉위한 카를로스 1세(카를 5세)는 플랑드르 지방(지금의 네덜란드와 벨기에)에서 태어나 거기서 성장했기 때문에 스페인에 대해 아는 것이 거의 없었으며 스페인 어를 할 줄도 몰랐다. 게다가 그는 플랑드르에서 데리고 온 측근들에게 둘러싸여 있었다. 그들은 16세의 소년을 스페인 교회의 수장인 톨레도 대주교에 임명하는 등 전횡을 일삼음으로써 카스티야 인들의 원성을 샀다.

거기다가 카를로스 1세는 1519년 자신의 조부 막시밀리안의 뒤를 이어 신성 로마 제국(독일) 황제로 피선되었는데(카를 5세가 됨), 이는 스페인의 국제적 위상을 높이는 것이기도 했지만 다른 한편으로는 카스티야 혹은 스페인이 거대한 합스부르크 제국의 한 부분으로 전락할 수도 있다는 우려와 함께, 장기간의 왕의 부재가 불가피하게 되었다는 것, 백성들의 경제적 부담이 크게 늘어나게 되었다는 것을 의미하는 것이기도 해서 스페인 사람들의 불안감을 키워 놓았다. 그로 인해 황제 피선 직후 그의 출국을 반대하는 목소리가 카스티야 도시들을 중심으로 나타났으며, 그 불만은 결국 전국적인 소요, 즉 '코무네로comunero들의 봉기'(1520~1591)로 이어졌다. 이 봉기는 외국인 왕과 그 측근들의 전횡에 분노하여 일어난 민족주의적 감정의 분출이

카를로스 1세가 지배한 합스부르크 제국 가운데 유럽 내 영토. 스페인, 그중에서도 카스티야 왕국은 이 제국을 사실상 이끌어 간 핵심 부분이었다.

기도 했지만 다른 한편으로는 가톨릭 공동왕 이후 전통적인 특권을 잠식당해 온 자치 도시들의 불만이 폭발한 것이기도 했다. 이 봉기는 그러나 반군의 패배로 끝나게 된다.

합스부르크 가문의 즉위, 카를로스의 황제 피선, 코무네로 봉기의 진압으로 이제 스페인은 결정적으로 보편적 성격을 가진 합스부르크 제국의 거대한 구조 속에 편입되었으며, 유럽 중심부에서 벌어지는 복잡하고 어려운 문제들에서 자유로울 수 없게 되었다. 코무네로들이 우려했던 카스티야의 주변부화는 일어나지 않았고, 황제는 제국 내에서 카스티야에 상당히 높은 지위를 부여하였으며, 특히 카스티야를 자신의 제국적 의무 수행을 위한 인적·물적 자원의 원천으로 생각하게 되었다. 그러나 스페인의 이해와 제국의 이해는 달랐으며, 전자가 후자에 희생되는 경향은 어쩔 수가 없었다.

스페인의 왕이자 신성 로마 제국의 황제가 된 카를로스 1세에게는 결코 포기할 수 없는 통치 원칙이 있었다. 그것은 시간이 갈수록 세력을 더해 가는 '프로테스탄트 이단'과 이슬람 이교도들에 맞서 로마 가톨릭 신앙을 수호한다는 것, 그리고 상속받은 영토를 잘 지켜 고스란히 다음 계승자에게 넘겨 주겠다는 것이었다. 당시의 정서상 한 지배자 밑에 다른 종교를 가진 집단이 존재한다는 것은 결코 용납할 수 없는 일이었고, 특히 700년 동안 이교도들을 상대로 싸워 온 스페인 사람들에게 가톨릭 신앙의 수호는 결코 양보할 수 없는 일이었다. 그러나 신성 로마 제국(독일)의 황제를 겸하고 있던 카를로스 1세가 유럽적 차원에서 가톨릭의 수호자를 자처하고 나섬에 따라 당시 날로 세력을 키워 가고 있던 유럽 내 프로테스탄트들과의 갈등, 막강한 위세를 자랑하고 있던 동부 지중해의 이슬람 세력과의 충돌, 그로 인한 스페인 국부의 대규모 유출은 불가피하게 되었다.

선조로부터 물려받은 영토를 지키겠다는 주장도 일견 당연하고 정당한 것처럼 여겨지지만 영국, 프랑스 같은 유럽의 다른 열강들, 혹은 네덜란드처럼 합스부르크 제국의 일원이 되어 있지만 그런 상황을 불만스럽게 생각하는 나라들의 입장에서 보면 전혀 그렇지 않았다. 유럽 열강의 입장에서는 세력 균형의 측면에서 거대한 합스부르크 제국의 패권 지속을 좌시할 수만은 없었고, 어쩌다 카를로스 1세의 제국에 들어와 있지만 상황이 바뀌면 언제든지 떨어져 나가려고 마음먹고 있었던 나라의 입장에서 보면 카를로스 1세의 유산 고수 정책은 전형적인 제국주의에 다름 아니었다. 때문에 카를로스 1세의 합스부르크 제국은 유럽 열강의 거센 도전에 직면해야 했으며, 그것은 카를로스 1세와 스페인에게 극복하기 어려운 문제를 가져다주었다. 그리고 이러한 상황은 카를로스 1세 때뿐만 아니라 그 이후 합스부르크 왕들의 치세에도 마찬가지였다. 16, 17세기 스페인 제국에 닥친 어려움과 17세기 몰락은 바로 여기에서 출발하고 있다고 할 수 있다.

황제로 선출된 순간부터 카를로스 1세는 엄청난 책무를 떠맡게 되었다. 1520년대부터 1550년대까지 프랑스와 유럽 내 패권을 놓고 지속적인 갈등 혹은 전쟁을 벌였고, 동지중해 쪽의 투르크와는 1520년대부터 약 반 세기 동안 공방전을 벌였으며, 1540년대와 50년대에는 유럽에서 프로테스탄트 이단들을 상대로 전쟁을 하는 등 카를로스 1세 치세 동안 스페인에게 전쟁은 하나의 상수常數였다. 그런데 이 전쟁들 대부분은 스페인 혹은 카스티야의 이해와는 별 관계가 없는 것이었다. 프랑스와의 불화, 독일 프로테스탄트 제후들과의 전쟁 등은 스페인의 이해와는 아무런 상관이 없었고, 이런 사업을 위해 스페인의 인력과 엄청난 재화가 유출되는 것은 명백히 황제의 개인적 관심사에 스페인의 국가적 이해가 희생되는 것이었다.

끊임없는 대외 전쟁은 당연히 엄청난 자금을 필요로 했으며, 여기에 왕실 유지, 거대한 관료제 유지를 위해서도 많은 돈이 들어갔다. 그러므로 이 제국 체제의 안정적인 유지를 위해서는 합스부르크 제국에 포함된 여러 영역들의 긴밀한 협력이 필수적이었으나 현실은 결코 그렇지 못했다. 각 지배 영역들의 긴밀한 협력 체제 구축을 위한 노력은 거의 나타나지 않았다. 이런 상황에서 1530년대까지는 제국 비용의 큰 몫을 제국의 일원이었던 네덜란드와 이탈리아가 짊어졌으나 1540년대부터는 부담의 절대적인 몫이 스페인에, 그중에서도 압도적으로 카스티야(카스티야 왕국, 카스티야 교회, 카스티야의 아메리카 식민지)에 돌아갔다. 카스티야에서도 부담의 대부분을 힘없는 중하층 사람들이 짊어져야 했다. 이런 불안 요인들, 즉 제국 내 여러 영역들 간 협력의 부재, 카스티야 내 각 신분들 간의 과세 불균형은 제국 시대 스페인 왕들이 어떻게든 개선해 보려고 했지만 끝내 실패하고 만 고질병이었다.

급증하는 지출을 경상수입만으로는 충당할 수 없었던 왕은 적자 분을 독일, 이탈리아 은행가들에게서 빌린 대부나 후로juro라는 이름의 국가 공채 판매로 충당했다. 그러나 이런 식의 재정 운영은 카스티야 사회에 비참한 결과를 가져다주었다. 많은 사람들이 비교적 높은 이율이 보장되는 국가 공채를 매입함으로써 국가 재산이 비생산적인 부분에 투자되고, 카스티야 사회를 연금에 의존하는 금리생활자들의 사회로 만들었으며, 국부의 원천이 외국 은행가의 수중에 흘러들어가는 상황에서 국가 재정은 대책 없이 파산 상태로 치달았다. 그리하여 카를로스 1세를 이은 펠리페 2세는 취임하고 나서 바로 이듬해에, 그리고 그 후로도 몇 차례 더 파산선언, 즉 채권자에 대한 일방적인 지불정지를 선언하지 않으면 안 되었다. 이 문제를 근본적으로 해결하는 유일한 방법은 제국 정책의 포기, 즉 대외 전쟁의 중지와 스페인 문제에의 집중이었으나 '투르크 인들을 격파하고 분열된 기독교 세계를 로마 교회로 돌아오게 하는 것을 필생의 과업으로 삼고 있었던' 카를로스 1세에게 그것을 기대하기는 어려웠다.

카를로스 1세는 1556년 연이은 실패에 심신이 지쳐 정계 은퇴를 선언하고, 제국을 분할하여 동생인 오스트리아의 페르디난드 1세에게는 신성 로마 제국과 황제 자리를, 아들 펠리페 2세에게는 스페인 내 영토와 아메리카 식민지, 이탈리아 내 영토(시칠리아, 사르디니아, 밀라노), 그리고 프랑슈-콩테와 네덜란드로 이루어진 부르고뉴 지역을 물려주었다.

5. 펠리페 2세 시대(1556~1598): 지상에서 가장 강력한 제국

펠리페 2세의 즉위는 스페인 제국의 성격에 중요한 변화를 가져왔으니, 플랑드르에 무게 중심을 둔 중부 유럽 제국의 일부였던 스페인이 이베리아 반도에 기반을 둔 대서양 제국의 중심으로 변신한 것이 그것이었다. 펠리페 2세는 부친과 달리 카스티야에서 태어나 카스티야에서 교육을 받고 자랐으며, 카스티야 어(스페인 어)밖에 할 줄 몰랐다. 선왕으로부터 신성 로마 제국 황제의 타이틀도 물려받지 못했다. 또한 카를로스 1세가 몸소 말을 타고 전장을 누비고 다니는 중세 기사적 군주이었다면 펠리페 2세는 하루 종일 서류더미에 파묻혀 살며 사소한 문제까지 꼼꼼하게 챙기는 관료적 군주였다. 스스로에게 엄격하였고, '신중왕'이라는 별명에서 알 수 있듯이 대단히 신중하고 꼼꼼한 성품의 소유자였다.

그러나 어떤 희생을 치르고라도 제국 영토와 정통 가톨릭 신앙을 수호한다는 카를로스 1세의 정책은 펠리페 2세 치세에도 바뀌지 않고 오히려 더 강화되었다. 그는 카스티야 왕국이 신의 대의를 지상에서 구현하는 신성한 사명을 부여받았다고 생각했으며, 신의 호의를 계속 유지하기 위해서는 국가의 종교적 정통성에 티끌만큼의 흠집도 있어서는 안 되었다. 그는 "종교와 신에 대한 봉사가 털끝만큼이라도 위해를 당하느니 차라리 짐朕이 지배하는 모든 나라들을 포기하고, 짐이 만약 그럴 수만 있다면 수백 개라도 목숨을 내놓는 것이 낫다."라고 말한 왕이었다. 스페인 제국을 구성하는 각 영역들의 독립과 자치를 보장하는 선왕의 정책, 제국 운영을 카스티야 혼자서 짊어지는 현상, 전보다 훨씬 규모가 커진 전비 부담을 은행가의 대부와 관직 매매 등 일시적 방편으로 해결하는 경향 또한 변함이 없었다.

그가 직면해야 했던 현실은 결코 녹록치 않았다. 당대인들에게도 그렇고, 오늘날의 일부 역사가들 사이에서도 펠리페 2세가 막강한 권력과 재원을 가진 절대 군주처럼 비쳐지는 경향이 있지만 결코 그는 '절대적인' 군주가 아니었다. 사실 펠리페 2세의 권위는 여러 가지 제약에 의해 제한되고 있었다. 스페인 왕정Spanish Monarchy; 스페인 제국의 공식 명칭을 구성하는 여러 영역들과 여전히 강력한 힘을 가진 교회와 귀족들은 결코 호락호락한 존재가 아니었다. 왕권의 집중화가 가장 분명하게 천명되고 있던 '제국의 발전소' 카스티야에서도 왕이 뜻을 펼치기 위해서는 귀족, 주교, 의회, 도시들의 동의를 구하지 않으면 안 되었다.

펠리페 2세의 치세 초기 약 20년은 위기의 연속이었다. 1557년의 파산 선언에 이어 1560년 제르바 섬에 대한 스페인-이탈리아 연합군의 공격 실패, 그로 인한 투르크 해군의 공세 강화, 1568~1570년 그라나다 모리스코(무어 인의 후손)들의 반란, 프랑스 종교전쟁의 발발, 해상 무역선에 대한 영국 해적들의 약탈 등은 1560년대 내내 스페인 정부를 궁지로 몰아넣었다. 그중에서도 1566년 시작된 네덜란드 인들의 반란(네덜란드 인의 입장에서는 독립전쟁)을 초기에 진압하지 못한 것은 너무나도 뼈아픈 것이었다. 이 반란은 그 후 80년 동안 스페인의 인적·물적 자원을 고갈시키는 '저주받은 망령'이었다. 1570년대 역시 레판토 해전의 빛나는 승리로 지중해에서 오스만 투르크의 위협은 수그러들었지만 네덜란드 반란 진압의 실패, 1575~1576년 두 번째 파산 등으로 어두운 그림자가 드리워진 시기였다.

그러나 1580년대 들어서면서 사정이 좀 나아졌다. 신대륙에서 유입되는 은의 양이 극적으로 증가하여 펠리페 2세는 즉위 후 처음으로 외부의 적들에 대해 수세에서 벗어나 공세를 취할 수 있었다. 1580년대와 90년대에 북부 네덜란드를 회복하기 위해 적극적인 공세에 나섰고(그것은 성공 일보직전에까지 갔다), 1588년에는 영국에 대해 무적함대Armada를 파견하였으며, 1590년대에는 프랑스 내전에도 깊숙이 개입했다. 1580년 포르투갈과 그 제국의 합병은 스페인을 말 그대로 해가 지지 않는 세계제국으로 만들어 주었다. 이 포르투갈 합병은 스페인의 발전에 더할 나위 없이 좋은 기회가 될 수도 있었으나 문제는 다시 자치권이었다. 포르투갈 역시 제국의 다른 영역들과 마찬가지로 명실상부하게 스페인 영토의 일부가 되지 못하고 완전한 자치가 허용되었으며, 그로 인해 포르투갈은 스페인 제국에 도움이 되기보다는

엘 에스코리알El Escorial 궁. 스페인 제국시대의 정점인 펠리페 2세 시대의 위세를 상징하는 건축물이다.

또 하나의 부담거리가 되고 말았던 것이다.

1580년대 후반 이후는 다시 위기의 시기였다. 아메리카로부터 들어오는 엄청난 양의 귀금속은 지배자들로 하여금 다시 국가 경제를 파탄으로 몰고 갈 거대한 사업에 착수하도록 만들었다. 1590년 스페인 군대는 프랑스 내전에 개입하였고, 1588년 영국을 공격하기 위해 파견된 무적함대(아르마다) 하나만 해도 약 1,000만 두카트가 소요되었다. 1590년대 중반 왕은 연간 1,200만 두카트 이상을 지출해야 했다. 아메리카 은으로 들어오는 왕의 수입은 그의 연간 총 수입의 4분의 1에 채 미치지 못했으며, 나머지는 전과 마찬가지로 카스티야에서 징수하는 세금으로 충당해야 했는데, 카스티야인의 담세 능력은 이미 한계에 이른 지 오래였다. 1596년 또 한 차례의 파산선언은 그러한 상황의 자연스런 귀결이었다.

또한 이때쯤이면 스페인의 프로테스탄트들과의 싸움이 패배로 귀결되

무적함대의 패배. 1588년 스페인 무적함대의 패배는 16세기 '승리하는 스페인'과 17세기 '패배하는 스페인'을 나누는 분기점이 되었다.

어 가고 있다는 것이 점차 분명해지고 있었다. 이 패배의 가장 분명하고 충격적인 증거는 1588년 무적함대의 패배였다. 1588년 5월 메디나 시도니아Medina Sidonia 공을 총사령관으로 하여 130여 척의 전선과 1만 9,000명의 인원으로 이루어진 무적함대(아르마다) 파견의 목적이 영국 정복이었던 것 같지는 않다. 아마도 군사력의 과시를 통해 네덜란드 반도들과의 전쟁에서 영국의 중립을 끌어내고, 그를 통해 반란 세력을 완전히 제압하겠다는 것이 펠리페 2세의 의도였던 것으로 보인다. 그러나 스페인 무적함대는 태풍에 예봉이 꺾이고, 속력과 화력에서도 영국 해군에 밀려 결국 선박의 반 이상이 궤멸된 상태로 영국 제도를 북쪽으로 돌아 귀환해야 했다.

무적함대 패배가 흔히 생각하는 것처럼 스페인 제국 혹은 스페인 해군의 치명적인 붕괴를 가져다주지는 않았다. 그러나 그것이 스페인 인 혹은 카스티야 인에게 안겨준 정신적 충격이 너무나 컸기 때문에 16세기 '승리하는 스페인'과 17세기 '패배하는 스페인'을 구분하는 분기점이 있다면 그것은 분명 1588년이었다고 할 수 있다. 이 패배와 1596년의 세 번째 파산 선언은 펠리페 2세로 하여금 자신이 추구해 온 대 북방 정책이 실패로 돌아갔음을 인정하게 만들고, 그를 평화 정책으로 돌아서게 했다.

16세기 후반의 대부분을 차지하는 펠리페 2세의 치세는 외화내빈의 시기였다. 외형적으로는 그의 치세가 실패라고 말할 수는 없다. 제국의 영토와 가톨릭 신앙은 어쨌든 지켜지고 있었고, 그의 지배 영역은 아메리카의 식민화, 포르투갈의 합병으로 오히려 더 커져 해가 지지 않는 세계 제국으로서의 면모를 더욱 강화하고 있었다. 그러나 그 내면을 들여다보면 상황은 결코 낙관적이지 못했다. 그동안의 무리한 제국 정책으로 국가 재정은 바닥을 드러낸 상태였고, 1590년대의 심각한 경제 위기, 역병으로 인한 인구 감소는 펠리페 2세 말기의 스페인이 심각한 위기 상황으로 치닫고 있음을 분명히 보여 주고 있었다.

6. 몰락의 시기: 17세기

펠리페 3세(1598~1621), 펠리페 4세(1621~1665), 카를로스 2세(1665~1700)는 무능하고 게으르고 유약했으며, 그것은 17세기 스페인 몰락의 중요한 원인이 되었다는 것이 지금까지의 일반적인 평가였다. 최근 그 같은 설명에 이의가 제기되고 있기도 하지만 적어도 그들이 16세기의 왕들에 비해 덜 성실하고 덜 유능했다는 것, 그리고 그러한 사실이 전보다 훨씬 어려워진 내외적 환경과 더불어 17세기 스페인의 몰락을 재촉했다는 것은 분명해 보인다. 제국이 파국을 모면하기 위해서는 탁월한 능력을 가진 정치가가 그 어느 때보다도 절실하게 필요한 시점에 이 17세기 스페인 왕들은 너무나 평범하거나 지도자로서 무능한 인물들이었다.

펠리페 3세의 치세는 대체로 평화기였다. 영국, 프랑스 등과 평화조약이 체결되고, 네덜란드와도 1609년부터 12년간의 휴전이 이루어졌다. 덕분에 스페인은 개혁을 통해 고갈된 국가 재정의 내실화와 재정비의 기회를 갖게 되었다. 그러나 총신 레르마가 이끄는 정부는 무능하고 부패했으며, 관직 매각, 화폐 조작 등 편법과 임시방편의 정책으로 일관했을 뿐 근본적인 개혁은 시도조차 되지 않았다. 1608~1614년 약 25만 명에 이르는 모리스코들(기독교로 개종한 무슬림들)의 추방은 그렇지 않아도 약화되어 있는 경제적 활력을 더욱 고갈시켰다.

1621년부터 약 20년간 펠리페 4세를 대신해서 스페인을 다스린 올리바레스 대공Conde-Duque de Olivares은 이상주의적인 정치가로 열정적인 개혁가였다. 그가 추구한 목표는 점차 추억이 되어 가고 있던 16세기 스페인 제국의 위상과 영광을 회복하겠다는 것이었다. 그는 스페인이 다시 세계의 주도권을 쥐어야 하며, 이를 위해서는 제국의 통치 구조를 바꿔야 한다고 생각했다. 네덜란드와의 전쟁을 재개하고, 30년 전쟁(1618~1648)에 적극 개입하고, 이탈리아에서 프랑스와의 전쟁을 재개한 것은 그의 이러한 제국주의적 정책의 산물이었다. 그러나 문제는 돈이었다. 카스티야의 재정 부담 능력은 이미 한계에 달한 지 오래였으며, 아메리카에서 들어오는 수입 또한 격감해 있었다.

그 결과는 잇따른 전쟁 패배였다. 이탈리아에서는 만투아 공령의 지배자가 되려고 하는 프랑스 인 후보자를 저지하려고 한 시도가 실패로 돌아갔다(1628~1631). 1637년에는 브레다를 다시 네덜란드 인들에게 빼앗겼다. 1635년에는 프랑스가 다시 스페인과의 싸움에 뛰어들었다. 스페인 해군은 다운즈 전투(1639)에서 네덜란드 군에게 궤멸되었으며, 독일에서는 스페인의 동맹 세력들이 심각한 패배를 당했다. 대서양 쪽에서는 1628년 다량의 은을 싣고 오던 스페인 상선대가 네덜란드 선박에게 나포되었고, 브라질 페르남부코 탈환에 나섰던 스페인-포르투갈 연합 함대는 1640년 네덜란드 군에게 패했다.

그러므로 관심은 다시 근본으로 돌아갈 수밖에 없었으니, 제국 운영을 거의 도맡다시피 하고 있던 카스티야의 부담을 줄이기 위해 다른 영역들의 협력을 얻어야 한다는 것, 그리고 카스티야 내에서는 부자들에게서 돈을 끌어내야 한다는 것이었다. 이에 따라 올리바레스는 이른바 '연합군' 계획을 추진했는데, 이는 제국 운영 부담을 제국을 구성하는 모든 영역들에게 능력에 따라 균등하게 분담시킨다는 것이었다. 그러나 이에 대해 특히 아라곤과 카탈루냐가 완강하게 반대했고, 이 반대를 무릅쓰고 강행한 정책은 결국 카탈루냐 인들의 반란으로 이어졌다. 1641년 카탈루냐 인들은 프랑스 왕 루이 13세에게 충성을 맹세하였고, 이에 프랑스 왕은 그들을 지원하기 위해 군대를 파견했다. 포르투갈도 1640년에 반란을 일으켰다. 그들이 반란을 일으킨 주요 이유는 올리바레스가 제기하는 끊임없는 재정적 요구도 있지만 스페인 제국이 네덜란드의 공격으로부터 포르투갈의 식민지(브라질 등)를 보호해 주지 못하는 것에 대한 불만 때문이었다. 그 무렵 스페인의 병력은 과도하게 넓은 지역에 분산되어 있었으며, 재정은 한계점에 달해 있었다. 1641년 마드리드 주재 영국 대사였던 아더 홉튼 경은 '이 왕정의 위대함은 거의 끝나 가고 있다는 생각이 든다'라고 썼다.

7. 제국시대의 사회적 · 경제적 발전

서유럽 대부분 지역에서와 마찬가지로 스페인에서도 16세기 동안 현저한 인구 증가가 나타났다. 정확한 수치를 추산하기는 어렵지만 1530년대 470만 명에 불과했던 스페인 인구는 1590년이면 700만 명으로 증가한 것으로 보인다. 특히 대 아메리카 무역과 통치의 중심으로 등장한 안달루시아 지역과 세비야 시는 급속한 인구 증가를 경험했다. 인구 증가는 식량 수요의 증가, 높은 물가, 농업 생산의 두드러진 증가를 가져왔다. 농업 생산의 증가는 기술 발전보다는 경작지 면적의 증가 덕분이었다. 그러나 이런 생산 증가에도 불구하고 불리한 기후, 척박한 토질, 후진적 농업 방식으로 농업 생산은 항상 수요에 미치지 못했기 때문에 시칠리아와 북유럽에서 곡물을 수입해 오지 않으면 안 되었다. 목축 또한 카스티야 농촌 경제의 주요 기간 산업으로서 카스티야는 영국과 플랑드르 양모업자들에게 중요한 원모 공급자였다.

인구 증가, 농업 팽창, 1530년대 이후 유입량이 증가한 아메리카 귀금속 등은 스페인의 산업 발전을 자극했다. 세고비아, 톨레도, 바르셀로나, 발렌시아 등을 중심으로 16세기 전반 직물업 생산이 증가했고, 그라나다와 무르시아의 견직물 생산, 톨레도, 세비야, 부르고스의 피혁 가공업, 비스카야의 철광, 칸타브리아와 비스카야의 조선 산업도 상당한 발전을 이루었다. 스페인의 '경제 붐'이 가져 온 가장 가시적인 현상 가운데 하나는 급속한 인플레이션이었다. 16세기 동안 전체 물가는 대체로 네 배 정도 오른 것으로 추정된다.

단기적으로 이 '가격혁명'은 생산자, 제조업자, 상인 모두에게 수익 증대를 의미했다. 그중에서도 가장 큰 수혜자는 귀족과 교회였다. 이들은 국가의 생산적인 땅 가운데 알짜배기를 차지하고 있었다. 비록 귀족들의 정치적 힘은 가톨릭 공동왕 시대 이래로 꾸준히 약화되었지만 경제적 입지는 별로 약화되지 않았고, 많은 귀족들이 여전히 넓은 땅에 대해 영주권을 행사하고 있었다. 귀족에는 유력하고 부유한 대귀족grandes; 이들의 수는 카를로스 1세 때만 해도 20여 명으로 제한되어 있었으나 꾸준히 늘어나는 경향이 있었다으로부터 가난한 이달고hidalgos; 하급 귀족에 이르기까지 다양한 층위의 사람들이 포함되어 있었으며, 면세특권은 이 귀족 계층을 다른 나머지 사람들과 구분시켜 주는 표징이었다.

가격혁명의 또 다른 큰 수혜자는 상인이었다. 상당수 상인들이 이 경제 성장의 시기에 상당한 부를 쌓았다. 그러나 전체적으로 보아 스페인의 중간 계층은 다른 서유럽 국가들에 비해 소수에 불과했다. 수백 년간의 레콩키스타 과정을 거치면서 유별나게 군사적·귀족적 가치를 중시하는 사회가 되어 있었던 스페인에서 육체노동과 상업은 경멸의 대상이었기 때문에 상인이나 그 후손들이 잘 나가는 사업체를 팔아 토지나 후로juro: 국가공채에 투자하거나, 토지귀족의 대열에 들기 위해 국왕이 정기적으로 매각하는 관직이나 귀족 신분을 매입하는 경우가 많았다. 학자들은 이런 현상을 '부르주아지의 배신'이라고 표현하기도 한다. 또한 16세기 초까지만 해도 스페인의 상업계에서 카스티야 상인 혹은 자본가들이 중요한 존재였으나 1550년 이후 그들은 점차 외국인(특히 제노바 인) 기업가들에 의해 밀려났다. 가격혁명의 주요 희생자는 농민과 도시노동자였다. 상승하는 가격을 임금이 따라잡지 못했고, 세금과 지대, 생활비는 갈수록 올라 삶의 질이 악화되고 빈부격차는 날로 심해져 갔다.

인구 증가와 경제 발전은 1580년경이면 그 성장세가 멈춘 것으로 보인다. 그 후로는 전염병과 기근 등의 영향으로 스페인 인구가 급속히 감소했다. 예를 들어 1596~1602년, 1647~1652년의 전염병은 합쳐서 100만 명 이상의 생명을 앗아 갔다. 1609년과 1614년 사이에 25만 명 이상 되는 모리스코의 추방은 인구 감소 추세를 더욱 심화시켰다. 또한 스페인은 상당한 인적 자원을 해외로 유출시키고 있었는데, 많은 젊은이가 전투요원으로 징모되어 외국으로 빠져 나갔으며, 16세기 동안 약 25만 명, 17세기 동안 약 20만 명이 아메리카로 이주해 갔다. 이베리아 반도에서 가장 큰 도시였던 세비야는 17세기 동안 12만 5,000명에서 7만 5,000명으로 감소했다. 농촌 지역에서는 많은 마을들이 규모가 줄어들거나 폐허가 되었다.

스페인의 인구 감소는 당연히 경제 활동에 심대한 영향을 주었다. 약화된 수요와 낮은 생산은 농업 생산의 침체를 초래했고, 1550년 이후 가격 상승으로 스페인 양모의 해외 경쟁력이 떨어짐에 따라 양의 사육 두수도 감소했다. 아직 농촌에서 만들어지고 있던 이익은 성속의 지주들로 이루어진 소수 엘리트들의 수중에 집중되었다. 대부분의 농민들에게 삶은 그저 생존을 위한 투쟁이었으며, 많은 사람들이 늘어나는 부채와 과중한 세금에 시달리다 못해 고향 땅을 떠나야 했다. 그중 일부는 농촌의 임금노동자로 근근이 생계를 유지할 수 있었으나 다른 많은 사람들은 늘어만 가는 부랑자나 거지 대열에 합류하여 구호물을 찾아 도시로 몰려들었다. 카탈루냐 지역에서는 땅을 잃은 많은 사람들이 살아남기 위해 비적 떼에 합류하기도 했다.

스페인의 산업 또한 침체를 면치 못했다. 농업위기는 소비자의 수요가 감소하고, 동시에 치솟는 인플레이션과 과중한 세금은 스페인 상품의 경쟁력 저하를 의미했다. 한때 번영했던 세고비아의 직물 산업은 침체를 면치 못했다. 비스카야 조선소의 상황도 비슷했는데, 그곳에서는 자재비와 인건비 상승으로 16세기 후반 주문이 많이 감소했다. 1550년 이후 스페인에 들어오는 아메리카 귀금속 유입량의 괄목할 만한 증가에도 불구하고 그 수입의 대부분은 지역 산업에 재투자되기보다는 유럽 다른 지역에서 제조업 제품을 수입하기 위해 곧바로 유출되었으며, 그 결과 스페인의 수지 균형은 갈수록 악화되었다. 국왕의 금고에 들어온 귀금속의 대부분도 마찬가지로 스페인의 늘어만 가는 해외 사업에 혹은 외국인 은행가들에게서 빌린 부채 상환을 위해 빠져 나갔다. 동시에 아메리카 무역의 양과 가치도 꾸준히 감소해 갔는데, 그것은 부분적으로는 스페인의 식민지들이 점차 자급적 경제를 키워 나갔기 때문이고, 부분적으로는 외국인 경쟁자들(특히 영국인, 프랑스 인, 네덜란드 인)의 아메리카 시장에의 침투 때문이었다.

16세기 말~17세기 초면 스페인이 경제적 쇠퇴 국면에 접어들어 있었다는 것은 분명해져 있었다. 1600년에 쓴 글에서 아르비트리스타[8] 마르틴 곤살레스 데 세요리고는 다음과 같이 불만을 터뜨렸다: "우리나라는 빈부 격차가 극심하다. 그리고 그 둘을 서로 조정할 방법이 없다. 부자들은 하는 일 없이 빈둥거리고 가난한 사람들은 구걸을 한다."

그러나 1660년경 이후에는 회복의 기운이 감돌기 시작했다. 스페인 인구는 1676년과 1686년 사이의 기근과 역병의 영향에도 불구하고 서서히

8 1580년부터 1620년 사이에 적극적으로 활동한 사람들로서, 스페인의 깊어 가는 경제적 · 사회적 · 정치적 위기의 의미를 이해하고 개혁을 위한 방안arbitrios을 제시한 사람들을 가리킨다.

증가하기 시작했다. 농촌 경제 역시 농업 생산이 증가하고 원모 수출이 늘어나면서 회복되기 시작했다. 이 역시 1680년 화폐 평가 절하가 사업에 대한 확신감을 되살리고 산업에의 투자를 자극하기 위해 필요한 안정을 제공할 때까지는 그에 어울리는 제조업의 확대는 없었지만 말이다.

8. 제국시대의 문화: 황금세기

제국시대 스페인에서는 문화적 활동에서도 유례없는 발전이 나타났다. 가톨릭 공동왕의 치세에 이탈리아 르네상스의 문화적 영향은 스페인에서도 고전 지식과 휴머니즘 사상을 점차 높게 평가하는 경향을 가져왔다. 고전 언어 연구의 부활이 나타나 라틴 어는 상위 계층 사이에서 지위와 교양의 징표가 되었다. 이 시기 스페인의 가장 유명한 학자들 가운데 한 명이었던 안토니오 네브리하가 편찬한 『스페인 어 문법』(1492)은 근대 유럽 지역어로는 최초의 것으로서 카스티야 어(스페인 어)의 수월성을 강조하기 위한 것이었다.

1550년 이후 스페인 문학은 이른바 '황금세기'로 접어들게 되며, 그것은 거의 1세기 이상 동안 계속된다. 대항종교개혁Counter-Reformation의 영향으로 외국 서적에 대한 검열이 강화되고, 스페인 학생들의 외국 유학이 금지되었음에도 불구하고 스페인 제국의 광범한 연계망은 스페인이 피레네 산맥 너머에서 나타나고 있던 문화적 흐름을 계속 수용할 수밖에 없게 만들었다. 황금세기의 문화적 창조성의 폭발의 가장 두드러진 산물 가운데는 작자 미상의 『라사리요 데 토르메스』, 마테오 알레만의 『구스만 데 알파라체』, 프란시스코 데 케베도의 『부스콘』 같은 피카레스카 소설, 산타 테레사 데 아빌라, 산토 후안 데 라 크루스, 루이스 데 레온 등의 신비주의적 저술이 포함되어 있다.

로페 데 베가, 티르소 데 몰리나, 칼데론 데 라 바르카Calderón de la Barca, 1600~1681 등 수많은 뛰어난 극작가들을 배출한 스페인 연극은 국내뿐 아니

벨라스케스의 걸작 <시녀들>. 스페인의 17세기가 정치적 · 경제적으로는 위기의 세기였지만 문화적으로는 세르반테스와 벨라스케스 등이 활약한 '황금세기'였다.

라 외국에서도 인기와 명성을 떨쳤다. 하지만 뭐니뭐니해도 이 황금세기의 가장 위대한 문학적 성과물은 미겔 데 세르반테스의 『돈키호테 데 라 만차』였으니(1605년과 1615년에 1권과 2권이 각각 출간되었다), 이 작품은 세계 문학사에서 가장 위대한 소설 가운데 하나로 평가되고 있다.

스페인 제국과 국가 관료제의 확대와 비례하여 대학 교육을 받은 관리(레트라도)에 대한 수요도 늘어나서 16세기 동안 적어도 22개의 대학이 스페인에 생겨났고, 아메리카 식민지에도 5개가 더 생겨났다. 16세기 말이면 카스티야에 2만 명 이상의 대학생들이 있었던 것으로 추정된다. 그중에서도 가장 유명한 교육기관이 알칼라 데 에나레스 대학교였는데, 이 대학은 이베리아 반도의 신학 연구의 중심이 되었다. 가톨릭 공동왕 시대의 가장 중요한 문화적 성취 가운데 하나로 꼽히는 4개 언어로 된 다중어 성서 Polyglot Bible 편찬 작업이 진행된 것도 여기에서였다.

1480년부터 1570년 사이의 경제 붐, 인디아스로부터의 귀금속의 유입은 왕, 귀족, 상인, 고위성직자로 하여금 막대한 돈을 야심적인 건축 사업이나, 장식 용도의 예술에 투자하게 만들었다. 엘 에스코리알, 부엔 레티로 궁전 같은 호화로운 왕의 거처, 대귀족들을 위한 대저택, 그라나다, 세고비아, 세비야 등의 대성당 등이 새로 건축되거나 완성되었다. 16, 17세기 스페인에서 명성을 얻은 많은 미술가들 가운데 가장 유명한 사람으로는 엘 그레코, 벨라스케스, 무리요, 수르바란 등이 있다.

9. 나가며

16, 17세기 스페인 역사에 대한 전통적인 시각은 16세기 동안 스페인이 위대한 제국시대를 구가하다 17세기에 철저하게 몰락했다는 것이다. 그러나 스페인의 위기는 이미 16세기 말에 시작되고 있었다. 인구 감소는 이미 1580년대 말에 시작되고 있었으며, 1590년대면 스페인 경제는 만성적인 재정 적자에 인플레이션, 대규모 역병, 인구 감소, 라틴아메리카 상황의 악화 등으로 심각한 위기에 처해 있었다. 17세기의 몰락이라는 주장도, 어찌됐든 스페인은 1660년대까지도 유럽 열강의 하나로 군림하고 있었고, 문화적으로도 17세기가 세르반테스와 로페 데 베가, 그리고 벨라스케스와 무리요가 활약한 '황금세기'였다는 점에서 재고가 필요하다. 여러 가지 점들을 고려할 때 16세기의 영광과 17세기의 좌절이라는 이분법적 대조는 상

당부분 완화되어야 할 것이다.

그럼에도 불구하고 스페인이 16세기에 장차 유럽의 강국으로 발전할 수 있는 절호의 기회를 가졌음에도 결국 그 가능성을 현실화하지 못했다는 점은 의심의 여지가 없어 보인다. 이사벨과 페르난도는 정치적 · 경제적으로 스페인을 유럽 최초의 근대 국가로 발전할 수 있는 토대를 닦아 놓았고, 아메리카 정복과 식민화는 광대한 상품 시장 확보와 막대한 귀금속 유입을 고려할 때 스페인의 경제 발전에 크게 기여할 수도 있었다. 스페인이 유럽 내 광대한 제국의 중요한 일부가 된 것도 스페인의 발전에 불리하지 않았다. 그럼에도 불구하고 결국 그 유리한 전망과 엄청난 가능성은 실현되지 못하고 허공에 날아가 버렸다.

후속 세대들은 합스부르크 시대 스페인을 '실패의 시기'로 비난하는 경향이 있어 왔다. 특히 18세기 계몽사상가들, 19세기 자유주의 시대 지식인들은 17세기 정책입안자들(아르비트리스타들)의 전통을 이어받아 비판의 목소리를 높였다. 1800년대 스페인 의회에서 에밀리오 카스텔라르는 "스페인 제국보다 더 끔찍하고 혐오스러운 것은 없었다. 그것은 마치 전 지구 위에 수의를 펼친 것처럼 확장되었다"라고 비난을 퍼부었다. 1837년 미국 역사가 프레스코트도 합스부르크 시대가 "폐결핵에 걸려 홍조를 띤 몰락의 영광에 다름 아니었기 때문에 '황금시대'라 불려서는 안 된다"고 했다.

그렇다면 이 실패는 누구의 책임일까? 아마도 가장 큰 책임은 지배층, 그중에서도 스페인 왕들에게 있지 않을까? 왜냐면 첫째, 그들은 로마 가톨릭 신앙의 수호라는 중세적 이상과 무리한 제국주의 정책에 스페인의 국력을 소진하고 말았기 때문이다. 이 두 정책에의 집착이 16, 17세기 스페인으로 하여금 유럽에서 벌어진 거의 모든 전쟁에 주도적으로 뛰어들게 했고, 그것은 제국 내 다른 국가들의 협력도 없는 상황에서 아메리카에서 들어오는 귀금속을 비롯하여 스페인의 재원을 밑 빠진 독의 물처럼 유럽의 여러 전쟁터에서 탕진시키고 말았다. 스페인 왕들이 국가 이익을 도외시하고 국가의 위신과 자신의 체면을 지키기 위해 스페인과 별 상관도 없는 사업들에 막대한 부를 쏟아 부은 것이 스페인 몰락의 결정적인 원인이 되었다.

그렇다면 그런 스페인 왕들의 전근대적 사고가 당시 유럽 지배자들의 일반적인 한계였을까? 꼭 그렇지만도 않았다. 30년 전쟁에서 프랑스 왕들이 보여 주듯이, 동시대 유럽 열강의 지배자들 중에는 국가이성의 추구를 통해 근대적이고 중앙집권적인 국민 국가로의 길을 달려가는 사람들도 있었다. 그런 점들을 고려할 때 근대 초기 스페인에서 근대적이고 강력한 리더십의 부재, 그리고 그로 인해 제국 형성이 가져다준 기회의 상실은 매우 뼈아픈 것이라고 할 수 있을 것이다.

참고문헌

김원중(2001),「근대초 스페인 제국의 흥기와 몰락」,『이베로아메리카연구』, 제12집.
엘리엇, 존 H.(2000),『스페인 제국사 1469-1716』, 김원중 역, 까치.
엘리엇, 존 H. 외(2004),『히스패닉 세계: 스페인과 라틴아메리카의 역사와 문화』, 김원중 외 역, 새물결.
카, 레이몬드 외(2006),『스페인사』, 김원중·황보영조 역, 까치.

Baron, Simon (2004), *A History of Spain*, London: Macmillan.
Kamen, Henry (1983), *Spain 1469-1714. A History of Conflict*, New York: Longman.

상생의 모두스 비벤디:
프랑코 독재와 민주화

황보영조

스페인의 현대사는 한국의 현대사와 기이하게도 닮아 있다. 내전이 그러하고 프랑코 독재가 그러하며 민주화가 그러하고 민주주의를 정착시킨 상생의 모두스 비벤디modus vivendi가 그러하다.

1. 내전의 비극

한국전쟁의 비극을 겪은 우리에게 스페인 내전은 남 얘기가 아니라 우리 얘기로 다가온다. 1936년부터 1939년까지 3년간 지속된 내전으로 30만 명이 희생되었고 도심지 183곳과 건물 25만 채 가량이 파괴되었으며 철도 차량의 50퍼센트와 상선대의 3분의 1, 가축의 3분의 1이 파손되거나 희생

고야가 그린 <몽둥이 대결>

되었다. 그뿐만이 아니다. 전쟁의 결과 프랑코 장군의 일인 독재가 시작되었다.

비극 중의 비극은 그것이 동족상잔의 전쟁이었다는 사실이다. 1936년 7월 군사반란으로 시작된 내전은 프랑코의 국민군과 공화국 정부의 공화군 간의 싸움이었다. 이는 길게 보면 스페인 사상가 호세 오르테가 이 가세트 J. Ortega y Gasset가 말한 '낡은 스페인'과 '새로운 스페인' 간의 싸움이기도 했다. 이른바 두 스페인 간의 갈등이었다. 이 갈등은 19세기 말로 거슬러 올라간다.

미국과의 전쟁으로 마지막 식민지를 상실한 1898년 '재난' 때까지만 해도 스페인의 대중은 인위적인 체제에 취해 있었다. 스페인의 쇠퇴를 연구한 역사가 안토니오 카노바스 델 카스티요A. Cánovas del Castillo가 만들어 낸 양당 체제가 그것이다. 보수당과 자유당이 번갈아가며 정권을 교체하는 양당 체제가 1876~1913년에 이르는 스페인의 정치를 규정지었고 여러 난관을 거치면서 1923년까지 지속되었다.

양당 체제하의 정치인들은 단순히 자유주의적인 과두정치 세력에 불과했고 정당도 명사들의 파벌이자 의원들의 단순한 연합체에 불과했다. 정부는 집권에 필요한 의회의 과반수 의석을 만들기 위해 지역 맹주들과 손을 잡고 선거를 조작했다. 이러한 양당 체제가 단기적으로는 군주정의 제도적 안정을 보장해 주었다.

한편, 1898년의 국치를 겪은 대중들이 자성을 하면서 쇄신운동에 관심을 보였다. 지역 맹주들이 스페인의 발전을 가로막는 근본 요인이라고 본 쇄신운동의 선각자 호아킨 코스타Joaquín Costa는 지역 맹주들 대신에 '활기찬 세력'이 정치하는 세상을 꿈꿨다. 활기찬 세력은 다름 아닌 이제 막 잠에서 깨어나기 시작한 카탈루냐와 바스크의 민족주의자들, 사회주의자들, 아나키스트들, 패전으로 수모를 겪은 장교들이었다.

아일랜드나 체코의 민족주의와 마찬가지로 카탈루냐 민족주의는 찬란한 과거의 기억에, 외부의 억압에 의해서 "희생을 당했다"는 감정이 결합되면서 생겨났다. 1830년대에 카탈루냐의 문학적 르네상스로 출발한 카탈루냐주의가 1890년대 들어서는 자치를 요구하는 정치운동으로 발전했다. 이러한 정치적 카탈루냐주의는 스페인 내의 자치를 위해서 싸운 리가Lliga와 그보다 급진적인 카탈루냐행동Acció Catalana의 창당으로 구체화되었다.

이에 비해 정치적 영향력이 미약한 바스크 민족주의는 심각한 도전이 되지 않았다. 사비노 아라나Sabino Arana가 설립한 바스크민족당Partido Nacionalista Vasco은 본질적으로 인종주의적 성격을 지녔고 좌파로 기울지도 않았다. 가톨릭보수당에 머물러 있었다.

이 당시 산업화가 진행되면서 생겨난 노동운동의 세계는 유토피아적 성격의 혁명적 아나키즘과 실용주의적 성격의 마르크스 사회주의로 나뉘어 있었다. 사회주의자들은 1879년에 사회노동당PSOE을 창당하고 그 이듬해인 1880년에 노동자총연맹UGT을 결성했다. 사회노동당은 20세기 들어 노동자 조직을 대변하기보다는 봉건적 군주제를 비판하는 공화주의자들과 연대했다. 반면에 고용주들의 비타협적 태도에 직면한 노동자총연맹은 폭력에 호소하면서 아나키즘 노조의 혁명적 총파업에 참여하기도 했다.

바르셀로나와 안달루시아를 본거지로 한 아나키스트들은 1910년에 아나코생디칼리슴 조합인 전국노동연합CNT을 설립했다. 전국노동연합은 제1

차 세계대전 기간과 그 이후에 카탈루냐에서 대규모 파업들을 조직했다. 아나키스트들은 노동계급에 적대적일 수밖에 없는 국가 기구를 거부하면서 자유연애와 채식주의, 나체주의를 용인하는 대안문화를 만들어 나갔다.

양당 체제 하의 정치인들은 이러한 활기찬 세력의 위험을 잘 알고 있었다. 그들은 활기찬 세력이 전개하는 '아래로부터의 혁명'에 '위로부터의 혁명'으로 맞서야 한다고 생각했다. 경건한 가톨릭 신자이자 당대 최고의 웅변가인 보수당 지도자 안토니오 마우라Antonio Maura는 이를 위해 근대적인 정당 제도를 만들고 지방행정을 개혁하고자 시도했다. 하지만 그의 개혁 시도는 별다른 빛을 보지 못하고 오히려 정치권을 양극화하고 양당 체제를 붕괴시키는 결과를 가져왔다.

1906년 성년이 되면서 내각 구성의 권한을 부여받은 알폰소 13세는 내각 구성의 어려움에 봉착하자 헌정 체제의 수명이 다 되었다는 확신을 갖게 되었다. 결국 1921년에 그는 "자신의 뜻을 실현하고 조국을 위해서 몸을 바쳐야 한다"면서 일인 쇄신자의 역을 자처했다.

이 무렵 모로코의 한 부족에게 스페인 병사들이 잔인하게 학살당하는 비극이 발생했다. 이 재난에 책임이 있는 장군들과 정치인들, 심지어 국왕에 대한 비난 여론이 들끓는 가운데 1923년 9월 프리모 데 리베라Miguel Primo de Rivera 장군이 바르셀로나에서 군사반란을 일으켰다. 이런 상황에서 국왕은 프리모 데 리베라를 군사독재자로 받아들였다. 이는 군주제에 합법성을 부여해 준 헌법을 준수하겠다고 맹세한 대관식 선서를 국왕 자신이 어긴 큰 실책이었고 그 결과 프리모 데 리베라의 독재가 시작되었다. 이로써 자유주의 헌정 체제는 무너지고 말았다.

1920년대 스페인 인구는 2,350만 명가량이었다. 20세기 들어 사망률이 하락하면서 인구 유형이 유럽의 그것에 근접하기 시작했다. 1910년 이후에는 산업구조가 현대화되기 시작했다. 소규모의 구식 수공업 시설들 근처에 대규모의 현대식 기업들이 들어섰다. 농촌에서 도시로 인구 이동이 일어나면서 옛 성벽 너머로 도시들이 확장되어 나갔다. 폭이 넓은 새로운 대로가 마드리드나 바르셀로나 시를 관통하고 전차 궤도가 구시가 중심지와 신흥 변두리 지역을 연결시켜 주었다. 이렇듯 나름대로 근대화가 진전되고 있었지만 북서 유럽의 선진 경제 수준에는 아직도 크게 못 미쳤다.

이런 가운데 카탈루냐의 부르주아지와 안달루시아의 지주들은 프리모 데 리베라의 군사반란을 환영했다. 그가 스페인 정계의 오랜 숙원인 일대 개혁을 이뤄낼 것으로 생각한 것이다. 프리모 데 리베라 자신도 자신이 부패하고 비능률적인 정치인들을 제거할 '철의 외과의사'라고 생각했다. 하지만 그는 정치인으로서 실패했다. 자신이 무너뜨린 입헌군주제에 대한 대안을 제시하지 못한 것이다.

그러나 경제적으로는 국가 주도의 공공사업 계획을 추진해 소기의 성과를 거두었다. 이것이 산업 이륙을 위한 토대를 제공했고 스페인 역사상 처음으로 농업 인구의 비율이 45퍼센트로 떨어졌다. 1929년에는 자동차가 3만 7,000대, 전화기가 21만여 대로 늘어나면서 소비사회가 시작되었다.

하지만 1930년 프리모 데 리베라는 몰락했고 국왕도 그와 같은 운명이 되었으며 국왕이 대표하는 입헌군주제도 마찬가지였다. 1931년에는 스페인 역사상 두 번째로 공화제가 선포되었다.

대중의 환영을 받으며 등장한 제2공화국은 스페인의 변혁에 새로운 희망을 가져다주었다. 마누엘 아사냐Manuel Azaña 총리를 수반으로 하는 공화파와 사회노동당의 연립 정부가 근대화의 장애물로 작용한 토지 문제와 군대 문제, 종교 문제, 지역 문제의 해결에 착수했다. 대농장 라티푼디움을 수용하여 농민들에게 분배하고 민간 당국의 지휘를 따르는 민주적인 직업 군대를 창설하려고 했다. 또한 교회 권력을 제한하고 사회생활을 종교에서 분리하며 자유주의적이고 세속적인 교육을 확대하고자 했다. 그리고 카탈루냐와 바스크 지방에 자치를 허용하고 갈리시아와 기타 지방에도 자치를 허용하고자 했다.

하지만 이러한 개혁 시도와 조처들은 개혁 대상 세력의 저항만 초래했을 뿐 개혁에 기대를 건 세력을 만족시키지 못했다. 가톨릭 교회가 스페인

제2공화국 선포

의 정체성을 표현하는 공식 기관에서 단순한 임의 단체로 전락한 데다 일련의 탈종교화 조처들이 진행되자 교회의 교권 단체들은 분노를 금치 못했다. 지주들은 자신들의 권력과 부가 위협받고 있다고 생각했으며 장교들도 마찬가지였다.

또한 개혁 조처들의 이면에 있는 공격성에 놀라기도 하고 별다른 혜택을 받지 못해 소외감을 느끼기도 한 도시와 농촌의 중간 계층이 1932~1933년의 공화 정부에 등을 돌렸으며, 토지 개혁이 더디게 시행되고 고질적인 농업 문제들이 해결되지 않는다고 농민들도 여전히 불만을 터뜨렸다. 1931년 여름부터 진행된 아나키스트들의 반정부 공격에 놀란 자본가와 기업가들이 공화 정부를 불신하기 시작했다.

이런 상황 속에서 1933년 여름 부르주아 개혁주의자들에 환멸을 느낀 사회주의 노조 지도자 라르고 카바예로Largo Caballero가 대정부 지지를 철회했다. 이런 일로 갈등이 첨예화되자 알칼라 사모라Alcalá Zamora 대통령이 연립 정부 지지를 철회하고 새 선거를 소집했다. 그 결과 2년여에 걸친 근대화 개혁 시도도 막을 내리게 되었다.

제2공화국에 대한 보수층의 거부는 1933년 11월의 선거로 정치판의 무게 중심이 공화좌파와 사회노동당에서 급진공화당PRR과 스페인자치우익연합CEDA으로 바뀌면서 더욱 가시화되기 시작했다. 1934~1935년에 집권한 중도우파 정부는 1931~1933년의 입법에 조직적인 반격을 가하며 공화국의 성격을 다시 규정해 나갔다.

이런 가운데 1934년 10월 스페인자치우익연합 의원 3명이 내각에 입각하자 이를 파시즘의 대두로 본 좌파 단체들이 총파업으로 맞섰다. 하지만 이 10월 혁명은 실패로 돌아가고 좌파 단체들은 해체되었으며 노조 지도자들이 모두 투옥되었다.

이렇듯 하늘을 찌를 듯하던 중도우파 정부도 곧 막을 내리게 된다. 1935년 말 급진공화당 의원들이 부패 스캔들에 휘말려 연립 정부가 흔들리게 되자 알칼라 사모라 대통령이 새로운 선거를 소집한 것이다. 이에 아나키즘 노조 전국노동연합을 제외한 거의 모든 좌파 단체들이 감옥에 투옥된 투사들의 사면과 개혁을 위해 인민전선을 결성했다. 선거운동에는 스페인이 적대적인 두 블록으로 나뉘어 있다는 느낌을 조장하는 수사修辭들이 동원되었다. 사회주의자 라르고 카바예로는 만일 우파가 이긴다면 "우리는 반드시 내전을 치러야 한다"고 선언했고, 스페인자치우익연합 대표 힐 로블레스José María Gil Robles는 "하느님과 조국을 위해서"라는 슬로건을 내걸었다.

선거 결과 우파에게 근소한 표 차이로 승리한 인민전선이 선거법에 따라 의회의 다수 의석을 차지하게 됐다. 새 정부는 라르고 카바예로를 중심으로 하는 좌파 사회주의자들이 '부르주아 정부'에 더 이상의 협력을 거부했기 때문에 중도좌파 공화주의자들로만 구성되었다. 아사냐를 수반으로 한 인민전선 정부는 기존의 개혁 작업을 보호하는 데만 심혈을 기울였다. 그러자 농촌에서는 농업노동자들이 토지를 점령하기 시작하고 산업 지역에서는 임금 인상과 근로조건 개선을 위한 파업이 잇따라 발생했다. 위기가 엄습했다.

민병대원들

이 위기는 우파가 공화국 전복을 기도하자 더욱 가중되었다. 군대의 반란 기도도 더욱 빈틈없이 진행되었다. 이에 정부는 쿠데타 음모자로 의심되는 장군들을 멀리 떨어진 전초부대로 보직이동 조치했다. 음모 가담 여부를 결정하지 못해 주저하던 프랑코가 카나리아 제도에 배치된 것이 이 무렵이었다.

이런 상황 가운데 벌어진 국민블록 지도자 칼보 소텔로Calvo Sotelo의 암살 사건이 군사반란의 뇌관으로 작용했다. 마침내 7월 17일 아프리카 주둔군이 모로코에서 반란을 일으켰고 다음날 스페인 전역의 주둔군들이 그 뒤를 이어 반란을 일으켰다. 장기간의 내전으로 이어질 군사반란이 시작된 것이다.

일부 군대가 반란을 일으킨 이유는 다양했다. 그들은 공화국이 더 이상 역사적 정통성을 지니지 못하며 지방 자치로 국가의 통일이 해체되고 있다고 보았다. 그리고 종교와 사회생활을 분리해서 스페인의 가톨릭교적 본질을 훼손하고 권위를 결여한 민주적 제도를 도입해서 무질서와 파업을 양산했다고 보았다. 이런 위기에서 국가를 구할 마지막 수단이 바로 군대라고

1936년 혁명

생각했다.

반란군을 결속시켜 준 힘은 가톨릭교였다. 신앙의 수호가 하느님에 대한 의무이자 스페인에 대한 의무였던 것이다. 살라망카 주교의 표현처럼 내전이 실제로는 '십자군 전쟁'이었다. 적그리스도에 맞서 종교를 수호하고 자유주의자들과 공산주의자들에 맞서 진정한 스페인을 수호하는 전쟁이었다.

반란군 세력은 시간이 지나면서 반도 중부와 북서부, 그리고 남부의 일부 지역으로 확대되었다. 그에 따라 스페인 사람들이 양편으로 갈라서게 되었고 가족들이 헤어지는 경우에는 글자 그대로 동족상잔이 되었다. 내전 발발 당시 마드리드에 있었던 시인 안토니오 마차도Antonio Machado는 '자유를 위해서 장렬하게 싸우는' 사람들과 정부를 지지했다. 반면에 그의 친형이자 동료 시인인 마누엘 마차도Manuel Machado는 부르고스에 있다가 프랑코 장군의 처남 라몬 세라노 수녜르Ramón Serrano Suñer 일파에 가담했다.

반란이 일어난 1936년 여름에 공화국 정부 진영에서는 '자발적 혁명'이 전개되기도 했다. 민병대들이 떨치고 일어나 반란군의 진격을 저지했으며 도시와 농촌의 노동자들이 공장과 가게와 운송수단을 접수하거나 토지를 점령하고 그것을 집산화해 나갔다. 혁명 없이 전쟁에 승리할 수 없다는 생각에서였다. 이 혁명을 주도한 이들은 아나키스트들이나 좌파 사회주의자들이었다. 하지만 공화주의자들과 개혁파 사회주의자들, 그리고 공산주의자들은 이들과 생각이 달랐다. 그들은 혁명보다 전쟁 승리를 앞세웠고 이를 위해 강력한 중앙 정부와 단일한 군대를 원했다. 이런 갈등이 곧 수면 위로 떠오르게 된다.

한편, 국민군은 내전 초기부터 외부의 지원 없이는 전쟁에 이길 수 없음을 알고 무솔리니와 히틀러에게 지원을 요청했다. 이에 무솔리니는 아프리카 주둔군을 스페인 본토로 공수할 수송기는 물론 이탈리아 정규군과 각종 무기를 지원했다. 히틀러도 폭격기는 물론 대규모의 무기와 정예부대를 지원했다.

이들과 달리 영국은 유럽의 재해를 피하기 위해 중립적인 외교정책을 폈다. 내전이 대규모 전쟁으로 번질 불똥이라고 본 스탠리 볼드윈의 보수당 내각은 스페인의 갈등을 이베리아 반도에 국한시키고자 했다. 프랑스의 인민전선 정부도 스페인 공화국에 동정을 보이기는 했지만 결국에는 영국과 더불어 불간섭 정책에 참여했다.

독일과 이탈리아는 1936년 8월 조인된 불간섭협정을 존중하지 않고 군사 지원을 계속했다. 이를 제지하지 못하는 영국과 프랑스의 우유부단함으로 피해를 본 것은 공화 진영이었다. 공화 진영은 무기 구입을 밀매 시장에 의존할 수밖에 없었다. 이런 상황을 지켜보던 스탈린은 국민군이 승리하게 되면 파시즘이 강화될 것이고 그렇게 되면 소련이 위협받게 될 것이라고 보고 공화 진영에 군사 원조를 제공하기로 했다.

소련의 군사 지원은 자연스레 스페인공산당PCE의 세력을 신장시키는 데 이바지했다. 공산당의 세력 증대는 내전 중의 내전에 불을 지폈다. 결국

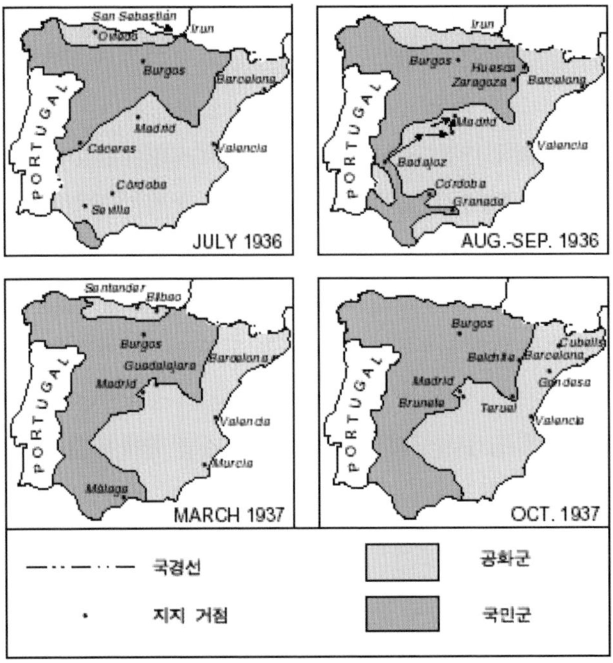

스페인 내전의 전개

1937년 5월 바르셀로나에서 공화군 진영 내의 두 세력, 곧 공화국 정부 측과 아나키스트들 사이에 시가전이 벌어졌다. 이는 아나키스트들이 반란군과의 전쟁에 총력을 기울이고자 무기를 버리면서 끝이 났다. 이로써 공화군 진영의 세력 균형은 중앙집권 국가를 주장하는 사람들에게로 기울었다. 이 분쟁은 5월 18일에 개혁파 사회주의자 후안 네그린Juan Negrín이 새로운 내각을 구성하는 것으로 정리되었다. 이후 공산당과 긴밀한 공조를 유지한 네그린은 공산당의 앞잡이라는 비난을 사기도 했다.

이런 내분이 일어나고 있는 사이 전선에서는 공화군이 밀리고 있었다. 북부에서는 독일의 콘도르 군단이 1937년 4월 바스크 지방의 역사적 수도 게르니카에 고성능 폭탄과 소이탄을 빗발치듯 투하했다. 6월에는 빌바오가 함락되고 8월에는 산탄데르가 무너졌다. 10월 말경에는 북부가 반란군의 수중에 들어갔다. 1937~1938년 겨울에는 몇 차례 공방전을 치렀다. 하지만 아라곤의 테루엘도 무너졌다. 1938년 3월에는 반란군이 아라곤과 카탈루냐 남서부, 그리고 에브로 계곡을 점령했다. 이듬해 1월에는 반란군 부대가 마침내 바르셀로나에 입성했다. 대통령 아사냐는 이미 프랑스로 도망쳤고 바르셀로나 거리에는 "종이와 찢어진 당원증 및 조합원증이 널브러져" 있었다. 3월 27일에는 마지막 남은 보루였던 마드리드에 반란군이 진입했고 사흘 뒤에는 전쟁이 종결되었다.

결국 공화군이 패배했다. 공화군의 패인은 무엇보다도 협력의 결여와 정치적 분열이었다. 국민군은 이른바 국민운동이라는 기치 아래 서로 뭉친 반면에 공화군은 내전 중의 내전을 치를 정도로 분열되어 있었다. 탄약이 고갈되거나 무기가 좋지 않았던 것도 공화군 전선의 붕괴에 한 몫을 했다. 여기에는 불간섭 정책, 특히 민주국가들의 지원 결여가 큰 영향을 미쳤다.

2. 프랑코 독재

내전을 거쳐 일인독재의 길을 연 프랑코는 공산주의와 프리메이슨주의에 대한 피해망상증에 사로잡혀 자유주의와 자유주의 정당들이 스페인에 재앙을 불러왔다고 믿는 완고하고 의심 많은 땅딸막한 체구의 인물이었다. 하지만 그는 1936년 9월 동료 장군들로부터 국가수반이자 정부수반의 지위를 부여받으면서 절대권을 향유했다. 1937년 4월에는 팔랑헤 에스파뇰라Falange Española를 중심으로 반란을 지지한 모든 정당들을 통합하여 단일 정당을 구성하고 1938년 1월에는 첫 내각을 구성했다. 1939년 4월 1일 내전에서 승리한 정권은 바로 이 프랑코 내각이었다.

프랑코 장군

프랑코 정권의 기초는 교회와 군대와 팔랑

헤당이었다. 그 내부에는 물론 정치적 성향이 다른 비공식 파벌들이 존재하고 있었다. 팔랑헤파와 카를로스파, 가톨릭 보수파, 군주제파 등이 그들이었다. 하지만 이들은 종교적이고 민족적이며 반민주적인 이데올로기를 중심으로 결속했다. 이들의 지지를 받은 프랑코 정권은 본질적으로 보수적이고 권위주의적이었다.

프랑코 정권은 기독교적 가치를 신봉했으면서도 패자들에 대한 용서를 보여 주지 않았다. "조국을 위해서 목숨을 바친 자들의 피는 망각과 불임 혹은 반역을 허락하지 않습니다. 스페인 사람들이여, 깨어 있으십시오. 스페인은 아직도 안팎의 적들과 전쟁 중에 있습니다." 이는 내전에서 승리한 날 국영 라디오 방송에서 흘러나온 내용이다. 이것이 일련의 법률을 통해서 제도화되었다. 이미 1939년 2월에는 제2공화정기와 내전기에 좌파 진영에 가담한 정치범들을 색출해 처벌하기 위한 정치책임법을 공포한 바가 있었고 1940년과 1941년, 1947년에 프리메이슨 및 공산주의방지법과 국가보안법, 절도 및 테러방지법을 각각 제정했다.

그 결과 수백만 명이 겪게 된 고통은 아무리 강조해도 지나치지 않을 것이다. 이를테면 1940년 한 해에 감옥에 수감된 죄수의 수가 27만 명으로 늘어났고 1939년에서 1945년 사이 처형된 사람의 수는 적어도 2만 8,000명에 달한다. 7년 동안 매일 10명씩 처형된 셈이다. 이 밖에 스페인 가정들의 대부분은 기아와 질병의 고통을 겪으며 착취를 당했다. 그리고 새 정권의 목적을 공유하지 않는 사람들은 모두 폐소공포증에 시달려야 했다. 표현의 자유가 없었으며 개인의 신앙과 언어는 사적인 영역에 국한되었고, 공공장소에서는 파시스트식 거수경례를 하고, '제국을 하느님께'라는 구호를 외쳐야 했다. 심지어 외래어를 없애기 위해 축구 용어를 개칭하기도 했다.

이러한 탄압의 목적은 스페인의 "진정한 정체성"을 타락시킨 제도와 이데올로기들을 제거하는 것이었다. 민주주의와 무신론은 물론이고 체제 초기에는 자유 시장 체제로서의 자본주의도 그 대상이었다. 진정한 스페인은 제국적이고 위계적인 가톨릭 군주들의 전통 속에 있었고 건강한 스페인은 카스티야의 시골에 있었다. 앞서 얘기한 대량 처형과 투옥은 물론 교육과 대중 선전을 통한 체제 가치의 고취는 이를 회복하기 위한 시도의 일환이었다.

자유주의에 물든 "병든" 경제에 대해 프랑코가 내린 처방은 이른바 경제 자립 정책이었다. 세계시장으로부터의 철수와 수입대체 산업 육성, 민간 자본의 약점을 보완하기 위한 국가 개입이 그 골자였다. 이 자립 정책은 독일과 이탈리아의 파시즘 정책을 본뜬 것이었다.

프랑코 정권이 자처한 이 경제 고립은 1940년대 말에 그 실패가 드러나면서 철회되었다. 치솟는 인플레이션과 만성적인 적자에 허덕이면서 자립 정책을 수정하지 않을 수 없었다. 이에 프랑코는 다소나마 경제 자유화를 추진할 수 있도록 개각을 단행했다. 1953년에는 바티칸과 정교협약을 체결하고 미국과 재정 지원을 조건으로 미군기지 건설을 허용한다는 협정을 체결했다. 이로써 그동안 유지해 온 외교적 고립에서도 벗어나게 되었다. 2년 뒤인 1955년에는 유엔에 가입했다.

하지만 이러한 자유화 조처들에도 불구하고 1950년대 중반 스페인 경제는 여전히 고통에 시달리고 있었다. 국제수지 적자가 배로 늘어나고 인플레이션이 급등해 실질임금이 전쟁 전 수준의 35퍼센트에도 못 미쳤다. 파업의 물결이 스페인 전역을 휩쓸고 지나갔으며 신세대 학생들이 반정부운동을 조직하기 시작했다. 교회의 열정적인 체제 지지 전선에 균열이 생기기 시작했으며 팔랑헤 정당과 군대 사이에도 긴장이 증가했다. 군대의 다수를 차지한 군주제파가 알폰소 13세의 아들 돈 후안을 군주로 옹립하지 않은 데 실망감을 나타냈기 때문이다.

이에 프랑코는 숨통을 트기 위해 1957년에 다소 융통성이 있는 당원들로 새 내각을 구성하고 가톨릭 평신도 단체인 오푸스 데이 계열의 신자유주의 기술관료들로 경제팀을 짰다. 이 기술관료들은 그간의 자립경제 체제를 해체하고 경제의 문호를 개방하고자 했다. 그들은 이것이 경제성장을 가져다주고 생활수준을 향상시켜 결과적으로는 체제를 안정시켜 줄 것이라고 보았다. 이는 내전에서 승리한 이른바 '기원의 정통성'에 머무르지 않고 번영을 이룩하는 '업적의 정통성'을 세워 나가려는 시도였다.

프랑코는 결국 페세타를 태환 통화로 바꾸어 그 가치를 절반으로 삭감하겠다는 1959년의 경제안정화계획을 마지못해 수용했다. 공공지출을 줄이고 외국 투자에 문호를 개방한 이 계획은 당시까지 유지해 온 보호 경제에 획기적인 영향을 미쳤다. 그 결과 스페인 경제가 1961년에서 1974년 사이 세계 최고 수준의 성장률을 기록하고 1970년대 초에는 서유럽 소비사회의 일원이 되었다. 이는 서유럽의 경제 붐이라는 환경의 영향도 있었지만 이러한 정책 변화의 덕분이기도 했다.

이러한 경제성장은 사회적 변화를 수반했다. 국내외 이주가 늘어나면서 인구구조가 바뀌었고 관광객이 급속하게 증가하면서 스페인 인들의 행동과 습관에 변화가 생겼다. 사회의 근대화와 세속화도 추진되었다. 1975년에는 인구의 75퍼센트 가량이 1만 명 이상의 도시에 거주했다. 1960년에는 스페인 가구의 4퍼센트만이 자동차를 보유하고 1퍼센트만이 텔레비전 수상기를 보유했는데 1975년 들어 그 수치가 각각 40퍼센트와 85퍼센트로 늘어났다. 1970년에는 노동 인구의 4분의 3이 공업과 서비스업에 종사하고 나머지 4분의 1이 농업에 종사했다.

이러한 근대화의 바람을 타고 정치적 저항이 생겨났다. 이는 점차 복잡해지고 다원화되어 가는 사회적 요구에 권위주의적 지배 체제가 적절한 대응을 하지 못한 탓이었다. 체제에 가장 심각한 도전을 제기한 집단은 노동자들과 대학생들이었다. 1962년부터 노동자들의 파업의 물결이 스페인 전역을 휩쓸었으며 작업장에는 공산당 투사들이 지배하는 비밀조직 노동자위원회Comisiones Obreras가 등장했다. 대학생들은 팔랑헤 정당이 지배하는 기존 대학생조합Sindicato Español Universitario의 비민주성과 대학의 열악한 환경에 반대하며 시위를 벌였고, 지식인들은 민주적 권리와 자유를 요구하며 궐기했다. 이제 프랑코주의가 내건 평화의 신화가 무색해지고 말았다.

독재 정권은 이러한 저항들뿐만 아니라 지역 민족주의의 도전에도 직면해야 했다. 1960년대 들어 카탈루냐와 바스크 지방의 자치권이 민주화 요구의 핵심 사안으로 떠올랐다. 특히 1959년에 일부 바스크 민족주의자들이 설립한 에타ETA는 폭력적이고 비밀결사적인 색채를 띠어 갔다. 이 무렵에 나타난 교회의 태도 변화는 프랑코가 일종의 "배신"으로 여길 정도였다. 가장 열렬한 체제 수호자였던 교회가 노골적인 체제 비판 세력으로 바뀐 것이다. 이러한 태도 변화는 제2차 바티칸공의회 이후 나타난 세계 가톨릭교회의 변화와 평신도 단체들 및 도시 사제들의 급진화 경향에서 비롯된 것으로 보인다. 1971년에는 내전 당시 행한 교회의 역할에 대해 국민에게 용서를 구하고 1973년에는 교회와 국가의 분리를 요구하기까지 했다.

다방면에서 제기된 이러한 도전들이 주문한 것은 다름 아닌 체제의 변화였다. 이에 체제를 떠받쳐 온 파벌들 중에 제한적인 자유화를 주장하는 혁신파aperturistas가 등장하기도 했다. 하지만 변화를 반대하는 현상유지파inmovilistas의 주장이 우세했다. 이들이 제정한 1967년의 국가조직법은 체제의 반동적 성격을 확인한 것에 불과했다. 그에 따라 반체제 운동은 더욱 거세졌다. 이를 무마하기 위해 1969년 후안 카를로스를 프랑코의 계승자이자 미래의 국왕으로 지명했지만 그것이 이러한 갈등을 해결하는 데는 아무런 도움이 되지 않았다.

프랑코 독재는 앞서 얘기했다시피 집권 후반기에 들어 이른바 경제 기적을 일궈냈다. 이는 체제의 정통성을 유지하기 위한 방편이기도 했다. 하지만 경제 번영의 결과 생기기 시작한 사회·문화적 변화가 독재 체제와 조화를 이룰 리 만무했다. 빵과 서커스를 통해서 국민의 동의를 이끌어 내려 했지만 부분적인 성공을 거두었을 뿐이다. 1970년대 초에는 오히려 사회·정치적 소요가 늘어났다. 가장 극적인 사건은 1973년 말 프랑코의 오른팔이자 총리인 카레로 블랑코Carrero Blanco의 암살이었다. 시위의 증가는 1973년 오일 쇼크로 인한 경기 후퇴와 더불어 프랑코 독재 마지막 2년간 체제의 정통성을 더욱 약화시키는 요인으로 작용했다. 1975년 11월에는 그동안 체제를 유지시켜 준 유일한 접착제마저 사라졌다. 프랑코가 사망한 것이다.

36년간이나 지속된 프랑코 독재는 스페인 역사에 우연히 끼어든 것이 아니었다. 그것은 두 스페인 간의 갈등의 산물이었고 내전의 산물이었다. 프랑코 독재가 스페인 역사에 새로운 경제와 사회 질서를 만들어 내기는 했지만 그 갈등을 해소하지는 못했다. 국가의 법률이나 기구는 예전 그대로였다. 정통성을 확립하지도 못했으며 외교적으로도 고립되어 있었다. 이것이 프랑코가 사망할 당시 스페인의 현주소였다.

3. 전환시대의 논리

독재자가 사망한 지 이틀 뒤에 후안 카를로스가 그를 계승해 국가의 수반이 되고 왕위에 올랐다. 후안 카를로스는 이듬해 7월 젊은 아돌포 수아레스Adolfo Suárez를 총리에 임명했다. 이는 뜻밖의 인사였다. 국영 라디오텔레비전방송국 이사를 지내고 팔랑헤 정당의 후신인 국민운동Movimiento Nacional의 사무부총장직을 수행하던 아돌포 수아레스가 당시는 무명의 인물이었기 때문이다. 이러한 그의 경력이 현상유지파의 경계를 늦추는 데는 일조했지만 변화를 추구하는 사람들의 마음을 만족시켜 주지는 못했다.

신임 총리는 일명 "벙커파"라고 불리는 강경한 현상유지파와 개혁을 위한 대중 동원 사이를 조심스레 항해해 나가야 했다. 1976년 11월의 정치개혁법Ley de Reforma Política 제정이 그 첫 출발이었다. 이 법은 '정치개혁의 법'이 아니라 '정치개혁을 위한 법'으로서 향후 민주화 개혁을 위한 수단이 될 것이었다. 국민주권과 법의 우위, 기본권 불가침, 보통선거권, 정치적 다원주의 등의 원리를 담고 있는 이 법안은 국민투표에서 94퍼센트가 넘는 지지를 받았다. 이로써 아돌포 수아레스의 입지가 강화되었고 민주적 자유선거를 실시할 여건도 마련되었다.

후안 카를로스 국왕과 아돌포 수아레스

1977년 2월에는 기존의 정치결사법Ley de Asociación Política을 개정해 정당 결성을 합법화하고 4월에는 프랑코 체제의 유일 정당인 국민운동을 해체했다. 그해 4월 9일에는 공산당을 합법화했다. 1977년 6월에는 1936년 2월 총선 이래 처음으로 국회의원 선거를 실시했다. 아돌포 수아레스도 민주중도연합UCD을 창설해 이 선거에 참여했다. 이 선거에서 민주중도연합이 30퍼센트 이상의 득표로 승리를 거두었고 사회노동당이 2위를 차지했다. 이 두 정당이 향후 스페인 정치의 중심축으로 부상했다.

선거 결과 개원된 국회가 제헌의회는 아니었지만 결국 그 기능을 하게 되었다. 국회 내 헌법위원회가 초안을 마련하고 1978년 10월 상하 양원의 승인을 받았다. 이 법안이 국민투표에서 유권자 87퍼센트의 압도적 지지를 받은 다음 1978년 12월 29일에 헌법으로 공포되었다. 사회민주주의적 법치 국가와 의회군주제, 지방자치제를 주요 원리로 한 이 헌법은 민주주의를 재건하겠다는 의지의 표현이었다. 따라서 민주 세력의 승리를 보여 주는 증거이기도 하다. 1979년 3월에는 새 헌법에 따라 다시 국회를 구성하고 그해 4월에는 지방선거를 실시했다. 이 두 선거는 스페인에 민주주의가 정착되기 시작했음을 보여 주는 대표적 사례가 된다.

이로써 독재자가 사망한 지 3년 만에 프랑코의 독재 체제가 현대적인 다원민주주의 체제로 바뀌었다. 이는 동유럽과 기타 지역 민주화 이행의 모델이 되기도 하는 놀라운 변화다. 이러한 체제 전환은 사회개혁을 위한 대중들의 강한 열망 덕분이기도 하지만 정치 지도자들의 타협에서 비롯된 것이기도 하다.

이 당시 스페인 사람들의 머릿속에는 불행한 과거에 대한 두려움이 가득했다. 정치적 양극화와 참혹한 내전은 '되풀이해서는 안 될' 악이었다. 1930년대의 실패를 되풀이하지 않기 위해서 대화하고 타협해야 했던 것이다. 이를 잘 보여 주는 것이 사면법Ley de Amnistía이다.

프랑코 생전에도 사면법을 제정하라는 요구가 있었지만 그가 사망한 다음에는 그것이 본격적으로 제기되었다. 그 결과 1976년 7월에 첫 번째 사면법이 통과되었다. 그 이후 내용을 좀 더 보완한 두 번째 사면법이 1977년 10월에 제정되었다. 이 법에는 '유혈 범죄자'를 포함한 모든 정치범을 석방한다는 내용이 포함되었다.

내전 희생자와 독재 피해자들이 이 사면법에 만족했을 리가 없다. 하지만 당시 스페인 사회는 이를 매우 의미 있게 받아들였다. 극우 집단을 대표하는 국민연합Alianza Popular이나 바스크의 극렬 집단을 제외한 거의 모든 정당은 과거를 잊고 새로운 출발을 하기 위한 국민 화해의 수단이라면서 이 법을 환영했다. 온건 좌파 성향의 일간지 『엘파이스』는 이를 두고 "최상의 결과는 아닐지라도 지금 상황에서 할 수 있는 최선의 결과"라면서 "내전의 상처를 극복할 진정한 상징"으로 치켜세웠다. 그러면서 "내면에 있는 지난날의 상처를 지우고" "새로운 민주 스페인을 건설하는 데 적극 협력해야" 한다고 했다.

독재 체제에 저항을 하다 구속된 민주 인사들뿐만 아니라 그들에게 폭력과 고문을 자행한 경찰들도 사면 대상에 포함시킨 이 사면법은 다른 일련의 조처들과 더불어 정치적 타협의 산물이었다. 그 배후에는 오랜 상처와 원한이 덧나지는 않을까 하는 두려움이 있었다.

이런 두려움이 정치 지도자들에게만 있었던 것은 아니다. 대중들도 정의보다 평화와 질서, 안정을 우선시했다. 이런 태도는 여론조사 결과나 선거 결과에서 잘 드러난다. 앞서 얘기한 몇 차례의 선거에서 중도와 온건을 지향하는 정당들이 승리를 거둔 반면에 내전과 대립을 연상시키는 공산당과 국민연합은 참패했던 것이다.

스페인의 민주화는 이러한 현실 인식에 바탕을 둔 양보와 타협의 산물이었다. 우파는 프랑코 체제의 원칙과 기득권을 포기했고 좌파는 철저한 민주주의 대신 점진적 개혁에 동의했다. 이들의 양보와 타협을 이끌어 내는 데는 국왕 후안 카를로스와 총리 아돌포 수아레스의 지도력이 큰 힘을 발휘했다.

요컨대, 스페인은 과거와 단절하되 과격한 단절이 아니라 '타협에 의한 단절'을 이룩했다. 바로 이 '타협에 의한 단절'이 독재 체제에서 민주주의 체제로 넘어가던 전환시대의 논리였다.

하지만 이런 체제 변화의 영향이 군대에까지 미치지는 않았다. 군 장교들은 대체로 프랑코 국가의 해체를 반대하고 있었다. 군 내부에 민주주의를 전복하려는 음모가 진행되고 있었고, 그것이 1978년과 1981년의 쿠데타로 드러났다. 하지만 모두 실패로 돌아갔다.

4. 민주주의의 정착

이러한 쿠데타 정국이 사회노동당에게 매우 유리하게 작용했다. 민주중도연합의 해체도 마찬가지였다. 사회노동당은 곧 1982년 선거에서 놀라운 승리를 거둔다. 그 결과 제2공화국 이후 40여 년 만에 좌파가 집권하게 되었다. 정권 교체가 민주적 선거를 통해 이루어졌다. 이는 제도적인 의미에서 민주주의가 정착되었음을 나타낸다. 펠리페 곤살레스Felipe González가 이끄는 사회노동당은 그 후 1996년까지 14년 동안 정권을 유지했다.

사회노동당 정부는 스페인 민주주의를 공고화시키고 지방자치제를 수립했으며 1982년과 1986년에 각각 나토와 유럽공동체에 가입했고 광범한 사회개혁을 추진했다. 심각한 위기를 겪은 스페인 경제가 성장의 길로 들어섰고 인플레이션이 50퍼센트로 줄었다. 하지만 실업률은 23퍼센트에 이르렀다.

펠리페 곤살레스

1993년 총선에서는 과반수 의석을 차지하지 못해 카탈루냐 민족주의 정당 집중과연합CiU과 연립내각을 구성하지 않을 수 없었다. 1992~1993년의 경기 후퇴로 사회노동당 지지표가 이탈했기 때문이다. 1995년 집중과연합이 연립을 거부해 1996년 3월 다시 선거를 치러야 했다. 선거 결과는 국민당PP의 승리로 나타났다. 당시 사회노동당의 패배는 예견된 것이었다. 당의 고위관료들이 금전수수와 뇌물, 족벌주의, 이권 챙기기 등의 추태를 보인데다가 에타 혐의자들을 납치·살해하기 위해 국립테러단을 설치한 사실이 폭로되면서 당의 신뢰가 추락했기 때문이다.

선거 결과 구성된 호세 마리아 아스나르José María Aznar의 국민당 정부는 프랑코 정권 이후 등장한 최초의 공공연한 보수주의 정부였다. 국민당이 뒷문으로 들어온 프랑코주의자들이라고 한 사회노동당의 비웃음을 불식시키기 위해 아스나르 정부는 자신들이 전통적인 보수주의자들과 달리 신자유주의적인 현대화론자들임을 보여 주고자 했다. 이를 위해 민영화와 복지국가의 개혁을 당 강령에 포함시키고 민주 헌법의 기본 규정들을 존중하는 혁신적인 보수주의를 구현해 나갔다.

호세 마리아 아스나르

국민당 정부는 스페인 경제를 유럽연합의 통화 통합 기준에 맞추려고 노력했다. 실업률이 여전히 유럽 최고 수준이었지만 인플레이션과 공공부문의 차용이 점차 감소되었으며 낡은 제조업 부문이 새로운 하이테크 및 서비스 산업으로 대체되었다. 그리고 노동의 유연성을 높이기 위해 노조의 강경 입장이 반영된 노동법규들을 폐지했다.

1990년대 후반 들어 스페인 경제는 지속적으로 성장했다. 국민당은 이러한 경제성장 덕분에 2000년 3월 총선에서 과반수 의석을 차지했고 정부 정책을 자유롭게 추진할 수 있게 되었다. 반면에 선거 결과로 내분이 심화된 사회노동당은 강력한 지도력도, 일관된 정치 전략도 없는 상태였다.

이 당시 스페인 정부가 직면한 대표적인 문제는 바스크의 분리 독립을 추구하는 에타의 폭력 문제였다. 1997년에는 에타의 살인과 납치에 반발하는 대중 시위가 스페인 전역에 걸쳐 일어났다. 그해 말 에타의 비공식 정치 조직인 에리 바타수나Herri Batasuna의 지도부가 정치적 목적의 폭력 사용을 정당화한 비디오를 유포시킨 죄로 감옥에 투옥되는 사건이 발생했다. 이에 바스크 지방의 대중은 1998년 가을에 폭력의 악순환을 종식하고 정부와 협상을 벌이기 위한 에스테야 협정Pacto de Estella을 도출해 냈고 에타는 그해 10월 휴전 선언을 했다. 하지만 바스크의 민족 자결권을 둘러싼 갈등이 봉합되지 않아 휴전 선언 14개월 만에 에타는 또다시 폭력 활동을 시작했다.

또 다른 주요 정치 의제는 과거사 문제였다. 이 문제는 얄궂게도 내전과 독재의 피해 세력이라고 할 수 있는 사회노동당이 아니라 프랑코 독재 정권을 심정적으로 계승한 세력이라고 볼 수 있는 국민당이 집권하면서부터 제기되기 시작했다. 이는 아무래도 1996년의 내전 발발 60주년과 1998년의 민주헌법 제정 20주년, 1999년의 내전 종결 60주년을 맞이해 진행된, 내전과 프랑코 독재의 의미를 재조명하려는 각종 행사들과 관련이 있을 것이다. 또한 여당인 국민당에게 프랑코 독재 체제를 공개적으로 단죄하라고 요구한 야당들의 주장이 결정적인 계기를 제공했을 것이다. 국민

유해 발굴 현장

당은 결국 2002년 2월에 프랑코 독재 체제가 불법적인 쿠데타의 산물임을 인정했다.

2000년 3월 국민당이 총선에서 또다시 승리를 거두자 야당들은 과거사 문제를 더욱 집요하게 제기했다. 그해 11월 스페인 국회는 만장일치로 1936년 7월 18일의 사건을 군사 쿠데타라고 규정하고 독재에 의해 희생된 자들의 지위를 인정하고 그 피해를 보상해 주기로 했다. 이는 프랑코 독재 피해자들과 공화국의 기억을 복원하고 전환기의 과거사 처리 방식이나 독재의 상징물 존속을 비판하는 일부 단체들의 다양한 노력들을 반영한 조처이기도 했다.

이제 내전의 되풀이를 두려워한 부모세대 대신 과거를 단순하게 직면하려는 신세대가 사회의 주역이 되면서 피살자들의 유해 발굴 작업이 과거의 상처를 덧나게 하지 않을까 우려하기보다 그들의 상처를 아물게 해야 한다는 인식이 더 힘을 얻게 되었다. 2004년 3월에 집권한 호세 루이스 로드리게스 사파테로José Luis Rodríguez Zapatero의 사회노동당 정부가 내전과 프랑코 독재 희생자들의 실태를 조사하기 위한 범정부위원회를 구성하고 희생자들을 위한 법안을 마련하며 사건들의 기억을 보존하고 재평가하는 데 관심을 보인 것은 바로 이러한 흐름 속에서였다. 2006년 7월에는 제2공화국 선포 75주년과 내전 발발 70주년을 맞이해 2006년을 '역사적 기억의 해'로 선포하고 내전이나 프랑코 독재의 탄압에 희생된 자들을 기리는 각종 기념행사를 지원했다. 2007년 12월에는 프랑코 사망 33년 만에 그동안 묻어둔 과거사의 진실을 밝혀 내기 위한 역사적 기억법을 제정하는 데 합의하고 진실 규명 작업에 착수했다.

이상에서 살펴본 스페인의 20세기는 두 스페인이 갈등한 세기라고 해도 과언이 아니다. 낡은 스페인과 새로운 스페인으로 대표되는, 전근대와 근대, 보수와 개혁, 우파와 좌파, 가해자와 피해자가 갈등했다. 이 갈등이 급기야 내전으로 치닫고 독재로 제도화되었다. 하지만 결국 내전의 비극을 교훈 삼아 두 스페인은 타협했고 민주화를 이룩했다. 이른바 "타협에 의한 단절"을 만들어 냈다. 그 이후 사회노동당이 집권했고 국민당의 집권이 이어졌으며 다시 사회노동당이 집권했다가 현재는 국민당이 집권해 있다. 이 모든 정권 교체가 민주적이고 평화적인 절차 속에 진행되었다. 민주주의가 완전히 정착된 것이다.

하지만 과거사는 묻어 둘 문제도, 타협할 문제도 아니다. 정리해야 할 문제, 곧 진실을 밝히고 그에 따라 적절한 조처를 취해야 할 문제다. 이 길이 곧 깊은 갈등을 온전히 해소하고 스페인의 상생을 이루는 길이다.

참고문헌

비버, 앤터니(2009), 『스페인 내전』, 김원중 역, 교양인.
안병직 외(2005), 『세계의 과거사 청산』, 푸른역사.
엘리엇, 존 H.(편)(2003), 『히스패닉 세계: 스페인과 라틴아메리카의 역사와 문화』,

김원중 외 역, 새물결.
카, 레이몬드 외(2006), 『스페인사』, 김원중 · 황보영조 역, 까치.

Juliá, Santos y otros (2007), *La España del siglo XX*, Madrid: Marcial Pons.
Vilar, Pierre (1995), *Historia de España*, Barcelona: Grijalbo Mondadori.

스페인의 소수 민족주의 운동: 카탈루나와 바스크 지역을 중심으로

김원중

1. 들어가며

스페인의 가장 두드러진 특징 가운데 하나는 매우 다원적인 국가라는 점이다. 그 다원적인 성격을 가장 잘 보여 주고 있는 것이 언어일 것인데, 스페인은 현재 고유한 역사와 문화를 가진 네 개의 언어권(카스티야 어권, 바스크 어권, 카탈루냐 어권, 갈리시아 어권)으로 나뉘어 있으며, 이런 다원성은 서유럽에서는 유례를 찾을 수 없는 매우 독특한 것이다. 이런 다원성은 한편으로는 풍요로운 문화적 전통의 밑거름이 되기도 했지만 다른 한편으로는 수세기 동안 심각한 정치적 갈등의 원인이 되기도 했다.

스페인에서는 15세기 말 레콩키스타(국토회복운동)의 완성으로 스페인 국가 Spanish State가 생겨난 이래 지금까지 상충하는 두 개의 국가 모델 간의 갈등이 일종의 고질병처럼 되어 왔는데, 중앙집권주의를 추구하는 쪽과 광범한 지역 자치 혹은 분리 독립을 지향하는 쪽 간의 갈등이 그것이다. 이 갈등은 실제로 스페인 역사에서 여러 차례 내전을 분출시키기도 했으며, 1936~1939년의 '스페인 내전' 또한 어느 정도는 그 연장선상에 놓여 있다고 할 수 있다. 중심부와 주변부의 갈등은 근대 서유럽의 국민 국가 건설 과정에서 나타나는 일반적인 현상이라고 할 수도 있지만 스페인의 경우는 이로 인한 갈등이 20세기 마지막 4반세기까지도, 아니 어쩌면 지금까지도 완전히 해결되지 않고 있다는 점에서 매우 예외적이라 할 수 있다.

스페인의 이러한 다원성은 1978년의 헌법(지금의 스페인 헌법은 이 헌법에 토대를 두고 있다)에서 공식적으로 인정받기도 했는데, 이 헌법은 스페인이 여러 '국가들nations과 지역regions들'의 집합체임을 명시하고 있다. 단일하고 분할될 수 없는 스페인 국가라는 전통적인 개념과, 고유한 정체성을 가진 '여러 국가와 지역들의 연합체'라는 서로 모순된 개념을 헌법에서 동시에 규정하고 있는 이런 기이한 현상은 스페인에서 국가와 지역의 문제가 매우 복잡하리라는 것, 그리고 그 해결이 결코 쉽지 않으리라는 것을 짐작케 해 준다.

이 글에서는 스페인의 대표적인 '전통적' 혹은 '역사적' 자치 지역인 카탈루냐와 바스크Basque Country를 중심으로 스페인에서 이 지역 민족주의 혹은 소수 민족주의 문제가 어떻게 생겨나고 어떤 발전 과정을 거쳤으며, 어떤 해결책이 모색되어 왔는지, 그리고 그 지금의 상황은 어떠한지 등을 살펴보려고 한다.

2. 소수 민족주의 운동의 역사적 배경

'스페인 국가Spanish State'는 중세 시대 이베리아 반도에서 진행된 레콩키스타의 산물이다. 이슬람의 이베리아 반도 정복(8세기 초)이 있고 얼마 가지 않아 반도 북부 지역에서 여러 기독교 소왕국들이 출현하였으며, 12세기경이면 스페인은 반도 중심부에 넓게 자리 잡은 카스티야-레온Castilla y León 왕국(후에 카스티야 왕국으로 통합된다)과, 동북부에 위치한 카탈루냐 · 아라곤 왕국 · 발렌시아가 합쳐진 아라곤 연합왕국Crown of Aragon의 양강 체제로 재편되었고, 여기에 피레네 산맥 남쪽 사면에 자리 잡은 바스크 인들의 소왕국 나바라Navarra가 독립을 유지하고 있는 형국이었다.

카스티야 왕국과 아라곤 연합왕국(이 연합왕국의 중심은 항상 카탈루냐였다)은 언어와 전통 외에도 여러 가지 점에서 많이 달랐다. 정치적으로 카스티야-레온 왕국은 일부 지역을 제외하고는 통치권이 왕을 중심으로 중앙집권화되고, 국왕이 귀족들을 상대로 훨씬 더 큰 지배력을 갖는 절대 왕정을 지향하고 있었다. 그에 비해 아라곤 연합왕국과 그 중심 지역인 카탈루냐는 중세 말 유럽에서 가장 선진적인 입헌적 정치체제를 유지하였으며, 신민들이 입법권을 국왕과 공유하고, 오랜 정치적 자유의 전통에서 유래한 강력한 의회를 가지고 있었다. 또한 카스티야 인들이 압도적으로 넓은 지역과 많은 인구를 바탕으로 카스티야 어와 카스티야 문화를 스페인의 지배 언어와 문화로 만들어 가고 있었다면 반도 북동부 한쪽에 자리 잡은 카탈루냐 인들의 언어와 문화 또한 독특한 정체성과 빛나는 전통을 만들어 갔는데, 중세 프랑스 남부 지방(특히 랑그독 지방)에 뿌리를 두고 있었던 이 지역의 문화는 외부 세계로부터 고립되어 있었던 카스티야-레온의 그것보다 좀 더 개방적이고, 서유럽의 다른 지역들과 좀 더 밀접하게 연계되고 있었다.

경제적으로도 농업과 목축지향적인 카스티야에 비해 카탈루냐는 상공업 활동에 호의적이었다. 역사가들에 따르면 레콩키스타를 주도한 것이 카스티야였고, 그 과정에서 카스티야에서는 군사적 용맹과 종교적 경건이 중시되는 사회가 만들어졌으며, 그로 인해 그들은 근면한 정신, 기술적 진보, 물질적 성취에서 소외되었고, 그것이 레콩키스타 이후 카스티야 인들의 보수적인 가톨릭 신앙과 어우러져 근대 초 스페인의 몰락을 가져왔다. 그에 비해 카탈루냐는 중세 시대에 지중해를 무대로 활발한 해상 활동을 벌였으며, 12~14세기에는 강력한 지중해 해상 제국을 건설하는 등 상공업적 지향성을 분명히 보여 주고 있었다.

이렇게 서로 다른 전통과 문화를 가진 두 왕국(카스티야와 아라곤 연합왕국)이 1469년 카스티야의 여왕 이사벨 1세와 아라곤 연합왕국의 왕위계승권자 페르난도 2세의 혼인으로 하나로 통합되었고, 이로써 '스페인 국가'가 탄생하게 되었다. 그러나 이 통합은 서로 큰 '차이가 나는' 두 왕국의 통합이었으며, 카스티야 중심의 통합이었다. 카스티야의 영토와 인구는 아라곤 왕국에 비해 압도적으로 크고 많았으며, 경제적으로도 14세기 이후 과거의 영광을 상실하고 깊은 침체에 빠져 있던 카탈루냐에 비해 카스티야 경제는 양모 산업을 중심으로 활기와 역동성을 자랑하고 있었다. 그러므로 두 왕국의 합병으로 탄생한 스페인 국가의 무게 중심은 자연히 마드리드를 중심으로 하는 카스티야 쪽으로 쏠렸고, 이를테면 카탈루냐는 거기에 흡수 통합된 형국이었다. 카스티야는 곧 스페인, 카스티야 어는 곧 스페인 어라는 인식이 점차 확산되어 갔다.

두 왕국의 통합으로 출범한 스페인 국가, 카를로스 1세의 신성 로마 제국 황제 피선(카를 5세, 1519)으로 출범한 스페인 제국(공식적으로는 스페인 왕정Spanish Monarchy으로 불렸다)은 원칙적으로 그것을 구성하는 각각의 영역들에게 고유한 정체성과 거의 완전한 자치를 허용하는 일종의 연방제적 형태를 유지했다. 아라곤 연합왕국(카탈루냐)은 계속해서 자신의 의회, 통화, 관습, 세제를 유지했고, 스페인 국왕은 카탈루냐 신분의회Cortes의 승인 없이는 세금을 거둘 수 없었으며, 카탈루냐 어는 여전히 그 지역의 공용어였다. 그럼에도 불구하고 마드리드 중심의 스페인 국가는 기회가 닿는 대로 중앙집권화를 강화하려고 했고 그 때문에 지역 자치와 고유한 문화를 수호하려는 카탈루냐와의 관계는 늘 긴장이 감돌았으며, 그 긴장은 간헐적으로 군사적 충돌로 폭발하곤 하였다.

1700년 카를로스 2세의 죽음으로 촉발된 스페인 왕위계승전쟁은 중앙정부와 카탈루냐 지역 정부 간 충돌의 결정적인 계기를 제공했다. 카를로스 2세의 유언으로 프랑스 루이 14세의 손자(앙주 공작)가 스페인의 펠리페

5세로 즉위하여 스페인에 부르봉 왕조가 들어서게 되자 이 왕위계승으로 프랑스가 국제 정치에서 절대적 강자가 될 것을 우려한 유럽 열강은 스페인 왕위를 주장하는 또 다른 후보자인 합스부르크 가문의 카를 대공을 지지하는 것으로 이에 대항하였다. 이로 인해 일어난 전쟁이 스페인 왕위계승전쟁이다. 여기서 카를은 지역 자치를 원하는 아라곤 연합왕국의 지지를 얻기 위해 연합왕국의 자치 보장을 약속하였으며, 이에 카탈루냐와 발렌시아는 펠리페 5세와 스페인 국가에 대항하는 쪽으로 전쟁에 참여했다. 그러나 이 전쟁은 스페인 국내로 국한해서 볼 때 부르봉 정부의 승리, 카탈루냐의 패배로 끝났으며, 부르봉 왕조의 스페인 국가는 이 전쟁 승리라는 기회를 이용하여 카탈루냐가 지금까지 향유해 오던 자치권을 박탈하기에 이르렀다. 공공장소에서 카탈루냐 어 사용이 금지되었으며, 카탈루냐 인들은 무거운 세금에 시달려야 했다.

그러나 다른 한편으로 카스티야와의 실질적 통합은 카탈루냐에 급속한 경제 발전의 계기를 마련해 주기도 했는데, 그것은 스페인 제국의 경제적 팽창이 18세기 후반 이베리아 반도에서 가장 경제적으로 활성화된 지역이었던 카탈루냐에 경제 발전을 위한 기회를 제공했기 때문이다.

한편, 바스크 인의 고유한 정체성은 그 기원이 선사시대까지 거슬러 올라간다. 바스크 인은 신석기 시대 이래로 지금까지 이베리아 반도 북쪽, 즉 피레네 산맥 남쪽, 그러니까 지금 그들이 살고 있는 지역에 거주해 온 것으로 알려져 있다. 바스크의 이 고대적 정체성의 핵심은 바스크 어(바스크 지역에서는 '에우스케라Euskera'라 부른다)였는데, 학자들은 바스크 어가 인도유럽 어가 아니라는 데 의견을 같이하고 있다. 바스크 국가의 지리적 고립은 그곳 사람들에게 가족 구조에 대한 강한 집착과 함께, 외부에서 유입되는 문화적 영향에 대해 깊은 의심을 갖는 외부인 기피 혹은 혐오의 감정을 갖게 만들었다. 바스크 인의 이런 독특한 정체성은 고대적이고 농촌적인 과거를 보여주는 그들의 축제에서도 그 흔적을 찾아볼 수 있다.

그러나 역사적 · 인종적 · 언어적 고유성에 대한 바스크 인의 남다른 집착에도 불구하고 바스크 지역은 역사적으로 스페인 다른 지역, 특히 카스티야 왕국과 밀접한 유대를 유지해 왔다. 바스크의 4개 주州(알라바, 기푸스코아, 나바라, 비스카야. 여기에 피레네 산맥 북쪽 프랑스에 속하는 3개의 주도 바스크 인 거주지역이다) 가운데 나바라를 제외한 3개 주는 13세기 이후 카스티야 왕에게서 사법, 행정, 재정 문제 등에서 푸에로fueros: '지역 특권'으로, 공동체 구성원들이 자신들의 문제를 스스로 결정할 수 있는 권리를 의미한다를 보장받는다는 조건하에 카스티야 왕국에 병합되어 있었다. 중세 시대에 독립국가의 지위를 가지고 있었던 나바라 왕국은 한때 지금의 바스크 국가뿐만 아니라 카탈루냐와 카스티야 일부를 차지할 정도로 강력한 세력을 자랑하기도 했지만 그 후 약화일로를 걷다가 1512년 카스티야 왕국에 항구적으로 합병되었다.

그 후 16~18세기 동안 바스크 지역의 카스티야화는 계속해서 더 진행되었다. 가정에서는 바스크 어가 계속 사용되었지만 정치·문화 영역의 공용어는 중세 시대와 마찬가지로 카스티야 어였다. 그럼에도 바스크 지역은 19세기까지 자치적 정치 제도와 헌법을 유지할 수가 있었는데, 바스크 인들이 이처럼 광범한 자치를 보장받을 수 있었던 것은 무엇보다도 이 지역이 프랑스와의 접경 지역이라는 지정학적 위치 때문이었다. 프랑스와 스페인은 피레네 산맥이라는 거대한 장벽을 사이에 두고 있지만 바스크 해안지역에, 그리고 바스크 영토에 속하는 산지 회랑지역을 통해 프랑스 인들이 들어올 수 있는 침입로가 여러 개 있었다. 그러므로 성공적인 북동부 국경 정책은 스페인 국가의 생존에 필수적인 요소였으며, 그래서 스페인 국가는 이 지역에 거주하는 바스크 인의 충성을 확보하기 위해 그들에게 자치권을 허락한 것이었다.

16~17세기에는 비스카야와 기푸스코아의 모든 주민에게 이달고hidalgo: 하급 귀족 지위를 하사하는 대신 지역 주민들에게 지역 방어 의무를 지게 하는 조치를 취하기도 했다. 스페인 왕정은 바스크 인에게 세금이나 징집을 요청할 수는 있을지언정 강요할 수는 없었다. 스페인 국가는 바스크 인에게 푸에로와 자치를 보장하고, 바스크 인은 그 대가로 스페인 국가에 협력을

게르니카의 독립과 자유의 상징. 게르니카 시는 수백 년 동안 바스크 인의 자유와 독립의 상징이었다. 이 신성한 오크나무 아래에서 바스크 전 지역의 대표들이 모여 국정을 논하고 대표를 선출하였으며, 카스티야의 왕들 혹은 그들의 사절들은 여기에서 바스크의 특권을 존중하겠다는 서약을 해야 했다.

제공하는 이런 시스템은 둘 간에 상당한 유대감을 가져다주었다. 이런 우호적 감정과 유대감은 19세기까지도 강하게 남아 있었고 "카스티야 왕정과 바스크 자치 정부 간의 관계는 대립보다는 협력의 경향이 강했다."

한편, 19세기에 나타나는 바스크 민족주의 운동과 관련하여 17세기 이후 바스크 지역에서 주목할 만한 현상이 나타나는데, 새로운 농촌유지 계층(이들을 하운초jauntxo라고 불렀다)의 성장이 그것이었다. 이 농촌유지들 가운데 다수는 소도시에 거주했지만 그들의 경제적 기반은 기술적으로 뒤지고 자본주의화되지 않은 소규모 토지에 있었다. 또한 이들의 지위를 제도적으로 뒷받침해 준 것이 도시 시의회와 지역총회provincial Juntas Generales였는데, 그들은 재산 소유 규정 등을 통해 농민 대다수를 배제하고 이 기구들을 지배할 수 있었다. 또한 이 농촌유지들은 푸에로 제도를 이용하여 지리적, 사회적으로 고립되어 있는 농민들과 일종의 가부장적인 관계를 발전시켰으며,

그리하여 푸에로는 이 농촌유지들의 신분을 상징하는 것이 되었다.

그런데 19세기 들어 프랑스식 중앙집권적 통치가 스페인 전 지역으로 확산되면서 바스크 지역에서도 지배기구가 시의회와 지역총회에서 민주적으로 선출된 주의회Diputaciones Provinciales로 바뀌고, 그것은 지역유지층의 정치적 약화를 가져왔다. 또한 스페인 자유주의 정부들의 친자본주의적 경제개혁은 바스크의 전통을, 그리고 농촌유지들과 수공업자, 농민, 그리고 가톨릭 교회의 전통적 생활 방식을 위협했다. 이에 대한 바스크 농촌 지역의 반응은 세 차례의 카를리스타(카를로스파) 전쟁(1833~1840, 1846~1848, 1872~1875)[1]에서 보수 진영에 압도적인 지지를 보내는 것으로 나타났다.

카를리스타 전쟁은 본질적으로는 왕위 다툼의 형태를 띠고 있었지만 다른 한편으로 그것은 근대적이고 중앙집권적인 자유주의 국가 건설을 주장하는 자유주의자들에 대항하여 보수적이고 전통적이고 종교적인 가치와 지역 자치를 수호하려는 운동이었다. 이 전쟁에서 스페인에서 가장 보수적인 성격을 가지고 있었던 바스크 지역의 농촌유지, 농민, 성직자들은 "하느님과 푸에로 만세!"라는 구호를 외치며 한 목소리로 보수주의를 지향하는 카를로스 파를 지지했다. 그러나 세 차례 전쟁 모두에서 승자는 스페인 국가, 패자는 바스크 인이었으며, 그 결과는 바스크 인이 지금까지 누려 오던 푸에로 체제의 종식, 바스크 농촌 유지와 농민들의 전통적 생활 방식의 파괴, 그리고 지역 경제가 자본주의와 수출 산업에 개방되는 것이었다. 그리고 1876년 푸에로 체제의 폐지는 농촌유지들의 패배이자, 경제의 새 주역으로 등장한 대도시 거주 엘리트들의 승리였다. 결국 이런 일련의 사태로 몰락의 길을 걷게 된 농촌유지들과 수공업자, 그리고 카를로스 파 지지층은 바스크 민족주의 운동의 중심으로 등장할 준비를 하게 된다.

1 이 전쟁은 1833년 페르난도 7세가 세 살 먹은 손녀(이사벨)를 후계자로 남기고 죽자 보수적이고 종교적인 전통주의자들이 여성의 왕위 계승을 배제하는 살리법에 호소함으로써 이 아이의 왕위 계승을 저지하고, 대신 페르난도 7세의 동생이며 '편협하고, 경건하고 고집이 센 전통주의자' 돈 카를로스 마리아 이시드로를 추대하려고 함으로써 일어났다.

3. 19세기 산업화와 소수 민족주의 운동

카탈루냐와 바스크 지역에서 본격적으로 민족주의 운동이 나타난 것은 19세기 후반이었으며, 그것은 이 시기 스페인에서 시작된 산업화 과정과 밀접한 관계를 갖고 있다. 매우 불균등한 모습으로 진행된 스페인의 산업화에서 카탈루냐와 바스크는 상대적으로 높은 수준의 산업 발전을 이루었으며, 두 지역의 민족주의 운동은 그로 인한 사회경제적 변화, 국내 다른 지역들에서 두 지역으로 유입된 다수의 산업노동자의 존재와 밀접한 관계를 가지고 있다. 그러나 이런 몇 가지 공통점에도 불구하고 두 지역의 민족주의는 그 성격이나 목표 등에서 판이하게 달랐는데, 결론적으로 말하면 바스크 민족주의는 스페인 국가가 추구하는 근대화에 반발하고 저항하는 반근대적 성격을 띤 반면에, 카탈루냐의 민족주의는 근대화를 만들어 내지 못하는 스페인 국가의 무능함에 대한 산업화 세력의 반발의 성격을 가지고 있었다.

카탈루냐는 19세기 스페인 산업화와 근대화의 선두주자였다. 그로 인해 카탈루냐에서는 직물업자들을 중심으로 산업 부르주아지 층이 형성되었으며, 이들은 스페인의 미래가 산업화에 있으며, 그 중심이 카탈루냐에 있다는 것을 다른 스페인 인들에게 납득시키려고 했다. 그들은 자신들이 스페인의 새로운 모델이 되겠다고 생각했고, 국가의 경제적 면모를 그들 자신의 것과 일치시키려고 했다. 그러나 카탈루냐 부르주아지의 이런 야심은 계속해서 좌절되었다. 산업화를 이루지 못한 카스티야를 비롯한 스페인 다른 지역들은 전국적 시장 개방을 주장하는 카탈루냐의 요구를 카탈루냐의 발전을 위해 스페인 국민들의 희생을 감수하라는 주장으로 간주했다. 여기다 마드리드 정부는 카탈루냐의 산업체들이 필요로 하는 효과적인 보호와 지원을 제공하지 못했다. 마드리드 정부는 카탈루냐 산업 부르주아지의 요구가 자영농이 중심이 된 카스티야의 이해관계와 충돌했기 때문에 그들의 요구에 긍정적으로 응답할 수 없었던 것이다.

1898년 미서美西 전쟁의 패배, 그리고 마지막 남은 해외 식민지(쿠바, 푸에르토리코, 필리핀)의 상실 또한 카탈루냐 산업 부르주아지에게 큰 좌절로 다가왔다. 사회적 다윈주의가 유행하고 국가의 힘이 식민지를 얼마나 가지고 있느냐에 의해 평가되고 있던 시기에 스페인은 '다 죽어 가는' 나라로 생각되었다. 이제 카탈루냐의 산업가들은 카스티야의 이익만을 대변하는 것으로 보이는 비효율적이고 후진적이고 '기생적인' 중앙 정부에 자신들의 이익이 발목 잡혀 있다는 생각을 갖게 되었으며, 카탈루냐 문제는 카탈루냐 인들 스스로 결정하는 것이 카탈루냐와 자신들의 이익에 부합한다고 확신하게 되었다.

19세기 후반 산업 부르주아지에 의해 주도된 카탈루냐 지역 민족주의 운동은 뚜렷하게 문화적, 언어적 성격을 띠었는데, 이는 바스크 민족주의 운동의 인종주의적 성격과 좋은 대조를 이룬다. 19세기 카탈루냐 민족주의 운동은 1830년대 소수 중산층 출신 문인들이 시작한 카탈루냐 문화부흥 운동, 즉 레나이센사renaixença, '르네상스'와 그 궤를 같이하는데, 이 운동의 목적은 16세기 이후 스페인 어(카스티야 어)에 밀려 몰락의 길을 걸어 온 카탈루냐 어를 되살리고, 그를 통해 카탈루냐 문화와 정체성을 회복하려는 운동이었다.

카탈루냐 지식인들은 카탈루냐의 전통과 과거의 영광을 재현하기 위해 자신의 과거를 이상화했다. 농민들 사이에서 내려오는 고래의 전통을 재발굴하고 민요와 민속 문화, 고유한 건축물들을 탐구하는 노력이 경주되었다. 최초의 카탈루냐 어 일간지(*El Diari Català*)가 발행되고, 카탈루냐 연구소Institut d'Estudis Catalans가 문을 열었는가 하면, '꽃의 경연Jocs Florals'이라는 중세 시대의 시와 역사 경연을 부활시켰고, 중세 시대 전통 춤을 개작하여 사르다나Sardana라는 민속춤을 만들어 내기도 했다. 1880년대에 가우디 등에 의해 시작된 카탈루냐 모데르니스모modernismo 운동 또한 카탈루냐의 전통적 언어와 문화에 대한 향수와 근대성・진보・코스모폴리타니즘에 대한 찬양을 하나로 융합시켜 놓은 것으로서, 이 문화적 민족주의의 한 흐름이라 할

바르셀로나의 카탈루냐 음악 궁전. 카탈루냐 모데르니스모 예술가 가운데 한 사람인 도메네치 몬타네르Lluís Domènech i Montaner가 1908년에 완성한 건물.

수 있다.

이처럼 고유문화 부흥운동으로 시작된 카탈루냐 민족주의 운동은 20세기 들어 정치 운동으로 발전해 갔다. 1901년 산업자본가 프란세스크 캄보를 중심으로 지역 엘리트들이 주도하여 만든 지역연합Lliga Regionalista이라는 정당은 보수적인 민족주의를 표방하였으며, 산업화된 카탈루냐가 스페인의 나머지 지역들이 추구해야 할 전범으로서의 근대화 프로그램을 제시했다. 이 프로그램이 다른 지역에서 별 다른 반향을 불러일으키지는 못했으나 이 '지역연합'은 1914년 카탈루냐 지역을 지배하는 자치기구인 '만코무니타트Mancomunitat를 만들어 내는 등 1923년까지 카탈루냐 민족주의 운동과 카탈루냐 정치에서 지배적인 세력으로 남게 된다.

프리모 데 리베라의 독재 시대(1923~1930)에 카탈루냐에서 두 개의 상반된 성격의 민족주의 운동이 나타나는데, 그것은 20세기 첫 20년 동안 카탈루냐에서 벌어진 치열한 계급 갈등의 산물이었다. 이 시기에 카탈루냐는 완전히 계급전쟁으로 변한 폭력적 노동운동의 중심이었다. 이러한 사회적 혼란으로 '패닉에 빠진 카탈루냐 부르주아지'는 1923년 질서 회복을 약속하는 독재자 프리모 데 리베라에 대한 지지를 선언했다. 계급전쟁에 대한 두려움과 자신들의 이익이 위험에 처하지 않을까 하는 염려 때문에 그들은 '강한' 스페인 국가와의 연계를 강화하고 대신 자치에의 열망은 뒤로 미룬 것이었다.

그러나 프리모 데 리베라는 권력을 장악하자마자 카탈루냐의 모든 민족주의적 요소를 억압하여 공공장소 내 카탈루냐 어 사용을 금하고, 카탈루냐의 만코무니타트를 탄압했으며, 전통 무용인 사르다나와 카탈루냐 국기 게양도 금하였다. 이에 지역연맹은 1926년 리베라 정권에 대한 지지를 철회했으나 카탈루냐에서 예전의 지위를 회복하지는 못했다. 지역연맹의 이런 줏대 없는 태도는 이제 막 대두하고 있던 좌파적·공화주의적 카탈루냐 민족주의자들에게 기회를 제공하게 되었고, 이들은 1920년대 말 세력을 상당히 확대했다. 이 좌파 민족주의 세력들 가운데 가장 성공적인 단체가 프란세스크 마시아Francesc Macià가 이끄는 '카탈루냐 국가Estat Català'였다. 1930년 독재자 프리모 데 리베라가 권좌에서 물러나고 1931년 공화주의자들이 선거에서 승리하자 마시아는 공화주의자들과의 협상을 통해 카탈루냐 지역 임시 정부인 제네랄리타트를 구성하고, 스스로 초대 의장이 되었다. 1932년 카탈루냐는 스페인 공화정부로부터 자치법을 허용받았으며, 카탈루냐 어는 카탈루냐의 공식 언어가 되었다.

바스크에서도 19세기에 광산업과 중공업을 중심으로 산업이 급속히 발전하고, 그와 더불어 산업노동자 계층이 출현하였으며, 이주 노동자의 대거 유입으로 인구 패턴에 급속한 변화가 나타났다. 바스크의 산업화는 카탈루냐의 산업화에 비해 대규모로 더 중앙집권적인 소유 구조를 가지고 있었으며, 서로 연계된 몇몇 가문으로 이루어진 도시 과두 귀족의 수중에 집중되어 있었다. 그리고 이들 도시 과두 엘리트층의 두드러진 특징은 스페인화와 스페인에의 통합이었다. "바스크 기업가들은 스페인 전체의 재정 체계를 지배하는 전국적 규모의 재정 혹은 은행 회사들과 연계되었다. 그러므로 그들은 스페인 국가와 훨씬 밀접한 관계를 가졌고, 지역의 이해나 대의명분에는 별 관심을 갖고 있지 않았다." 이들은 모두 "카스티야 어를 말하고, 카스티야화되어 있었으며, 바스크 인이라기보다는 스페인 인이었다."

바스크 지역의 산업화는 또한 근대적 산업노동자 집단의 출현을 가져왔는데, 이들 가운데 압도적 다수는 일자리를 찾아 스페인 다른 지역에서 이곳으로 몰려든 이주자들이었다(이들을 바스크 인들은 '마케토maketo'라고 불렀다). 이 외지 노동자들은 대개 스페인사회노동당PSOE과 그 산하 노조UGT의 후원 하에 조직화되어 있었으며, 이들의 좌파적이고 반교회주의적 성향은 바스크 인들의 전통과 유대를 심각하게 약화시키는 것으로 비쳤다.

이처럼 유력한 도시 과두 엘리트들과 카스티야 인 노동 계층의 출현이 바스크 지역 농촌 유지들과 수공업자들에게 던진 긴 그림자는 바스크 민족주의 출현을 위한 비옥한 토양을 제공했다. 즉 바스크 민족주의 운동의 지도자와 핵심 요원은 산업화에 치여 몰락을 거듭해 간 농촌유지층과 전통적 수공업자층에서 나왔으며, 여기에 하급 성직자와 일부 농민이 합세하는 형국이었다. 이들에게 산업화, 산업 엘리트층의 부상, 외부 산업노동자의 대규모 유입은 그들이 자신들을 정의해 온, 그리고 그 위에 자신의 지위와 권력을 의존해 온 삶의 방식에 대한 심각한 위협이었던 것이다.

그러므로 카탈루냐의 민족주의가 근대화와 산업화를 지향하고, 문화적·언어적 성격을 띠고 있었다면 바스크 민족주의의 특징은 반근대화와 반산업화, 그리고 인종주의와 전통주의를 지향했다는 점이다. 바스크 민족주의 운동의 이데올로그이자 창건자로 평가되고 있는 인물이 사비노 데 아라나 이 고이리(1865~1903)다. 바스크 인 사업가이며 카를로스파 지지자의 아들로 태어난 그는 강한 카리스마에 보수적이고 신앙심이 강했다. 그는 바스크 지역을 지칭하는 말로 에우스카디Euskadi라는 용어를 만들어 내고, 바

사비노 데 아라나 이 고이리. 바스크 민족주의 운동의 창건자이자 이데올로그. 바스크민족주의당PNV을 창당하고 바스크의 여러 상징물들을 만들어 냈다.

스크민족주의당PNV을 창당하였으며, 이쿠리냐Ikurriña라는 일종의 바스크 국기를 도안하기도 했다.

아라나에게 바스크 민족주의의 핵심가치는 인종적 순수성이었다. 그래서 아라나는 '스페인 인'과 결혼한 바스크 인을 격렬하게 비난했는데, 그에 따르면 그들은 '유럽에서 가장 사악하고 비열한 인종과 자신을 뒤섞어 버린' 사람들이었다. 그리고 아라나의 최우선 관심사는 바스크 인종이 '타락하고 비도덕적이며 비가톨릭적이고 사회주의적인' 외국인(바스크 인이 아닌 다른 스페인 인)의 침입으로 절멸의 위기에 처하게 되었다는 믿음이었다. 그리고 바스크 지역에 다른 스페인 인들이 들어오는 것을 차단하고, 그들과 바스크 인 간의 혼인을 금지하고, 전통적인 도덕을 되살리고, 자유주의적이고 사회주의적인 영향을 차단시켜 줄 수 있는 방법은 바스크 지역이 스페인으로부터 독립하는 것이었다. 그런 맥락에서 그는 카탈루냐 인들이 광범한 자치를 추구한 것과는 달리 처음부터 독립을 열망했다.

바스크 인들은 카탈루냐 인들과는 달리 제2공화정(1931~1936) 초기에 공화 정부로부터 자치법을 얻어내지는 못했는데, 그것은 바스크 인들이 갖고 있던 가톨릭적 경향성이 반교회주의로 유명했던 공화주의자들의 취향에 맞지 않았기 때문이었다. 그러고 나서 카를로스파와 바스크 민족주의자들 간의 빈약한 동맹관계는 깨졌다. 제2공화정 말기면 나바라의 카를로스파 지도자들은 좌파 공화 정부에 반대하여 쿠데타를 계획하고 있던 보수 극우파에 협력하는 쪽으로 돌아선 반면, 바스크 민족주의에 더 많은 관심을 가진 사람들은 바스크 자치법을 얻어낸다는 조건하에 공화 정부에 협력하겠다는 입장을 견지했다. 결국 후자는 내전이 시작된 지 몇 달이 지난 1936년 10월 1일 공화 정부로부터 바스크 자치법을 얻어낸 다음 공화 정부 편에 합류하였으며, 이로써 바스크 인들은 스페인 내전에서 양편으로 나뉘어 치열한 동족상잔의 싸움을 벌여야 했다.

4. 스페인 내전과 프랑코 독재 체제기

스페인 내전(1936~1939)의 기원은 복잡하지만 날이 갈수록 증대되어 가는 지역 자치 추세에 대한 극우 세력의 반발이 주요 원인 가운데 하나였다는 데에는 의문의 여지가 없다. 내전을 승리로 이끈 프랑코 독재 체제(1939~1975)가 가장 중점적으로 추진한 정책도 반反공산주의와 더불어 반反분리주의였다. 쿠데타를 주도한 장군들은 카스티야 중심의 중앙집권주의에 편집증과도 같은 집착을 보였다. 그들은 바스크와 카탈루냐가 독립국가가 될 수 있다는 전망에 심각한 우려를 그전부터 표명해 오고 있었으며, 이 지역들에서 자치적 주 정부들이 선언되자 주저하지 않고 이 움직임을 박살내기 위해 들고 일어난 것이다.

프랑코가 이끄는 새 정부는 '하나로 통일된 스페인 국가'의 이념과 함께 할 수 없다고 생각되는 모든 소수민족적 혹은 지역적 정체성을 근절하기 위해 강경일변도의 정책을 쏟아냈다. 그 과정에서 수많은 바스크 인과 카탈루냐 인이 처형, 투옥, 추방되었다. 카탈루냐의 경우, 제네랄리타트(지역 자치 정부)가 즉각 폐지되었고, 카탈루냐 어와 카탈루냐 국기 등 카탈루냐 인의 정체성의 상징물들이 전면 추방되었다. 그 억압의 강도가 너무나 강력했기 때문에 카탈루냐의 정체성뿐만 아니라 카탈루냐 민족마저 절멸하지 않을까 하는 두려움을 자아내기도 했다. 바스크의 경우도 사정은 크게 다르지 않았다.

그러나 독재 체제의 억압이 카탈루냐와 바스크의 문화와 정체성을 약화시키기는 했지만 그것이 공적 영역의 밖에서까지 강제력을 발휘할 수는 없었고, 두 지역 주민들의 마음속에서 용솟음치는 민족적 열망까지 근절할 수는 없었다. 카탈루냐와 바스크의 지역 민족주의는 1940년대와 50년대에서 비록 수면 아래에서이기는 하지만 살아남았을 뿐만 아니라 스페인 국가의 "탄압은 카탈루냐와 바스크에서 일종의 '국가 점령'으로 여겨졌고, 그리하여 프랑코 체제는 의도와는 반대로 오히려 카탈루냐와 바스크의 민족주의 공동체들의 사회적, 정치적 결속을 강화해 주는 결과를 만들어 냈을" 뿐이었다.

프랑코 독재 체제에서 카탈루냐와 바스크 민족주의의 재현을 촉발하는 결정적인 촉매제가 된 것은 이번에도 이 두 지역에서 두드러지게 진행된 산업화 혹은 근대화였다. 1960년대 '스페인의 경제기적'의 시기에 산업화와 경제발전을 주도한 곳은 이번에도 카탈루냐와 바스크였고, 그로 인해 다수의 카스티야 어 사용권 이민자들이 이 두 지역으로 유입되었으며. 그 중에서도 스페인에서 가장 가난한 남부 지역(안달루시아와 엑스트레마두라) 출신이 다수를 이루었다. 이러한 외부인의 대거 유입은 카탈루냐 인과 바스크 인의 정체성과 문화적 동질성에 심각한 위협을 제기하였고, 그것은 두 지역 지식인들의 민족주의적 각성을 자극하는 요인이 되었다. 예를 들어 1970

년대 초 외부에서 유입된 이주자가 카탈루냐 전체 인구의 50% 정도를 차지했으며, 카탈루냐의 노동 계층 거주 구역 주민들은 거의 완전히 카스티야 어를 사용하는 이주자들로 구성되기에 이르렀다. 이런 상황은 특히 카탈루냐 정체성의 핵심인 카탈루냐 어의 존속과 문화적 동질성을 심각하게 위협했으며, 그것은 카탈루냐 인들의 민족주의적 각성을 자극하는 요인이 되었다. 바스크의 상황도 비슷했다.

또한 급속한 경제 발전은 스페인 중심부와 주변부 간의 격차를 더 심화시켜 놓았으며, 바스크와 카탈루냐 인들은 자신들이 창출해 낸 이익이 독재 정부의 '중앙 우선' 정책에 의해 침체된 중심부로 흘러 들어가는 현실에 분노를 느꼈다. 카탈루냐 인과 바스크 인들은 "우리가 만들어 낸 경제적 이익을 기생적인 마드리드 인들이 착취하고 있다"라고 생각하게 되었고, 이로 인해 그들이 갖게 된 분노가 프랑코 치세 후반 두 지역의 문화적, 정치적 민족주의의 결집을 자극했다는 데에는 의심의 여지가 없다.

그러나 독재 체제 후반기에 나타난 카탈루냐와 바스크의 민족주의 운동은 이번에도 그 성격이 상당히 달랐다. 프랑코 정권의 혹심한 탄압에도 불구하고 1970년대에 출현한 카탈루냐의 민족주의는 문화적, 근대적, 진보적 성격을 띠었다. 이곳에서는 우선 카탈루냐 어로 쓰인 책들의 출간이 증가하고, 카탈루냐 문화를 증진시키기 위한 단체들이 만들어졌으며, 카탈루냐 어 회복을 주장하는 대중 캠페인이 일어났다. 또한 이미 1960년대에 "계급과 인종의 분열을 초월하는, 내전에서 유래한 원한을 뛰어넘는 화해와 절제의 원칙이 나타났다." 예를 들어 1971년 창설되어 카탈루냐 민족주의 운동을 주도한 '카탈루냐 총회Asamblea de Catalunya'는 자유, 사면, 자치, 독재에 대항한 히스패닉 민중의 협력이라고 하는 네 가지 기본 요구 사항을 주장하는 '타협'에 기반을 두고 있었다.

이런 온건하고 민주주의적인 민족주의는 갑자기 생겨난 것이 아니라 카탈루냐의 오랜 전통에서 유래한 것이었다. 앞서도 언급했듯이 카탈루냐 인들은 자신들이 가진 근대적이고 민주주의적인 역사와 정체성을 자랑스럽게 생각해 왔다. 카탈루냐의 신분의회가 마그나카르타의 시대에 시작되었고, 카탈루냐(혹은 아라곤 연합왕국)의 정치 제도가 14세기 유럽에서 가장 선진적인 입헌주의 체제를 자랑했음을 생각해 보라.

카탈루냐 인은 또한 오랫동안 실용주의, 합리성, 사업가적 기질의 소유자로 유명했다. 이런 성향들의 총합을 카탈루냐 인 자신들은 '세니seny'라고 불렀는데, 이는 균형감, 사려분별, 상식 등을 두루 포괄하는 개념이었다. 1970년대에 부활한 카탈루냐 민족주의는 이런 합리적이고 근대적인 전통의 연장선상에 있었다. 카탈루냐의 이런 민족적 정체성의 몇몇 핵심적 요소는 프랑코 사후 시작된 민주주의로의 이행기(1976~1982)의 두드러진 특징이 되고 있었던 근대적이고 유럽지향적이고 민주적인 가치와 거의 완전히 부합했고, 그것은 카탈루냐 민족주의자들이 이 독재에서 민주주의로의 이행과정을 견인해 내는 데 중요한 역할을 담당하게 됨을 의미하는 것이었다.

반면에 프랑코 치세 후반의 바스크 민족주의는 부분적으로 전통과의 극적인 단절을 보여 준다. 보수적이고 종교적이었던 민족주의 운동에 급진적, 좌파적, 혁명적인 요소가 새로 더해진 것이다. 1960년대 이후 바스크의 반체제 운동 혹은 민족주의 운동과 관련하여 가장 두드러진 현상은 의심의 여지없이 민족주의적 성향의 젊은이들로 구성된 에타ETA; '바스크의 조국과 자유'의 출현과, 그 에타가 취한 무장 투쟁 전략이었다. 에타는 1959년 바스크 민족주의당PNV의 보수적 성향에 반발하여 거기에서 뛰쳐나온 민족주의적 혁명 단체였으며, 애매모호한 자치보다는 완전한 독립의 성취를 목표로 하였고, 그 목표를 중앙정부와의 타협이 아니라 헌신적인 소수, 즉 '에타라Etarra'들이 주도하는 대중의 혁명적 열기를 통해 실현한다는 것이 그들의 생각이었다.

에타의 출현은 바스크 민족주의의 전략과 전술 모두에서 중요한 전환점이었다. 그들은 자신들을 '바스크 사회주의 민족해방 운동'으로 규정함으로써 스페인 정부와의 실용적 협력 노선을 유지해 온 바스크민족주의당의 보수적 전통과 결별했다. 에타는 알제리와 쿠바의 반反식민지 전쟁의 영향

카레로 블랑코를 추도하는 현판. 1973년 에타ETA는 마드리드 시내에서 프랑코의 오른팔 루이스 카레로 블랑코를 자동차 폭탄 테러로 살해했다. 그가 살해된 그 장소에 그를 추념하는 현판이 세워져 있다.

을 받아 사회주의적, 혁명적 노선을 채택했다. 그들은 이러한 제3세계의 해방 전쟁에서 에우스카디(바스크) 역시 착취당하는 식민지이며, 게릴라 전쟁이 탄압을 자행하는 외세를 몰아낼 수 있는 적절한 방법이라고 생각하게 되었다.

에타의 출현으로 바스크 민족주의 운동의 전체 성격이 근본적으로 바뀌게 되었다. 즉 민족 해방은 탄압받는 계층의 해방 없이는 성취될 수 없다고 주장하는 마르크스주의 이념을 수용함으로써 사회주의와 민족주의 간의 오랜 장벽이 붕괴되고, 바스크 주민과 이민노동자 간의 거리도 많이 좁혀지게 되었다. 즉 에타는 '스페인의' 이민자들을 '잠정적인 바스크 인'으로 받아들이고, 그들의 계급적 열망을 수용함으로써 점차 인종주의적 요소를 탈색시키고 사회주의적 면모를 강화한 것이다.

에타는 1960년대와 70년대 효과적인 테러 활동을 벌였으며, 1973년 3월 프랑코 정부의 수상이며 프랑코의 후계자로 여겨지고 있던 루이스 카레로 블랑코의 폭탄 살해는 그 절정이라 할 만했다. 에타는 오늘날에는 '테러' 단체라는 부정적 이미지로 각인되어 있지만 1970년대만 해도 바스크 지역에서 상당한 인기를 누렸다. 그들의 활동은 비합리적인 테러보다는 '애국적 행위'로 간주되는 경향이 있었다. 그러니까 1970년대 바스크에는 폭력에 대하여 다른 지역과는 다른 인식이 존재했다. 스페인의 '민주주의로의 이행기(1975~1982)'의 핵심 키워드 가운데 하나는 이제 "절대 내전이 되풀이 되어서는 안 된다"는 것이었다. 폭력, 독재, 내전은 무슨 수를 써서라도 피해야 할 불경한 것이었고, 비폭력, 민주주의, 국민적 화해는 반대로 어떻게든 지켜져야 할 신성한 것이었다. 그 목표를 이루기 위해서는 타협하고, 양보하고, 대화해야 했다. 이러한 인식의 틀이 바스크에서 사라진 것은 물론 아니지만 그와 함께 바스크에는 '조국을 위해 자신의 모든 것을 희생하는' '에타라'들을 존경하고 그들의 폭력을 정당한 것으로 옹호하는 분위기도 동시에 존재했던 것이다.

폭력에 대한 이러한 상반된 두 감정의 공존은 민주주의로의 이행기에 바스크 인들이 합의와 비폭력의 정치를 수용하는 것을 불가능하게 하지는 않았지만 그것을 위해서는 위험을 감수하지 않으면 안 되게 만들었다. 즉 합의와 비폭력에 대한 절대적 지지가 바스크 민족주의의 핵심적 상징과 부딪혔기 때문에 합의의 정치를 분명하게 지지하는 것은 그 사람의 바스크적 정체성을 위태롭게 만들 수도 있었던 것이다. 이 점은 비폭력, 민주주의, 국민적 화해를 지상 목표로 생각하고, 이 목표를 이루기 위해서는 타협하고 양보하고 대화해야 한다고 생각한 이행기의 전체적인 흐름과는 자주 충돌할 수밖에 없었으며, 민주주의로의 이행과 바스크 민족주의 간의 관계가 결코 순탄치만은 않을 것임을 예고하는 것이었다.

5. 민주주의로의 이행기와 그 이후

1975년 독재자 프랑코가 죽고 스페인에서는 '민주주의로의 이행'이 시작되었다. 이 이행이 결코 순탄치 않은 과정의 연속이기는 했지만, 그중에서도 지역 민족주의와 그리고 그와 밀접하게 연동되어 진행된 지역분권화 과정은 그중에서도 난제였다. 만약 이 문제가 만족스럽게 해결되지 않으면 성공적인 민주화 또한 실패로 돌아갈 것이라는 점은 분명해 보였다.

프랑코 사후 스페인의 지역 민족주의 운동은 독재 시대의 완고한 중앙집권적 통치구조로부터 지역분권적 구조로의 이행이라는 큰 틀 안에서 진행되었다. 그리고 1978년 제정된 스페인 헌법은 이 문제와 관련하여 상당히 복잡한 틀을 만들어 놓았고, 그것은 지금에 이르기까지 이 문제의 기본 성격을 규정하고 있다.

지역 문제 해결과 관련하여 독재 체제 붕괴 이후 등장한 민주주의 체제에서 프랑코 때와 비슷한 형태의 중앙집권주의는 처음부터 고려 대상이 되지 못하였다. 이 중앙집권적 모델은 프랑코 체제와 너무나 긴밀하게 연계되고 있었고, 이 체제에 저항해 온 민주주의 세력과 지역 민족주의 세력은 광범한 자치권 확보를 매개로 오랫동안 하나가 되어 오고 있었다. 그러므로 광범한 자치의 확보는 이행기의 두 협상 주역 가운데 한 쪽인 민주주의·민족주의 세력에게는 결코 양보할 수 없는 것이었으며, 다른 한 쪽인 우파 세력도 그것의 불가피성을 인정하고 있었다. 그런 상황에서 두 가지의 가능한 대안이 남아 있었는데, 지역주의regionalist 모델과 연방주의federalist 모델이 그것이었다.

제2공화정부 때 채택된 적이 있었던 지역주의 모델은 특정 지역에는 자치권을 부여하고 나머지 지역은 마드리드의 중앙집권적 통치에 의존케 하는 것이었다. 그렇게 되면 스페인은 중앙집권적 체제로 유지되는 하나의 넓은 지역과, 자신의 정부, 의회, 사법기구를 갖는 두세 개의 자치 지역으로 구성될 것이다. 이 자치 지역에는 역사적으로 정치, 문화, 언어 면에서 강한 정체성을 가지고 있었고, 제2공화정부 때는 실제로 자치권을 쟁취하기도 했었던 바스크와 카탈루냐가 포함될 것이었고, 어쩌면 갈리시아도 들어갈 가능성이 있었다.

이 지역주의에는 분명 장단점이 있었다. 그것은 분명 자치를 계속해서 원해 왔고 또 이행기 당시 그것을 가장 원하고 있었던 전통적인 자치 지역들의 열망을 얼마간 만족시킬 수는 있겠지만, 만약 그렇게 되면 스페인이 중앙집권적 지역과, 특별법을 부여받은 특권적 지역으로 양분될 것이고,

그것은 자치를 인정받지 못한 여러 지역들의 불만을 살 것이 분명했기 때문이다. 특히 자치를 부여받게 될 두 지역, 즉 카탈루냐와 바스크는 스페인에서 경제가 가장 발달하고 생활수준도 가장 높은 지역이었기 때문에 이 지역주의 모델은 이미 경제적으로 가장 유리한 상황에 있는 지역에 정치적 특권을 더해 주는 꼴이 될 것이므로 그만큼 큰 불만을 불러일으킬 수가 있었다.

그에 비해 연방제는 스페인을 오늘날의 스위스나 미국처럼 각각 동일한 법적, 행정적 힘을 갖는 자치 지역들로 나누는 것이었다. 그러나 1977년 당시 이 방식의 채택을 가로막는 여러 가지의 장애물이 있었다. 첫째는 제1공화 정부 때 잠깐 동안 이 방식이 채택된 적이 있는데, 그 결과가 매우 부정적이었다. 둘째는 당시 많은 지역들이 그들 자신들의 정치적·경제적·행정적 문제들을 다룰 만한 역량을 가지고 있지 않았고 자치에 대한 관심의 정도가 각 지역마다 다른 상태에서 연방제는 자칫 그것을 원하지도 않는 지역들에 자치를 강요하는 꼴이 될 위험이 있었다는 점이다. 셋째는 연방제 모델로의 이행은 최소한 수년이 걸리는 지루하고 느린 과정이 될 것이 분명한데, 자치를 간절히 요구해 온 전통적인 지역들이 그런 더딘 과정을 용납하지 않을 것이 분명했다는 점이다. 이런 이유로 1978년 스페인 헌법 제정에 참여한 사람들 중에 연방제를 지지하는 사람은 별로 없었다.

1977년 6월 스페인의 첫 번째 민주주의 선거가 있고 나서 채택된 해결책은 '혼합된' 혹은 '개방적인' 지역주의 체제라 부를 수 있는 것이었다. 이 행기 이후 지금까지 스페인은 '자치지역들의 국가Estado de las Comunidades Autónomas' 체제를 유지해 오고 있는데, 이 체제의 골격은 기존의 50개 주provincias로 된 행정 구역을 그대로 놔둔 채 그 주들을 다시 좀 더 큰 단위로 묶어 17개의 '자치지역Comunidades de Autónomas'으로 재편하고, 이 자치지역들에 단계적으로 더 많은 정치적 권한과 기능을 이양하는 내용으로 되어 있다.

스페인 헌법은 이 자치지역들에 두 가지 수준의 자치를 제공했는데, 높은 수준의 자치와 (잠정적으로) 낮은 수준의 자치가 그것이었다. 이른바 역사적 지역(카탈루냐, 바스크, 갈리시아)에는 즉각 높은 수준의 자치를 허락하고, 다른 지역들에는 첫 5년 동안 낮은 수준의, 즉 제한된 자치를 허용하되, 5년 후에 만약 지역 주민들이 높은 수준의 자치를 원하면 그것을 선택할 수 있게 했다. 그러니까 스페인 정부가 택한 방식은 각각의 지역이 자신의 페이스에 따라 자치를 추구하게 함으로써 강제적 방식이 초래할 수 있는 마찰을 피하려는 것이었다.

이 두 경로의 방식two-speed formula은 시행 과정에서 많은 어려움이 있었다. 1978년 헌법이 통과되자마자 거의 모든 지역이 높은 수준의 자치를 원한다는, 즉 갈리시아, 카탈루냐, 바스크 국가에게 주어진 것과 동일한 자치를 원한다는 바람을 표명했다. 그러나 모든 지역에 높은 수준의 자치권을 동시에 부여하는 것은 결국 연방제의 즉각적인 실시를 가져올 수밖에 없는 것이었고, 스페인의 행정과 정치 구조는 그것을 비현실적인 것으로 보았다. 결국 많은 논란 끝에 3년 후에 7개 지역(카탈루냐, 바스크, 갈리시아, 안달루시아, 발렌시아, 카나리아제도, 나바라; 약 2,000만 명, 즉 스페인 전체 인구의 약 반 정도가 여기에 해당했다)이 높은 수준의 자치를 누리는 것으로 되었으며, 나머지 10개 지역은 낮은 수준의 자치를 택했다.

이 혼합적 지역주의의 과정에서 권한의 분배는 매우 복잡했다. 각 자치 공동체가 중앙정부로부터 넘겨받는 권한은 같은 수준의 자치를 부여받은 지역들 간에도 달랐다. 이것은 각각의 지역이 자신에게 가장 유리하다고 생각한 기능을 넘겨받는 '메뉴에 따른 자치autonomy à la carte'였다. 더구나 중앙 정부와 자치 공동체 정부는 자주 각 자치 공동체가 어떤 권력을 넘겨받을 것인지를 두고 의견이 엇갈렸으며, 이에 따라 많은 사법적 논란이 헌법재판소에 의해 해결되어야 했다.

이처럼 프랑코 사후 스페인의 지역 민족주의 혹은 지역분권화 문제 해결은 법적 규정 자체가 모호하고 차후 전개될 과정이나 최종적 목표를 명

2006년 2월 18일 바르셀로나에서 열린 민족주의적 성격의 시위. 시민들이 들고 서 있는 널빤지에서 <Som Una Nació '우리는 하나의 국가다'>라는 문구를 볼 수 있다.

확하게 설정해 놓지 않았기 때문에 정당들 간, 혹은 중앙 정부와 지역 정부 간에 끊임없는 개별 협상을 통해 자치의 정도가 결정되어야 했다. 그리고 그 과정에서 과거에 한 번도 자치를 주장해 본 적이 없고, 이렇다 할 만한 정체성도 갖고 있지 않았던 지역들까지 소수 민족주의적 혹은 지역주의적 요구를 쏟아내기 시작했다. 그리하여 바스크, 카탈루냐, 갈리시아의 자치법이 승인된 이후 그 과정이 순탄치만은 않았지만 스페인 대부분의 다른 지역들에서도 점진적으로 자치법이 마련되고 또 그것들이 의회에서 차례로 승인되었다. 그리고 궁극적으로는 일련의 합의와 법령(1982년의 합의, 1994년의 자치법 개정, 그리고 2002년 보건과 교육 정책의 기능을 지역에 이전하기로 한 결정 등)을 통해 '역사적 내셔널리티들'(카탈루냐, 바스크, 갈리시아 등)과, 전에 자치 전통이 전혀 없었던 지역들 간의 자치 수준은 거의 차이가 없게 되었다.

6. 나가며

프랑코 사후 민주주의로의 이행기에 카탈루냐와 바스크의 민족주의 운동은 상당히 다르게 나타났다. 카탈루냐 민족주의자들은 스페인 국가라는 틀

안에 머물며, 카탈루냐 독립을 주장하는 대신 최대한의 자치를 보장받겠다는 강한 실용주의를 보여 주었으며, 정치적 자치에 대하여는 궁극적 목표를 명시하지 않았지만 그 내용이 계속해서 심화되어야 한다고 했다. 반면에 바스크의 민족주의 세력은 두 진영으로 확연하게 나뉘었는데 하나는 전통적인 바스크민족주의당PNV이고, 다른 하나는 이른바 '애국적 좌파'였다. 바스크민족주의당은 비록 에우스카디의 분리 가능성을 완전히 포기하지는 않았지만 그것을 적극적으로 천명하지는 않았다. 그에 비해 '애국적 좌파'는 에타 테러 조직과 분명한 연계를 가지고 있는 광범한 사회운동이었다. 그들은 자신들의 입장을 대변하는 정치조직으로 '헤리 바타수나Herri Batasuna'라는 정당을 창설했으며, 에우스카디의 완전 독립, 사회주의, 그리고 모든 바스크 영토(프랑스 내 영토를 포함하여)의 '재통일'을 주장했다.

그렇다면 '자치지역들의 국가'라고 하는 방식이 스페인의 고질적인 중심부와 주변부의 분열, 소수 민족주의 문제를 어느 정도나 해결 혹은 개선하였는가? 바스크 지역의 경우 이것이 민족주의자들 일부가 주도하는 폭력적 테러 활동을 종식시키는 데 성공하지 못하고 있다는 것은 분명하다. 에타는 여전히 스페인의 군대 혹은 경찰 간부 혹은 후에는 사회노동당과 보수 국민당과 관계되는 정치가들을 살해해 왔고, 그 에타의 정치적 대변자라 할 수 있는 헤리 바타수나와 그 계승자들은 여전히 지역선거에서 상당한 지지를 얻고 있다. 그리고 바스크민족주의당이 장악해 온 바스크 지역 정부는 이 지역을 안정시키는 데 성공하지 못하고 있다.

그럼에도 '자치지역들의 국가'를 통한 중앙과 지역 간 갈등의 해결은 지역 민족주의 정당들을 스페인의 중앙 혹은 지역 정부에 통합시키는 데 성공해 왔고, 만약 그것이 없었다면 이 정당들 내부의 독립적이고 반체제적인 경향은 더욱 강화되었을 것이다. 그리고 그것은 예전에는 생각할 수 없을 정도로 높은 수준의 자치를 허락했고, 관대한 지방자치는 중앙 정부와 지방의 자유 간에 균형을 이루었으며, 적어도 카탈루냐의 경우 분리주의를 소수의 저항운동으로 위축시켜 놓았다. 그리고 그 안에서 대부분의 사회적 · 정치적 갈등은 바스크의 경우를 제외하고는 어느 정도 만족스럽게 통제될 수 있었다. 이런 점들을 고려할 때 '자치지역들의 국가'를 통한 스페인의 지역 민족주의 문제 해결 노력은 지금까지는 성공적인 과정으로 간주해도 좋을 것으로 보인다.

참고문헌

박용희 외(2009), 『다민족, 다인종 국가의 역사 인식: 갈등의 역사와 공존의 모색』, 동북아역사재단, pp. 199-237.

엘리엇, 존 H. 외(2004), 『히스패닉 세계: 스페인과 라틴아메리카의 역사와 문화』, 김원중 외 역, 새물결.

카, 레이몬드 외(2006), 『스페인사』, 김원중 · 황보영조 역, 까치.

Balcells, Albert (1996), *Catalan Nationalism: Past and Present*, London: Macmillan.

Hargreaves, John (2000), *Freedom for Catalonia?: Catalan Nationalism, Spanish Identity and the Barcelona Olympic Games*, Cambridge: Cambridge UP.

la Granja, José Luis de, Justo Beramendi, Pere Anguera (2001), *La España de los Nacionalismos y las Autonomías*, Madrid: Síntesis.

“사실적인, 너무나 사실적인”

『엘 시드』에서 가르시아 로르카까지

김춘진

1. 1492년, 스페인 어가 날개를 펴다

한때 스페인 사람더러 제 나라 자랑거리를 꼽으라면 축구와 문학을 먼저 얘기하곤 했다. 축구로 말하면 레알 마드리드나 FC 바르셀로나 같은 명문 구단이 우리에게도 익숙하니 납득이 간다. 카스티야와 카탈루냐의 지역주의 경쟁을 배경으로 성장해 유럽은 물론 세계적으로 알려진 명문 구단들이다. 게다가 2010년 월드컵 우승까지 했으니 더 말할 것 없겠다. 그러나 문학을 생각하면 스페인 문학이 그렇게 자랑할 만한 것인지 궁금해진다. 영미 문학, 프랑스 문학, 독일 문학 등 유럽 주류 문학에 비하면 우리의 지식체계에서 변방문학처럼 교육받아 왔기 때문이다. 실제로 스페인 역사는 아프리카와 지중해, 이슬람과 아랍이 유럽 기독교와 각축하는 형세로 이베리아 반도는 기독교와 이슬람 문명이 교차하는 곳이다. 지브롤터 해협을 사이에 두고 아프리카와 접경한 유럽 남단의 반도라는 지정학적 위치 때문에 역사적으로 유럽 근대사에서도 이질적 문화권으로 소외되어 온 경험을 갖고 있는 것이다.

그래도 『돈키호테』를 떠올리면 생각이 바뀐다. 서구 르네상스 인문주의를 풍미하는 이 불후의 걸작 하나만 보아도 금방 스페인을 문학의 나라로 꼽는 데 흠잡을 기세가 꺾인다. 지난 2002년 노르웨이 노벨 연구소와 북클럽스가 세계 50개 나라의 내로라하는 100명의 가장 영향력 있는 작가들에게 설문한 결과 역사상 최고의 소설로 『돈키호테』가 꼽혔다. 절반이 넘는 압도적 지지를 받은 『돈키호테』는 소설에 맞는 문체를 완성한 최초의 위대한 소설이라는 평가를 받았다. 성경 다음으로 많이 팔린 책이라는 평가도 받는다.

사실 『돈키호테』의 역사적 의미는 다대하다. 우선 서양 근대 문명 전체를 관통하는 상징적 의미를 담고 있다. 중세에서 르네상스로 문명의 패러다임 이동을 증언하는 문학 작품이다. 기독교 중심적 서양 중세 사회가 신중심적인 기독교 문화를 배경으로 하고 있었다면 르네상스 근대 문명은 인간중심적인 인문주의 문화로 옮겨 가던 시대였다. 『돈키호테』는 신에 대한 얘기나 신에 예속된 인간의 얘기가 아니라 세속화된 르네상스 시대 세상 한가운데 홀로 선 인간에 대한 이야기로 처음 등장한 작품인 것이다. 풍차에 맞서 정의를 지키려 싸우는 돈키호테는 세상에 맞서 꿈을 실현하려는 근대 사회 개인의 숙명적 실존을 상징해 준다.

동시에 『돈키호테』는 구전 문화에서 문자 문화로의 시대 변동을 웅변하는 작품이기도 하다. 책을 탐독하다 미친 돈키호테는 책이 소통의 중심이 된 인문주의 근대사회의 표상이다. 기독교 중심의 종교적 의사소통에서 문자보다 말에 의존했던 중세 시대와 대비되는 것이다. 주로 구전 소통에 의존하고 고작 소량의 필사본이 유통되던 중세 서양 문화는 양적으로 빈곤할 수밖에 없었다. 그래서 1468년 구텐베르크의 인쇄술 발명은 인류 역사상 가장 중요하고 위대한 사건 중 하나로 꼽힌다. 발명 직후부터 서적 출판과 유통이 돈벌이 되는 새로운 사업 분야로 부각되면서 인쇄 기술은 독일을 비롯해 유럽 전역으로 확산되었다. 서적이 대량 생산되고 유통되면서 유럽 사회는 소통 문화의 혁명적 변화를 겪게 되었다.

인쇄술의 상업적 발달은 문화 콘텐츠의 수요를 진작시켰고 문자를 다룰 줄 아는 새로운 식자층은 그리스 라틴 고전을 번역하고 모방해 증가하는 수요에 대응했다. 신학과 철학, 문학과 역사 등 고전 문화의 르네상스가 활발히 전개되고 서양 근대 문화의 양적 팽창이 이루어질 수 있었다. 양적 팽창에 더해 문화의 질적 발전도 이루어졌다. 구전 소통 중심의 서양 중세 문화에서 문학은 기억술을 돕는 운문이 주가 되고 산문 발달은 더딜 수밖에 없었다. 인쇄술 보급은 산문 발전을 촉진하고 중세 서양 언어들이 문어로 발전해 가는 데 중요한 전기를 마련했다. 그래서 근대를 대표하는 소통 매체 소설의 탄생은 필연적이었고 언문일치의 문어 확립은 서양 근대문명이 태동하는 발판이었다.

근대의 문에 먼저 들어선 것은 스페인이었다. 라틴 어에서 파생된 대부분의 유럽 어들인 로망스 어 중 최초의 문법서를 완성한 것은 카스티야 어(스페인 어)였다. 로마 제국이 게르만 족 용병들에 의해 붕괴된 지 천 년 만의 일이다. 동쪽으로 루마니아에서 서쪽으로 포르투갈에 걸쳐 있던 로마 제국 영토에 게르만 족이 자리 잡으면서 라틴 어의 지방화 과정이 시작되었다. 제국의 소통이 두절되고 지방의 봉건화가 진행되면서 각 지역 토착 전통에 따라 특징을 달리하는 라틴 속어가 발달해 갔다. 르네상스기를 맞을 무렵에는 지방마다 근대 유럽 어들이 문어로 형태를 갖추게 되었다. 그 가운데도 스페인 어 문법이 제일 먼저 완성된 것은 역사적 의미가 크다. 유럽 근대사의 출발점으로 삼을 만한 것이다.

역사적인 이정표가 된 해가 1492년이다. 살라만카 대학 교수였던 문법학자 네브리하Antonio de Nebrija가 『스페인 어 문법*Gramática de la lengua castellana*』을 출간한 그해 1492년은 흥미롭게도 이베리아 반도에서 기독교 세력이 아랍 세력에 대항해 8세기 동안 전개한 국토회복전쟁 중 마지막으로 남은 그라나다의 이슬람 왕국을 축출하고 반도를 통일하는 해이기도 했다. 그라나다 나사리 왕조 축출은 카스티야 왕국의 이사벨과 아라곤 왕국의 페르난도가 정략 결혼으로 이룬 통일 스페인 국가의 등장이 원동력이 되었음은 물론이다. 언어의 통일과 영토의 통일이 함께 이루어진 것이다.

또한, 1492년은 스페인뿐만 아니라 서양 근대사에서 각별한 역사적 의미를 갖는 해다. 스페인 어의 문어 확립과 정치적 통일이라는 이베리아 반도의 역사적 변화와 함께 유럽 근대사의 개벽을 알리는 또 하나의 중대한 사건이 일어났다. 지중해 안에 머물고 있었던 유럽 인들의 지리적 지평을 근본적으로 바꾸는 역사적 사건이 일어난 것이다. 그것은 새로운 통일 스페인 군주 이사벨과 페르난도가 동쪽을 압박하던 오스만투르크를 피해 서쪽으로 돌아가는 인도 항로를 찾는 데 관심을 갖고 콜럼버스의 서인도 항로 개척 지원에 나선 데서 비롯되었다. 비록 죽을 때까지 자신이 발견한 땅을 인도의 서쪽으로 오해하기는 했지만 콜럼버스의 아메리카 원정 성공은 미지의 신천지를 향한 근대 유럽 사회의 개척 정신과 지적 모험을 촉발하는 역사적 전기를 마련했다. 서간문, 기행문, 정복기 등의 형식으로 유럽과 아메리카를 잇는 문자소통이 전개되는 동안 스페인과 유럽 인들의 문화적 상상력과 지적 능력이 크게 발달했음은 물론이다.

여기서 『스페인 어 문법』의 출간이 지니는 정치적 의미도 짚어 볼 수 있게 된다. 스페인 어 문어 규범 확립이 아메리카 식민제국을 건설하고 식민지를 통치해 나가는 데 정치적 이데올로기를 확립하고 문화를 소통시키는 기반이 되었던 것이다. 네브리하는 이미 『스페인 어 문법』 서문에서 새로 정복해 나갈 제국의 영토와 신민들을 통치하기 위한 소통 수단으로 언어 규범을 확립하는 것이 필수적임을 역설하고 있었다. 향후 전개될 스페인 식민 제국의 팽창과 문어의 확립 사이의 관계를 통찰했던 것이다.

2. 『돈키호테』, 서구 근대소설의 탄생

『돈키호테』가 등장한 것은 그로부터 한 세기 뒤였다. 1605년에 1편이 출간되고 1615년에 2편이 출간되었다. 『돈키호테』가 세상에 나올 때 스페인은 유럽의 정치적 헤게모니를 상실하고 쇠퇴해 갈 무렵이었다. 1588년 엘리자베스 1세 치하의 영국 정벌에 나선 무적함대가 무참히 패배하고 1598년 펠리페(필립) 2세가 서거하면서 해가 지지 않던 식민 제국 스페인은 몰락의 길로 들어섰다. 공교롭게도 세르반테스의 생애는 스페인 제국의 역사적 부침 그대로의 궤적이었다. 에라스무스 인문주의의 편력, 아쿠아비바 추기경을 따라나선 이탈리아 르네상스의 경험, 스페인의 지중해 제패를 확립한 레판토 해전 참전, 알제리 포로수용소에서의 아랍 세계 체험, 무적함대 전쟁 물자 조달관 경험, 왕실의 재정 파탄과 국민 경제의 파탄을 현장에서 목격한 국세 징세관 경력 등 16세기 말과 17세기 전반에 걸쳐 짧지만 역동적인 세르반테스 생애(1547~1616)의 파노라마가 스페인 제국의 부침을 그대로 압축하고 있었다.

그런 의미에서 돈키호테는 당대 스페인 사람들의 자화상이요 출중한 캐리커처였다. 이베리아 반도를 호령하던 중세 국토회복전쟁 시대의 전사 정신은 전설이 되고, 새로운 식민지 아메리카를 편력하던 정복자의 기상마저 쇠잔해 가는 데다가 영국, 네덜란드 등 신흥 강국들의 도전을 받으며 국운이 기울어갈 무렵, 스페인 사회에는 과거 영광의 시절에 대한 복고적 향수가 폭넓게 퍼져 있었다. 그것은 중세기사의 영광을 재현하려는 돈키호테의 꿈과 닮아 있었다. 갈수록 강력해지는 프로테스탄트 종교개혁 세력에 맞서 궁지에 몰린 수구적 구교 이념으로 대항해야 했던 스페인 인들의 초상이 저돌적이고 무모한 비현실적 편력 기사 돈키호테의 이미지에 겹쳐 있다. 선대의 낡고 망가진 갑옷과 투구에 옛날 창과 방패로 무장한 돈키호테가 병들어 말라빠진 로시난테를 타고 황량한 광야를 방랑하는 모습은 하급 귀족 시골 향사는 물론 국왕과 귀족 그리고 일반인들까지 17세기 스페인 사회 전체를 관통하는 정신적 무력감을 보여 주는 것이다.

돈키호테의 기사정신은 중세 봉건사회의 유물이다. 총과 대포가 등장한 시대에 창과 방패를 든 기사는 무용지물이다. 2편 63장은 창과 총으로 대칭되는 중세와 근대를 극명하게 대비시키고 있다. 돈키호테와 산초가 바르셀로나에 입성할 때 해안에서는 터키 군과 기독교 군이 교전하는 가운데 포성이 울린다. 산초는 기겁해 가랑이 사이에 고개를 처박고 돈키호테는 놀라 얼굴이 창백해진다. 시대착오적 기사 편력의 종말이 다가오고 있었다. 뒤이어 바르셀로나 해안에서 뒤쫓아 온 월광기사 산손 카라스코와 결투에서 진 돈키호테는 귀향을 약속하고 기사 편력을 마감한다. 소설의 결말은 중세적 기독교 질서와 가치관에서 벗어나지 못한 채 근대의 물결을 맞은 스페인 사회의 참담한 좌절감을 상기시킨다.

그렇다면 세르반테스가 소설에 담은 의도는 무엇인가? 스페인 사회에 대한 풍자와 비판인가? 세르반테스라고 스페인을 지탱하던 지배 이데올로기에서 자유로울 수는 없었을 것이다. 대항종교개혁이 절정에 이르던 17세기 초엽 세상에 나온 『돈키호테』가 가톨릭 교회에 대항 이념을 내세웠을 리 없다. 유럽 전역으로 확산되던 종교개혁이 교황을 정점으로 하는 성직 사회와 교회 권력의 부패에 도전하는 것이었다면 카를로스 1세(카를 5세)에서 펠리페 2세로 이어진 스페인 합스부르크 왕가는 1554년 트리엔트 공의회에서 시작해 가톨릭 교회의 수구적 대항종교개혁을 주도해 나갔다. 세르반테스가 현실과 동떨어지게 허무맹랑한 세계를 그린 기사소설의 비현실성을 비판하는 것이나, 돈키호테가 임종을 맞아 편력 기사의 오류를 시인하고 "착한 가톨릭 교도 알론소 키하노"로 귀의하는 것은 가톨릭 교회의 교리와 이념에 부합하는 것이다. 문학과 예술이 교회의 이념과 교리 선전에 봉사해야 했던 대항종교개혁 시대 바로크 미학의 원리를 그대로 실천하고 있는 것이다.

그럼에도 불구하고 『돈키호테』를 한 시대 한 교회의 이념을 선전하는 정치적 의도에 한정해 이해하려는 사람은 많지 않다. 오히려 시대마다 의미의 깊이를 달리해 시공을 초월하는 고전 중의 고전의 반열에 올라 있다. 그것은 대항종교개혁 시대정신을 반영하면서도 현실을 풍자하고 비판할 수 있는 반성적 사유와 철학적 성찰의 여백을 남겨 두었기 때문이다. 비록 미치광이 기사 광대의 탈을 쓰기는 했지만, 어떤 도그마도 뿌리칠 수 있는 자유로운 정신과 정의감을 읽어 낼 수 있기 때문이다. 그래서 독자는 돈키호테를 무찌른 월광기사 산손 카라스코의 승리에 환호하기보다 그의 창에 쓰러져 모든 꿈의 포기를 약속하는 돈키호테에게 연민을 느낀다. 더 나아가 인간의 본성을 타고난 신분과 섭리에서 찾던 중세 가치관을 넘어서 인간의 덕성과 개인의 자유를 강조한 세르반테스의 근대적 휴머니즘에 공감한다. 1편 22장에서 돈키호테가 갤리선 죄수들을 해방시키는 데서 자유주의 정신을 읽고 싶어 하는 것이다. 중세 전통의 기사의 무용담을 패러디한 일화에서 신이 인간에게 부여한 천부적 자유를 거슬러 인간을 구속하거나 처형하는 것은 사회정의를 왜곡하는 것이라는 돈키호테의 외침을 듣고 싶어 하는 것이다.

『돈키호테』가 17세기 스페인 사회의 시대상을 재현하는 것이나 시대를 넘어서 자유주의 정신을 담아내는 것이나 다같이 현실을 객관적이면서 비판적으로 재현하려는 리얼리즘 정신의 결실이다. 세르반테스는 서구 문학에서 처음 구체적 현실 묘사로 눈을 돌린 최초의 작가라는 말을 듣는다. 충실하게 재현할수록 현실은 조화보다 모순을 그리고 일관성보다 부조리를 드러낼 수밖에 없다. 현실 자체가 질서정연하기보다 모순과 혼돈 덩어리이기 때문이다. 『돈키호테』는 17세기 스페인 사회의 일상을 관찰하고 날카롭게 통찰해 인간과 사회를 근대적으로 이해시킨 작품이다. 600여 명에 달하는 등장인물들은 사회 곳곳의 관습과 일상 면면을 아울러 문화의 총체를 드러내기에 모자람이 없다. 사유의 중심이 천국에서 지상으로 내려오고, 추상적 관념보다 구체적 현실로 세속화를 지향하던 근대 서구의 시대성을 웅변해 주는 이정표적 작품으로 꼽기에 충분하다. 서구 최초의 근대소설로 꼽혀 마땅한 것이다.

3. 리얼리즘과 신비주의

그래서 종종 스페인 문학의 특질이 무엇보다 사실주의 지향성에 있다고 여겨져 왔다. 거슬러 올라가 영웅의 이상을 노래한 13세기 서사시 『엘 시드』에서조차 주인공은 이상화된 초인이 아니라 전장과 삶의 일상을 살아가는 생동하는 현실 속 인간이다. 국토회복전쟁이 절정에 이르던 13세기 중세 스페인 역사에서 명성을 떨친 전설적 용병 기사 로드리고 디아스 데 비바르(1040경~1099)가 3,000여 행에 걸친 장편 서사시 『엘 시드』의 주인공이다. 서사적 영웅들이 범부의 일상과 다르고 초인적 전인격자로 이상화되는 데 비해 엘 시드는 병사들과 식사하고 잠자고 전투하는 생활 속의 영웅이다. 조공 횡령의 누명을 쓰고 유배되는가 하면 시집간 딸들이 왕자 남편들에게 매 맞고 버림받기도 한다. 왕자들을 심판하고 응징할 것을 요구하는 한편 결투를 통해 철저하게 복수하고 명예를 회복하는 과정에서도 서사시의 이상적 영웅의 모습보다 소설 속의 사실적 주인공을 떠올리게 된다.

스페인 리얼리즘 전통은 중세 말 근대의 문턱에서 쓰여진 『셀레스티나』(1499)를 통해 한걸음 더 나아간다. 셀레스티나는 매춘과 처녀막 시술, 화장품 제조, 바느질과 방물장수를 겸업하는 중매쟁이 사업가요 주술사다. 고아들을 보살피다 처녀가 되면 매춘과 하녀 등으로 취업시키고 자활능력과 독립심을 키워 준다. 셀레스티나의 여성 공동체에서 일하는 인물들에게서는 계급의식도 느껴진다. 귀족계층의 부의 독점을 비판하고 만인의 평등을 주장하는 것은 흥미롭다. 인물들의 대화에 전개되는 현실 비판뿐만 아니라 인물들 사이의 이기적 갈등과 욕망이 충돌하는 현장도 매우 사실적이다. 셀레스티나는 상사병이 든 한량 귀족 칼리스토의 주문을 받고 멜리베아의 정염을 돋울 사랑의 묘약을 짓는다. 뱀 기름과 박쥐 피 등으로 묘약을 빚어 실패 구멍에 발라 넣는다. 멜리베아에게 실을 팔아 몰래 사랑의 주술이 효험을 발휘하게 할 생각이었다. 방물장수 행색으로 멜리베아의 집을 찾아간다. 집을 나서던 셀레스티나가 효험을 보기는커녕 주술이 들통 나 낭패를 보고 불귀의 객이 되지 않을까 불안해하는 심리적 상황 묘사는 요즈음 독자가 읽어도 여지없이 실감나고 박진감 넘친다. 500년 전 스페인 사람과 심리적으로 공감할 수 있을 만큼 인물 묘사가 사실적이라는 것은 놀랍다.

박진감이 넘치기는 플롯의 전개 과정도 마찬가지다. 셀레스티나는 멜리베아와 사랑을 중매하는 대가를 한몫 단단히 챙기려고 칼리스토의 하인들을 매수한다. 그런데 막상 몫을 다 챙기고 나서는 하인들에게 약속했던 지분의 분배를 거부한다. 배신당한 하인들이 셀레스티나를 살해하고 살인을 저지른 두 하인은 공개 처형된다. 셀레스티나의 주술과 술책으로 밀회를 즐기던 칼리스토는 멜리베아의 저택 담을 넘다 추락사한다. 멜리베아는 칼리스토의 죽음에 절망해 망루에서 몸을 던져 스스로 목숨을 끊는다. 철저한 파국은 비극적이지만 사실적이다. 부도덕과 이기심으로 들끓는 인간 사회의 갈등을 정밀하게 관찰하고 묘사한 『셀레스티나』의 리얼리즘은 나무랄 데 없이 사실적이다.

스페인 리얼리즘 전통을 소설 장르로 확고하게 정착시킨 것은 피카레스카 소설이다. 하층 신분의 부도덕한 악동 피카로가 주인공이고 사기행각으로 가난을 면하고 신분상승을 꾀하려다 실패하는 과정이 대강의 플롯이다. 최초의 피카레스카 소설은 1554년 출간된 작자 미상의 『라사리요 데 토르메스 일대기』(1554)다. 아버지가 방앗간에서 도둑질 하고 징용 나가 전사하자 생계가 막연해진 어머니는 어린 라사리요를 장님의 시동으로 의탁한다. 이후 라사리요의 일생은 장님보다 더 궁색하고 인색한 사제, 신분의 체통만 내세우는 가난한 하층 귀족, 성도착에 빠진 수사, 신도들을 기만하는 면죄사, 첩을 거느린 고위 성직자 등 타락한 사회 각층의 인물들을 주인으로 섬기며 세상을 배워 가며 성장하는 과정으로 그려진다. 그 성장 과정에서 당대 스페인 사회의 현실이 있는 그대로 오롯이 사실적이고 생동감 넘치게 드러난다.

『라사리요 데 토르메스 일대기』는 현실의 사실적 묘사뿐만 아니라 소설 서사 기법에서도 혁신적 면모를 보여 준다. 중세 서구의 스토리텔링 양식이 『데카메론』이나 『캔터베리 이야기』에서처럼 다양한 이야기들을 하나의 이야기 틀 안에 짜 넣는 액자 구성 방식의 프레임 테일Frame Tale에 머물고 있었다면 『라사리요 데 토르메스 일대기』는 민담과 우화 또는 교훈담 등 다양한 액자 형식의 이야기들을 주인공이 일생을 통해 경험하는 하나의 이야기로 통합해 내고 있다는 데서 혁신적이다. 주인공 라사리요의 현재에서 과거 성장 과정을 되돌아보는 회고적 고정 시점을 설정한 것도 근대소설의 효시로 꼽는 이유 중 하나다.

『라사리요 데 토르메스 일대기』의 리얼리즘은 플롯의 통일성과 사실적 재현에서 한 걸음 더 나아가 풍자적 아이러니를 통해 확인된다. 현재 시점에서 주인공이 사회적으로나 경제적으로 안정을 성취했다는 말은 자화자찬이고, 험난한 인생의 역경을 제 능력으로 극복하고 입신했다는 운명 예찬도 반어적이다. 왜냐하면 그러한 입신은 주인공이 풍자하던 사회의 도덕적 타락에 주인공 스스로 오염되고 타락하는 이율배반적 행위를 대가로 한 것이기 때문이다. 라사리요는 톨레도의 대사제와 정을 통한 하녀를 아내로 맞아 권력의 비호와 물질적 후원을 보장받는다. 그의 입신은 부도덕한 현실과 타협하는 대가로 얻어진 것이다. 주인공 스스로를 풍자하는 해학적 아이러니로 리얼리즘의 깊이를 한결 더하는 것이다. 그렇게 사실적 묘사와 해학이 어울린 리얼리즘 정신에서 서구 근대 소설 시대가 준비되었다. 『돈키호테』가 최초의 근대소설로 등장한 것은 피카레스카 소설과 같은 사실주의 서사문학의 경험 없이는 생각할 수 없는 것이다.

한편, 스페인 문학의 사물에 대한 면밀한 관찰과 풍자 정신이 사실주의적 결실로 귀결될 수 있었던 배경 중에는 현실에 대한 명증한 지각과 직관적 이해를 거드는 자연 환경을 꼽기도 한다. 러시아의 문호 투르게네프(1818~1883)가 지적한 것처럼 남유럽의 밝고 찬란한 태양 빛과 풍광이 사물에 대한 명암을 분명하게 지각할 수 있게 해 주었다고 말할 수 있겠다. 햇빛이 적고 사물의 선이 애매한 시각 환경에서 햄릿과 같은 회의주의적 인물이 등장하고 모더니즘 예술이 발달한 북유럽에 비견될 수 있는 것이다. 지중해의 눈부신 일광과 선명한 풍광이 만들어 내는 두드러진 명암이 스페인 문학과 예술의 사실성을 증폭시키는 자연 환경을 이루고 있다 할 것이다. 그러나 시각적 자연환경이 사물에 대한 이해와 그 예술적 표현 방법에 영향을 미쳤을 수는 있겠지만, 그렇다고 지나치게 자연환경 결정론 쪽으로 기울 수만은 없겠다.

어쨌거나 스페인 문학의 리얼리즘은 명암이 선명한 만큼 그림자도 분명하다. 사실주의적인 만큼 비사실주의적 대칭 면도 강하게 부각된다는 말이다. 그래서 스페인 문학의 리얼리즘에는 상극으로 대립하는 이상주의idealism가 짝을 이룬다. 돈키호테의 이상주의에 산초의 현실주의가 극명하게 대립하는 것이 잘 알려진 본보기다. 현실과 이상뿐만 아니라 이성과 비이성, 희극과 비극, 선과 악, 현세와 내세 사이에도 스페인 리얼리즘 문학의 이중적 명암은 강렬하다. 그것은 스페인 근대 사회의 역사와 사유 전통의 관계를 따져 보면 이해할 만한 일이다. 고도의 가톨릭 이상주의를 좇아 이단 프로테스탄트로부터 정통 가톨릭 교회를 수호해 온 스페인 근대사 역정에서 형성된 고립된 의식과 폐쇄적 사유 양식의 결정인 것이다.

그러한 사유 전통의 근대적 기원을 따지면 왕권이 교황의 권위 위에 군림할 정도이고 종교재판을 사실상 왕실 관할 하에 두었던 15세기 말 가톨릭 군주 시대로 거슬러 올라간다. 그로부터 가톨릭 신앙과 유일 교회를 지키는 것은 신성 로마 제국을 계승한 스페인 식민제국의 지상과제요 절대적 이상이었다. 펠리페 2세가 치른 수많은 전쟁은 가톨릭을 수호하고 종교적 사명을 실천하는 것이었다. 네덜란드 독립을 저지한 전쟁이나 신성동맹을 맺어 터키와 맞선 레판토 해전이나 식민 제국에 도전하는 신흥 해상국 영국의 엘리자베스 1세와 벌인 무적함대의 출정도 명분은 신을 위해 신의 이름으로 싸운 가톨릭 절대주의 이념이었다.

물론 중세에서 근대로 이행하면서 가톨릭 교회의 종교적 의미와 가치도 세속화 과정을 거치게 된다. 문학이 그러한 세속화 과정을 따라갈 수밖에 없었다는 사실도 분명하다. 그러나 스페인의 경우 그 세속화 과정은 유럽의 다른 어떤 나라보다 더디고 불완전했을 뿐만 아니라 오히려 서구 근대사의 진행에 저항하는 대항문화의 성격도 갖게 되었다. 16세기 후반 르네상스 분위기 가운데 꽃핀 신비주의 문학은 근대에 대한 문화적 도피와 저항의 예를 잘 보여 준다. 산토 후안 데 라 크루스(1542~1591)의 『어두운 밤』은 현실의 관찰과 경험이 아니라 현실에 눈감고 도달한 신접의 경지를 노래한다. 스페인 리얼리즘 전통과 상극적 방향에서 일상을 일탈하고 현실을 도피하면서 역사적 위기의식을 종교적 열정에 담아 예술적으로 승화시킨 것이다. 고도의 가톨릭 이상주의를 신비주의 표현 양식에 담아낸 것이다.

언뜻, 개인의 자유로운 사유를 억압하던 근대 스페인 사회의 경직된 이념 구조는 리얼리즘 정신과 상충되는 것처럼 보인다. 그러나 햇살이 밝아야 사물의 명암을 선명하게 지각할 수 있듯이 이념과 사유의 경직성이 오히려 현실을 선명하고 사실적으로 개념화할 수 있게 했었을 법도 하다. 가톨릭 교회의 절대 신앙과 프로테스탄트 종교개혁, 구교의 엄격한 신앙 통제와 신교의 개인중심주의 등 제도와 가치관에서 낡은 것과 새로운 것이 극명하게 대립하던 스페인 사회의 정치적 상황이 예술적 상상력에서도 명암을 두드러지게 했을 듯하다. 그렇게 리얼리즘과 이상주의가 첨예한 만큼 명증하게 대립할 수 있었을 것이다. 『돈키호테』도 바로 경직된 사유의 대립 가운데 더 강렬하게 두드러진 해학적 통찰의 결실로 볼 수 있는 것이다. 산초와 돈키호테 사이에 리얼리즘과 이상주의idealism의 대립은 스페인 근대사를 관통해 이상과 현실의 괴리가 남긴 문화와 사유 양식의 궤적을 함축적으로 보여 주는 것이다.

4. 바로크 연극의 거장과 명작

사실, 세르반테스 시대에도 소설은 발생 중에 있던 초기 장르였으며 연극만큼 인기를 누리지는 못했다. 게다가 산문보다 운문이 고급한 식자층 문학이었다. 세르반테스도 소설가가 아니라 극작가로 성공하고 싶어 했다. 16세기에 발달해 17세기에 전성기를 구가했던 스페인 연극은 영국 엘리자베스 1세 시대 연극이나 루이 14세 시대 프랑스 연극에 못지않게 번성했다. '국민극'으로 불려진 당시 스페인 연극은 국왕부터 하인에 이르기까지 신민의 일체화를 실천하는 지배 이데올로기의 훈련장이었다. 신분의 고하를 막론하고 남녀노소가 함께 즐겼던 연극은 주요한 문화 소통 미디어요 또한 정치적 교양의 토대가 되었던 것이다.

이러한 연극 발전에는 시대정신을 꿰뚫어본 천재 극작가 로페 데 베가(1562~1635)의 통찰력과 왕성한 창작 활동이 크게 기여했다. 그의 『신연극론』은 연극의 목적이 관객을 즐겁게 하는 재미에 있다는 사실을 강조하고 시대에 맞지 않는 고전극 규칙을 과감히 탈피할 것을 역설했다. 대중이 이해할 수 있도록 현실에 근거한 사실적 연극을 주창한 것이다. 그래서 대중의 기호에 맞춰 주제를 선택하고 쉽고 재미있는 3막의 희비극을 유행시켰다. 로페 데 베가 시대만 해도 무대 장치나 소품들이 발달하지 않아서 흔히 "망토와 검의 극"로 불리는 단순한 플롯의 연극이 주류를 이루었다. 하층 귀족 연인들 사이에 명예 문제와 얽혀 전개되는 삼각관계의 갈등을 중심 행위로 한 대표적 국민극 양식이었다. 또한 희극적 광대이면서도 종종 주인과 맞선 관점에서 세상을 풍자하는 촌철살인의 유머를 구사하는 인물 그라시오소gracioso는 국민극의 특징을 정의하는 빼놓을 수 없는 조연이었다.

국민극의 주제 중 무엇보다 대중의 흥미를 끈 것은 명예의 문제였다. 부녀자의 정조와 순결을 침해하는 행위는 복수가 정당화되었다. 명예 중시는 중세 유럽 봉건 사회에서 강조된 기사의 덕목이자 가치관을 반영하는 것이지만 스페인의 경우 강력한 가부장적 전통의 아랍 문화 영향 또한 무시할 수 없는 배경이다. 요즈음도 아랍 사회나 아랍 전통 문화에서는 명예 살인이 저질러지고 게다가 가해자에게 관대한 사법적 조치가 내려져 국제적 인권문제로 부각되는 일이 종종 있었다. 바로크 시대 스페인 현실에서 실제로 명예 살인과 복수가 일반적으로 행해졌는가에 대해서는 논란의 여지가 있고 실제 기록으로 남은 사례들로 보아도 그렇게 빈번한 정도는 아니었음을 알 수 있다. 오히려 연극이 현실을 과장해 극화시켰다는 면도 부인할 수 없겠다. 그래도 국민극 대강의 플롯은 명예를 침해하고 침해된 명예 회복을 위해 복수하거나 또는 원상으로 관계를 회복해 가는 과정으로 전개된다. 원상복구는 여성의 정조를 침해했을 경우 흔히 국왕이 조정에 나서 가해자를 피해 여성과 결혼시켜 원인 행위를 사후에 합법화하는 것이다. 공개적으로 일어났거나 알려진 침해 행위는 공개적으로 복수하고 알려지지 않은 침해 행위는 은밀하게 복수하는 것도 규범적 차원의 불문 규칙이었다.

로페 데 베가는 300편의 소네트와 3편의 소설 외에도 무려 1,800편의 희곡을 남겼다. 손꼽히는 작품 중에서도 『푸엔테오베후나』는 정치적 색채가 짙은 작품이다. 15세기 가톨릭 군주 시대를 배경으로 코르도바 인근 푸엔테 오베후나 고을에서 폭정을 일삼고 여인들을 유린하는 타락한 통치자에 항거한 민중 봉기를 다룬 작품이다. 농민을 수탈하고 폭력으로 억압하던 폭군 페르난 고메스는 결혼을 앞둔 약혼녀 라우렌시아를 겁탈하려다가 농민들의 집단 저항에 부딪친다. 집단행동에 나선 농민들은 관헌을 점거하고 폭군을 무참히 살해한다. 사건의 배경에는 푸엔테 오베후나의 관할권을 둘러싼 왕실 권력과 지방 귀족 권력 사이의 정치적 갈등이 자리 잡고 있다. 극의 결말에 가톨릭 군주가 심판자로 나서는데 푸엔테 오베후나 사람들은 모두 한결같이 폭군을 죽인 것은 특정한 개인이 아니라 오직 "푸엔테 오베후나"라고 항변한다. 군주는 주민들 주장을 받아들이고 공권력에 대항한 폭동을 벌하는 대신 폭력적 권력에 저항한 푸엔테 오베후나 민중의 손을 들어 준다. 지방 귀족 권력을 견제하고 중앙집권적 왕권 강화가 시급했던 가톨릭 군주 시대의 현실 정치를 역사극으로 미화한 것이다. 그러한 역사적 의미와는 무관하게 낭만주의 시대 이후에 『푸엔테오베후나』는 폭정이나 독재에 맞서는 민중의 저항권을 옹호하거나 계급 혁명과 민주 항쟁을 선전하는 정치 문학으로 주목받기도 했다.

『푸엔테오베후나』의 플롯을 명예 규범의 공적 또는 집단적 실천 과정으로 본다면 『복수 없는 응징』(1631)은 사적 또는 개인적 실행을 극화하고 있다. 제목은 공개되지 않은 명예 침범은 은밀하게 복수해야 한다는 명예 실행 규칙을 그대로 옮겼다. 페라라 공작의 새 아내 카산드라는 의붓아들 페데리코와 사랑에 빠진다. 전쟁터에서 돌아와 아내와 아들의 밀회를 알게 된 공작은 복수 없는 응징을 계획한다. 카산드라에게 모포를 뒤집어씌우고 아들을 불러 자신의 명예를 훼손한 원수를 찔러 죽이라고 명령한다. 아들은 누구인지 모르고 계모를 살해하고 계모는 누구의 손에 왜 죽어야 하는지 영문도 모르고 죽는다. 심복 곤사가 후작에게는 페데리코가 상속권 문제로 카산드라에게 앙심을 품고 있던 중 임신해서 이복동생이 생기게 되자 이성을 잃고 계모를 찔러 죽였다고 속인다. 분개한 곤사가가 페데리코를 죽이게 되었으니 복수 없이 불륜에 빠진 아내와 아들을 응징한 셈이다.

이와 같이 스페인 국민극에서는 남녀 간 삼각관계에서 벌어지는 갈등 관계, 정념과 질투 등 근대적 개인이 경험하는 일상 문제에도 교회와 국가 이데올로기가 간섭해 작동했음을 알 수 있다. 개인의 일상 활동과 자아실현이 교회와 국가의 감시 아래 통제받고 있었다는 말이다. 개인의 발견이라는 이탈리아 르네상스 문화의 명제를 스페인 근대 문학에서는 쉽게 받아들일 수 없는 이유가 있는 것이다.

바로크 연극 최고의 극작가이자 최후의 거장은 칼데론 데 라 바르카다. 그의 대표작 『살라메아 촌장』(1631)도 명예를 극적 주제로 다루고 있다. 국왕 친위부대 장교가 숙영지에서 촌장의 딸을 겁탈한 사건을 중심으로 평민 신분의 촌장이 명예회복을 관철시키는 과정이 극적으로 전개된다. 살라메아 촌장은 평민도 명예를 지킬 권리가 있다고 주장하면서 딸을 능욕한 장교를 구속하고 국왕의 추인을 얻어 낸다. 귀족의 특권인 명예수호권을 평민이 주장하고 관철해 극적 효과를 거두기는 했지만 국왕이 개입해 문제를 해결하는 데서 체제 전복적이기보다 여전히 체제 순응적 이데올로기의 한계를 벗어나지 못했다. 그렇게 명예를 일반 농민까지 누려야 할 신성불가침의 가치로 신비화하는 것은 신앙을 교조화하는 대항종교개혁 시대의 교리와 이데올로기에 상응하는 것이다. 그럼에도 불구하고 『살라메아 촌장』의 고전적 가치는 시대의 이데올로기를 뛰어넘는 예술적 힘과 영속성에서 찾을 수 있다. 19세기에는 낭만주의 사조와 때를 같이해 세계 각국에 알려지면서 계급과 신분을 초월한 개인의 자유와 평등을 구현한 작품으로 유럽 여러 나라에서 인구에 회자되었다. 러시아 공산주의 혁명기에도 각별히 주목받는 작품이었다.

칼데론의 또 다른 걸작 『인생은 꿈』의 주제는 인간의 운명과 자유의지의 관계에 대한 것이다. 점성가인 폴란드 왕 바실리오는 세자 세히스문도가 폭군의 운명을 타고났다는 점괘를 믿고 왕위 상속을 막으려 하지만 세자는 꿈을 통해 회개하고 자유의지로 점괘에 정해진 운명을 극복한다는 것이 작품의 중심 줄거리다. 바실리오는 난산으로 태어나면서 어머니를 여읜 세자 세히스문도의 점괘를 흉하게 여겨 산중에 유폐시킨다. 그러나 한편으로 점괘가 정말 맞는 것인지 궁금해한다. 그래서 왕자를 궁궐로 데려와 점괘의 진실 여부를 시험해 보기로 한다. 수면 상태로 궁전에 입성해 왕좌에 오른 세히스문도는 잠에서 깨어나자마자 군신들에게 무례하고 병사들에게는 포악하며 궁녀들에게 무절제한 야수 같은 폭군으로 돌변한다. 부왕 바실리오는 점괘가 맞는다는 심증을 굳힌다. 왕좌의 영화는 꿈결같이 잠시였을 뿐, 세히스문도는 다시 수면상태로 돌아가 산속 유폐장소에 보내진다.

그러나 유폐 장소에서 잠이 깬 세히스문도는 개과천선의 기회를 맞는다. 바실리오가 세히스문도를 포기하고 모스크바 왕국에서 온 조카들에게 왕위를 상속하려 하자 폴란드 군사들이 외국인의 왕위 계승에 반대하고 세히스문도를 옹립하려 반정에 나선 것이다. 이때 세히스문도는 꿈에 불과했던 왕궁의 경험을 되새기며 또다시 허망한 꿈을 꾸는 것이 아닌가 의심한다. 반정군의 왕위 옹립 운동에 수락을 주저하는 이유다. 그러다가 삶이란 꿈처럼 불확실하고 행운도 꿈처럼 속절없는 것이기는 하지만 꿈속에서라도 의롭게 살아야 옳다는 실천적 결론에 도달한다. 개과천선의 동기를 얻게 된 것이다. 과거의 잘못을 뉘우치고 옳은 길을 깨달아 성군으로 거듭난다. 패도 폭군의 별자리를 넘어 운명을 극복하고 자유의지로 정의를 실천하는 것이다. 『인생은 꿈』은 구원을 얻는 데 자유의지를 강조하고 선행 실천을 가르친 가톨릭 교리를 충실하게 반영한 것이다.

반정이 성공해 왕위에 오른 뒤 세히스문도는 사랑을 느꼈던 여인 로사우라와 결혼을 단념하고 그녀의 명예를 더럽힌 아스톨포 왕자와 짝지워 준다. 그렇게 작위적인 방법으로 로사우라의 명예를 회복시켜 주는 결말도 대항종교개혁 시대 도덕적 규범을 따른 것이다. 그래도 사랑의 고귀한 정신을 강조한 것은 흥미롭다. 명예를 찾아 폴란드로 왔던 로사우라를 처음 만났을 때 세히스문도의 야수 같은 마음은 아름다운 심성으로 누그러진다. 모든 것이 불확실해도 사랑만은 진실의 빛이 되어 준다. 제왕으로 군림하던 꿈속의 모든 일들이 꿈인지 생시인지 불확실한 가운데 선명한 진실로 남아 있는 유일한 사실은 로사우라에 대한 사랑이었다. 사랑은 궁중의 꿈과 산중에 유폐된 죄수의 현실 사이를 관통해 세히스문도에게 진실의 지렛대가 되고 개과천선할 수 있는 실천적 동기가 된다.

그렇게 사랑의 숭고함을 돋보이게 한 것은 폐쇄적이고 경직된 사유 전통의 스페인 연극에서 드물게 근대적 개인주의와 휴머니즘에 대한 각성을 보여 주는 대목이다. 그래서 대항종교개혁 시대의 스콜라 철학이나 군주신권론 같은 중세 사상의 틀을 재현하면서도 그 틀을 넘어 근대성을 지향하는 이중적 문제의식을 읽을 수 있게 한다. 그 바탕은 꿈일 수 있거나 꿈일 수 밖에 없는 현실 자각에서 비롯된 철학적 회의와 성찰이다. 2막을 마무리하는 세히스문도의 독백은 오랜 세월을 두고 인구에 회자되고 있다. "결국, 이 세상 모든 사람들은 그저 저를 꿈꾸고 있는 것이다 / 누구도 무언지 모르면서 달콤했던 것을 꿈꿨던 것이다 / 인생이란 무엇인가? 하나의 광란이지 / 인생이란 무엇인가? 하나의 미혹, 하나의 그림자, 하나의 픽션, / 그래서 가장 위대한 것도 하찮은 것, / 인생은 꿈이요, / 꿈은 꿈일 뿐이다"라고, 인생은 정말 일장춘몽이라고, 가톨릭 교회의 교리와 도덕을 뛰어넘어 인식론적 근본 회의를 읊고 있는 것이다.

스페인 바로크 연극은 또 한 사람의 위대한 극작가를 탄생시켰다. 세계 문학사에 돈키호테에 버금갈 불멸의 인물 전형을 창조한 티르소 데 몰리나 Tirso de Molina(1671?~1648)였다. 가톨릭 사제였던 티르소는 구전으로 전승되던 바람둥이 인물 돈 후안을 『세비야의 바람둥이와 초대받은 석상』(1630)으로 창작해 냈다. 아랍에서 유래해 안달루시아 지방에 퍼져 전해 내려오던 돈 후안 설화는 뭇 여자를 농락하면서 신의 정의에 도전하는 패륜적 탕아의 이야기다. 티르소 데 몰리나의 희곡은 바람둥이 신화에 또 하나의 설화 초대받은 무덤의 석상 이야기를 엮어 만들어졌다. 돈 후안이 스페인과 이탈리아를 넘나들며 농락하는 여자는 귀족에서 농촌 신부에 이르기까지 모든 사회 계층을 망라한다. 탕아의 종말은 파국이다. 딸의 농락을 막아서던 아버지를 살해하고 만다. 세비야 귀향길에 무덤 앞에서 석상이 된 그 아버지와 만난다. 무모하게도 석상을 자기 집 저녁에 초대하고 초대에 응한 석상은 다시 돈 후안을 자기 무덤의 만찬에 초대한다. 거기서 돈 후안은 석상의 손에 이끌려 지옥의 불길로 떨어진다. 돈 후안의 도덕적 타락이 심판받는 것이다.

예술이 교회의 이념에 봉사해야 했던 대항종교개혁 시대에 탄생한 돈 후안은 죄악의 화신이었다. 19세기 들어 낭만주의 시대 분위기 속에 지옥으로 떨어졌던 돈 후안은 세속적으로 구원받는다. 추악한 도덕적 타락은 성적 매력으로 단장되고 일방적으로 농락당하던 여성은 돈 후안을 종교적으로 정화하는 능동적 주체가 된다. 그렇게 돈 후안은 호세 소리야의 희곡 『돈 후안 테노리오』(1844)에서 다시 태어난다. 돈 후안 인물은 시대에 따라 수많은 개작을 탄생시켰다. 몰리에르의 희곡, 바이런의 시, 모차르트의 오페라 등 국경을 넘고 장르를 넘어 돈 후안은 세계 문학이 창조한 보편적 문화 아이콘 중의 하나가 되었다. 순전히 엽기적 속물로 전해져 오는 카사노바 이야기와는 품격을 달리하는 문학적 인물 전형이다. 20세기 들어 버나드 쇼는 『인간과 초인』(1903)에서 성적으로 쫓기는 자를 여성이 아니라 남성으로 설정해 전도된 돈 후안 인물로 걸작을 남겼다.

5. 안달루시아 시인 가르시아 로르카

스페인 바로크 문학은 돈키호테와 돈 후안 같은 인물 전형을 창조해 세계문화에 기여했다. 뿐만 아니라 과식過飾적 비유가 두드러진 실험 예술로 언어를 뛰어나게 조탁해 냈다. 세르반테스를 비롯해 바로크 문학의 거장들은 스페인어를 근대화하고 심미적 언어로 가꾸어 내는 데 크게 기여했다. 그렇게 근대 스페인 어를 다듬고 완성시켜 가며 꽃핀 바로크 문학은 스페인 고전문학의 원류일 뿐만 아니라 현대 문학에서도 끊임없는 상상력의 원천이다.

스페인 고전 연극 전통을 현대로 전승한 빼어난 작가 중에는 가르시아 로르카(1898~1936)를 떠올리지 않을 수 없다. 1920년대 스페인 사회에서 가톨릭 보수주의 전통에 대항하는 진보적 공화주의 세력이 확산될 무렵 가르시아 로르카는 마드리드 대학극단을 이끌고 전국을 순회하며 스페인 고전 연극을 공연했다. 로페 데 베가와 칼데론 데 라 바르카 등 바로크 작가들의 작품을 공연하면서 민중을 계몽했다. 민중과 함께 숨쉬면서 바로크 고전 연극에 현대적인 생명력을 불어넣었다.

민중을 위한 민중과 함께하는 계몽 연극을 지향하면서 가르시아 로르카 자신의 문학에도 한결 더 향토적 감성이 더해졌다. 가르시아 로르카는 그라나다 태생이고 누구보다 안달루시아 향토와 전통을 사랑한 예술가였다. 안달루시아는 유럽 남단이자 아프리카와 가장 근접한 땅으로 이슬람 문명의 역사적 흔적이 아주 강렬하게 남아 있는 곳이다. 그 문화적 원형은 그라나다의 마지막 아랍 왕국 나사리 왕조의 회교 궁전 알람브라의 신비로운 아름다움으로 남아 있다. 아이러니하게도 안달루시아의 이름은 로마 제국이 붕괴하면서 이곳에 자리 잡았던 게르만 족의 로마식 이름 '반달루스vandalus'에서 유래했다. 북유럽 기원의 이름을 가진 가장 아프리카적 고을인 셈이다. 그렇게 아이러니한 안달루시아가 가장 스페인적인 역사와 전통 문화를 대표하고 있는 것이다.

가르시아 로르카는 안달루시아의 스페인적 정서를 현대적 감각의 보편적 예술의 경지로 재현해 낸 시인이었다. 가르시아 로르카의 작품들에는 향토적 감성과 영감이 넘쳐나고 독보적인 안달루시아의 혼과 정서가 응어리져 있다. 그것은 안달루시아 한낮의 작열하는 태양 아래 충만한 생명력 가운데 죽음의 그림자가 드리우고, 죽음의 그림자 가운데 다시 생명이 잉태하는 것, 바로 우주와 인간이 교감하는 신비한 시적 경험이었다. 그래서 『집시 민요집』에서처럼 집시가 말을 타고 달리면 광야는 북을 울리고, 달은 죽은 소년과 대장간에서 숨박꼭질 놀이를 한다.

로르카의 연극도 그만큼 시적이다. 극적 플롯과 상징적 언어가 개성이 선명한 인물을 빚어낸다. 회화적 색채감이 빼어난 에피테트들은 남부 스페인의 인간과 사회의 모순을 극명한 시적 대귀로 재현한다. 가부장적 전통 이념과 지배권력 아래 억압받고 소외당하는 사회적 약자들의 비극 가운데서도 인간의 본능과 욕망이 생명과 죽음 사이를 오가며 약동한다. 그런 의미에서 농촌극 삼부작으로 불리는 『피의 결혼식』(1933), 『예르마』(1934)와 『베르나르다 알바의 집』(1936)은 대표적 작품들이다. 세 작품은 모두 전통적 농촌을 배경으로 성의 불평등이나 경제적 불평등과 같은 사회적 모순을 다루고 있다. 특히 『베르나르다 알바의 집』은 내란 발발 직전인 1936년 여름 발표되어 실제로 스페인 사회에서 보수와 진보 사이의 계급 갈등 폭발을 예고한 작품으로 꼽혀지기도 한다.

『피의 결혼식』에서 빈한한 농가의 아버지는 경제적 곤궁을 해결하기 위해 딸을 형편 좋은 집안의 신랑과 결혼시키려 한다. 딸은 이미 다른 젊은이와 사랑을 나누고 있었다. 결혼식에 찾아온 옛 애인은 신부를 말에 태워 달아난다. 신랑은 신부의 연인을 찾아내 결투를 벌이고 마침내 둘 다 비극적 죽음을 맞는다. 빈번히 등장하는 칼과 단검, 두 연인이 타고 달리는 말, 신랑이 달아난 신부와 연인을 찾아 나선 밤의 달 등은 삶의 역동적 생명력과 비극적 죽음을 함께 드러내는 상징물들이다. 상징적 이미지들을 통해 전통사회의 규범과 가치 속에 억압받고 좌절하면서 자유를 갈구하는 개인의 욕망과 평등 의식이 중요한 사회문제로 부각된다. 고유명사가 없이 그냥 신부라는 칭호로 등장하는 여주인공은 그저 아무개일 뿐이다. 가부장제 사회에서 여성은 아버지와 신랑이 결정하는 거래의 대상에 지나지 않는다. 20세기 전반 스페인 남부 안달루시아 농촌 사회를 배경으로 전개되고 있지만 『피의 결혼식』에 그려진 사회적 문제의식은 요즈음 먼 나라 우리들에게도 전혀 낯설지 않다.

『예르마』는 결혼했지만 애를 못 갖는 석녀의 사회적 좌절과 절망적 심리를 그리고 있다. 당시 스페인 사회에서 여자가 결혼해서 아이를 갖는 것은 가정의 명예가 걸린 중요한 일이었다. 종교 의식이나 다를 바 없이 신성한 것이었다. 그러나 예르마의 남편은 아이 갖는 일에 무관심하다. 온갖 공을 들여 아이를 갖고 싶어 하는 아내의 집념에 아랑곳하지 않는다. 마침내 예르마는 무능하고 방탕한데다가 자식을 낳아 가정을 지킬 의지를 상실한 남편을 살해한다. 남편을 죽인 곳은 다산을 기원하는 종교적 성소였다. 살인이 일종의 제의적 상징 의식으로 행해진 것이다. 『예르마』는 석녀의 고독과 집념, 질투와 우정, 그리고 인간적 좌절을 그리는 한편 휴머니즘 관점에서 결혼과 가정 등 제도적 관습과 사회적 가치들을 비판적으로 성찰하게 한다.

『베르나르다 알바의 집』은 그라나다 인근 시골마을을 배경으로 다섯 딸과 홀어머니 가정의 폐쇄적 삶을 그리고 있다. 남편을 여읜 뒤 딸들의 순결을 지키고 출가를 책임져야 하는 미망인 베르나르다의 억압적 권위주의가 첫째 딸의 혼처로 정한 청년과 사랑에 빠지는 막내 딸 아델라의 자유주의와 충돌한다. 『피의 결혼식』이나 『예르마』에서처럼 인간의 원초적 욕망과 그것을 억압하는 사회 질서 사이의 갈등이 주요한 주제이지만 극의 플롯 구성은 한결 더 복잡하고 아이러니하다. 자연적 성을 억압하는 사회 질서, 여자의 순결을 지켜야 하는 명예의 문제, 신분제 사회의 편견, 남편을 사별한 미망인이 대신 지켜야 하는 가부장적 권위, 돈과 경제적 필요에 의해 왜곡되는 인간적 가치 등 스페인 전통 사회에 내재된 모순을 상징적 언어로 극화시키고 있다.

첫째 딸 앙구스티아스의 약혼남 페페는 사랑에 빠진 막내딸 아델라와 밀회를 즐기다 들통이 나자 도망친다. 질투심에 가득 찬 곱사등이 셋째 딸 마르티리오의 고자질을 듣고 베르나르다가 쫓아 나온다. 도망치는 페페를 향해 사냥총을 발사하지만 빗나간다. "총 쏘는 일은 여자가 못할 일"이라는 베르나르다의 독백은 가부장 역할을 대신하는 여성의 한계를 고백하는 말이다. 질투심은 파국으로 치닫는다. 페페가 총 맞아 죽었다는 마르티리오의 거짓말을 듣고 아델라는 제 방 문을 걸어 잠근 뒤 목매 자살한다. 딸의 순결과 가문의 명예를 남들 소문과 비방에서 지켜 내려고 "아델라는 처녀로 죽었다. 모두 입 닥쳐라"를 반복해 되뇌는 베르나르다의 마지막 대사는 극의 주제를 함축하고 있다.

그렇게 가르시아 로르카의 문학에는 안달루시아 땅에 뿌리내려 있는 전통 사회와 문화의 현실이 사실적으로 반추된다. 가르시아 로르카는 『베르나르다 알바의 집』을 쓰면서 작품 서두에 사진첩 기록과 같은 사실주의를 표방했다. 실제로 『베르나르다 알바의 집』이나 『피의 결혼식』은 안달루시아 지방 그라나다와 알메리아에서 일어났던 실화를 바탕으로 만들어진 작품들이다. 두드러지게 상징적이고 비유적 언어를 구사하면서도 스페인의 전통 문화와 정서를 극화한 가르시아 로르카의 시와 연극은 스페인 문학의 오래된 리얼리즘 정신을 전승하고 있는 것이다. 그러나 작품의 주제는 고전 시대와 현대, 안달루시아 지방 문화와 보편 세계 사이를 넘나든다. 지방적 문화와 토착 정서가 물씬 풍겨나는 가운데도 시공을 초월해 보편적으로 존재하는 인간과 사회의 갈등과 불화를 진지하게 되새김질 하고 있는 것이다. 스페인 리얼리즘 전통의 고유한 예술성을 드러내는 부분이다.

6. 에필로그: 세계화 시대의 스페인 문학 읽기

중세 이래 사실주의 전통이나 바로크 문학을 일군 가톨리시즘 전통이나 안달루시아의 지방적 정서 등에서 보이듯이 스페인 문학은 고유한 역사와 문화적 환경에서 성장한 민족문학의 독창적 특질을 담고 있다. 그래서 스페인 문학은 유럽 대륙의 다른 여러 나라 문학과 구별된다. 감성적이고 낙천적인 돈키호테가 지적이고 회의주의적인 햄릿과 대비되고 산토 후안 데 라 크루스의 종교적 신비주의는 근대 유럽의 실증적 경험주의와 구별되는 것은 물론 세속적 성향의 이탈리아 르네상스 문학과도 대비되는 것이다.

유럽 각 나라가 자민족의 문학사를 확립한 것은 19세기 민족주의의 산물이다. 다양한 스펙트럼을 이룬 유럽 여러 나라의 언어가 표준화되고 민족 국가 단위의 정치 질서가 자리 잡으면서부터였다. 민족 국가의 정체성을 담보하는 가장 분명한 동질적 요소는 통일 언어였다. 18세기 후반 들어 혁명적으로 확대된 출판물 유통은 문어의 표준화를 촉진시켰고, 다시 문어의 표준화는 출판물의 유통을 더 크게 확대시킬 수 있었다. 공통 언어를 기반으로 성립한 민족 국가의 문화적 단일성과 역사적 정체성을 확립하는 데 무엇보다 문학사의 정립은 긴요한 작업이었다. 문자로 기록된 문학작품이야말로 국가의 기원과 정체성을 확립하는 데 더없이 확실하고 수월한 바탕이었기 때문이다.

그러나 민족주의는 불가피하게 배타적이다. 스페인에서도 문학사 중시 전통은 인접 문학과의 연관관계와 공통적 뿌리에 관심을 두기보다 스페인 문학의 배타적 고유성을 강조하거나 이웃한 문학과 어떻게 독립적인가를 더 강조해 나갔다. 그러나 거리를 두고 차이를 드러내 배타적으로 이해하는 것만이 스페인 문학을 올바로 이해하는 것은 아니다. 그런 시대는 이미 지나가고 있다. 이제는 세계화 시대에 들어섰다. 민족 국가의 경계를 넘어 물적·인적 교류가 활발해지면서 문화가 국경을 넘어 유통되고 인종적 특징과 지방적 색채가 뒤섞이는 문화의 융합 추세가 두드러지고 있다.

이쯤이면 스페인 문학도 이베리아 반도의 지방적 한계와 역사적 경계를 넘어 세계적 안목에서 읽혀지고 탐구될 때 더 풍부한 의미를 찾을 수 있게 된다. 작품을 쓴 작가가 생각한 의도보다 맥락을 달리하는 독자들 각자의 창조적 읽기가 중요해진 것도 작금의 추세다. 우리가 스페인 문학을 어떻게 창조적으로 읽을 것인가 되새겨 볼 일이다. 『셀레스티나』나 『돈키호테』나 『돈 후안』을 스페인 민족의 울타리를 넘어 세계시민의 정신적 잣대로 되새겨 읽으면 어떻게 보일 것인가. 우리 문학의 고전들과 이웃하고 어울릴 작품들로 견주어 볼 수는 없을까. 우리 문화 전통과 일상에 어떤 가치와 의미를 전달할 수 있는지 창조적 발상으로 새로운 시대 새로운 안목의 읽기 방식을 궁리해 보아야 할 것이다. 그래야 스페인 문학이 시간과 공간의 거리를 넘어 한결 더 친숙하게 다가올 것이며, 우리의 문화적 상상력은 세계를 향해 한결 더 폭을 넓힐 것이다.

참고문헌

김현창(1990), 『스페인문학사』, 민음사.

민용태(2008), 『스페인 중세·황금세기문학』, 고려대학교출판부.

박　철(2003), 『서반아문학사』, 송산출판사.

서울대학교 서어서문학과 편(2007), 『차이를 넘어 공존으로: 스페인어권 세계의 문화읽기』, 서울대학교출판부.

엘리엇, 존 H.(2000), 『스페인 제국사 1469-1716』, 김원중 역, 까치.

______(2003), 『히스패닉 세계』, 김원중 외 역, 새물결.

스페인 근세 회화의 흐름:

엘 그레코에서 고야까지

박정호

1. 스페인 근세 회화를 둘러싼 문제들

오늘날 서양 미술의 대가로 손꼽히는 엘 그레코, 벨라스케스, 고야의 작품 세계가 스페인 밖에서 주목을 받기 시작한 것은 그리 오래된 일이 아니다. 18세기까지 유럽의 문화 지형에서 스페인 회화가 점한 위치는 디드로Denis Diderot, 1713~1784가 펴낸 『백과전서*L'Encyclopédie*』에서 단적으로 드러난다. 이 책의 회화 항목에는 "로마, 피렌체, 롬바르디아, 베네치아, 독일, 플랑드르, 네덜란드, 프랑스" 화파만이 나올 뿐 스페인 화파는 언급조차 되지 않았다 (Tinterow, 2003: 11).

이처럼 근세 스페인 미술이 뒤늦게 조명을 받게 된 배경에는 스페인의 문화에 대한 근세 유럽 인들의 편견이 자리 잡고 있었다. 16세기 중반부터

17세기 중반까지 스페인은 막대한 부와 군사력을 토대로 유럽 최강대국으로 부상했고, 그 영토는 이베리아 반도를 넘어 이탈리아의 나폴리, 시칠리아, 밀라노, 그리고 네덜란드, 아메리카, 필리핀까지 아울렀다. 이런 점에서 유럽의 다른 열강들에게 스페인은 두려운 존재로, 견제의 대상이었다. 특히 계몽주의 시대에는 16세기 아메리카의 식민화 과정에서 드러난 정복자들의 잔인성, 네덜란드에서의 개신교 탄압, 그리고 종교재판소로 대표되는 광신적 가톨리시즘만이 부각되어 스페인은 합리성이 아닌 신앙과 권위에 대한 맹신이 지배하는 낙후된 변방으로 여겨졌다.

스페인 회화에 대한 편견은 또한 그 혼종성에서 기인한 것이기도 했다. 16세기부터 19세기까지 이탈리아, 플랑드르, 네덜란드, 그리고 프랑스에서 끊임없이 유입된 화가들과 그들의 작품은 스페인 회화의 전개 과정에 지대한 영향을 미쳤다. 전통적으로 이같은 불균형한 영향 관계, 그리고 여러 양식이 뒤섞여 나타나는 현상은 이 지역 회화를 주류 화파의 장점이 희석된 변종 정도로 인식하게 했다. 그러나 미술사를 "원류" 중심으로 해석하는 입장이 유효한지에 대해서는 재고의 여지가 있다. 영향 관계를 우열의 지표로 보는 관점은 서로 다른 양식과 도상이 수용되고 변용된 특정한 사회적·역사적 맥락을 간과하기 때문이다. 근세 스페인 회화를 제대로 이해하기 위해서는 그 혼종적 특징을 보다 객관적으로 볼 필요가 있다. 이른바 주류 화파들의 경향을 왜, 어떻게 소화하여 독창적인 화파를 형성했는가가 사실상 더 중요한 문제인 것이다.

근세 스페인 회화 연구에서 제기되는 또 다른 문제는 시간적·공간적 범위를 어디까지 설정할 것인가 하는 점이다. 여기서는 시간적 범주를 시간적으로는 펠리페 2세의 통치기부터 고야의 활동기까지로 한정했다. 펠리페 2세는 마드리드를 국정 운영의 중심으로 삼고 전례없는 규모로 미술을 후원하여 독창적인 스페인 화파가 형성되는 토대를 마련했으며, 고야는 이 화파의 전통을 의식적으로 계승한 스페인 출신의 마지막 화가이기 때문이다. 공간적으로는 현대 포르투갈을 제외한 이베리아 반도로 한정했는데,

이는 문화적 정체성과 더불어 미술의 중심지 마드리드와 세비야의 영향 범위를 근거로 했다. 이러한 기준에 따라 필자는 발렌시아에서 태어났지만 이탈리아 나폴리에서 활동한 주세페 데 리베라Jusepe de Ribera, 1591~ 1652는 다루지 않을 것이다. 반대로 엘 그레코는 스페인 화가에 포함되는 것으로 보았다. 그는 크레타 출신인데다 이탈리아에서 체류하며 그곳의 화풍을 섭렵했으나 스페인에 정착한 뒤에 본격적인 작품활동을 시작했기 때문이다.

이 글에서는 회화의 제작과 수용이 특정한 사회적・역사적 맥락 속에서 이해되어야 한다는 인식을 바탕으로 근세 스페인 화가들이 여러 양식을 선별적으로 받아들인 과정과 그들의 작품을 당대의 미술 후원과 연결지어 살펴보고자 한다.

2. 16세기 후반의 궁정회화와 엘 그레코

펠리페 2세의 통치기는 스페인 회화의 전개 과정에서 일대 변화를 가져온 시기였다. 대단한 미술애호가였던 그는 막대한 부와 권력을 이용하여 플랑드르와 이탈리아의 작품들을 수집했다. 대표적인 예로, 로지에르 반 데르 바이덴Rogier van der Weyden, 1400~1464과 히에로니무스 보스Hieronymus Bosch, 1450년경~1516의 종교화, 그리고 티치아노Tiziano Vecellio, 1488년경~1576의 신화 그림들을 들 수 있다. 미술 작품뿐만 아니라 화가들도 외국으로부터 유입되어 궁정을 중심으로 활동했다. 궁정화가의 가장 큰 임무는 초상화를 그리는 일이었다. 그것은 초상화가 대내적으로는 왕실 구성원들의 모습을 후대에 남김으로써 왕실의 정통성을 과시하는 수단이자, 대외적으로는 중요한 외교적 선물이었기 때문이다. 펠리페 2세가 네덜란드에서 데리고 온 안토니스 모르Anthonis Mor, 1520년경~1576년경는 당대 최고로 인정받던 초상화가였다. 모르가 그린 <갑옷 차림의 펠리페 2세>(1557, Monasterio de San Lorenzo, El Escorial)[도 1]는 붓질이 드러나지 않는 섬세하고 사실적인 세부묘사로 의상과 얼굴의 특

[도 1] 모르, <갑옷 차림의 펠리페 2세>

징을 강조한 네덜란드 회화의 전통, 그리고 티치아노가 <펠리페 2세 초상>(1548년경, Museo del Prado)에서 보여 준 위엄 있는 군주의 포즈를 결합시켜 스페인 합스부르크 왕실 초상화의 전형을 마련했다. 이 새로운 유형의 왕실 초상화는 군주의 권위를 나타내기 위해 여러 상징물과 호화로운 배경을 사용했던 전통에서 벗어나 왕의 모습 그 자체를 강조했다. 1560년 안토니스 모르가 네덜란드로 돌아간 뒤에도 궁정에서는 그의 제자인 스페인 출신 알론소 산체스 코에요Alonso Sánchez Coello, 1531년경~1588가 스페인 궁정 화풍을 계승했다.

이 시대 미술이 발전하게 된 또 다른 중요한 계기는 엘 에스코리알 궁전의 건설이었다. 1563년, 펠리페 2세는 스페인 왕실의 묘소로 사용할 이 건물을 짓기 시작했는데, 여기에는 웅장한 지하 묘소를 포함해 예로니모 수도회의 수도원, 신학교, 성당, 왕과 왕비의 처소가 마련되었다. 이는 당시 유럽 최강대국으로서의 자신감을 건축물로 표현한 대표적인 예였다. 대규모 건축물에는 내부 공간을 채울 회화 프로젝트가 수반되기 마련이었다. 교회의 수호자를 자처한 펠리페 2세는 가톨릭 개혁의 공식적 출발점인 트리엔트 공의회(1545~1563)의 교령에 따라 엘 에스코리알의 내부를 단장했다. 이에 따라 성상과 성화는 가톨릭 교회의 가르침을 분명하게 전달하여 관람자의 신심을 고취시켜야 한다는 기준에 맞추어 제작되었다. 이탈리아에서 수학한 스페인 화가 후안 페르난데스 데 나바레테Juan Fernández de Navarrete, 1526~1579의 <성 야고보의 순교>1569~1571, El Escorial[도 2]는 이 점에서 높은 평가를 받았다. 이 작품에서 화가는 스페인의 주보성인인 사도 야고보가 이베리아 전교 활동을 마치고 돌아간 예루살렘에서 순교하는 장면을 담았다. 거대한 캔버스의 전경에는 성 야고보의 목을 칼로 베는 무자비한 처형인의 모습과 무릎을 꿇고 팔을 벌린 채 죽음을 받아들이는 성인의 모습이 사실적으로 묘사되었다. 엘 에스코리알의 예로니모 수도원장이었던 호세 데 시구엔사José de Sigüenza 신부가 남긴 기록에서 확인할 수 있듯, 성인이 맞이한 죽음의 순간을 생생하면서도 존엄하게 표현한 나바레테의 절제된 자연주의는 보는 이를 경탄하게 했다. 가톨릭 개혁 정신에 충실한 또 다른 주요 작품으로는 산체스 코에요의 <성 스테파노와 성 라우렌시오>(1580, El Escorial)[도 3]를 들 수 있다. 이 그림에는 궁정 초상화가로서 산체스 코에요의 기량이 십분 발휘되었다. 그는 마치 동시대의 인물을 모델로 삼은 것 같은 특징적인 얼굴 표현을 통해 성인들에게 개성과 사실성을 부여하는 한편, 꼼꼼하게 묘사한 화려한 의상의 세부와 인물의 우아한 제스처를 통해 성스러운 위엄을 강조했다. 또한 순교성인이라는 점을 부각시키기 위해 스테파노의 제의에는 돌팔매에 맞아 순교하는 장면과 돌덩이들을, 라우렌시오의 제의에는 산 채로 불태워지는 장면과 석쇠를 그려 넣었다. 엘 에

[도 2] 나바레테, <성 야고보의 순교>

[도 3] 산체스 코에요, <성 스테파노와 성 라우렌시오>

스코리알 성당에는 이처럼 성인들을 묘사한 제단화가 다수 제작되었는데, 이는 하느님과의 직접적인 소통을 중시하며 성인들의 중재 역할을 부정했던 개신교의 입장과 정반대로 성인 공경을 오히려 적극적으로 권장했던 트리엔트 공의회 교령에 따른 것이었다.

1580년대 엘 에스코리알의 건축이 마무리되어 갈 무렵, 펠리페 2세는 이탈리아 화가들을 고용하여 내부 벽화와 천장화를 제작하도록 했다. 베네치아 매너리즘의 거장 틴토레토Tintoretto/Jacopo Robusti, 1518~1594와 베로네제Veronese/Paolo Cagliari, 1528~1588를 영입하려던 애초의 계획이 실패한 뒤 이 프로젝트는 다른 이탈리아 화가들, 즉 루카 캄비아소Luca Cambiaso, 1527~1585, 페데리코 추카로Federico Zuccaro, 1541년경~1609, 펠레그리노 티발디Pellegrino Tibaldi, 1527~1596에게 돌아갔다. 성당의 주제대 뒤, 성체를 보관하는 좁은 공간인 사그라리오sagrario의 벽화로 제작된 티발디의 <만나를 줍는 이스라엘 백성>(1586, El Escorial) [도 4]은 스페인 왕실에서 각별한 의미를 지녔다. 구약성경 탈출기에 따르면, 모세의 인도로 이집트에서 피난해 광야를 헤매던 이스라엘 백성은 하느님이 내려준 만나를 먹고 생명을 부지할 수 있었다. 전통적으로 만나는 그리스도의 몸으로 축성된 성체와 동일시되었다. 따라

[도 4] 티발디, <만나를 줍는 이스라엘 백성>

서 이 주제를 표현한 그림은 성체를 보관하는 장소에 매우 적합한 것이었다. 또한 이 작품은 성체성사를 부정하는 개신교에 대항하여 성체의 중요성을 한층 강조했던 가톨릭 교회의 입장을 시각화한 것이기도 했다. 미켈란젤로의 화풍을 따른 역동적 인체 묘사와 명쾌한 구성, 그리고 가톨릭 개혁 정신에 충실한 주제는 펠리페 2세의 인정을 받았고, 결국 티발디는 주제대의 제단화 <성 라우렌시오의 순교>까지도 그리는 영광을 누리게 되었다.

스페인 합스부르크 왕실의 이탈리아 미술 취향은 도메니코스 테오토코풀로스Domenikos Theotokopoulos, 1541-1614가 스페인으로 이주하는 데 중요한 역할을 했다. 엘 그레코El Greco라는 이름으로 더 잘 알려진 그는 그리스의 크레타 출신으로, 1567년경 베네치아로 건너가 티치아노의 르네상스 양식과 틴토레토, 야코포 바사노Jacopo Bassano, 1510년경~1592의 매너리즘 화풍을 익혔다. 1570년부터 그는 인문학과 예술의 후원자였던 알레산드로 파르네제 추기경Alessandro Farnese, 1520~1589의 로마 저택에서 기거하며 풀비오 오르시니Fulvio Orsini, 1529~1600 등 당대 지식인들과 교유했다. 불행히도 그곳에서 엘 그레코는 파르네제 가문 사람들의 초상화를 비롯한 소품 몇 점을 제외하고는 대규모 작품을 제작할 기회를 얻지 못했다. 급기야 1572년에는 분명하지 않은 이유로 저택에서 쫓겨나기까지 했다. 유력한 후원자를 잃은 화가는 로마의 산 루카 미술 아카데미Accademia di San Luca의 회원이 되어 생계를 유지했으나 이렇다 할 성공을 거두지는 못했다.

1576년경 화가로서 엘 그레코의 삶은 큰 전환점을 맞았다. 파르네제 추기경의 인문학자 모임에서 알게 된 스페인 출신 사제 루이스 데 카스티야Luis de Castilla의 주선으로 스페인으로 이주한 것이었다. 루이스 데 카스티야의 아버지 디에고 데 카스티야Diego de Castilla는 톨레도 대성당의 사제로, 엘 그레코에게 중요한 작품들의 제작을 맡겼다. 이에 따라 화가는 스페인에서의 첫 작품으로 대성당 제의실의 제단화 <그리스도의 옷을 벗김>(1577~1579, Catedral de Toledo)[도 5], 그리고 산토 도밍고 엘 안티구오 수녀원 성당의

↑[도 5] <그리스도의 옷을 벗김> ↓ [도 6] <삼위일체>

제단화들(1577~1579)을 그리게 되었다. 엘 그레코는 이 작품들에서 서로 다른 양식으로 그린 이 그림들을 통해 자신의 기량을 보여 주는 한편 잠재적인 고객들의 취향을 알아보고자 했던 것으로 보인다. 산토 도밍고 엘 안티구오 수녀원 성당 제단화의 중앙 상단에 배치되었던 <삼위일체>(1577~1579, Museo del Prado, Madrid)[도 6]는 당대 이탈리아에서 접할 수 있던 양식을 종합한 작품이다. 성부聖父의 품에 안긴 죽은 성자聖子를 천사들이 둘러싸고 있는 이 그림의 구도는 알브레히트 뒤러Albrecht Dürer, 1471~1528가 1511년에 제작한 같은 제목의 판화에서 가져온 것이었다. 당시에는 독일, 네덜란드 등에서 제작된 판화가 유럽에서 널리 유통되어 다른 지역의 화가들에게 영감을 주는 일이 많았는데 엘 그레코 역시 이탈리아 체류 시 뒤러의 판화를 접했을 것이다. 한편 죽은 예수의 뒤틀린 자세는 로마에서 화가가 미켈란젤로의 드로잉, 회화, 조각을 면밀히 연구했음을 알려 준다. 이 작품에서는 특히 미켈란젤로의 <피에타>(1550년경, Museo dell'Opera del Duomo, Firenze)에 나타나는 예수의 인체 표현과 자세를 응용했다. 또한 작품 전반에 사용된 밝고 선명한 색채는 그가 베네치아 르네상스와 매너리즘 전통의 계승자임을 분명

히 보여 준다. 엘 그레코가 <삼위일체>에서 다소 절제된 양식을 보여 주었다면, 또 다른 작품 <그리스도의 옷을 벗김>에서는 실험적인 화풍을 구사했다. 틴토레토의 거친 붓놀림과 과장된 단축법, 그리고 바사노의 강렬한 색채는 이 작품 안에서 독특한 형태로 융합되어 나타난다. 압축된 공간에 인물들을 빼곡히 배치하면서도 이들의 시선과 제스처를 통해 주인공인 예수를 부각시킨 구성 역시 매너리즘 전통에 대한 독창적인 해석을 보여 준다.

엘 그레코의 첫 작품들에 대한 후원자들의 반응은 호의적이지만은 않았다. 당대 톨레도의 엘리트였던 디에고 데 카스티야는 산토 도밍고 엘 안티구오 제단화에 만족했던 반면, 대성당 참사회는 <그리스도의 옷을 벗김>의 가격을 두고 화가와 마찰을 일으켰다. 참사회 측은 작품에서 예수의 머리 위에 다른 인물들이 표현되었다는 점과 복음서에 나오지 않는 세 명의 마리아가 그림 하단에 등장한다는 점을 들어 엘 그레코가 제시한 작품 가격을 낮추려 했다. 결국 소송을 통해 화가와 참사회가 제시한 금액의 중간 지점에서 타협이 되었으나 이 일을 계기로 엘 그레코는 대성당이라는 중요한 후원자를 잃게 되었다. 이후로도 엘 그레코는 작품 가격과 관련된 소송에 여러 차례 휘말렸다. 이 사건들은 미술과 미술가의 지위에 대한 스페인 사회 일반의 낮은 인식을 보여 주는 한편, 이에 대항해 회화가 창조적 예술이라는 자신의 생각을 관철시키고자 했던 엘 그레코의 자부심을 드러냈다.

엘 그레코가 스페인으로 자신의 활동 무대를 옮긴 데에는 루이스 데 카스티야의 조언뿐만 아니라, 당시 스페인의 군주 펠리페 2세가 마드리드 근교에 건설하고 있던 엘 에스코리알 궁전에 대한 기대가 중요하게 작용했던 것으로 보인다. 앞서 살펴본 바와 같이 펠리페 2세는 이탈리아, 그중에서도 엘 그레코가 능숙하게 구사했던 베네치아 화풍에 조예가 깊었다. 엘 에스코리알을 위한 작품을 제작하게 된다면 스페인 왕실로부터 지속적인 후원을 받을 수도 있었다. 1580년 그는 마침내 궁정의 의뢰를 받아 엘 에스코리알

[도 7] 엘 그레코, <성 마우리시오와 테베 군의 순교>

성당 제단화로 쓰일 <성 마우리시오와 테베 군의 순교>(1580~1582, El Escorial)[도 7]를 그렸다. 마우리시오는 고대 로마 시대 장군으로, 승전 축하연에서 우상에게 희생제물을 바치기를 거부하여 자신의 병사들과 함께 죽임을 당한 성인이었다. 화가는 마우리시오와 참모들이 대화를 나누는 모습을 전면에 배치하고 그 뒤로 수많은 군인들이 참수당하는 모습을 담았다. 그 위로는 구름 사이로 한 무리의 천사들이 천상의 음악을 연주하고, 다른 한 편에 있는 천사들은 영광스러운 순교자들에게 승리의 월계관과 종려나무 가지를 선사하러 지상에 내려오고 있다. 거대한 화폭에 야심차게 그린 이 성화는 불행히도 펠리페 2세의 마음에 들지 않았다. 문제는 화풍이 아니라 주제에 대한 화가의 해석이었다. 엘 그레코의 <성 마우리시오와 테베 군의 순교>에서는 정작 중요한 순교의 장면이 축소되어 화면의 중경으로 물러나 있어, 성인들의 용감한 순교라는 주제가 분명하게 전달되지 않았던 것이다. 신심 깊은 국왕에게 이러한 구성은 성화에 어울리지 않는 것으로 여겨졌고, 결국 이 그림은 피렌체 출신 매너리즘 화가 로물로 친친나토Romulo Cincinnato, 1502년경~1593의 <성 마우리시오의 순교>(1583, Monasterio de San Lorenzo, El Escorial)로 대체되었다.

궁정의 후원을 기대할 수 없게 된 엘 그레코는 톨레도에 완전히 정착했다. 펠리페 2세가 마드리드로 천도한 이후에도 톨레도는 여전히 종교의 중심지였고, 따라서 성화에 대한 수요가 많았다. 비록 <그리스도의 옷을 벗

김>을 둘러싼 법정소송 이후 엘 그레코와 대성당의 관계가 소원해졌다 해도 이 도시에 그를 대신할 만한 화가는 없었다. 엘 그레코의 대표작이라고 할 수 있는 <오르가스 백작의 매장>(1586~1588, Iglesia de Santo Tomé)[도 8]은 이 점을 분명하게 보여 준다. 그림의 주인공은 돈 곤살로 루이스Don Gonzalo Ruiz de Toledo로 14세기 오르가스 지역의 영주였다. 자선사업에 힘쓰던 신심 깊은 그는 유언으로 매년 오르가스에서 거둬들인 소출의 일부를 톨레도의 산토 토메 성당에 기부하기로 서약하였다. 1560년대 들어 오르가스의 주민들은 산토 토메 성당에 대한 기부를 중단했는데 이는 성당과 주민들 사이의 소송으로 이어졌다. 소송에서 승리한 산토 토메의 주임사제는 돈 곤살로의 선행을 길이 남기기 위해 엘 그레코에게 작품을 주문했다. 내용은 오르가스의 영주를 땅에 묻을 때 성 아우구스티노와 성 스테파노가 나타나 손수 시신을 안치했다는 전설이었다.

[도 8] 엘 그레코, <오르가스 백작의 매장>

화면은 천상의 세계와 지상의 세계로 양분되어 있다. 아래쪽에는 성 아우구스티노와 성 스테파노가 오르가스 백작의 시신을 관에 넣기 위해 들고 있고, 그 주변으로는 장례 의식을 집전하는 사제, 그리고 수도사들과 귀족들이 빽빽하게 늘어서서 고인의 생전 업적을 기리고 있다. 사실적으로 표현된 곤살로 루이스의 시신 아래로는 실제 그의 석관이 놓여 있었다. 위쪽에는 그리스도를 정점으로 성 베드로, 성모 마리아, 세례자 요한, 성 토마스를 비롯한 성인들이 신비로운 분위기 속에 묘사되었다. 수직 구도를 주축으로 하는 천상 세계와 수평 구도가 지배하는 지상 세계는 한 화면 안에서 조화를 이루기 어려워 보인다. 그러나 엘 그레코는 중앙에 어린 아기의 모습을 한 채 천사의 품에 안겨 하늘로 올라가는 고인의 영혼을 표현함으로써 두 세계를 무리없이 연결시켰다.

이 작품은 또한 집단 초상화와 종교화를 결합시킨 것으로도 화제를 불러일으켰다. 1588년 이 작품이 완성되어 공개되었을 때 많은 사람들은 이 그림에 묘사된 동시대 톨레도 시민의 모습을 확인하기 위해 몰려들었다. 오른쪽 끝에는 제의를 걸치고 기도서를 읽는 산토 토메의 주임사제 안드레스 누녜스, 그로부터 왼쪽으로 네 번째에는 고전학자로 유명한 안토니오 데 코바루비아스Antonio de Covarrubias가 묘사되었다. 왼쪽 아래 횃불을 들고 화면 바깥의 관람자의 시선을 매장의 장면으로 인도하는 소년은 엘 그레코의 아들이자 훗날 화가로 성장하는 호르헤 마누엘Jorge Manuel Theotocópuli, 1578~1631이다. <오르가스 백작의 매장>은 종교화와 초상화의 경계를 넘나드는 새로운 형식의 작품이라는 점에서 엘 그레코 작품 세계의 혁신성을 보여 준다.

엘 그레코는 독특한 화풍 때문에 근대 이후 오늘날까지 종종 신비주의자로 해석되기도 한다. 실제로 16세기 후반은 십자가의 성 요한, 아빌라의 성녀 데레사 등 신비주의적 경향을 띤 수도자들이 스페인에서 큰 반향을 불러일으킨 때였다. 엘 그레코의 작품 중에서도 그가 자신의 무덤 위에 걸기 위해 그린 <목동들의 경배>(1612~1614년경, Museo del Prado)[도 9]는 특히 화가의 신비주의적 성향을 드러내는 작품으로 여겨졌다. 아기 예수로부터 나오는 빛은 성모 마리아와 성 요셉, 목동들과 천사들을 비춰 그들이 입고 있는 옷의 강렬한 색채와 어두운 배경을 대비시킨다. 화가는 또한 과감한 붓질로 신체와 옷주름을 형상화하여 마치 환영을 그린 것과 같은 신비로운 분위기를 연출했다. 그러나 엘 그레코 자신이 신비주의자였다는 근거는 없다. 미술, 건축이론과 신학, 철학, 과학 등 다양한 주제를 다룬 그의 장서 130여권 가운데 신비주의와 연결지을 수 있는 책은 단 한 권도 없으며 그가 신비주의자들과 접촉했다는 기록도 찾아볼 수 없다. 오히려 엘 그레코의 인간 관계와 지적 성향은 오히려 그 반대를 보여 준다. 화가가 교류한 톨레도의 엘리트들은 신비주의가 반지성적이며 제도권 교회에 잠재적 위협이 될 수 있다고 여겨 경계했다. 따라서 그의 후기작에서 보이는 표현적이고 추상적인 특징은 신비주의의 반영이라기보다 베네치아 르네상스와 매너리즘을 토대에 둔 양식적 실험의 결과로 보는 편이 더 타당할 것이다.

엘 그레코가 톨레도에서 자리를 잡고 활동했던 데에는 현지 지식인들과의 교류가 중요하게 작용했다. 저명한 고전학자 안토니오 데 코바루비아스와 삼위일체 수도회의 수사였던 오르텐시오 펠릭스 파라비치노Hortensio Félix Paravicino는 특히 엘 그레코와 각별한 친분을 나눈 이들이었다. <파라비치노의 초상>(1609년경, Museum of Fine Arts, Boston)[도 10]은 이 젊고 명민한 설교자가 지닌 인문학자, 시인으로서의 면모를 포착하였다. 약간 기울어진 의자와 꿈틀거리는 옷주름, 모호한 윤곽선 처리는 초상화

↑[도 9] <목동들의 경배> ↓ [도 10] <파라비치노의 초상>

[도 11]
산체스 코탄,
<새, 채소, 과일이 있는 정물>

에 생동감을 부여하는 한편, 책을 쥔 섬세한 손과 측면을 바라보는 깊은 눈동자의 묘사는 파라비치노의 지적이고 예민한 성격을 효과적으로 드러낸다.

이탈리아 매너리즘 회화의 이상화되고 추상화된 표현을 한층 더 강화한 엘 그레코의 화풍은 그의 사후 더 이상 이어지지 않았다. 이와는 사뭇 다른 자연주의적인 양식이 17세기 톨레도와 스페인의 화단을 주도하게 되었던 것이다. 후안 산체스 코탄Juan Sánchez Cotán, 1561~1627의 <새, 채소, 과일이 있는 정물>(1602, Museo del Prado, Madrid)[도 11]은 이러한 조류를 보여 주는 예다. 그는 카르둔, 순무, 사과, 모과 등의 정물을 좁다란 선반 같은 구조물 위에 배치했다. 강한 명암 대비와 섬세한 세부 묘사는 각 사물 표면의 질감을 더욱 도드라져 보이게 한다. 산체스 코탄은 이러한 장치를 통해 일상적 사물을 비일상적 맥락에 놓음으로써 관람자에게 색다른 시각적 즐거움을 주었다. 정물화는 16세기 말 이래 인문학자들에게 흥미를 불러일으킨 장르였다. 이는 르네상스 시대, 자연에 대한 이해와 더불어 고전 고대에 대한 관심이 높아진 결과였다. 과일, 채소, 꽃 등을 그린 그림은 플리니우스의 『박물지』에 등장하는 고대 그리스 회화의 부활로 여겨졌다. 인문학자들과 귀족들 사이에서 정물화 취미는 고전고대에 대한 소양을 드러내는 표지였던 셈이다.

3. 왕실과 교회: 벨라스케스와 수르바란

종교 중심지 톨레도와 왕실의 새로운 수도 마드리드, 이 두 지역과 더불어 미술 활동이 활발했던 곳은 상업과 무역의 중심지 세비야였다. 세비야는 아메리카의 식민화 이후 신대륙과의 교역을 독점했던 무역항으로서 16세기 후반부터 17세기 전반까지 경제적 번영을 누렸다. 도시의 부가 폭발적으로 증가한 만큼 성당을 비롯한 새로운 건축물들이 곳곳에 세워졌고 미술품에 대한 수요도 늘어났다. 세비야 화가들에게 종교화를 중심으로 한 작품 주문이 많아진 한편, 플랑드르와 이탈리아의 판화와 장르화, 풍경화를 비롯한 세속적 주제의 그림들도 수입되어 유통되었다. 적극적인 미술 후원 분위기와 서로 다른 화풍의 그림들을 접할 기회를 바탕으로 이곳의 화가들은 혼성적이면서도 독창적인 화풍들을 발전시켰다.

이러한 비옥한 문화적 토양은 17세기 초 세비야에서 가장 성공한 화가인 후안 데 로엘라스Juan de Roelas, 1560년경~1625의 작품에서 드러난다. 화가는 세비야의 예수회 성당 주제단화로 제작된 <예수 이름의 경배>(1604~1605, Capilla de la Universidad, Sevilla) [도 12]에서 독창적인 양식을 구사했다. 스푸마토를 이용한 부드러운 윤곽선 표현과 인물들의 따뜻한 분위기는 이탈리아 파르마 출신 코레조Antonio Allegri da Correggio, 1489~1534와 유사하지만 밝은 색채의 사용과 느슨한 붓질로 처리한 직물 표현은 베네치아 매너리즘의 영향을 보여 준다. 플랑드르 출신인 로엘라스는 이탈리아 체류 경험

[도 12] 로엘라스, <예수 이름의 경배>

[도 13] 벨라스케스, <세비야의 물장수>

이 없었으나 북부 이탈리아 화풍을 간접적으로 습득하여 독창적인 작품 세계를 발전시켰고, 이는 세비야의 후원자들에게 크게 환영받았다.

로엘라스가 이상화된 화풍으로 세비야의 고객들에게 인기를 얻었다면, 디에고 벨라스케스Diego Rodríguez de Silva y Velázquez, 1599~1660는 혁신적인 자연주의 화풍으로 주목을 받았다. 그가 세비야에서 주로 그린 그림들은 스페인에서 보데곤bodegón이라 불렸던 장르화였다. 평범한 서민들과 일상적인 정물의 모습을 사실적으로 표현한 그의 작품은 플랑드르의 장르화와 정물화 전통을 바탕에 둔 것이었다. 도시의 길거리 풍경을 그린 <세비야의 물장수>(1620년대, Wellington Museum, London)[도 13]에서 볼 수 있듯 벨라스케스는 인물의 주름진 피부, 옷감의 거친 느낌, 빛이 반사되는 유리잔과 항아리의 서로 다른 질감, 심지어 항아리에 맺힌 물방울의 모습까지 사물의 있는 그대로의 모습을 최대한 사실에 가깝게 재현하고자 했다. 화가의 초기 대표작인 이 그림은 1623년 후안 데 폰세카Juan de Fonseca y Figueroa에게 선물한 것으로, 그가 궁정 화가로 등용되는 데 도움이 되었다. 폰세카는 펠리페 4세의 즉위와 더불어 총신으로서 궁정의 실세가 된 올리바레스 대공Gaspar de Guzmán, Conde-Duque de Olivares과 가까운 사이였다. 그는 <세비야의 물장수>를 왕실 가족들과 궁정의 대신들에게 보여 주었고 이렇게 소개된 벨라스케스는 <펠리페 4세의 초상>1623~1626, Museo del Prado, Madrid)[도 14]을 제작할 기회를 얻었다. 여기서 그는 부수적인 장식은 생략하고 과감한 명암대조법을 사용하여 왕의 존재 자체에서 나오는 권위와 기품을 한층 더 강조했다. 군주의 초상을 그리는 일에서 인정을 받은 그는 같은 해 궁정 화가로 발탁되었다.

[도 14] 벨라스케스, <펠리페 4세의 초상>

초상화 분야에서 높은 평가를 받은 벨라스케스는 이스토리아로 작품 세계의 지평을 넓혔다.[1] <바쿠스 축제>(1629, Museo del Prado, Madrid)[도 15]는 화가가 최초로 시도한 이스토리아로, 당시까지 신화의 장면을 그린 작품들과는 매우 다른 특징을 보인다. 화면 왼쪽 반라의 바쿠스와 신들은 젊고 아름답게 이상화된 반면, 연회에 참석한 농부들은 햇볕에 그을리고 노동에 시달린 모습으로 묘사되었다. 화가는 또한 전경의 좁은 공간에 술병과 잔을 세밀하게 그려 넣어 이전 시기 자신의 보데곤들과의 연속

[도 15] 벨라스케스, <바쿠스 축제>

1 이스토리아는 문자 그대로 번역하면 "역사화"이지만 실제로는 역사적 사실뿐만 아니라 신화, 전설,

성을 드러냈다. 신화를 주제로 한 그림에 일상 생활의 모습을 넣음으로써 벨라스케스는 새로운 형태의 이스토리아를 창조한 것이었다. 그러나 이 그림에는 한계가 있다. 지나치게 많은 인물들을 화면 안에 배치한 탓에 구도의 좌우 균형을 잃었고 공간감을 분명하게 표현하지 못했다. 또한 바쿠스의 허리춤에 걸친 천조각과 오른쪽에 잔을 들고 앉아 있는 농부의 외투에서도 알 수 있듯, 화가는 아직 단축법과 비례에 맞는 인체 표현에는 서툴렀다.

벨라스케스가 자신의 한계를 극복할 수 있는 계기는 루벤스Pieter Paul Rubens, 1577~1640와의 만남을 통해 마련되었다. 1628년부터 1629년까지 외교적 임무를 수행하기 위해 마드리드 궁정에 머무르던 루벤스는 자신의 작품을 제작하는 한편 틈틈이 왕실에서 소장하고 있던 티치아노의 그림들을 모사했다. 젊은 벨라스케스는 루벤스의 조언을 통해 베네치아 르네상스와 바로크 회화의 느슨한 붓질과 화사한 색채 효과에 눈을 떴다. 뿐만 아니라 루벤스의 도움으로 펠리페 4세의 허락을 받아 이탈리아를 여행하며 명화들을 연구할 수 있었다.

벨라스케스는 1629년 5월부터 1년여 동안 베네치아, 페라라, 첸토, 나폴리, 로마를 여행하면서 이탈리아 르네상스의 명작들을 섭렵하는 한편 피에트로 다 코르토나Pietro da Cortona, 1596~1669, 도메니키노Domenichino/Domenico Zampieri, 1581~1641, 조반니 란프랑코Giovanni Lanfranco, 1582~1647 등 이탈리아 바로크 회화의 거장들과 만날 수 있었다. 성과는 즉시 나타났다. <불카누스의 대장간>(1630, Museo del Prado, Madrid)[도 16]에서 벨라스케스는 고전주의적인 이탈리아 화풍을 완벽하게 소화하여 인체의 다양한 자세, 화면의 공간감, 구도의 문제를 극복했다. 달구어진 쇳덩이와 각종 연장의 꼼꼼한 표현은 더욱 원숙해진 화가의 세부 묘사 능력을 보여 준다. 그는 외형의 사실적인 묘사에서 더 나아가 등장 인물들의 감정까지도 섬세하게 재구성했다. 불카누스의 치켜 올라간 눈썹, 퀴클롭스의 벌어진 입은 비너스의 불륜 사실로

....

종교적 일화 등 이야기를 담고 있는 그림을 포괄하는 그림이다. 따라서 이 글에서는 당시의 용어를 그대로 표기했다.

[도 16] 벨라스케스, <불카누스의 대장간>

부터 이들이 받은 충격을 생생하게 전달한다.

1630년대 마드리드에서는 부엔 레티로 궁전Palacio del Buen Retiro의 건축이 진행되고 있었다. 왕의 휴식과 오락을 위해 지어진 이 건물의 주된 행사 공간에는 스페인 제국의 위대함을 과시하기 위한 그림들이 걸렸다. 펠리페 3세 부부, 펠리페 4세 부부, 왕세자 발타사르 카를로스의 기마 초상화를 비롯하여 펠리페 4세의 군대가 거둔 승리를 묘사한 전투를 묘사한 작품 12점, 합스부르크 왕실의 시조로 여겨진 헤라클레스의 일생을 다룬 작품 10점이 1634년부터 1635년까지 제작되었다. 이 프로젝트에는 프란시스코 데 수르바란Francisco de Zurbarán, 1598~1664, 비센테 카르두초Vicente Carducho, 1568~1638, 에우헤니오 카헤스Eugenio Cajés, 1575~1634, 후안 바우티스타 마이노Juan Bautista Maíno, 1569~1649 등 당대 스페인에서 최고로 꼽히던 화가들이 동원되었다. 이 가운데 벨라스케스는 왕실 기마 초상화 5점과 <브레다의 항복>(1634~1635, Museo del Prado, Madrid)[도 17]을 의뢰받았다. 이 작품은 브레다에서 벌어진 북부

[도 17] 벨라스케스, <브레다의 항복>

네덜란드 군과의 전투에서 스페인 군대가 승리를 거둔 뒤의 장면을 표현했다. 브레다의 사령관 나사우의 유스티누스Justinus van Nassau가 몸을 숙이며 브레다의 열쇠를 건네주려 하자 스페인 측 사령관 암브로지오 데 스피놀라Ambrogio de Spinola가 말에서 내려 패배한 유스티누스의 용맹을 치하하며 위로하는 모습이다. 실제로 이렇게 신사적인 일은 일어나지 않았지만, 벨라스케스는 가상적 상황의 묘사를 통해 군사적 승리에 도덕적 우위를 부여함으로써 스페인 군대의 품위와 관대함을 강조했다.

부엔 레티로 궁전의 장식이 마무리될 무렵 다른 프로젝트가 시작되었다. 왕실 가족이 사냥을 즐길 때 이용했던 파르도 궁전Palacio Real de El Pardo에 토레 데 라 파라다Torre de la Parada를 세우고 장식한 것이었다. 루벤스가 마드리드에 다녀간 이후 그의 작품에 반한 펠리페 4세는 플랑드르와 이탈리아 화가들을 궁전 장식에 참여시켰다. 특히 토레 데 라 파라다의 주요한 방들에는 외국 화가들의 그림만이 전시되었는데, 벨라스케스의 작품들은 예외적으로 포함되었다. 1636년부터 1640년까지 벨라스케스가 이곳을 위해 제작한 그림들은 사냥 복장을 한 펠리페 4세, 발타사르 카를로스 왕세자, 펠리페 4세의 동생 페르난도 추기경의 초상화들, <이솝>, <메니푸스>, <마르스>, <사냥Tela Real>, 궁정 광대였던 난쟁이 디에고 데 아세도와 프란시스코 레스카노의 초상화였다.

국왕의 총애를 받던 벨라스케스에게는 그림을 그리는 일 말고도 다른 임무들이 주어졌다. 그중에서도 주목할 만한 것은 펠리페 4세의 미술 고문이자 궁전 장식의 책임자로서의 활동이었다. 1640년대와 50년대에 화가는 마드리드 알카사르와 엘 에스코리알에 전시할 그림, 조각을 선택하고 배치하는 역할을 맡았다. 여기에는 벨라스케스 자신의 작품은 물론 루벤스, 반 다이크Anthony van Dyck, 1599~1641 등 당대 유럽 최고의 바로크 화가들, 그리고 티치아노, 베로네제 등 베네치아 르네상스 대가들의 작품들이 주로 전시되었다. 회화 작품은 이 당시까지 스페인 왕실에서 소장하고 있던 것으로도 충분했으나 문제는 조각품이 부족하다는 점이었다. 웅장한 프레스코 천장화 아래에 회화와 조각을 함께 전시하던 이탈리아의 갤러리들을 염두에 두고 있는 국왕은 벨라스케스에게 로마에 가서 당대 최고의 프레스코 화가였던 피에트로 다 코르토나를 섭외하고 고대 그리스, 로마 조각품을 수집해 오도록 명했다. 그러나 1648년부터 1650년까지의 이탈리아 체류는 그다지 성공적이지 못했다. 코르토나는 제안을 거절했고 조각품의 확보도 수월하지 않았다. 훌륭한 고대 조각을 구할 수 없었던 벨라스케스는 대신 미술가들을 고용하여 기존의 유명한 작품들을 복제하도록 시키는 한편, 화가 자신은 로마의 유력 인사들에게 초상화를 그려 주었다. <교황 인노첸시오 10세의 초상>(1649~1650, Galleria Doria-Pamphili, Roma)[도 18]은 그 가운데 대표적인 예로, 초상화가로서 벨라스케스의 원숙한 기량과 함께 그의 개인적 야망을 보여 준다. 의자에 앉은 교황의 권위 있는 모습을 담은 전체적인 구도는 르네상스 시대 라파엘로Raffaello Sanzio, 1483~1520의 <교황 율리오 2세의 초상>(1511~1512, National Gallery, London)에서 시작된 전통적인 유형을 따랐다. 여기서 벨라

[도 18] 벨라스케스, <교황 인노첸시오 10세의 초상>

스케스는 교황의 신중하고 정치적인 성향과 강인한 면모를 매서운 눈매와 표정을 통해 효과적으로 표현했다. 의상은 루벤스와 티치아노의 영향을 받은 대담하고 빠른 붓질로 처리하여 그림 속 인물에게 활기를 불어넣었다. 이 그림을 제작한 데에는 벨라스케스의 외교적 의도가 들어 있었다. 궁정화가로서 성공한 벨라스케스는 명실상부한 상류 귀족의 일원으로 인정받고 싶어했다. 그는 특히 최고위 귀족들의 모임인 산티아고 기사회에 가입하고자 했는데, 교황에게 이 초상화를 그려 바친 덕분에 교황청으로부터 이 일에 대한 공식적인 지원을 약속받을 수 있었다. 실제로 그의 귀족 혈통이 불분명하다는 이유로 벨라스케스의 입회가 거절당했을 때 교황청은 특면을 베풀어 더 이상 이 문제가 장애가 되지 않도록 했고, 그 결과 1659년에 벨라스케스는 산티아고 기사회의 일원이 될 수 있었다.

벨라스케스의 사회적 지위 상승 욕망의 저변에는 화가라는 직업에 대한 자부심이 깔려 있었다. 앞서 엘 그레코의 예에서도 보았듯이 전통적으로 스페인에서 미술가의 사회적 지위는 낮았다. 자연의 사물을 재현하는 일에는 지성이 아닌 기술만이 필요하다고 여겨졌기 때문이다. 당시 사회에서 물감과 돌가루를 묻혀 가며 땀흘려 일하는 미술가의 작업은 천한 육체노동에 다름 아니었고, 따라서 그림과 조각은 장인들이 생산해 낸 물건에 지나지 않았다. 한편 이탈리아에서는 "나는 손이 아닌 머리로 그림을 그린다"고 이야기했던 미켈란젤로의 예가 말해 주듯, 르네상스 이후 미술품과 미술가에 대한 이러한 편견이 해소된 지 오래였다. 훌륭한 그림은 값비싼 사치품 이상의 정신적 의미를 담고 있는 것으로 간주되었고 그림을 그리는 행위는 지적인 활동으로 인정받았다. 이탈리아 문화와 예술에 조예가 깊었던 펠리페 4세와 벨라스케스 역시 같은 생각이었다. 이들의 입장은 고귀한 예술인 회화를 창조하는 화가가 경제적으로나 사회적으로나 높은 지위를 누려야 마땅하다는 것이었다.

이러한 입장은 벨라스케스의 <아라크네 이야기>(1656~1658년경, Museo del Prado, Madrid)[도 19]에서 잘 드러난다. 이 작품은 오비디우스의 『변신*Metamorphoses*』에 등장하는 그리스 신화를 소재로 삼았다. 직물을 짜는 데 출중한 재주를 가지고 있던 아라크네는 자신의 실력을 뽐내며 미네르바에게 도전장을 냈다. 둘이 벌인 시합에서 아라크네는 주피터가 인간 세계에서 아름다운 여인들을 유혹하는 장면을 주제로 삼아 태피스트리를 만들었다. 미네르바는 신을 조롱한 아라크네에게 격분하여 태피스트리를 찢어버리고 아라크네를

[도 19] 벨라스케스, <아라크네 이야기>

거미로 만들어 버렸다. 벨라스케스는 이 그림에서 뒷방의 배경에 아라크네의 태피스트리를 그려 넣었다. 그런데 자세히 살펴보면 이 이미지는 티치아노의 <유로파의 납치>(1559~ 1562, Isabella Stewart Gardner Museum, Boston)임을 알 수 있다. 이 그림은 카를로스 1세와 펠리페 2세에게 티치아노가 보낸 여섯 점의 신화 그림 시리즈 가운데 하나로, 스페인 왕실 소장품 중에서도 명작으로 꼽히는 그림이었다. 벨라스케스는 <유로파의 납치>를 아라크네의 태피스트리와 동일시함으로써 티치아노를 신과 대결할 수 있을 정도의 재능을 가진 인물로 격상시킨 것이었다. 티치아노의 작품을 선택한 이유에는 더 깊은 의미가 숨어 있었다. 일찍이 카를로스 1세는 티치아노에게 금목걸이와 기사 작위를 수여함으로써 뛰어난 화가로서 그의 고결한 지위를 인정한 바 있었다. 벨라스케스는 <유로파의 납치>를 그려 넣어 티치아노의 예를 관람자에게 상기시키고 자신 또한 그런 지위를 누릴 자격이 있음을 이야기하고자 했던 것으로 보인다.

궁전에서의 일상적 순간을 스냅사진처럼 포착한 <시녀들>(1656년경, Museo del Prado, Madrid)[도 20]은 회화와 화가의 고귀한 지위를 가장 성공적으로 나타낸 작품이다. 이 그림에서 벨라스케스는 알카사르 안에 있던 자신의 작업실에 펠리페 4세의 딸인 마르가리타 공주와 시녀들, 광대들, 그리고 화가 자신이 함께 있는 장면을 뛰어난 붓질과 미묘한 빛의 사용을 통해 사실적으로 표현했다. 더 나아가 화가는 정교한 원근법과 등신대로 제작된 작품의 크기를 이용하여 보는 이가 마치 그림 속 장면을 화가의 방 안에서 목도하는 것과 같은 효과를

[도 20] 벨라스케스, <시녀들> 부분화

거두었다. 달리 말하면 그림 속 공간을 화면 밖으로 확장시켜 관람자를 그림에 포함시킨 것이다. 이처럼 <시녀들>은 회화적 환영과 현실의 경계를 넘나들며 두 세계의 관계를 되돌아보게 한다는 점에서 회화 작품이 지적인 작업의 결과물이라는 사실을 웅변한다.

한편 궁정 화가로서 벨라스케스의 자신감은 화면 왼편에 화가가 그려 넣은 자화상에서 가장 직접적으로 드러난다. 화가의 사회적 지위가 그다지 높지 않았던 당시까지 스페인에서 자화상은 매우 드물었다. 게다가 벨라스케스는 그림 속에서 귀족의 의상을 입고 커다란 이젤 앞에 팔레트와 붓을 든 모습으로 서 있어 자신의 직업에 대한 고양된 자의식을 드러냈다. 이 점은 화면 중앙 뒷편, 왕과 왕비의 모습이 비친 거울을 통해 더욱 강조되었다. 거울에 비친 이미지는 왕과 왕비가 벨라스케스의 작업실에 막 도착했음을 말해 준다.[2] 마르가리타 공주에게 마실 것을 주는 시녀와 개에게 장난을 치고 있는 광대는 아직 왕과 왕비가 들어온 것을 모르고 있는 반면 다른 시녀와 난쟁이는 화면 밖에 있는 펠리페 4세와 마리아나를 보고 인사를 하려는 참이다. 벨라스케스 역시 방문자들의 기척에 그림에서 막 손을 뗀 모습이다. 반대편에는 왕비의 시종이 국왕 부부가 언제든 나갈 수 있도록 출입문을 열어 놓고 있다. 스페인

[도 21] 벨라스케스, <비너스와 큐피드>

2 그림의 소실점을 토대로 추정한 왕과 왕비의 위치와 거울에 비친 이미지는 정확히 일치하지는 않는다. 그러나 그 자체로 국왕 부부가 작업실에 있지 않았다는 근거는 되지 않는다. 벨라스케스의 작품에서 거울은 작품의 효과를 극대화하기 위한 시각적 장치로, 반드시 정확한 재현을 목표로 한 것은 아니었다. 가령, <비너스와 큐피드(로크비 비너스)>(1648년경, National Gallery, London)[도 21]에서 화가는 여신의 뒷모습을 관능적으로 묘사하는 한편 거울에 비친 얼굴은 흐릿하게 처리하여 관람자의 성적인 환상을 북돋웠다. 여기서 큐피드가 받치고 있는 거울은 위치와 각도상으로 볼 때 비너스의 복부를 비춰야 한다. 그러나 벨라스케스는 화면의 완벽한 구도와 흐릿한 얼굴이 주는 효과를 함께 얻기 위해 부정확함을 무릅쓰고 이런 장치를 사용했다. <시녀들>에서도 거울은 마찬가지 역할을 한다고 볼 수 있다. 즉, 국왕 부부의 현존을 시사하기 위한 장치였던 것이다.

사회에서 왕을 일상적으로 만날 수 있는 사람은 많지 않았으므로, 왕과 왕비가 화가의 작업실을 몸소 찾았다는 사실은 그 자체로 화가의 높은 지위를 말해 주었다. 실제로 18세기에 스페인 미술가들의 평전을 저술한 화가 안토니오 팔로미노Antonio Palomino de Castro y Velasco, 1653~1726는 펠리페 4세 부부와 공주가 나들이 삼아 벨라스케스의 작업실을 즐겨 찾았다고 기록한 바 있다. 그러나 벨라스케스는 왕과 자신의 모습을 한 화면에 담는 결례를 피하기 위해 왕과 왕비의 모습을 거울에 반사된 이미지로만 암시하는 신중함을 보였다.

앞서 살펴본 대로, <아라크네 이야기>와 <시녀들>에서 벨라스케스가 적극적으로 표현한 사회적 지위 향상의 열망은 1659년 산티아고 기사회에 받아들여짐으로써 마침내 실현되었다. 팔로미노에 따르면 벨라스케스의 사후 펠리페 4세가 <시녀들>에 포함된 화가의 자화상에 산티아고 기사회의 상징인 붉은 십자가를 그려 넣도록 지시했다고 한다. 이 일화가 어디까지 사실인지는 알 수 없으나 한 가지 분명한 것은 벨라스케스가 <시녀들>을 통해 자신이 추구한 회화의 지향점과 세속적 야망을 달성했다는 점이다.

근세 스페인 회화에 가장 큰 영향력을 행사한 후원자는 궁정과 교회였다. 엘 그레코와 벨라스케스의 예에서도 알 수 있듯이, 궁정 화가로 고용되거나 교회에서 작품을 의뢰받지 않고서는 화가로서 성공할 수 있는 길이 없었다. 벨라스케스와 거의 동년배로, 궁정이 아닌 교회의 후원으로 성공한 화가로는 프란시스코 데 수르바란Francisco de Zurbarán, 1598~1664을 꼽을 수 있다. 그는 처음부터 세비야와 주변 지역에서 수도원과 성당 등 종교기관의 주문을 받아 종교화를 전문으로 제작하는 길을 택했다. 수르바란은 산 파블로 수도원을 위해 그린 <십자가에 못 박힌 그리스도>(1627, Art Institute of Chicago)[도 22]가 찬사를 받으며 일약 유명해졌다. 이 작품은 벨라스케스의 장인으로 더 잘 알려진 세비야의 화가 프란시스코 파체코Francisco Pacheco, 1564~1644의 그림과 이론을 모델로 삼은 것이었다. 미술이론가로도 활동했던 파체코는 스페인 회화의 역사와 이론에 대한 책 『회화론*Arte de la pintura*』

(1649)에서 종교화가 지켜야 할 사항들을 꼼꼼하게 규정해 놓았다. 가령 그는 십자가에 못 막힌 그리스도를 그릴 때에 못을 세 개가 아닌 네 개로 표현해야 한다고 주장했다. 예수의 손과 발에 박힌 못이 세 개일 경우 불가피하게 하체가 뒤틀리는데 역사적 고증을 통해 볼 때 이는 정확하지 않다는 것이었다(Pacheco, 1990: 713-34). 파체코는 1614년에 그린 자신의 그림에서도 이러한 도상을 적용하였는데, 이는 곧 세비야에서 정통적인 도상으로 받아들여졌다. 파체코의 도상은 "올바른" 이미지를 중시했던 가톨릭 개혁의 정신에는 부합했을지 모르나 미적 기준에서는 구도가 너무 단조로워진다는 난점이 있었다. 수르바란은 이러한 한계를 극복하기 위해 섬세한 세부 묘사와 더불어 극단적인 명암대조법을 구사했다. 어두운 배경 속에서 대상에 비추는 강한 빛은 세밀하게 표현된 신체의 근육과 천의 주름을 입체적으로 보이게 할 뿐만 아니라 정적인 주제에 극적인 효과를 부여했다. <묵상에 잠긴 성 프란치스코>(1635~1640, National Gallery, London)[도 23]에서는 이러한 자연주의적 특징이 한결 강조되었다. 청빈한 삶의 상징이었던 성 프란치스코는 누더기 수도복을 걸치고 인생의 무상함을 뜻하는 해골을 손에 든 채 묵상에 전념하고 있는 모습이다. 오른쪽 위에서 강하게 쏟아지는 빛은 무아지경에 이른 듯한

[도 22] 수르바란, <십자가에 못 박힌 그리스도>

[도 23] 수르바란, <묵상에 잠긴 성 프란치스코>

성인의 얼굴 윤곽과 옷주름의 입체감을 사실적으로 전달한다. 이러한 입체성과 연극성의 강조는 당시 세비야의 종교 문화와 밀접한 관련이 있었다. 16세기와 17세기 스페인에서는 성상聖像으로 회화뿐만 아니라 채색 목조각을 많이 사용했다. 이 목조 성상들은 성당 안에 안치되거나 행렬에 사용되었는데, 여기에는 인물의 살결과 의상의 질감은 물론 몸의 상처와 핏자국, 얼굴의 표정과 눈물까지 사실적인 색채로 묘사되어 신자들의 신심을 이끌어 냈다. 수르바란의 작품은 회화에 삼차원적 환영을 부여함으로써 채색 목조각 성상들과 같이 대중의 종교적 감성에 직접적으로 호소했다.

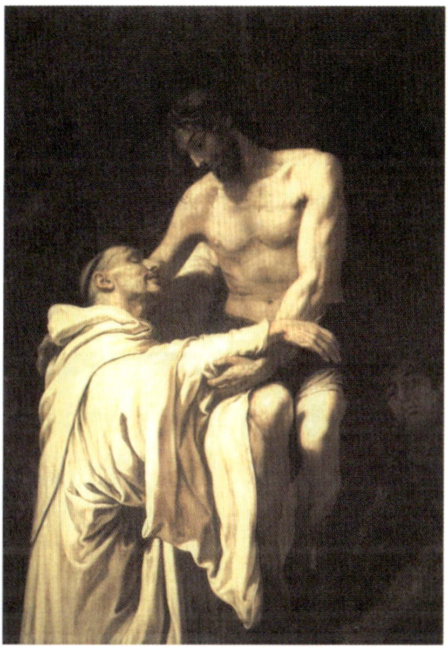

[도 24] 리발타, <성 베르나르도의 환영>

17세기 초 톨레도와 세비야에서 유행한 자연주의는 지중해 연안의 발렌시아 회화에도 영향을 미쳤다. 카탈루냐 출신으로 발렌시아에서 활동한 프란시스코 리발타Francisco Ribalta, 1565~1628의 <성 베르나르도의 환영>(1625~1627년경, Museo del Prado, Madrid)[도 24]은 12세기에 시토 수도회를 설립한 베르나르도의 일화를 묘사한 것이다. 베르나르도는 관상觀想을 통해 하느님을 단순하고 순수하게 사랑하는 일이 중요하다고 주장했다. 십자가에서 내려와 성인을 안아 주는 그리스도와 눈을 감은 채 행복하게 몸을 맡긴 베르나르도의 모습을 담은 이 그림은 이러한 가르침을 형상화한 것으로 가톨릭 개혁 시기 유행하던 도상을 따랐다. 리발타는 간결한 구도 속에 강한 명암대조를 사용하여 주인공들의 인체에 사실성을 부여함으로써 성 베르나르도의 환영을 관람자에게까지 생생하게 전달했다.

4. 전성기 바로크 양식의 확산과 변용: 무리요와 17세기 후반 궁정회화

1650년대 세비야에서는 새로운 화풍이 초기 벨라스케스와 1630년대의 수르바란이 구사한 엄격한 자연주의 양식을 대체했다. 본격적인 변화는 소小 프란시스코 데 에레라Francisco de Herrara el Mozo, 1622~1685에게서 시작되었다. <성 헤르메네질도의 승리>(1654, Museo del Prado, Madrid)[도 25]는 에레라의 새로운 양식을 보여 주는 작품이다. 헤르메네질도는 스페인 서고트 족 왕이었던 레오비질도의 아들로, 그리스도의 신성을 부정한 아리우스파 이단을 거부하고 정통신앙을 고수하다가 감옥에서 순교한 성인이었다. 이 그림에서 성인은 놀라움과 공포에 싸인 레오비질도 왕과 아리우스파 주교를 어둠 속에 남겨 두고 참 신앙의 영광 속에 있는 모습이다. 십자가에서 나온 빛은 성인과 천사들을 밝게 비추고 있어 그리스도의 신성이야말로 순교한 성 헤르메네질도가 누리는 영광의 근원임을 시사한다. 빛의 효과와 더불어 느슨한 붓질과 나선형으로 솟구치는 듯한 성 헤르메네질도의 자세는 에레라가 전성기 바로크 양식을 능숙하게 구사했음을 보여 준다. <성 헤르메네질도의 승리>를 완성한 직후 에레라는 아버지의 유산 문제를 정리하기 위해 마드리드에서 고향 세비야로 내려갔다. 그곳에서 <성체성사와 성모 무염시태의 알레고리>(1655, Hermandad Sacramental del Sagrario, Sevilla)를 제작했는데 이 그림에서 보여 준 전성기 바로크 양식은 세비야에서 활동하던 화가들에게 큰 자극이 되었다. 특히 <성흔을 받는 성

[도 25] 에레라, <성 헤르메네질도의 승리>

프란치스코>(1657, Catedral de Sevilla)[도 26]에서 화가가 보여 준 풍부하고 부드러운 색채, 복잡하고도 세련된 인체 자세의 역동적인 구성은 세비야 화단에서 회화의 새로운 기준을 세웠다.

[도 26] 에레라, <성흔을 받는 성 프란치스코>

에레라의 영향으로 화단의 변화를 주도한 화가는 바르톨로메 에스테반 무리요Bartolomé Esteban Murillo, 1617~1682였다. 그는 초기에 자연주의 화풍으로 작품을 제작했으나 고객들의 취향이 변하고 있음을 포착해 보다 부드럽고 친근한 묵상용 이미지들을 만들어 내기 시작했다. <성가정>(1650년경, Museo del Prado, Madrid)[도 27]은 이러한 특징을 잘 보여 준다. 성모 마리아와 성 요셉, 아기 예수를 세비야의 서민들

[도 27] 무리요, <성가정>

[도 28] 무리요,
<파도바의 성 안토니오의 비전>

로 표현한 이 작품은 인물들의 의상이나 일상적 사물들이 사실적으로 묘사되어 있다는 점에서 기존의 전통과 닿아 있다. 그러나 부드럽게 표현된 얼굴 표정이나 강아지와 노는 어린 아이의 천진한 모습을 강조하여 친밀하고 따뜻한 분위기를 연출했다는 점에서는 새로움을 찾아볼 수 있다. <파도바의 성 안토니오의 비전>(1656, Catedral de Sevilla)[도 28]은 에레라가 구사한 새로운 양식을 받아들인 예다. 화면 아래쪽의 성 안토니오를 그린 현실 세계에서는 강한 명암대비로 인해 사물들이 명확한 윤곽선으로 구분되어 무리요의 초기 자연주의 화풍이 유지되었음을 알 수 있다. 반면 환영의 세계에서는 따뜻한 빛과 부드러운 색채로 인물들을 아울러 조화로운 일체를 이루게 하는 전성기 바로크 화풍이 사용되었다.

[도 29] 무리요, <성모의 탄생>

무리요는 에레라가 세비야에 소개한 화풍을 더 배우기 위해 1658년 마드리드에서 7개월간 체류하며 왕실 컬렉션을 연구했다. 세비야에 돌아온 뒤 대성당의 성모 무염시태 경당을 위해 제작한 <성모의 탄생>(1660, Musée du Louvre, Paris)[도 29]에서는 그가 마드리드에서 유행하던 느슨한 붓질과 스푸마토 기법, 그리고 부드러운 빛의 효과를 어떻게 소화했는지를 보여 준다. 에레라가 화려한 색채와 역동적 구성으로 연극적인 효과를 내는 전성기 바로크 양식을 구사했다면, 무리요는 유사한 기법을 사용하여 보다 부드럽고 친밀한 분위기를 표현했다.

1660년 에레라가 마드리드로 돌아가자 무리요는 세비야 화단을 주도하며 그 지역의 유력한 단체와 개인들의 후원을 받았다. <탕자의 귀환>(1667~1670, National Gallery of Art, Washington)[도 30]은 세비야의 중요한 평신도 신심단체였던 자선 형제회를 위해 제작한 작품이다. 이 그림은 방탕한 생활로 재산을 탕진하며 떠돌다가 곤궁한 신세가 되어 집으로 돌아온 아들을 아버지가 인자롭고 기쁜 마음으로 맞아 준다는 루카 복음의 비유를 내용으로 하고 있다. 이 작품에서 누더기를 걸치고 신발도 없이 먼 길을 걸어와 잘못을

[도 30] 무리요, <탕자의 귀환>

뉘우치는 아들을 아버지는 말없이 안아 준다. 화면의 왼편에는 아버지의 분부대로 잔치를 벌이는 데 쓰일 소가 끌려 가고 있고, 오른편에는 하인들이 좋은 옷과 신발, 반지를 가져오고 있다. 여기서 아버지의 사랑에 비유된 하느님의 자비라는 주제는 자선 형제회의 정신에도 부합했을 뿐 아니라, 이 단체의 회장으로서 작품을 주문했던 미겔 데 마냐라Miguel de Mañara의 개인사와도 연관이 있었다. 부유한 상인 집안에서 태어난 마냐라는 방종한 생활로 젊은 시절을 보내다 아내의 갑작스런 죽음을 계기로 신앙에 귀의한 인물이었다. 이전부터 마냐라와 친분이 있었던 무리요는 이 그림에서 마냐라의 개인적인 체험까지도 담아 냈던 것이다.

무리요의 작품 세계에서 큰 비중을 차지하는 주제인 성모 무염시태無染始胎는 당시 세비야의 종교적 분위기를 잘 보여 준다. 성모 무염시태론은 성

[도 31] 무리요, <성모 무염시태>

자聖子 하느님인 예수를 잉태하여 낳은 성모 마리아의 몸이 보통 인간과는 달리 원죄로 물들어 있지 않았다는 생각으로, 르네상스 시대 이래 끊임없는 논쟁을 불러일으켰다. 전통적으로 스페인 왕실과 교회는 성모가 잉태되던 순간부터 원죄가 없었다는 프란치스코 수도회의 입장을 지지했다. 스페인에서도 유난히 성모 신심이 깊었던 세비야에서는 이러한 경향이 특히 강하게 나타났다. 1661년 교황 알렉산데르 7세가 이들의 입장에 호의적인 칙령을 내린 일은 세비야의 성모 무염시태 도상이 변화하는 계기로 작용했다. 17세기 초까지 화가들이 성모의 무염시태를 강조하기 위해 사용했던 거울, 닫힌 정원, 샘물 등의 도상은 이제 더 이상 사용할 필요가 없어졌다(Brown, 1998: 222-223). 무리요의 <성모 무염시태>(1665~1670년경, Museo del Prado, Madrid)[도 31]에서는 이 그림의 주인공이 마리아임을 지시하는 장미와 백합, 그리고 주제가 무염시태임을 알려 주는 초승달 말고는 다른 어떤 상징도 사용되지 않았다. 청초한 모습으로 묘사된 성모 마리아의 얼굴과 경건하면서도 우아한 자태만으로도 충분했던 것이다. 무리요의 이 작품은 후대에 이르기까지 무염시태의 범본으로 간주되었다.

무리요는 장르화에서도 혁신적이었다. 벨라스케스가 초기 세비야 시절에 그린 보데곤 이후, 스페인 화가들은 장르화를 거의 제작하지 않았다.

<주사위 놀이를 하는 아이들> (1665~1675년경, Alte Pinakothek, München) [도 32]은 장르화를 새로운 형태로 부활시킨 예라고 할 수 있다. 왼쪽에 서서 빵을 베어문 채 화면 밖을 응시하는 어린이는 보는 이의 시선을 그림 안으로 끌어들인다. 그 옆에는 두 소년이 관람자의 시선에도 아랑곳하지 않고 돈을 건 주사위 놀이에 몰두하고 있다. 화가는 이 그림에서 뛰어난 심리 묘사를 통해 어른들과 다를 바 없이 거리에서 사회화되는 어린이들의 모습을 담았다. 무리요가 장르화를 그린 데에는 그의 고객 가운데 플랑드르의 사업가들이 많이 있었다는 사실이 중요하게 작용했던 것으로 보인다. 네덜란드와 플랑드르 지방에서는 전통적으로 장르화가 발달했으며, 특히 17세기 전반에는 밤보찬티bamboccianti, 즉 이탈리아에서 활동하던 플랑드르 출신 화가들의 장르화가 수집가들 사이에서 크게 유행했다. 밤보찬티의 그림은 하층민의 거친 일상을 풍경과 결합시킨 것이 특징이었다. 무리요의 장르화에서 나타나는 독창성은 도박, 매춘 등 밤보찬티가 즐겨 그린 모티프를 차용하면서도 풍경을 제거하고 인물 표현에 집중했다는 점에서 찾을 수 있다. 또한 <주사위 놀이를 하는 아이들>에서처럼, 과일 바구니와 항아리를 전경에 배치하여 벨라스케스의 사실적인 보데곤 전통을 계승한 점도 무리요가 그린 장르화의 특징이라 할 수 있다.

[도 32] 무리요, <주사위 놀이를 하는 아이들>

한편, 벨라스케스가 사망한 1660년 이후 마드리드 궁정에서는 후안 카레뇨 데 미란다Juan Carreño de Miranda, 1614~1685가 활약했다. 1658년 마드리드 알카사르를 장식하는 일에 벨라스케스의 조수로 발탁되어 왕실을 위해 일하기 시작한 그는 1669년에 카를로스 2세의 전속 화가로, 1671년에는 궁정 화가로 임명되었다. 카레뇨가 그린 <카를로스 2세의 초상>(1671, Museo del Prado, Madrid)[도 33]은 초상화가로서 그의 면모를 보여 준다. 왕의 추한 생김새로부터 주의를 분산시키기 위해 카레뇨는 배경을 적극적으로 이용했다. 알카사르의 거울의 방은 이런 점에서 유용했다. 거울이 왕의 뒷모습뿐만 아니라 벽에 걸린 회화 작품들까지도 비추기 때문이다.

[도 33] 카레뇨, <카를로스 2세의 초상>

거울의 방에는 1650년대 펠리페 4세와 벨라스케스가 왕실 컬렉션 중에서도 가장 훌륭하다고 여긴 작품들, 즉 티치아노, 틴토레토, 베로네제, 루벤스, 리베라, 벨라스케스의 그림들이 전시되어 있었다. 국왕 초상화의 배경을 거울의 방으로 정하고 당대 최고의 작품들을 거울을 통해 포함시킴으로써 카레뇨는 자신이 베네치아 르네상스와 매너리즘, 그리고 바로크 회화 거장들의 계승자라는 것을 암시했다.

카레뇨의 뒤를 이어 스페인 바로크 궁정회화의 황금기를 이어간 화가는 클라우디오 코에요Claudio Coello, 1642~1693였다. <성 아우구스티노의 영광>(1664, Museo del Prado, Madrid)[도 34]은 그가 젊은 시절에 이미 전성기 바로크 양식에 능통했음을 보여 준다. 성 아우구스티노와 천사들은 악의 상징인 용과 뱀을 제압하고 대리석으로 조각된 고대의 우상을 부수고 있다. 제의를 휘날리며 구름을 타고 내려오는 성 아우구스티노의 자세와 천사들이 손에 들고 있는 주교 지팡이, 그리고 천사의 팔은 그림의 대각선 구도를 강조하여 바로크적인 역동성을 효과적으로 보여 준다.

코에요의 대표작인 <사그라다 포르마La Sagrada Forma>(1685~1690, El Escorial)[도 35]는 그가 왕을 위해 그린 최초의 그림이다. 고르쿰의 성체로도 불리는 사그라다 포르마는 1572년 네덜란드의 고르쿰 성당에서 개신교도들이 발로 밟자 피가 흘러 나왔다는 제병祭餠으로, 가톨릭 교회에서 중요한 성유물聖遺物이었다. 이 성체는 1594년 플랑드르에서 엘 에스코리알 궁전의 성당으로 옮겨져 보관되다가 1684년 제의실의 제대가 새로 단장되면서 제대 뒷벽 안쪽에 안치되었다. 이 행사의 장면을 재현한 코에요의 이 그림에는 카를로스 2세 국왕과 왕실 가족을 비롯하여 에스코리알 산 로렌소 수도원장과 사제, 수도사들이 등장한다. 제의실에 새로운 제대가 마련되고 이 기적의 성체가 이곳에 안치된 것은 정치적인 이유에서였다. 1670년대 초 카를로스 2세의 어머니 마리아나 왕비는 평민 출신의 페르난도 발렌

[도 34] 코에요, <성 아우구스티노의 영광>

[도 35] 코에요, <사그라다 포르마>

수엘라Fernando Valenzuela가 총신이 되는 데 영향력을 행사하여 귀족들의 반발을 불러일으켰다. 발렌수엘라는 몇 년 뒤 실각했으나 1676년에 다시 권좌로 돌아왔고, 이번에는 왕의 자문기구였던 훈타 데 고비에르노junta de gobierno에서 그를 제거하기로 결정했다. 국왕은 발렌수엘라를 엘 에스코리알에 숨겨 주었는데, 귀족들은 이를 알아내고 군사를 엘 에스코리알 수도원에 투입해 그를 체포했다. 군사가 수도원에 난입한 일은 성역을 침범한 중대한 죄로, 이를 지시한 귀족들은 즉시 교회로부터 파문당했다. 자신의 각료들을 구제하기 위해 카를로스 2세는 교황 인노첸시오 11세에게 청원하여 엘 에스코리알 내부 수도원 제의실에 새로운 제대를 봉헌하는 조건으로 귀족들에 대한 파문 조치를 거두게 하였다. 코에요는 성체 앞에 무릎을 꿇은 경건한 카를로스 2세의 모습을 묘사하고 그 위에는 하느님의 사랑, 그리스도교, 왕권을 의인화한 인물들을 그려 넣음으로써 가톨릭 교회의 수호자를 자처한 스페인 합스부르크 왕실의 전통적 이미지를 구현했다(Brown, 1998: 247-50). 왕실의 입장에서 보면 수치스러운 이 사건이 코에요의 화면을 통해 국왕의 신실함이 부각된 일화로 기록된 것이다.

스페인 왕실의 신실함과 영광을 강조한 그림들은 합스부르크 왕조가 몰락해 가던 때에도 계속 제작되었다. 합스부르크 왕조의 마지막 궁정 화가 루카 조르다노Luca Giordano, 1634~1705가 엘 에스코리알의 천장과 벽에 그린 프레스코화들은 비관적 정치 현실과 반대되는 왕실의 염원을 보여 준다. 이탈리아 출신인 조르다노가 스페인에 들어온 1692년 무렵에는 카를로스 2세 이후 스페인 합스부르크 왕실의 혈통이 단절될 것이라는 사실이 분명해졌다. 카를로스 2세로서는 왕실의 묘소인 엘 에스코리알을 장엄하게 장식함으로써 영광스러운 합스부르크 왕조의 이미지를 시각적으로나마 영속시키고자 했을 것이다. 조르다노의 천장화 <스페인 합스부르크 왕조의 영광>(1692~1694, El Escorial)[도 36]에서는 이러한 의도가 여실히 드러난다. 화면 중앙에는 성부, 성자, 성령의 삼위가 천상의 빛에 둘러싸여 천사들과 성인들의 경배를 받고 있다. 그 아래에는 근세 스페인의 전성기를 이끈 카를

[도 36] 조르다노, <스페인 합스부르크 왕조의 영광>

로스 1세와 펠리페 2세가 무릎을 꿇고 자신들의 왕관과 지구본을 바치는 모습으로 묘사되었다. 카를로스 2세는 왕비 노이부르크의 마리아나, 그리고 모후 오스트리아의 마리아나와 함께 난간에 기대어 서서 영광스러운 선조들의 과거를 지켜보고 있다.

5. 18세기와 고야의 시대

1700년, 프랑스 국왕 루이 14세의 손자인 펠리페 5세가 즉위함으로써 부르봉 왕조가 스페인 왕위를 이어받자 궁정 미술과 건축에도 큰 변화가 생겼다. 한편으로는 달라진 왕실 구성원들의 미적 취향이 반영되어야 했고, 다른 한편으로는 지난 185년 동안 스페인을 통치했던 합스부르크 왕조와 대별되는 새로운 왕조의 이미지를 창출해야 했기 때문이다. 펠리페 5세 시대에 건설된 라 그랑하La Granja와 마드리드에 건설된 신왕궁Palacio Nuevo을 비롯하여 곳곳에 증축, 신축된 궁전과 빌라들에서는 이전 시기 합스부르크 건축의 엄숙한 분위기와는 반대로 화려함과 우아함이 강조되었다. 이러한 경향은 회화 분야에서도 두드러졌다. 부르봉 왕가는 프랑스 출신 화가들을 궁정에 기용함으로써 로코코 양식을 확산시켰다. 부르봉 왕조의 궁정 화가 장 랑크Jean Ranc, 1674~1735는 <루이 14세의 초상>(1701, Musée du Louvre, Paris)으로 유명한 프랑스 화가 이아생트 리고Hyacinthe Rigaud, 1659~1743의 제자였다. 랑크가 <어린 시절의 카를로스 3세 초상>(1727, Museo del Prado, Madrid)[도 37]에서 표현한 화사하고 자유로운 분위기는 합스부르크 왕실 초상화의 전형적 특징인 근엄함에서 크게 벗어난 것이었다. 이러한 면모는 카레뇨가 그린 <카를로스 2세의 초상>[도 33]과 비교할 때 분명히 드러난다. 랑크의 그림에서 카를로스 3세는 장차

[도 37] 랑크, <어린 시절의 카를로스 3세 초상>

[도 38] 반 로, <펠리페 5세 가족의 초상>

스페인의 군주가 될 왕세자로서의 위엄보다는 식물학에 깊은 관심을 보이는 소년으로 묘사되었다. 랑크가 사망한 뒤 그의 후임으로 임명된 루이-미셸 반 로Louis-Michel Van Loo, 1707~1771의 <펠리페 5세 가족의 초상>(1743, Museo del Prado, Madrid)[도 38] 역시 이런 경향을 두드러지게 나타낸다. 벨라스케스의 <시녀들>[도 20]과 같은 이전 시대의 초상화들이 어둡고 절제된 배경을 통해 주인공들을 부각시켰다면, 새로운 시대의 왕실 초상화는 웅장한 열주 사이로 정원 풍경이 펼쳐지는 호화로운 배경을 사용하여 왕가의 우아함을 강조하였다.

18세기 중엽에 이르러 페르난도 6세가 즉위하면서 회화의 지형은 다시 한 번 바뀌었다. 그 계기는 새로 건설된 마드리드 신왕궁을 장식하는 대규모 사업이었다. 1734년 마드리드의 알카사르가 화재로 파괴된 뒤 왕실에서는 이탈리아 건축가 필리포 유바라Filippo Juvarra, 1678~1736와 그의 제자 조반니 바티스타 사케티Giovanni Battista Sacchetti, 1690~1794, 그리고 프란체스코 사바티니Francesco Sabatini, 1722~1797를 차례로 기용하여 새로운 왕궁을 건설하였다. 이처럼 이탈리아 건축가들이 유입된 데에는 1714년 펠리페 5세가 이사벨 데 파르네시오Isabel de Farnesio를 왕비로 맞아들이면서 궁정에 이탈리아 취향이 유행한 점이 중요한 배경으로 작용했다.

[도 39] 자퀸토, <태양의 탄생>

새로운 왕궁의 외관이 완성되어 가던 무렵인 1750년대부터는 내부를 장식할 이탈리아 화가들이 기용되었다. 토리노와 로마에서 활약했던 코라도 자퀸토Corrado Giaquinto, 1703~1766는 그 대표적인 예다. 궁정화가로서 그는 아랑후에스와 마드리드의 궁전, 그리고 왕실에서 후원하는 성당들을 위해 대규모 회화 작품을 다수 제작했다. 새로 지은 왕궁 천장에 자퀸토가 그린 <태양의 탄생>(1762~1763, Palacio Real, Madrid)[도 39]에는 어둠 속에서 전차를 타고 하늘을 달리는 아폴로가 세상 만물을 비추는 모습이 표현되었다. 그 아래에는 세레스, 바쿠스, 비너스, 다이아나, 불카누스 등 아폴로의 등장을 맞이하는 올림푸스의 신들이 역동적인 대각선 구도로 배치되어 떠오르는 태양으로 관람자의 시선을 유도한다. 여기서 아폴로는 당시 국왕 카를로스 3세와 동일시되어 대규모 궁정 프레스코화의 선전적 기능을 보여 준다.

자퀸토는 작품뿐만 아니라 교육을 통해서도 스페인 화단에 지대한 영향을 미쳤다. 그는 1752년 마드리드에 설립된 산 페르난도 왕립 미술학교Real Academia de Bellas Artes de San Fernando의 원장으로 임명되어 이후 궁정에서 활동할 스페인 화가들을 육성했다. 이전까지 궁정에는 외국 출신의 화가들이 주로 발탁되어 이베리아 반도 출신의 미술가들은 활약할 기회를 거의 얻지 못했다. 그러나 차츰 스페인 출신 화가들 역시 새로운 화풍을 익혔고, 나아가 외국 화가들이 주도하는 궁정에서 입지를 마련하기 위해 분투했다. 왕립 미술학교는 그 노력의 일환이었다. 왕립 미술학교의 설립은 현지의 화가들이 궁정의 후원 아래 길러져 궁정 화가로 고용되는 구조가 공식화된다는 것을 의미했기 때문이다. 또한 이는 미술이 인문학과 대등한 지위를 누리게 됨을 뜻하기도 했다.

자퀸토와 더불어 왕궁의 천장화를 제작하며 궁정에서 활약했던 또 다른 이탈리아 출신 화가로는 잠바티스타 티에폴로Giambattista Tiepolo, 1696~1770를 들 수 있다. 그의 <스페인 제국의 영광>(1762~1766, Palacio Real, Madrid)[도 40]에서는 스페인 왕실의 위대함이 신화 속 인물들을 통해 표현되었다. 중앙에는 여성으로 의인화된 스페인 제국이 옥좌에 앉아 있고 그 둘레에는 올림푸스의 신들이 묘사되었다. 스페인의 머리에 왕관을 씌워 주는 머큐리, 구름 속에서 스페인을 축복하고 있는 주피터 아래에는 아폴로가 전차를 세워 둔 채 음악으로 왕실의 영광을 찬미한다. 화면 아래쪽에는 넵튠, 마르스와 비너스가 스페인의 아름다움에 경탄하고 있다. 스페인 제국의 중심인 카스티야는 견고한 성채로, 레온은 용맹한 사자의 모습으로 표현되었다. 또한 화가는 지브

[도 40] 티에폴로, <스페인 제국의 영광>

롤터 해협의 상징이자 스페인 왕실의 수호신인 헤라클레스의 기둥 옆에 코끼리 머리를 한 인물과 아메리카 원주민 머리장식을 한 인물들을 배치함으로써 유럽과 아프리카, 아메리카에 미치는 제국의 광활한 영토를 과시하였다.

자퀸토와 티에폴로가 거대한 규모의 프레스코를 주로 제작했다면 보헤미아 출신의 안톤 라파엘 멩스Anton Raphael Mengs, 1728~1779는 초상화 분야에서 재능을 발휘했다. 그의 <카를로스 3세의 초상>(1761, Museo del Prado, Madrid)[도 41]은 부드러운 얼굴 묘사를 통해 인자로운 계몽군주로서 왕의 이미지를 반영하는 한편, 금색과 붉은색의 화려한 색채를 배경으로 목걸이 장식과 갑옷을 섬세하게 묘사함으로써 왕실의 권위를 시각화했다.

한편 1760년대부터는 왕립 미술학교에서 교육받은 스페인 화가들이 궁정에서 활약하기 시작하였다. 이들은 자퀸토와 멩스가 정립한 궁정화풍을 바탕으로 18세기 중반 이후 유럽에서 유행하기 시작한 신고전주의의 조류를 받아들였다. 프란시스코 바예우Francisco Bayeu y Subías, 1734~1795는 스페인 출신으로서 18세기 궁정에서 성공한 대표적인 화가다. 그는 <거인족의 몰락>(1764, Museo del Prado, Madrid)[도 42] 등 마드리드 왕궁의 천장화뿐만 아니라 동시대 마드리드의 생활상을 주제로 한 태피스트리의 밑그림을 그리기도 하였다. 궁전 내부의 거대한 벽을 덮기 위해 사용된 태피스트리는 프레스코화 못지않게 중요한 장식품이었

[도 41] 멩스, <카를로스 3세의 초상>

[도 42] 바예우, <거인족의 몰락>

다. 펠리페 5세가 프랑스의 고블랭 공장을 모델로 삼아 1720년 산타 바르바라 왕립 태피스트리 공장Real Fábrica de Tapices de Santa Bárbara을 세운 이래 태피스트리 디자인은 궁정 화가가 담당한 중요한 일이 되었다. 호세 델 카스티요José del Castillo, 1737~1793, 마리아노 마에야Mariano Salvador Maella, 1739~1819 등 바예우와 더불어 궁정에서 활동한 화가들은 대부분 태피스트리 공장과 왕립 미술학교를 거치며 명성을 쌓았다.

스페인 근대 회화의 출발점으로 여겨지는 프란시스코 데 고야Francisco de Goya y Lucientes, 1746~1828 역시 태피스트리의 밑그림을 그리는 일을 하면서부터 궁정에 첫발을 들여놓았다. 궁정 화가로 성공을 거듭하던 손위처남 바예우의 소개 덕분에 가능한 일이었다. 이 당시 고야가 그린 태피스트리 밑그림을 대표적으로 보여 주는 작품은 <소풍>(1776, Museo del Prado, Madrid)[도 43]이다. 작가는 마드리드의 서민들이 만사나레스 강가에서 소풍을 즐기는 장면을 순전히 자신의 상상에 의지하여 그렸다. 등장 인물들은 마호majo, 마하maja라고 불리던 이들로 성적인 방종과 분수에 넘치는 화려한 옷차림으로 귀족행세를 하던 마드리드의 하층민이다. 풀밭에 앉은 다섯 마호는

[도 43] 고야, <소풍>

이제 술 마시기를 끝내고 지나가는 여인을 불러 세워 오렌지를 사려는 참이다. 그런데 이 매력적인 마하는 등을 돌리고 앉은 남자에게 눈길을 주며 손으로는 화면 밖을 가리키고 있다. 마호와 마하에 대한 18세기의 통념과 화면에 나타난 남녀의 제스처를 통해 관람자는 이 그림에서 성적인 암시를 읽어낼 수 있다(Tomlinson, 1994). 궁정에서 사용된 태피스트리에 이런 소재가 표현될 수 있었던 것은 18세기 후반 마드리드에서 마호, 마하의 이미지가 크게 유행했기 때문이다. 귀족들이 즐기던 단막 코미디와 가장 무도회에서 이런 캐릭터가 등장하는가 하면 대중적인 판화에서도 이들의 일상 모습을 담은 장면들이 널리 유통되었다(Tomlinson, 1994: 27). 후에 카를로스 4세로 즉위하는 왕세자 내외는 태피스트리로 제작된 <소풍>을 파르도 궁전의 식당에 걸어 놓음으로써 그림을 통해서나마 답답한 궁정생활로부터의 일탈을 즐겼다.

태피스트리 디자인을 통해 왕족과 귀족들에게 인정을 받은 고야는 1789년 정식으로 궁정화가로 임명되었다. <카를로스 4세 가족의 초상>(1800, Museo del Prado, Madrid)[도 44]은 그가 그린 왕실 초상화 가운데 가장 유명한 작품이다. 기존의 전형적인 궁정 초상들과 달리 이 작품의 인물들은 이상화되지 않은 모습으로 표현되었다. 화려한 복식과 대비되는 왕실 구성원들의 평범한 얼굴과 공허한 눈빛은 심지어 고야가 구체제의 무능한 왕실을 풍자하려는 의도로 이 그림을 그렸다는 해석까지도 나오게 했다. 그러나 고야의 의도가 왕실에 대한 조롱이었을 가능성은 희박하다. 카를로스 4세는 고야에게 가장 중요하고 강력한 후원자였을 뿐만 아니라 새로운 미술에 대한

[도 44] 고야, <카를로스 4세 가족의 초상>

안목도 지니고 있었다. 궁정에서의 성공을 염원하던 고야로서는 왕실 초상화에서 공개적으로 자신의 군주를 비판할 이유도 없었고, 그럴 만한 위치에 있지도 않았다. 오히려 이 작품에서 주목해야 할 특징은 고야가 18세기 전반을 지배하던 양식에서 벗어났다는 것이다. 루이-미셸 반 로가 그린 <펠리페 5세 가족의 초상>[도 38]이 화려하고 우아한 왕실의 모습을 이상적으로 표현한 것과는 반대로 고야는 보이는 그대로의 모습을 화면에 담았다. 이는 한편으로 프랑스 혁명 이후 유행한 부르주아 초상화의 영향을 반영하는 것이면서, 다른 한편으로는 합스부르크 시대 왕실 초상화에서 나타나는 사실주의적 전통을 계승한 결과였다. 마치 잘못 찍힌 스냅사진처럼 제각기 다른 곳을 보고 있는 인물들을 통해 고야는 궁정생활의 한 순간을

[도 45] 고야, <나체의 마하>

사실적으로 포착한 벨라스케스의 <시녀들>의 연장선상에 자신의 작품을 배치한 것이다. 실제로 고야에게 벨라스케스의 작품들은 특별했던 것으로 보인다. 태피스트리 밑그림을 그리던 때 그는 왕실에서 소장하고 있던 벨라스케스의 초상화들과 장르화들을 에칭으로 옮겨 판매하기도 했다. 한편, 벨라스케스가 <시녀들>에 자신을 포함시켰듯이 고야도 스스로를 커다란 캔버스에 그림을 그리는 모습으로 묘사하여 궁정에서의 지위 상승에 대한 열망이 벨라스케스 못지 않았음을 표현했다.

궁정에서 고야의 또 다른 든든한 후원자는 카를로스 4세의 총신이자 왕비 마리아 루이사의 연인으로 막강한 권력을 행사했던 마누엘 데 고도이 Manuel de Godoy y Álvarez de Faria, 1767~1851였다. <나체의 마하>(1800년경, Museo del Prado, Madrid)[도 45]는 고도이를 위해 제작된 그림이다. 근세 스페인에서 여성 누드는 음란물로 간주되어 공개적인 장소에 전시될 수 없었다. 고도이는 자신의 저택에 여성 누드화만을 모아 놓은 방을 꾸며 놓고 가까운 손님들에게만 자신의 소장품을 보여 주었다. 그 가운데 최고의 걸작은 벨라스케스의 <비너스와 큐피드>[도 21]였다. 고야로서는 이 작품을 의식하지 않을 수 없었을 것이다. <나체의 마하>에서 비스듬히 누운 여인의 앞모습을 그린 것은 침상에 기대어 누운 여인의 뒷모습을 표현한 <비너스와 큐피드>와 쌍을 이룰 만한 작품을 제작하고자 했던 고야의 의지가 반영된 것일지도 모른다. 실제로 <나체의 마하>는 <비너스와 큐피드>에 못지않은 관능성을 보여 준다. 그러나 자신의 몸을 숨김없이 드러낸 채 화면 밖 관람자를 정면으로 응시하는 고야의 마하에서는 적극적이고 직설적인 근대 여성의 면모를 읽을 수 있다.

왕실과 유력한 귀족들로부터의 후원을 확보한 뒤, 고야는 자신의 작품세계를 점차 넓혀 갔다. "자유로운 상상" 정도로 번역될 수 있는 제목에서 알 수 있듯, 『카프리초스*Los Caprichos*』 판화집은 고야의 풍부한 상상력과 실험정신을 보여 준다. 고야는 후원자 없이 순수하게 시장 판매를 염두에 두고 작품을 제작함으로써 창작의 자유를 최대한 발휘했다. 1799년 출판된 이 작품집은 80점의 에칭으로 구성되어 있다. 각각의 이미지들은 주제에 따라 무지한 대중, 남녀관계, 교만한 상류층, 마녀와 괴물들로 크게 분류될 수 있다. 이 분류에서도 알 수 있듯이, 고야는 전체를 관통하는 일관된 주제 없이 개인적인 환상과 현실 사회의 단면들을 개별 판화에 담아 묶었다. 때로는 환상과 현실이 뒤섞이기도 했다. <무능한 너Tú que no puedes>(1797~ 1798)[도 46]는 넓은 평원을 배경으로 남자 두 명이 각자 당나귀를 한 마리씩 힘겹게 업고 있는 모습을 보여 준다. 여기서 고야는 당나귀를 뒷발에 박차를 신고 있는 모습으로 표현했는데, 이것은 이들이 당시 스페인의 귀족임을 나타낸다. 한편 남자들이 신고 있는 신발과 흘러내린 스타킹은 이들이 농민임을 드러낸다. 이 에칭 작품에

[도 46] 고야, <무능한 너>

[도 47] 고야, <1808년 5월 3일>

서 화가는 짐승과 사람의 관계가 뒤바뀐 모습을 당시의 사회제도와 동일시함으로써 구체제를 날카롭게 풍자했다. 구체제에 봉사하는 궁정 화가로서 성공을 끊임없이 추구함과 동시에 새로운 시대의 계몽주의적 이상을 지니고 있던 고야의 모순은 근대로 이행하는 스페인 사회 변화의 산물이었다.

고야의 이러한 딜레마는 나폴레옹 군대가 스페인을 침공하여 마드리드를 점령했을 때 모호한 태도로 드러났다. 그는 마드리드에 남아 스페인의 계몽주의자들이 구체제 전복의 기회로 여긴 조셉 보나파르트의 통치를 찬양하는 그림을 그렸고, 구체제의 상징인 부르봉 왕조가 재건되었을 때에는 다시 궁정화가로 임명되기 위해 노력했다. 프랑스 군대에 대항해 1808년 5월 2일에 일어난 봉기와 그 결과로 일어난 학살을 그린 <1808년 5월 3일>(1814, Museo del Prado, Madrid)[도 47]은 스페인 민중의 애국적 행동과 나폴레옹 군대의 잔혹성을 표현한 것으로 유명하다. 사람들을 향해 총을 겨눈 감정 없는 병사들, 선혈이 낭자한 가운데 공포와 절망에 휩싸인 민중, 그리고

[도 48] 고야, <악마의 연회>

이들 사이에서 마치 순교자처럼 의연하게 죽음을 맞는 인물의 극명한 대조는 강한 명암대비에 의해 배가된다. 당대의 정치적 사건을 전통적 종교화의 시각 언어를 빌려 선전 효과를 극대화한 이 작품은 1814년 페르난도 7세의 마드리드 귀환을 계기로 "유럽의 폭군"에 항거한 스페인 민중의 애국심을 강조하기 위해 제작되었다. 고야에게 이 그림은 점령군에 부역했던 과거를 용서받을 수 있는 기회이자 다시 궁정으로 복귀할 수 있는 길이었을 것이다. 결국 고야는 다시 궁정 화가로 임명되었지만 예전처럼 왕실의 총애를 받지는 못했다.

말년에 고야는 만사나레스 강 건너편 "귀머거리의 별장Quinta del Sordo"이라 불리던 집에 살며 내벽에 유채로 "검은 그림들"을 그리기 시작했다. 관람자를 염두에 두지 않고 오로지 자신을 위해 그린 14점의 작품들은 『카프리초스』 판화집과 드로잉들에서 보여 준 실험정신과 상상력을 첨예하게 보여 준다. 집의 1층 벽에 그려졌던 <악마의 연회>(1819~1823년경, Museo del Prado, Madrid)[도 48]에서는 악마의 상징인 염소의 설교를 듣고 있는 사람들이 묘사되었다. 흥미롭게도 염소의 모습은 실루엣으로밖에 나타나지 않는다. 정작 관람자의 시선을 끄는 요소는 그 앞에 모여 앉은 인물들의 반응이다. 호기심, 두려움, 놀라움, 의심 등 사람들의 표정에서 드러나는 감정은 제각각이다. 태피스트리 밑그림을 제작하던 때부터 일관되게 인간, 특히 당대 스페인 민중의 삶을 섬세하게 관찰해 온 고야는 순전히 자신의 상상력에 기대어 그린 이 작품에서도 평범한 인간들의 감정을 생생하게 표현했다.

고야가 현대에까지 중요하게 여겨지는 이유는 그가 근대기로 이행하는 격동의 스페인 사회를 새로운 형식의 미술을 통해 민감하게 반영했다는 점에서 찾을 수 있다. 그의 그림들은 표면적 사실을 전달하는 데 그치지 않는다. 한 가지로만 해석할 수 없는 여러 요소들이 섞여 있어 언제나 다양한 해석의 가능성을 열어 놓은 고야의 이미지들은 근대 화가들에게 끊임없이 영감을 제공했다.

6. 근세 스페인 회화의 유산

19세기 나폴레옹의 스페인 점령은 근세 스페인 회화가 유럽 전역에 알려지게 된 계기였다. 1808년부터 1813년까지 조셉 보나파르트 정권은 스페인의 수도원과 성당에 있던 미술품들을 모아 파리로 보냈다. 루브르에 전시된 이 작품들은 19세기 프랑스 낭만주의 미술가들에게 깊은 인상을 남겼다. 테오도르 제리코Théodore Géricault, 1791~1824는 주세페 데 리베라의 작품을 모사했고, 외젠 들라크루아Eugène Delacroix, 1798~1863는 고야의 『카프리초스』와 수르바란의 성인 그림들, 그리고 당시 프랑스에서 벨라스케스의 작품으로 잘못 알려졌던 카레뇨의 <카를로스 2세의 초상>[도 33]에 매료되었다.

1830년대에는 두번째로 근세 스페인 회화가 프랑스에 대규모로 유입되었다. 루이 필립은 스페인에서 400여 점이 넘는 그림을 구입하여 1837년 루브르에 스페인 갤러리Galerie Espagnole를 꾸몄고, 이듬해에는 일반에 공개하여 당대 파리의 화가들에게 보다 직접적인 반향을 불러일으켰다. 이 그림들에서 촉발된 근세 스페인 회화에 대한 관심은 파리 화단에서 증폭되었다. 사실주의의 주창자 귀스타브 쿠르베Gustave Courbet, 1819~1877가 묘사한 일상의 장면들은 벨라스케스의 느슨한 붓질과 스페인의 자연주의 화풍에서 큰 영향을 받았다. 소설가, 평론가로 사실주의를 옹호했던 샹플뢰리Champfleury는 쿠르베의 <오르낭에서의 장례>(1849~1850, Musée d'Orsay, Paris)가 벨라스케스의 전통을 잇고 있음을 지적했다. 실제로 쿠르베의 또 다른 작품인 <화가의 작업실>(1854~1855, Musée d'Orsay, Paris)은 벨라스케스의 <시녀들>[도 20]의 소재와 공간 표현을 독창적으로 소화한 작품이었다(Tinterow, 2003: 41). 에두아르 마네Édouard Manet, 1832~1883 역시 스페인 회화에 큰 관심을 가졌다. 1860년대에 그는 수르바란, 벨라스케스, 무리요, 고야의 그림들에서 익힌 기법을 토대로 근대적 삶을 묘사했다. <발코니>(1868~1869, Musée d'Orsay, Paris)와 <막시밀리안 황제의 처형>(1868, Kunsthalle, Mannheim)은 화가가 1865년 스페인 여행을 하던 중 본 고야의 <발코니에 앉은 마하>(1808~1812, The Metropolitan Museum of Art, New York)와 <1808년 5월 3일>[도 47]을 각각 근대적으로 변용한 작품이다. <비극 배우>(1865~1866, National Gallery of Art, Washington)의 전체적 구도와 모호한 배경, 절제된 색채, 인물 표현은 벨라스케스의 <광대 파블로 데 바야돌리드>(1632~1635년경, Museo del Prado, Madrid)를 참고한 결과였다. 에드가 드가Edgar Degas, 1834~1917의 <벨릴리 가족>(1858~1867, Musée d'Orsay, Paris) 역시 고야와 벨라스케스의 영향을 반영한다. 여기서 드가는 벨라스케스의 <시녀들>[도 20]과 고야의 <카를로스 4세 가족의 초상>[도 44]에 나타나는 인물 표현과 구도를 결합시켰다. 파리 화단에서 근세 스페인 회화의 인기는 프랑스에서 유학하던 미국 화가 메리 커샛Mary Cassatt, 1844~1926과 존 싱어 사전트John Singer Sargent, 1856~1925에게까지 지대한 영향을 미쳤다. 이처럼 수르바란, 벨라스케스, 고야의 기법과 형식은 프랑스 근대 미술의 탄생에 중요한 역할을 담당했다.

20세기 초의 아방가르드 미술에서도 근세 스페인 회화는 영감의 원천으로 받아들여졌다. 특히 그동안 혹평의 대상이었던 엘 그레코의 그림들이 크게 주목받았다. 1908년 열린 살롱 도톤느Salon d'Automne에서는 처음이자 마지막으로 당대 화가가 아닌 작가의 전시회를 개최했는데, 그 작가는 바로 엘 그레코였다. 독일 출신의 미술평론가로 프랑스 아방가르드 미술의 지지자였던 율리우스 마이어-그레페Julius Meier-Graefe는 엘 그레코의 강렬한 색채와 파격적인 구도, 추상화 경향이 폴 세잔Paul Cézanne, 1839~1906의 작품을 비롯한 근대 회화의 특징을 모두 예견한 것이라고 지적하면서 엘 그레코를 근대 회화의 아버지로 칭송했다. 실제로 세잔은 당시 엘 그레코의 작품으로 여겨졌던 <모피 숄을 두른 여인>(1577~1580, Stirling-Maxwell Collection, Glasgow)을 모사한 그림을 남기기도 했다. 파블로 피카소Pablo Picasso, 1881~1973 또한 큐비즘의 태동기에 엘 그레코의 작품들을 연구했다. 압축된 구도, 굴절된 인체 형상, 강렬한 하이라이트의 효과 등은 피카소의 작품에 영향을 미쳤다. <아비뇽의 처녀들>(1907, Museum of Modern Art, New York)에서 화가는 엘 그레코의 <성 요한의 환영>(1608~1614, The Metropolitan Museum of Art, New York)에서 보이는 인물들의 자세와 구도를 차용했다. 프랑스 미술가들이 엘 그레코의 작품에서 조형적 요소들을 배웠다면, 독일의 화가들은 그의 작품에서 정신성의 표현을 읽었다. 1911년 뮌헨에서 열린 한 전시회에서 엘 그레코의 그림들을 접한 바실리 칸딘스키Wassily Kandinsky, 1866~1944와 프란츠 마르크Franz Marc, 1880~1916는 『청기사 연보*Der Blaue Reiter Almanach*』(1912)에서 엘 그레코 그림에서 발견되는 신비주의적 내면의 표현이 새로운 미술이 나아가야 할 방향을 제시한다고 주장했다.

근세 스페인 회화는 유럽에서 주류를 이루던 양식을 적극적으로 받아들임으로써 시작되었다. 방대한 세계 제국의 중심으로 부와 권력을 쥐고 있던 스페인은 유럽 곳곳의 화가들에게 재능을 발휘할 기회를 주었고, 미술을 아끼던 군주들은 대를 이어 명화들을 구입했다. 이렇게 축적된 회화사의 고전들, 그리고 끊임없이 유입된 최신 화풍의 작품들과 새로운 화가들은 근세 스페인에서 독창적인 작품들이 탄생할 수 있는 비옥한 토양을 제공했다. 또한 신자들을 교화하는 수단으로서 종교화의 중요성을 강조한 가톨릭 개혁기의 교회는 화가들에게 왕실과 더불어 강력한 후원 세력이 되었다. 이 시대 스페인의 후원자들과 화가들이 수용과 소화에 치중했던 것은 부인할 수 없는 사실이다. 그러나 3세기에 걸쳐 쌓인 독자적 발전의 결과물들은 근대 미술의 탄생이라는 서양 미술사의 분기점에 매우 중요한 자극으로 작용함으로써 그 가치를 인정받았다.

참고문헌

Baticle, Jeannine (ed.) (1987), *Zurbarán*, New York: Abrams.

Brown, Jonathan (1986), *Velázquez: Painter and Courtier*, New Haven and London: Yale University Press.

_______ (1998), *Painting in Spain, 1500-1700*, New Haven and London: Yale University Press.

Bustamante García, Agustín (1993), *El siglo XVII. Clasicismo y Barroco*, Madrid: SILEX.

Marías, Fernando (1992), *El siglo XVI. Gótico y renacimiento*, Madrid: SILEX.

_______ (1997), *El Greco. Biografía de un pintor extravagante*, Madrid: Nerea.

Pacheco, Francisco (1990), *El arte de la pintura*, B. Bassegoda i Hugas (ed.), Madrid: Cátedra.

Pérez de Tudela Gabaldón, Almudena (2000), "Una carta inédita de El Greco al Cardenal Alessandro Farnesio," *Archivo español de arte*, 73: 267-68

Sánchez Cantón, J. (1949), *Los Caprichos y sus dibujos preparatorios*. Barcelona: Instituto Amatller de Arte Hispánico.

Sancho, J. L. (1997), "Mengs at the Palacio Real, Madrid," *Burlington Magazine* 139: 515-28.

Sigüenza, Jóse de (1600), *Historia de la Orden de San Jerónimo*, Madrid: Imprenta Real.

Sullivan, Edward (1986), *Baroque Painting in Madrid. The Contribution of Claudio Coello, with a Catalogue Raisonné of His Works*, Columbia: University of Missouri Press.

Tinterow, Gary (2003), "Raphael Replaced: The Triumph of Spanish Painting in France," *Manet/Velázquez: The French Taste for Spanish Painting*, New Haven: Yale University Press.

Tomlinson, Janis A. (1994), *Francisco Goya y Lucientes, 1746-1828*, London:

Phaidon.

_______ (1997), *From El Greco to Goya: Painting in Spain, 1561-1828*, New York: Harry N. Abrams.

스페인 근·현대미술과 예술가들의 정체성

정연심

유럽 근대미술은 특정 사조를 중심으로 리얼리즘Realism, 인상주의Impressionism, 후기 인상주의Post-Impressionism, 상징주의Symbolism, 큐비즘(혹은 입체파, Cubism), 초현실주의Surrealism 등을 중심으로 전개되었다. 1850년부터 1945년까지 근대미술은 프랑스의 파리를 주요 무대로 진행되었지만, 파블로 피카소Pablo Picasso, 1881~1973를 비롯한 스페인 미술가들이 근현대 미술사에 미친 영향을 부인할 수 없다. 이들 스페인 작가들의 개성과 정체성은 20세기 현대미술의 출발점이었던 큐비즘과 초현실주의 등에서 특히 두드러지게 나타났다. 스페인 출신인 파블로 피카소, 후안 그리스Juan Gris, 1887~1923, 호안 미로Joan Miró, 1893~1983, 살바도르 달리Salvador Dalí, 1904~1989의 예술세계는 20세기 전반의 미술사적인 맥락과 연관된 조형언어와 정치적인 시대상황과 맞물려 있다. 이들 스페인 미술가들은 모두 스페인에서 태어났지만, 프랑스 화단과 밀접한 관계를 보여 주었으며, 20세기 초반의 아방가르드의 역사는 그들의 예술세계를 거론하지 않고는 논할 수 없다.

1. 마네와 스페인: 근대성의 형성

스페인 출신의 미술가들이 20세기 초반 프랑스 파리로 진출하기 이전에 19세기 프랑스의 근대화가들에게 스페인이 어떤 나라로 인식되었는지를 살펴볼 필요가 있다. 보들레르는 「근대생활의 화가The Painter of Modern Life」란 에세이에서 역사나 신화를 다룬 주제는 더 이상 근대사회와 어울리지 않는다고 논했다. 이를 회화적으로 가장 잘 반영한 근대 화가는 에두아르 마네Édouard Manet, 1832~1883였다. 그는 신화와 역사적인 주제에서 벗어나 동시대의 레저문화를 비롯해 카페, 오페라 극장 등을 포함한 동시대의 생활상을 다루었고, 전통 복장이 아닌 동시대의 의상을 그림 속에 표현했다. 그는 이러한 새로운 경향의 모더니티Modernity를 19세기 미술에 부여했다. 마네는 프랑스의 국전이었던 '살롱Salon'전에 끊임없이 도전하였지만 살롱에 계속 낙선함으로써 더 유명한 일화를 많이 남겼는데 이러한 논쟁의 중심에 있었던 작품이 바로 마네의 <올랭피아Olympia>와 <풀밭 위의 식사Le déjeuner sur l'herbe>였다.

그러나 마네가 이러한 작품을 제작하기 이전에 스페인 대가들인 고야Francisco Goya와 벨라스케스Diego Velázquez의 작품에 매료되어 있었다는 사실을 기억할 필요가 있다. 17세기에 스페인은 예술, 경제 면에서 황금기를 누렸고 프랑스의 근대 화가들은 이 시기의 스페인 미술에 찬사를 보냈다. 그러나 1803년부터 1815년까지 유럽에서 발발했던 나폴레옹 전쟁으로 말미암아 스페인은 점차 유럽에서 그 패권을 잃게 되었다. 특히 1808년부터 1814년까지 나폴레옹이 이끄는 프랑스와 스페인 간의 전쟁으로 프랑스인들은 스페인 문화나 스페인 민족에 대해 주목했다. 스페인에 대해 이전에는 몰랐던 스페인의 이국성, 타자성 그리고 고야의 작품에서 나타난 미신적인 풍습 등에도 지대한 관심을 가졌다. 이 시기에 싹트기 시작한 낭만주의 문학사조는 낭만주의 미술을 태동시켰고, 낭만주의 화가들은 점차 이국적인 주제에 몰입하기 시작했다. 낭만주의는 이국주의 풍을 동경했기 때문에 프랑스 문단에서 스페인은 프랑스 화가 들라크르와Eugène Delacroix가 중동에 대해 느꼈던 이국성, 즉 오리엔털리즘Orientalism과 거의 비슷한 형식으로 다뤄졌다.

프랑스와 스페인은 서로 인접 국가이면서도 프랑스 인에게 스페인은 벨라스케스, 수르바란Francisco de Zurbarán, 고야라는 거장들을 배출한 특별한 나라였고 특히 프랑스 화가들은 이들 스페인 미술가들에게 경외심을 표했다. 1839년 루이-필립Louis-Phillips 왕은 루브르 미술관에 '스페인 갤러리Galerie Espagnole'을 설치하여 거의 10년 동안 벨라스케스와 엘 그레코 작품을 전시하게 하였으며, 프랑스의 살롱전을 위해서 프랑스 작가들에게 스페인 주제를 다룬 작품을 제작하도록 의뢰하였다. 이 왕립 컬렉션은 1853년에 팔렸지만 당시 전시되었던 작품들은 프랑스 인들에게 깊은 감동을 주었고 스페인 문화를 재확인하는 계기가 되었다. 특히 1860년대 프랑스 살롱전에서 이러한 영향이 두드러지게 나타났다.

이러한 스페인 열풍은 문학에서도 예외는 아니었다. 낭만주의 거장 고티에Théophile Gautier는 프랑스 문단에서 스페인 열풍을 일으켰고(Gautier, 2001), 비제G. Bizet의 오페라로 유명한 『카르멘*Carmen*』을 쓴 프로스페르 메리메Prosper Mérimée도 이국적인 땅, 스페인을 무대로 삼았다. 이국풍에 바탕을 둔 『카르멘』은 안달루시아가 배경으로 프랑스 인이 목격한 집시들과 유럽 인들의 문화적 충돌을 보여 주었다. 이들 유럽 인들은 집시들에게 배타적인 느낌을 가졌으면서도 동시에 야릇한 호기심을 느꼈다. 메리메는 1830년에 6개월 동안 스페인을 여행하면서 귀족이었던 몬티호Montijo 가와 친분을 쌓았고 스페인 문화를 직접 체험하기도 했다.

에두아르 마네는 루브르 미술관에서 토마스 쿠튀르Thomas Couture의 가르침 하에서 스페인 거장들의 회화 작품을 모사하였고, 특히 주제와 색채처리에 있어 벨라스케스의 걸작들을 중요시하였다. 스페인 문화에 대한 동경, 나아가 스페인 거장들의 회화 작품에 대한 존경은 마네의 초기 작품에서 두드러졌다. 그러나 마네가 정작 스페인을 다녀온 이후에는 이러한 영향이 사라지게 되고, 현재 마네 하면 떠오르는 동시대의 주제를 다룬 작품들이 등장하기에 이른다. 그렇다면 마네에게 스페인은 어떤 의미를 지녔을까?

시인 보들레르가 1860년대 스페인 문화에 심취되어 있던 마네를 두고 "프랑스로 도피 중인 스페인의 천재"라고 칭했을 정도로 마네는 스페인에 경도되어 있었다. 상당히 부유했던 부르주아 출신이었던 마네는 전 생애를 통해서 살롱전에 수없이 도전하면서 보수적인 미술계로부터 그 자신의 작품이 수용되기를 바랐다. 인상주의자들이 그에게 존경을 표했을 때에도 마네의 마음은 살롱전에 가 있었고 자신이 제작한 아방가르드 작품이 살롱의 심사위원과 관객에게 인정받고 싶어했다. 마네는 스페인 문화 자체를 사랑하기도 했지만 살롱전에서 스페인 관련 주제를 권장했기 때문에 스페인 문화에 더욱 매료되었다. 2003년 뉴욕 메트로폴리탄 미술관은 19세기 프랑스 미술가들이 매료되었던 스페인 거장들인 벨라스케스, 엘 그레코El Greco, 수르바란의 작품과 프랑스의 화가들인 마네, 드가Edgar Degas 등이 제작한 스페인 풍이나 스페인 주제를 나란히 비교했다(Tinterow, and Lacambre, 2003).

마네는 스페인을 직접 방문하기 전, 1850년대 중반부터 1865년까지 거의 10년 동안 스페인의 거장이나 스페인의 화풍을 모방하면서 스페인 미술을 익혀 나갔다. 마네가 그린 <스페인 가수The Spanish Singer>(1861)와 <늙은 음악가The Old Musician>(1862)를 벨라스케스가 제작한 <주신酒神 바쿠스의 승리 The Triumph of Bacchus>(1628~1629)와 서로 비교해 보면, 그룹 초상화의 성격뿐 아니라 인물의 배치 등이 서로 유사함을 알 수 있다. 마네는 벨라스케스의 작품에서 보이는 카라바조Michelangelo Caravaggio의 명암대비, 즉 키아로스쿠로 기법을 이들 초기 작품에서 실험했다. 빅토린느 양을 모델로 삼은 <스페인

마네, <스페인 전통의상을 입은 V양>, Oil on canvas; 65×50 1/4 in. (165.1×127.6cm)

전통의상을 입은 V양Mlle V . . . in the Costume of an Espada>(1862, The Metropolitan Museum of Art, New York)과 <스페인 가수The Spanish Singer>(1860, The Metropolitan Museum of Art, New York)는 스페인 문화에 심취되어 있던 마네의 초기작들이다.

이러한 스페인 문화에 대한 열정에도 불구하고 마네가 직접 스페인에

마네, <스페인 가수>, Oil on Canvas

간 것은 1865년이었다. 그는 이때 처음으로 프라도 미술관Museo del Prado을 직접 방문하여 벨라스케스의 작품을 보고 <철학자: 망토를 입은 거지Philosopher: Beggar in a Cloak>(1864~1867)와 다른 배우들의 초상화와 투우 장면을 여러 점 제작하기 시작했다. 특히 마네는 <피리 부는 소년The fifer>(1866, Musee d'Orsay Paris)에서 화면을 더욱 평면적으로 처리했고 공간을 압축시켰으며, 인물처리에 있어 삼차원적인 양감을 제거하여 형태를 추상적으로 변화시켰다. 이 작품에서 피리 부는 소년이 서 있다는 사실을 강조해 줄 수 있는 배경은 완전히 사라져 버렸고, 그림자가 없어져 빛이 어디서 흘러 오는지를 애매하게 만들어 버렸다. 피카소가 큐비즘 시기에 이룬 회화의 혁신성과 추상미술의 기원이 이 작품에서 보이기 시작한다.

당시 마네는 고야의 <1808년 5월 3일>을 보고 <막시밀리안 황제의 처형The Execution of Maximilian>(1867~1868, The National Gallery, London)을 제작했으며, 고야의 발코니 작품을 보고 자신의 <발코니The Balcony>(1868~1869, Muse ed'Orsay, Paris)를 완성했다. 하층민에 속하는 집시들이 마네의 작품에서 파리 부르주아 계급으로 변화된 것을 제외하면 두 작품 모두 어두운 배경과 클로즈업된 인물을 강조한다. 스페인에 대한 열정이 1865년을 기점으로 사라지게 된 이유는 마네가 스페인이 처한 현실에 무척 실망했기 때문이라고 한다. 그는 문화적으로 우수했지만 경제적으로 위축되어 있던 스페인 사회의 실상을 목격한 이후 파리의 동시대상을 화면에 담기 시작했다. 1850년을 기점으로 파리는 근대미술의 중심지로 부각되면서 20세기 스페인 미술가들은 프랑스 파리와 스페인의 바르셀로나를 거점으로 활동하기 시작했다.

2. 파블로 피카소: 20세기 현대미술의 선구자

피카소는 '큐비즘'이라는 조형실험을 통해 르네상스 이후 서구에서 가장 중요하게 여겨진 원근법을 가장 파격적으로 해체했던 인물로, 끊임없는 자기 혁신을 통해 새로운 예술형태를 창안했던 천재적인 미술가였다. 하지만 한 작품을 마무리하기 위해 꼼꼼하게 제작했던 습작의 수를 감안한다면 피카소의 큐비즘은 여전히 전통적인 프로세스를 거친 다듬어진 추상 작업이었다.

1881년 스페인 안달루시아의 말라가Málaga에서 태어난 피카소는 1890년대 바르셀로나 순수예술 아카데미에서 어느 누구보다 다재다능한 유망한 작가로 인정받았다. 이후 그는 마드리드 소재의 산 페르난도 미술학교Academy of San Fernando에 갔지만 딱딱한 미술교육과정을 견디지 못하고 다시 바르셀로나로 오게 된다. 그러나 16세의 피카소가 프라도 미술관에서 관람했던 벨라스케스, 고야, 수르바란, 특히 매너리스트로 인물을 기이하게 장신화長身化, elongation시켰던 엘 그레코의 작품은 피카소에게 강렬한 인상을 남겼다. 또한 피카소가 초창기에 현대미술의 입지를 굳히는 데 있어 가장 중요한 시기는 1904년 파리로 떠나기 전으로, 스페인 아방가르드 작가들과 교류할 수 있었던 바르셀로나에서였다.

현재 바르셀로나에 위치한 피카소 미술관에는 다른 유수 미술관에서는 볼 수 없는 피카소의 초기 작품들이 많이 소장되어 있다. 바르셀로나의 피카소 미술관은 1963년 피카소의 친구이자 비서이기도 했던 사바르테스J. Sabartés가 소장했던 피카소의 초기 작품을 중심으로 설립되었다. 이 미술관이 건립될 당시 피카소는 공공연하게 파시스트 독재자 프랑코를 비난하였기 때문에 피카소의 이름이 붙여지지 못하고 사바르테스 컬렉션으로 불렸다. 이후 1968년 사바르테스가 죽은 이후에 피카소는 다른 작품들도 대거 기부하면서 다시 한 번 “피카소 작품의 최대 컬렉터는 피카소 자신”이라는 말을 상기시켰다. 파리의 피카소 미술관이 큐비즘 시기와 그 이후의 시기에 초점을 맞춘다면, 바르셀로나의 피카소 미술관은 초기 작품부터 1904년까지 청색시기의 작품들이 많이 소장되어 있다. 또한 이 컬렉션은 피카소가 초창기의 작업에서 벗어나 어떻게 서서히 독자적인 양식을 구축해 갔는지를 보여 준다.

2007년 뉴욕 메트로폴리탄 미술관에서 개최된 ≪바르셀로나와 모더니티: 피카소, 가우디, 미로, 달리Barcelona and Modernity: Picasso, Gaudí, Miró, Dalí≫(Mendoza, 2007: 80-91) 전시는 바르셀로나에서 아주 유명했던 카페인 ‘네 마리 고양이Els Quatre Gats’에서 피카소가 다른 아방가르드 작가들과 나눈 예술적 교류를 강조했다. ‘엘스 콰트레 가츠’는 카탈루냐의 몽마르트르에 해당하는 곳으로, 라몬 카사스Ramon Casas와 같은 다른 문인들은 이곳에서 다른 예술가들과 함께 1899년 동명의 문인지를 출판했다. 또한 이곳은 퍼포먼스, 연극, 전시 등과 같은 보헤미안적이고 아방가르드 미술을 실험할 수 있던 주요 장소였다. 이곳에 왔던 스페인 문인과 예술가들은 동시대의 미술은 물론 미래의 미술을 논했다(Jardí, 1972; McCully, 1978). 당시 피카소는 이 카페의 메뉴를 디자인하였는데, 파리의 카바레인 ‘검은 고양이Le Chat Noir’의 포스터 디자인이나 스페인의 건축가인 안토니 가우디Antoni Gaudí를 연상시키는 아르누보 디자인을 구사했다. 단순하면서도 굽실거리는 선의 흐름은 피카소가 툴루즈-로트렉Henri de Toulouse-Lautrec의 화풍에 힘입고 있음을 알 수 있다(Mendoza, 2001: 198-214).

피카소는 파리에서 개최된 1900년도 만국박람회에 참석하여 세잔Paul Cézanne 등과 같은 후기 인상주의 작가와 상징주의 미술을 접하면서 내면적이고 음울한 세기말적인 상징주의 풍의 작품 경향을 띠게 되었다. 이 시기는 피카소의 청색시기(1901~1904)로 자전적인 경험과 연관된 주제가 대거 등장한다. 청색시기 동안 피카소는 프란시스코 데 아시스 솔레르Francisco de

Els Quatre Gats 카페의 내부장면, 1904

카사스, <콰트레 가츠4 Gats>, 1897

피카소, <엘스 콰트레 가츠의 메뉴Menu from Els Quatre Gat>, 1899

Asís Soler와 함께 무정부주의적인 정치적 경향에 연루되어 『젊은 예술(아르테 호벤)*Arte Joven/Young Art*』지에 만화를 그려 주었다. 젊은 피카소는 아나키스트적인 정치관을 옹호하며, 가난하고 사회적으로 배척당한 자들에게 감정적으로 동조했다.

청색시기의 작품은 1901년 2월 파리에서 친하게 지냈던 친구 카를로스 카사헤마스Carlos Casagemas가 제르맹이라는 여자 모델에게서 버림을 받고 자살한 이후에 주로 그려졌다. 피카소는 인생 전반에 걸친 인간의 고독과 사랑의 비애, 나아가서는 인생 자체에 대한 고뇌를 이야기했다. 친구의 죽음이라는 특정 주제는 무명이었던 피카소가 파리 화단에서 느꼈던 절망감과 그 맥을 같이 했으며 청색시기 내내 친구의 죽음과 연관된 작품을 제작했다. <카사헤마스의 죽음The Death of Casagemas>(1901), <초혼招魂, 카사헤마스의 매장Evocation, The Burial of Casagemas>(1901년 여름 제작, Musée d'Art Moderne de la Ville de Paris, Paris), 피카소의 <인생La Vie>(1903, Cleveland Museum of Art) 등이 '청색시기'에 속한다.

<카사헤마스의 매장>과 <인생>은 이야기의 전개가 시간 단위로 진행되어 중세기의 그림처럼 여러 장면이 등장한다. 전자의 작품에는 카사헤마스의 죽음이 예수의 죽음처럼 묘사되었고, 그림 상단에는 그의 영혼이 천국으로 가는 모습이 그려져 있다. 친구의 죽음 이후 피카소가 그린 <인생> 또한 커플이 왼쪽에서 서 있는 가운데, 오른쪽은 여인이 한 생명을 안고 있다. 그 사이로는 두 개의 작품이 있는데 마치 반 고흐의 <슬픔Sorrow>이라는 작품을 연상시키는 여인과 커플이 절망에 빠진 비애라는 주제를 보여준다. <인생>이라는 작품은 세기말에 성행했던 삶과 죽음의 순환이라는 주제를 다루어 19세기 말의 상징주의를 이어받고 있다.

이러한 경향이 드러나는 청색시기 작품들은 감정적으로 음울하면서도 전반적인 색조가 청색을 모노톤으로 다룬 <망토를 입은 자화상Self-Portrait with Cloak>(1901), <압생트를 마시는 사람The Absinthe Drinker>(1901), <바에 있는 창녀들The Prostitutes in a Bar>(1902), <카페에 있는 커플Couple in Cafe>(1903), <바닷가의

거지Beggars by the Sea>(1903), <늙은 기타연주자The Old Guitarist>(1903) 등에서처럼 곡예사, 거지, 창녀, 자화상, 절망에 빠진 연인 등이 주를 이룬다. 1906년부터 피카소의 작품에서 서서히 이야기, 즉 내러티브가 사라져 간다는 사실을 기억한다면 이러한 초기의 작품은 상당히 이채로운 감이 있다.

피카소, <초혼, 카사헤마스의 매장>, Oil on canvas, 150.5×90.5cm

피카소가 1904년 페르낭드 올리비에Fernande Olivier와 사랑에 빠지면서 청색 대신 핑크빛으로 <슈미즈 차림의 소녀Girl in a Chemise>(1905, Tate Gallery, London) 등을 제작했다는 것은 분명 화풍상의 변화를 뜻했다. 이 시기부터 피카소는 파리의 바토 라보와르Bateau-Lavoir: 세탁선라는 작업실에서 거주하면서 바르셀로나보다는 파리에서 더 인정받고 싶어했다. 피카소는 무명이었지만 앞으로 파리 미술계를 장악하는 데 있어 가장 중요한 입지를 다질 수 있는 다른 미술가들도 이곳에서 만날 수 있었다. 그는 이곳에서 조르주 브라크Georges Braque를 비롯하여 다른 스페인 화가였던 후안 그리스Juan Gris, 모딜리아니Amedeo Modigliani, 반 동겐Kees van Dongen 등 수많은 유럽 미술가들과 교류하였다.

1905년은 여러 면에서 피카소에게 분수령이 되었던 시기였는데, 바로 파리에서 열렸던 가을 살롱전인 살롱 도톤느Salon d'autumne에서 루이 복셀Louis

피카소, <인생>

피카소, <슈미즈 차림의 소녀>

Vauxcelles이 "도나텔로에 둘러싸인 야수"라는 이름으로 포비즘Fauvism: 야수주의이라는 이름을 붙여 마티스Henri Matisse를 위시한 다른 야수주의 작가들의 작품을 비아냥거리는 투로 전시 리뷰를 썼다. 피카소는 파리에 거주하면서 프랑스 출신으로 20세기 미술에서 또 다른 획을 그었던 마티스를 만났을 뿐 아니라 이 즈음에 뉴욕 출신의 유대인으로 파리에서 거주하고 있던 레즈비언 문인이었던 거트루드 스타인Gertrude Stein과 레오 스타인Leo Stein을 만났다. 이들은 피카소를 미국인 컬렉터들에게 소개해 준 주요 인물들이었다. 특히, 거트루드와 레오는 아방가르드 미술의 컬렉터로 1905년 살롱 도톤느에서 큰 스캔들을 불러일으킨 마티스의 <모자를 쓴 여인Woman with a Hat>(1905)을 구입했다. 당시 피카소는 스타인 가족 외에도 볼라르Ambroise Vollard의 도움을 받아 카탈루냐에 위치한 작은 마을이었던 고솔Gosol로 여행을 떠났다.

피카소는 루브르 미술관에서 보았던 원시조각에 감명을 받은 이후 먼 이국에서 꽃피었던 비유럽적인 토착문화에 큰 관심을 보이기 시작했다.

이러한 원시조각, 특히 루브르 미술관에서 보았던 아프리카나 이베리아 반도의 가면mask을 보면서 서구 미술의 근간이 된 삼차원적인 표현을 회의적으로 바라보았다. 그는 눈으로 대상을 관찰하기보다는 머리로 그림을 그린다는 개념을 생각하게 되었다. 언뜻 보기에 이러한 작업 태도는 아주 단순해보이지만 피카소가 1906년부터 제1차 세계대전까지 제작한 작품은 다른 작가가 평생 동안 심혈을 기울여도 이루지 못했을 대업적이었다.

예를 들면, 1906년에 피카소가 그린 <화장La Toilette>에서 인물은 전통적인 양감이 부족하며, 거울을 들고 있는 오른쪽 인물도 전통적인 단축법foreshortening이 부족함을 알 수 있다. 머리를 묶고 있는 왼쪽의 여성은 그리스 조각에서 보이는 콘트라포스토Contrapposto[1] 자세를 취하지만 왼쪽 발이 아주 부자연스럽게 그려져 있다. 특히 벽면을 암시하는 선이 없다면 이 두 인물은 공중에 부자연스럽게 부유하는 느낌을 준다. 바닥의 색은 손을 올린 여자의 다리를 연결하는 윤곽선과 부자연스럽게 연결되어 있다. 전통적인 드로잉을 공부했던 피카소는 고전적인 느낌의 인체묘사보다는 원시조각에서 엿보이는 양식화stylization에 몰입했다. 그는 일화나 특정 주제보다는 무표정한 얼굴을 마스크처럼 파편화, 단순화시키는 방식에 관심을 가졌고, 세잔의 후기 작품에서 엿보인 추상적이고 기하학적인 공간 배치를 옹호했다.

1) 피카소와 큐비즘

인물의 얼굴을 가면처럼 단순하게 표현하는 방식은 뉴욕 메트로폴리탄 미술관에 소장된 <거트루드 스타인의 초상Portrait of Gertrude Stein>(1906, The Metropolitan Museum of Art, New York)에서 두드러진다. 피카소는 이 작품에서 거트루드의 이마선과 몸의 곡선을 강조하였고, 그녀의 얼굴은 이베리아 조각처럼 단순하면서도 양식화된 윤곽선을 보여 준다. 그러나 가면 같은 얼굴과 원통형의 몸체가 서로 분리된 인상을 준다. 거트루드 스타인의 성별은

1 그리스 조각에서 한쪽 발에 무게 중심을 주고 서서 다른 발은 느슨하게 편안하게 놓는 포즈로 앞을 걸어가는 자세처럼 동적인 느낌을 부여한다.

피카소, <거트루드 스타인의 초상>, oil on canvas, 100×81cm

여기서는 무의미하게 표현되어 전통적인 여성상에서 재현된 이미지와는 완전히 다른 초상화로 변신했다. 미술사가인 로버트 루바Robert Lubar는 레즈비언이었던 스타인의 젠더적 위치 때문에 피카소가 전통적인 여인 초상화에서 뚜렷한 영감을 발견하지 못하고 오히려 원시 마스크에서 보이는 육중하고 남성적인 이미지에 영향을 받아 거트루드 스타인을 "모더니즘의 어머니"로 변모시켰다고 설명한다(Lubar, 1997: 57-84.).

이 작품의 제작 과정을 보면 피카소가 얼마나 아카데믹 작업 방식을 고수했는지를 알 수 있다. 1906년 초에 시작한 <거트루드 스타인의 초상>을 제작하기 위해 피카소는 이 여류작가에게 80여 차례 이상 포즈를 잡아 볼 것을 주문하였다. 또한 피카소는 아프리카 미술에 깊은 관심을 두었다. 그는 아프리카 마스크에는 삼차원적인 사실적인 묘사가 부재하지만 단순한 가면만으로 관람자에게 눈, 코, 입을 모두 '연상'시키는 점에 놀랐다. 전통적인 서양화에서 초상은 사실적인 묘사를 통해 모델과 닮았다는 성격이 중요했지만 이제 이러한 역할은 카메라가 대신하게 되었기 때문에 굳이 화가들이 눈에 보이는 그대로 자연주의 화풍이나 사실적인 묘사로 그림을 그릴 필요가 없어졌다. 그는 아프리카 미술이 가졌던 주술적인 특징보다도 단순한 묘사만으로도 이미지 전달이 가능하다는 점 때문에 파리의 트로카데로 민속박물관Musée d'Ethnographie du Trocadéro; 오늘날의 무제 드 롬므/ Musée de l'Homme을 수없이 드나들면서 타문화의 조각언어에 눈을 돌리기 시작했다.[2] 따라서 피카소가 <아비뇽의 처녀들Les Demoiselles d'Avignon>(1907, The Museum

피카소, <아비뇽의 처녀들>, oil on canvas, 8'×7'8" (2.44×2.34m)

of Modern Art, New York)에서 이룬 성과는 주도면밀하고 성실한 연구와 분석이 뒤따른 결과물이었다.

20세기 현대미술은 <아비뇽의 처녀들>이 그 시발점이었다는 점은 아무도 부인할 수 없다. 또한 이 작품이 뉴욕 현대미술관의 큐레이터 알프레드 바Alfred Barr가 구입했다는 점 때문에 더욱 미술사적인 가치가 높은 것도 사실이다. 피카소는 이 작품이 "철학적인 사창가Philosophical Bordello"가 되기를 원했다고 설명하며, 바르셀로나의 홍등가에 있는 아비뇽Avinyó Street이라는 명칭을 사용했다. 피카소는 이 작품을 제작하면서 특정 제목을 염두에 두지 않았다. 기욤 아폴리네르Guillaume Apollinaire가 이 작품을 <아비뇽의 사창가>로, 사몽André Salmon은 <아비뇽의 처녀들>로 제안했던 것에서 현재의 제목이 유래되고 있다.[3]

2 Rubin(1984). 이 전시는 원시주의에 대한 서구인들의 우월성이 담겨져 있어 제대로 원시주의를 전시하지 못했다는 비난을 받았지만 20세기 미술에서 원시주의가 미친 조형적인 영향을 면밀하게 분석했다.

피카소는 수많은 습작을 통해 매춘굴에 창녀들과 함께 어울리고 있는 남성 고객들을 그리기도 했다. 피카소는 해골을 들고 매춘굴로 들어가는 의과대학생과 선원을 비롯하여 일화 중심의 작품에서 출발했으나, 진행되면서 내러티브는 없어지고 단순하면서도 서구미술의 근원을 흔드는 작품으로 변모시켰다. 먼저 남성 인물들을 모두 제거하고 방에 널려 있던 다른 소재들을 제거하면서 작품 좌우에 드레이퍼리와 전경의 정물만을 남겼다. 대신 다섯 명의 '처녀들'을 보면 다양한 포즈와 자세를 취하는 인물로 변화되었다. 정면을 보고 팔을 올리고 있는 두 명의 여성과 오른쪽에 원시주의 가면을 쓴 두 인물, 그리고 맨 왼쪽의 인물에서는 일관적인 시점이 존재하지 않는다. 왼쪽의 세 얼굴은 이베리아 조각 가면에서, 오른쪽의 두 가면은 아프리카 조각에서 영향을 받았다. 특히 왼쪽에서 걸어오는 인물은 이집트 부조(프리즈, Frieze)의 영향을 받은 포즈를 취한다.

<아비뇽의 처녀들>은 서양미술에서 르네상스 이후 회화의 가장 중요한 요소인 원근법과 하나의 소실점을 두고 대상을 바라보는 시각이 해체되면서, 다시점多視點이 적용되었다. 이는 오른쪽에 있는 맨 아래 인물에서 더욱 극대화되어, 얼굴은 정면이지만 쭈그리고 앉은 모습은 등을 보여 주고 있어 '일관적인 형태'에서 이탈한다. 마치 이미지는 파편화된 기하학적인 형태로 서로 어울리지 않은 퍼즐을 억지로 끼워놓은 것처럼 불편하게 자리 잡고 있다. 인체와 배경은 함께 뒤섞여 배경과 인체구성이 모호해지기 시작한다. 색채 또한 한층 간결하게 표현되어 피카소의 청색시기와 핑크 시기를 함께 물려받은 듯하다. 20세기 미술에서 처음으로 삼차원적인 모델링은 이차원적인 평면성(마치 디자인에서 많이 쓰이던 평면적인 추상성)과 불편하게 혼재하면서 자연을 보이는 대로 묘사했던 재현representation과 이러한 요소를 간결하게 없애 나가는 추상abstraction이 충돌하기 시작한다. 입체감을 주는 삼

3 "철학적인 매춘굴Le Brothel philisophique"은 본래 앙드레 사몽André Salmon이 지은 것이다. 피카소가 이 제목을 좋아하지 않자 "Le Brodel d'Avignon," "Les Filles d'Avignon"에서 현재의 제목이 채택되었다.

차원 세계와 평면적인 이차원적 세계, 배경과 인물, 하나의 시점과 다시점, 유럽문화와 원시문화 등 서양미술에서 분명한 구분과 경계를 가졌던 이러한 요소들이 이 작품에서는 의문시되고 뒤섞이기 시작한다.

피카소는 <아비뇽의 처녀들>에서 세잔이 <대수욕도>와 같은 일련의 작품에서 씨름하던 기하학적인 형태 구성을 새로운 차원으로 끌어올렸고, 또 과장된 형태처리에 있어서는 매너리스트였던 엘 그레코의 작품에서 영감을 찾았다.[4] 또한 1903년에 폴리네시아에서 죽은 폴 고갱의 대회고전이 파리에서 1906년에 개최되었기 때문에 이 전시에서 피카소가 고갱의 원시주의 회화와 조각을 보았을 것으로 예상된다.

1972년 미술사가이자 비평가인 레오 스타인버그는 「철학적인 매춘굴The Philosophical Brothel」이라는 논문에서 피카소의 이 작품에 대해 전혀 새로운 해석을 제안했다.[5] 1972년 당시 많은 비평가들은 피카소의 습작, 특히 <아비뇽의 처녀들>과 관련된 습작을 전혀 고려하지 않았지만 레오 스타인버그는 피카소의 <아비뇽의 처녀들>은 관람객의 시선gaze을 의식한 주도면밀한 계산에 의한 작품이라고 설명했다. 스타인버그에 의해 이들 습작들은 학문적인 가치를 얻게 되었고, 알프레드 바Alfred Barr가 주장했던 피카소 개인의 자전적인 경험을 담은 이야기라는 해석을 비난했다. 스타인버그 이전에는 <아비뇽의 처녀들>을 양식적으로만 분석하고 접근했기 때문에 미술사가들의 새로운 해석은 이 작품의 주제에 대한 인식을 다시 각인시켰다. 나아가 뉴욕 현대미술관의 수석큐레이터를 역임한 윌리엄 루빈William Rubin은 <아비뇽의 처녀들>을 분석하며 이 작품은 피카소가 매춘굴에 다녀온 이 후에 그려졌기 때문에 '매독'에 대한 포비아, 강한 두려움을 반영한다고 주장한다(Rubin et al., 1994).

....

4 피카소의 작품과 스페인 전통 미술의 관계를 잘 파악한 저서는 Brown (1996)인데, 특히 이 책의 Robert Lubar, "Narrating the Nation: Picasso and the Myth of El Greco" 참조. 이 논문에서 로버트 로젠블럼Robert Rosenblum은 피카소가 제작한 정물화는 스페인에 대한 내셔널리즘을 반영한다고 설명한다.

5 Steinberg (1988: 7-74); 본래는 *Art News* vol. LXXI (September/October 1972) 출판.

엘 그레코, <요한 묵시록의 다섯 번째 봉인의 개봉(성 요한의 묵시록적인 비전) The Opening of the Fifth Seal-Apocalyptic Vision of Saint John>, 1608~1614. Oil, 225×193cm. The Metropolitan Museum of Art, NY

<아비뇽의 처녀들>은 1907년 6월에서 7월 두 달 내내 피카소가 매달린 작품이며 그에게 '입체주의/큐비즘Cubism'이라는 이름을 부여했다. 이 작품은 20세기 시각 예술의 혁명을 선언하는 작품이다. 그러나 이 작품에 대한 전시의 역사와 컬렉터들을 살펴보면 피카소가 <아비뇽의 처녀들>이 가져올 스캔들을 두려워하면서 왜 대중에게 오랫동안 공개하기를 꺼렸는지를 알 수 있다.

피카소는 1907년부터 1924년까지 작업실을 여섯 번 옮겼는데 이 기간

왼쪽: 파블로 피카소, <앙브루아즈 볼라르의 초상화>, 1910, oil on canvas, 92×65cm, Musée Pouchkine
오른쪽: 조르주 브라크, <기타를 든 남자Man with a Guitar>, 1911, Oil on canvas, 116.2×80.9cm. The Museum of Modern Art, New York

동안 작가 개인이 이 작품을 소장하였고, 1924년 자크 두세Jacques Doucet에게 팔았다. 이 시기 동안 <아비뇽의 처녀들>은 1916년에 단 한 번 ≪살롱 단탱*Salon d'Antin*≫에 소개되었다. 피카소가 소장하고 있던 사진을 보면 이 작품은 천으로 싸인 채 벽에 걸려 있다는 것을 알 수 있다. 그 후 원소장가였던 두세가 죽자 <아비뇽의 처녀들>은 뉴욕 자크 셀리그만 회사Jacques Seligmann and Co.에 전시되었다가 알프레드 바의 눈에 들어오게 되었다. 바는 미국의 부호 록펠라 등을 포함한 뉴욕 현대미술관의 이사진들을 설득해 이 작품을 구입하면서 "현대미술에서 신기원을 이룬 몇 안 되는 작품"으로 소개했다. 이 작품은 뉴욕 현대미술관에서 1939년에 전시되면서 미국인들에게 소개되었고, ≪피카소: 40년 회고전*Picasso: Forty Years of His Art*≫에도 포함되는 등 현대미술의 중요한 시원으로 이 작품을 정의하기 시작했다. 따라서 <아비뇽의 처녀들>의 역사는 뉴욕 현대미술관의 역사와 함께하는 것이며, 알프레드 바는 자신의 저서 『큐비즘과 추상미술*Cubism and Abstract Art*』에서 피카소의 작품은 모더니즘의 출발이자, 이는 모더니즘의 기수인 뉴욕 현대미술관을 통해서 성취된다는 사실을 선언한다.

입체주의 미술은 피카소뿐 아니라 조르주 브라크도 함께 실험한 것이지만, 피카소는 한 양식에 안주하지 않는 끊임없는 혁신성으로 주변인들을 놀라게 했다. 입체주의 시기는 보통 분석적 입체주의기와 종합적 입체주의기로 나눠지는데 전자의 경우 브라크와 피카소는 거의 나란히 작업을 했기 때문에 서로의 작품이 아주 유사하다. 예를 들면, 피카소가 1910년에 제작한 <앙브루아즈 볼라르의 초상화Portrait d'Ambroise Vollard>에서 화상인 볼라르의 얼굴을 제외하면 신체의 형태는 파편화되고 평면화되어 재현된 이미지가 거의 사라져 간다. 또한 같은 해 봄에 브라크가 제작한 <바이올린과 촛대Violin and Candlestick>에서도 오브제의 형체가 점차 사라져 가고 있음을 알 수 있다. 더욱이 이 두 작품에서는 작가임을 확인해 주는 작가의 사인, 즉 'authorship'이 사라져 가고 있어 누가 어떤 작품을 제작했는지는 모호해진다.

2) 이미지와 기호

피카소는 1912년 여름부터 파리와 카탈루냐에 근접한 세레Céret와 아비뇽 근처의 소르그Sorgues에서 <나는 에바를 사랑해J'aime Eva>(1912년 여름 제작)를 제작해 브라크와 함께 해 온 분석기 큐비즘의 이탈을 선언한다. 브라크가 오랜 기간 동안 입체주의를 실험했다면, 피카소는 입체주의기에 나타나는 작품에서 색채가 회색조로 등장하고 인물이 너무 파편화되면서 형태의 재현이 사라지는 것에 불안해했다. 그 이탈은 피카소가 현대미술에서 이룬 두 번째 성과를 의미한다. 그는 현대미술에서 언어를 사용하였고, 또 미술작품에 나타나는 이미지를 기호로 파악하게 한 화가였다.[6] 파카소가 1912년 가을(11월)에 제작한 <기타, 악보, 유리잔Guitar, Sheet Music, Glass>(McNay Art

6 큐비즘과 소쉬르 언어학의 연관관계를 처음으로 언급한 비평가는 1969년 피에르 뒤푸르Pierre Dufour였고 이를 분석한 이는 미술사학자 레오 스타인버그였다.

피카소, <기타, 악보, 유리잔>, Papers and newsprint (*Le Journal*, 18 November 1912), pasted, gouache and charcoal on paper 48×36.5cm

Museum, San Antonio, TX)을 살펴보면 이 작품은 제작 방식이 회화적 전통에서 벗어나 콜라주 기법에 의존하고 있다.

피카소가 종이나 벽지를 붙여서 제작하는 콜라주 방식을 채택한 이유는 아주 단순하다. 이 작품의 경우 그는 1912년 11월 18일자 신문을 붙여 머리기사가 보이게 해 관람자가 이 작품을 보고 어느 정도 내용을 파악할 수 있는 실마리를 주기 위해서였다. 동시대인들은 Le Jou가 Le Journal(신문)을 의미하며, '놀다'를 의미하는 'jouer(to play)'와 연관된 JOU라는 뜻으로 파악했다. <기타, 악보, 유리잔>에서 기타는 벽에 걸려 있는 것 같기도 하고 바닥에 눕혀져 있는 것 같기도 하다. 이미지가 모호해지고 있다. 우리가 횡단보도를 건널 때 빨간 불을 보면 순간 멈추는 것과 마찬가지로 우리는 이미 우리가 알고 있는 연상 작용과 이미지에 힘입어 이 작품에 등장하는 이미지를 기타로 파악한다. 이로써 피카소는 완전 추상을 거부하면서도 여전히 비재현적인 요소를 이용할 수 있는 방법을 터득하였다. 이 시기는 종합

피카소, <오 봉 마르세>, 1913년 1월 25-26일 이후 파리에서 제작, Oil and pasted paper on cardboard, 9¼×12¼ in.(23.5×31cm)

적 큐비즘기(1912~1919)로 알려져 있다.

피카소는 언어적 요소, 성적인 요소, 시각적인 요소를 콜라주를 통해 실험한 최초의 예술가였다. 이 세 요소는 <오 봉 마르쉐Au Bon Marché>(Ludwig Collection, Aachen)에서 드러난다. 이 작품은 1913년 1월 25일자 신문을 붙인 파피에 콜레Papier collé: 종이를 붙인 기법로[7] 프랑스 백화점 사마리텐느La Samaritaine, 1913년 1월 26일자 중 'Sama'만 보이는 광고 전단지 부분을 오려서 붙였다. 여기에는 여성의 상체가 보이고 있다. 화면 중앙에는 'Lingerie Broderie'라는 문구 외에도 그 아래에 'Lun B Trou Ici'라는 글귀가 수직으로 보인다. 이 작품에서 보이는 말을 모두 조합해 보면, Lun(Lundi 월요일), B(Blanc 흰색), Trou(구멍), Ici(여기), 또 Au bon marché(값싸게)가 있다. 즉 "당신은 여기서 구멍을 값싸게 만들 수 있습니다You may make a hole here inexpensively"

7 파피에 콜레는 피카소가 아닌 조르주 브라크가 1912년 9월 12일 처음으로 시도한 것으로 보인다. 특히 그는 <과일접시와 유리잔Fruit Dish and Glass>에서 나뭇결이 보이는 벽지를 이용해 나무 테이블의 표면과 테이블 뒤에 있는 벽(벽지처럼 보이게 해)을 의미하고 싶었다. 즉 나무결을 보여 주는 종이는 나무의 표면과 색을 동시에 연상시켰다. 피카소가 이를 보고 <기타>를 제작한 것으로 보인다.

라는 성적인 어감을 주는 의미로 바뀐다고 한다. 이러한 단어를 이용한 말장난pun은 종합적 입체주의기에 피카소가 제작한 콜라주 작업에서 자주 등장했다.

3) 고전주의로의 복귀: 스페인 작가의 정체성

1차세계대전은 많은 예술가들에게도 큰 충격을 주어 유럽의 '아름다운 시기La Belle Époque'에 대한 기대감이 무너지게 하였다. 이탈리아에서 진행된 미래주의와 프랑스의 큐비즘도 일대 위기를 맞게 되고 많은 예술가들이 제1차세계대전에 참전했다. 실제로 1차대전은 세계대전이라기보다는 발칸반도의 위기 때문에 불거진 유럽전쟁이었다. 이러한 상황 속에서 1917년에 발발한 소비에트 혁명은 예술가들에게 일종의 유토피아적 혁명으로 통했다. 1920년대와 1930년대로 접어들면서 스페인 작가들의 민족정신과 정체성은 절정에 달했다. 피카소도 예외가 아니었다.

피카소는 1920년대 고전주의Classicism 화풍으로 복귀하면서 제1차 세계대전 이전에 그가 추구하던 추상 언어에서 이탈하는 흐름을 보여 주었다. <휴식 중인 농부Paysans au repos>(1919, The Museum of Modern Art, NY)에서는 들녘에서 일하다 쉬고 있는 두 남녀가 땅과 일체감을 보여 주는 듯 편안한 자세를 취하고 있으며 인체는 큐비즘기의 평면적이고 기하학적인 형태에서 벗어나 원통의 조각적인 양감을 구현하고 있다. 미술사학자 케네스 실버Kenneth E. Silver는 이러한 경향이 고전주의로의 복귀, 혹은 '질서로의 복귀Return to Order'와 같은 경향으로 1920년대에 팽배하게 나타난다고 설명한다.[8]

미술사학자 로미 골란Romy Golan도 1차세계대전 이후에 아방가르드 작가들이 표현하는 과거 또는 전통으로의 복귀에 주목하며 피카소와 미로 등이 제작한 1910년대 말부터 1920년대 작품에 나타나는 고향이나 대지를 강조하는 반도시주의anti-urbanism 경향과 지역주의, 또 테크놀로지를 배척하여 땅

8 이러한 경향은 프랑스 야수파의 일원이었던 앙리 마티스, 앙드레 드렝André Derain, 키리코Chiorgio de Chirico와 독일 즉물주의New Objectivity 등에서도 지배적으로 등장한다(Silver, 1989).

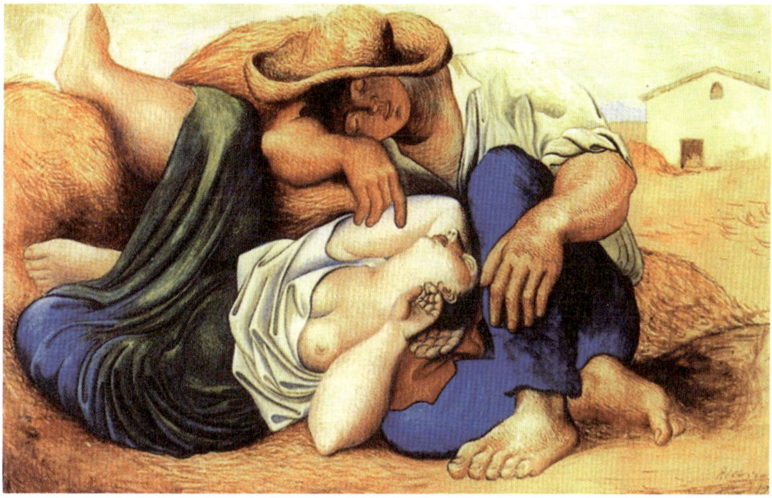

피카소, <휴식 중인 농부>, 31×49cm

으로 회귀하려는 현상과 외국인 혐오증 등에 주목하고 이를 동시대의 정치적 상황과 연결시킨다. 골란은 당시의 비주류적인 작품에도 주목하며 1920년대의 이러한 화단의 보수적인 현상은 기계시대의 미학에서 벗어난 유기적이고 자연친화적인 미술로 전개되었다고 설명한다(Golan, 1995).

이 시기에 제작된 피카소의 작품 중 가장 정치적인 작품은 <게르니카 Guernica>(1937, Museo Reina Sofia, Madrid)다. 1930년대 유럽 예술 경향은 초현실주의의 영향을 많이 받고 있었기 때문에 피카소의 이 작품도 예외는 아니었다. 특히 이 작품은 스페인 내전(1936~1939) 동안에 일어난 민간인 대학살 사건을 고발한 것으로 1937년 4월 26일 독일 나치 군이 바스크에 위치한 작은 마을 게르니카에 폭격을 가한 참상을 다루고 있다. 프란시스코 프랑코의 독재체제를 비난했던 피카소는 스페인 정부로부터 1937년 파리 세계박람회의 스페인 갤러리에 설치할 벽화 제작을 의뢰받았다. 피카소는 이 작품을 벽화처럼 보이게 하기 위해 회색 톤을 사용하였으며, 폭탄 장면 자체보다는 전쟁으로 인한 희생과 공포 분위기에 집중하고 있다. 작품의 맨 왼쪽에 위치한 도상은 성모 마리아가 죽은 예수를 안고 있는 피에타 상을

피카소, <게르니카>, Oil on canvas, 349×776cm(137.4×305.5in)

연상시키며, 중앙에 램프를 든 여인은 자유의 여신상을 나타낸다. 바닥에 칼을 들고 있는 군인은 폭력에 대항한 채 죽어 있고 손에는 '스티그마타 stigmata: 성흔'가 그려져 있다. 게르니카에서 희생당한 사람들은 알레고리적으로 표현되어 있다. 각 그룹은 아무런 연관 없이 개별적으로 존재하고 해부학적으로 부자연스러운 세팅을 보여 준다. 회색과 흑백의 무채색 토운을 보여 주는 이 대형 작품은 격렬한 고통의 파토스를 전달한다. 피카소는 이 폭격을 직접 보지 못했기 때문에 수많은 신문기사와 사진에 의존했다.

이 작품에서는 초현실주의에서 영감을 받은 듯, 그리스 신화에 등장하는 미노타우로스(인간의 몸과 황소 머리를 한 반인반수)가 등장한다. 스페인 문화에서 황소와 말은 중요한 상징성을 지닌 동물들로, <게르니카>를 그리기 직전에 피카소가 제작한 <프랑코의 꿈과 거짓말The Dream and Life of Franco>이라는 에칭집에서 프랑코는 말을 잡아먹는 괴물로 화난 황소와 사투를 벌이는 장면을 보여 준다. 여기서 화난 황소는 스페인을 상징한다. 이 작품이 1937년 세계박람회에 전시된 이후 유럽과 미국, 브라질 등지를 돌면서 계속 전시된 상황은 마치 정치적 상황으로 고국으로 가지 못하는 스페인 출신의 망명인의 인생과도 같아 보인다. <게르니카>는 샌프란시스코 현대미술관(현재 San Francisco Museum of Art)과 뉴욕 현대미술관에서 열렸던 ≪피카소: 40년 회고전≫

피카소, <앙티브에서의 밤낚시>, oil on canvas, 206×345cm

에서 전시되었다. 그리고 여러 나라로의 투어를 거쳐 1981년까지 뉴욕 현대미술관이 소장하기에 이르렀다. 1970년대 프랑코 체제가 종식되자 이 작품은 바스크 민족주의의 상징으로 읽혀졌고 또 마드리드의 프라도 미술관으로 옮겨졌다. 프라도 미술관에 남기고 싶다던 피카소의 유언과 달리 이 작품은 다수의 습작들과 함께 현재의 위치인 레이나 소피아 현대미술관으로 옮겨져 현재에 이르고 있다. <게르니카>는 고국을 떠났어도 마음만은 늘 스페인에 남아 있었던 피카소의 가장 정치적이면서도 가장 인간적인 휴머니즘을 보여 준 대작이다. 피카소는 이 작품 외에도 <앙티브의 밤낚시 Pêche de nuit à Antibes>(1939, Museum of Modern Art, New York), <납골당 L'Ossuaire>, <한국에서의 대학살 Massacre in Korea>(1951, Musée Picasso, Paris) 등에서 전쟁으로 인한 비극적 결과를 고발하였다. 특히 마지막 작품은 고야의 <1808년 5월 3일 The Third of May, 1808>(1814, Museo del Prado, Madrid)과 마네의 <막시밀리안 황제의 처형>의 계보를 잇는 대학살 장면이다.

피카소는 회화와 조각 외에도 말년에는 도자를 제작해 비평가들로부터 호평을 받았다. 그는 미술가로서의 삶 외에도 올리비에, 에바 Eva Gouel, 올가

피카소, <한국에서의 대학살>

고야, <1808년 5월 3일>, Oil on canvas 104¾×136in.

Olga Khokhlova, 마리-테레즈Marie-Thérèse Walter, 도라 마르Dora Maar, 자클린 로크Jacqueline Roque라는 수많은 여성과 많은 염문을 남기며 대중들의 상상을 자극한 인물이었다.

3. 피카소의 큐비즘을 넘어

1) 후안 그리스

후안 그리스Juan Gris; 프랑스에서 활동하여 프랑스 어로 '그리'라고 많이 발음함로 더 알려져 있는 호세 빅토리아노 곤살레스-페레스José Victoriano González-Pérez는 1887년에 태어나 1927년 40세에 요절한 또 다른 입체파 화가다. 마드리드에서 태어난 그리스는 피카소가 큐비즘 작품을 시작할 즈음에 파리로 가서 마티스, 레제Fernand Léger, 문인인 기욤 아폴리네르Guillaume Apollinaire뿐 아니라 그에게 가장 큰 영향을 미친 피카소를 만났다. 파리에서 처음에는 『르 리르*Le rire*: 웃음』, 『르 샤리바리*Le Charivari*』와 같은 풍자지에 만화 등을 그렸으나 점차 피카소의 영향을 받으면서 1912년에는 <피카소의 초상화Portrait of Picasso>에서 큐비즘을 구사했다. 그러나 그리스의 큐비즘적인 조형세계는 피카소에 비해 기하학적 형태가 조금 더 규칙적인 패턴을 띠고 있다는 점에서 그 차이가 있다. 또한 그가 4년 후에 제작한 <신문과 과일접시Newspaper and Fruit Dish>(1916)에서는 피카소의 'Jou'를 더욱 구체적으로 'Le Journal'로 대치했으나 피카소의 콜라주 방식이 아닌 유화를 이용한 '눈속임trompe l'oeil'기법을 이용한다.

1912년은 그리스에게 중요한 해였다. 그리스는 피카소의 큐비즘적인 조형언어를 채택하면서도 피카소와 브라크로 특징지어지던 큐비즘과 차별화를 두기 위해 또 다른 운동에 가담했기 때문이다. 특히 아폴리네르를 비롯한 다른 미술비평가, 예술가와 함께 그는 '황금섹션Section d'Or'이라는 운동을 주도했다. 이 운동은 큐비즘의 영향을 받은 오르피즘Orphism, 순수주의Purism 등으로도 불린다. 오랫동안 이 흐름은 큐비즘의 아류로 여겨지다가 현재는 중요한 운동으로 평가받지만 역시 기본 바탕은 큐비즘에서 그 원류를 찾을 수 있다. 1922년과 24년 사이에 그리스는 디아길레프Serge Diaghilev가 이끄는 러시아 발레단의 공연작 <여자 양치기의 유혹Les Tentations de la bergère>을 위해서 의상을 디자인했으며, 이론적으로는 「회화에 관한 논고Notes sur ma peinture」(1923)와 「회화의 가능성에 대하여Des possibilités de la peinture」(1924)를 기술했다.

큐비즘은 제1차 세계대전이 지난 이후에도 레제와 아메데 오장팡Amédée Ozenfant 등을 통해 오르피즘과 순수주의라는 형태로 잔존하였지만, 전쟁에 대한 환멸로 많은 예술가들은 반전통주의자가 되었다. 특히, 1916년 취리히의 카페 볼테르Café Voltaire에서는 앞으로 20세기 미술에 지대한 영향을 미칠 작가들이 모여 반미학적인 퍼포먼스, 시낭송 등을 실현하였다. 이들은 다다Dadá라는 미술운동을 창시한 사람들이었다.

이들 취리히 다다이스트들은 '원시주의Primitivism'와 추상을 시나 퍼포먼스 및 시각미술에 적극 수용하였다. 비서구미술이나 고대의식, 언어가 형성되기 이전의 사운드(다다는 옹알이처럼 어른들이 이해할 수 없는 말로 이해된다), 어린이 미술을 비롯한 비합리적인 심적 상태를 포괄하는 모든 예술을 옹호했다. 특히 '원시주의'란 말은 더욱 직관적인 내적 의식에 가까워지기 위한 반미술로 수용되었다. 특히 1919년 제작된 마르셀 장코Marcel Janco의 마스크는 아프리카 원시 조각을 연상시키는 가운데 실제로 다다 퍼포먼스에 사용되었다. 한스 아르프Hans Arp, 휴고 발Hugo Ball, 에미 헤닝스Emmy Hennings, 리차드 후엘센벡Huelsenbeck, 마르셀 장코, 소피 타오이버Sophie Taeuber: 아르프의 부인, 트리스탄 차라Tristan Tzara, 한스 리히터Hans Richter, 크리스탄 샤드Christian Schad, 아더 제갈Arthur Segal 등이 있다. 이들 작가 중에는 특히 유태작가들이 여럿 있었는데 그중 장코도 루마니아 태생의 이스라엘 다다이스트로 전쟁을 피해 취리히로 왔다. 다다는 특정 주제를 선호한 것이 아니라 전반적인 반미학적 태도, 경향을 옹호했기 때문에 작가 개인별 개성과 작품은 다양하게 나타나고 도시마다 독특한 성격을 보여 주었다.

예술과 일상의 경계를 무색하게 했던 다다 운동은 바르셀로나에서도 진행되었는데 특히 프란시스 피카비아Francis Picabia가 뉴욕에서 활동하던 알프레드 스티글리츠Alfred Stiegliz: 조지아 오키프의 남편의 갤러리 291을 본따서 만든 잡지 『391』을 발간하면서 본격화되었다. 다다이스트들은 회화와 조각처럼 전통적으로 고급미술로 불렸던 매체 외에도 그래픽 디자인이나 판화, 포스터 등과 같은 저급미술의 중요성을 인식한 작가들이었다. 당시 프랑스 인 마리 로랑생Marie Laurencin과 부부 예술가였던 로베르와 소니아 들로네Robert and Sonia Delaunay가 전쟁을 피해 잠시 바르셀로나에 와 있었기 때문에 그들 또한 피카비아의 다다 잡지에 간여하였지만, 이 운동은 산발적으로 끝나고 말았다.

2) 호안 미로와 카탈루냐 정체성 그리고 초현실주의

호안 미로는 다다와 초현실주의의 영향을 받은 또 다른 스페인 출신의 화가로서 1920년 파리로 와서 유기적 형태와 바이오-모픽bio-morphic한 이미지를 주로 다뤘다. 그는 1893년 바르셀로나에서 태어났으며 바르셀로나 라론하 미술학교La Lonja School of Fine Arts에서 수학하고 달마우 갤러리Dalmau Galleries에서 첫 개인전을 가졌고, 1920년에 처음으로 파리로 여행했다. 초기작에는 야수주의와 큐비즘의 영향과 함께 카탈루냐의 민중미술의 영향이 서로 뒤섞여 있다. 예를 들면, 현재 뉴욕 현대미술관에 소장되어 있는 미로의 친구인 <리카르트의 초상Portrait of E.C. Ricart>에서 미로는 반 고흐의 색채를 이어받은 야수주의자들의 색채를 빌려 오지만 <자화상Self-Portrait>(1917)에서와 같이 평면적인 선을 강조하였다.

미로, <카탈루냐 풍경(사냥꾼)Catalan Landscape (The Hunter)> 1923/24. Oil on canvas. 64.8×100.3cm. The Museum of Modern Arts, New York

파리로의 첫 여행은 20대의 미로에게 가슴 벅찬 기억을 남겼을 정도로 중요한 시기였다. 특히 야수파, 큐비즘의 그늘에서 벗어나 초현실주의 운동을 알게 되었고, 파리의 라 리코른La Licorne 갤러리에서도 전시했으며, 1928년에는 피에르 갤러리Pierre Gallery에서 초현실주의 그룹전에도 참석했다. 파리에서 초현실주의 운동을 접한 이후 미로는 유기적인 형태에 더욱 관심을 가졌으며 특히 날카로운 선을 이용하여 현미경으로 관찰 가능한 미세 세계를 포착하기 시작했다.

미로는 다른 누구보다 정치적인 성향을 보여 주었고 공공연하게 카탈루냐 정체성을 내세웠다. 파리에 와서도 부뉴엘Luis Buñuel이 속해 있던 문인집단, 'Generation '27(Generación del 27)'의 멤버로 활동하는 등 집단적인 정치운동을 이어 나갔다. 이 그룹에 속했던 일부 멤버들은 프랑코의 독재 하에서 살해당하였고, 부뉴엘과 미로를 포함한 정치적 활동주의자들은 주로 미국과 프랑스로 망명하면서 겨우 살아남을 수 있었다. 프랑스 출신의 초현실주의자와 달리 스페인 출신의 초현실주의자들은 탄압을 벗어나기 위해 부르주아들이 이해할 수 있었던 전통적인 회화를 비판하면서 '회화의 암살assassination of painting'을 선언하였다(Lubar, 1994: 86-93). 구미의 학계에서는 미로의 작품 중에는 카탈루냐의 민족성과 정체성, 카탈루냐 민족주의가 강하게 반영되어 있다는 연구가 쏟아지고 있다. 미로는 자동기술법에 의거한 드로잉 등을 비롯한 초현실주의 작품들을 다수 제작하였으나 프랑스에서 전개되던 앙드레 브르통의 초현실주의에 거리를 두었고, 오히려 막스 에른스트Max Ernst를 비롯한 다른 작가와 새로운 기법을 추구하며 정치적인 행보를 보여 주었다.

이러한 경향은 초현실주의 시기가 아닌 미로의 매직 리얼리즘Magic Realism, 시적인 리얼리즘Poetic Realism 시기에 특징적으로 등장하며, 풍경을 사실적으로 꼼꼼하게 그려 나가던 초기 작업Detailist에 해당한다. <당나귀가 있는 채소밭The Vegetable Garden with Donkey>(1918, Moderna Museet, Stockholm, Sweden)과 <농장The Farm>(1921~1922, The National Gallery of Art, Washington, DC), <경작된 들

미로, <당나귀가 있는 채소밭>. Oil on canvas. 64×70cm

미로, <농장> 1921/22. Oil on canvas. 132×147cm

판The Tilled Field>(1923~1924)에서 대지는 동물과 유기적인 관계를 가지며, 나무와 하늘, 집 등은 카탈루냐의 풍경과 연관된 내용으로 '땅으로의 회귀'를 알려 주는 정치적 풍경화다.

파리 시기 동안 미로는 앙드레 마송André Masson과 이웃으로 지냈으며, 후안 그리스와 화상인 칸바일러Daniel-Henry Kahnweiler 등과도 친분을 쌓았다. 미로는 초현실주의 그룹과 느슨한 관계를 유지하면서 현미경으로 바라본 미생물의 세계나 어린이 회화처럼 신나는 그림을 그렸다. <어릿광대의 사육제Harlequin's Carnival>(1924~1925)에서는 추상적이고 서정적인 이미지를 표현하여 바실리 칸딘스키Wassily Kandinsky나 파울 클레Paul Klee의 영향을 찾을 수 있다. <달을 보고 짖는 개Dog Barking at the Moon>(1926), <네덜란드 실내 I Dutch Interior I>(1928) 등에서처럼 미로는 초현실주의자들이 추구한 무의식적인 꿈의 세계보다 공중에서 부유하는 연체동물로 변형되는 곤충들의 세계나 코믹한 생물의 세계에 지속적인 관심을 보였다. 그는 만 레이Man Ray와 같은 다른 초현실주의자와 교류하면서 마네킹을 디자인하는 등 기존 작가들과는 다른 예술 행보를 밟았다.

곧 미로는 "나는 회화를 암살하고 싶다I want to assassinate painting"라는 유명한 말로 전통회화에 반하는 반회화적, 반미학적인 태도를 취하였다.[9] 이 말은 주제 면에서 전통회화에서의 이탈을 의미했지만 회화 매체가 서양미술에서 차지하는 중요성을 공격하는 말이었다. 서양미술은 계몽기 이후 고급미술과 저급미술로 나뉘져 회화와 조각은 엘리트 예술분야로 각광받게 되었고, 판화, 포스터, 사진 등은 저급미술로 치부되었다. 1934년에 미로는 여러 가지 소재를 캔버스에 붙여 나가는 콜라주, 아상블라주, 드로잉과 회화를 함께 캔버스에 섞이게 함으로써 전통회화를 공격했다.

이러한 1930년대 미로의 작품들은 1930년대의 정치적 상황과 연관이 있었다. 유럽은 파시즘과 스페인 내전으로 혼란스러운 상태였기 때문에, 그가 자주 갔던 카탈루냐의 몬트로이그Montroig도 더 이상 안전한 곳이 아니었다. 이러한 상황 속에서 1934년 가을, 미로는 종이에 파스텔을 이용한 15점의 독특한 작품을 완성하였는데, 노려보는 이미지, 성적인 인물들이 흐느적거리며 화면에 부유하는 이미지, 암 덩어리와 흉터처럼 곪아 있는 이미지에 집착했다. 미로는 그로테스크한 이미지들을 통해 전통 미술을 암살해 버리는 심리적 결과를 낳고 싶었고, 이것이 스페인 상황이라 여겼다.

특히 <스페인 댄서Spanish Dancer I>, <회화Painting>를 비롯해 철사를 이용한

9　이 주제를 다룬 전시가 뉴욕 현대미술관에서 2008년 개최되었다(Coddington and Lubar, 2008 참고).

호안 미로, <스페인을 도우세요>, 1937

<콜라주Collage, Composition with Wire>에서 미로는 드로잉을 선호하며 회화를 죽이려 하였고, 점, 선, 면 등의 공간 구성을 이용한 콜라주를 통해 회화를 극복하고자 했다. <여성-오페라 가수Woman-Opera Singer>와 <배설물더미 앞에 있는 남녀Man and Woman in Front of a Pile of Excrement>에서는 그로테스크한 이미지들을 내세워 전통회화의 가치를 공격했다. 1935년부터 미로는 캔버스 천 대신 미국 상표인 맨소나이트Mansonite 목재에 유화나 자갈 등을 붙여 <회화Painting>를 제작하며 '회화 죽이기'를 계속했다.

1937년 작품인 동판에 유화를 이용한 <두 철학자The Two Philosophers>는 동화에 나오는 인물을 연상시키지만 순수하거나 해맑은 모습을 보여 주지 않는다. 이 작품은 초자연적인 지옥에서 싸우는 장면을 묘사한 것이다. <낡은 신발과 정물화Still-Life with Old Shoe>는 스페인 내전 중에 제작되어 내전에 대한 환멸감과 묵시록적인 분위기를 전달한다. 그러나 "미로가 정말 회화를 죽였는가?"라고 묻는다면 이에 대한 대답은 '아니다'일 것이다. 오히려 그는 콜라주 등 새로운 재료와 물성을 실험하여 회화라는 매체를 확장시켰고, 회화의 역사를 더욱 발전시켰다.

미로는 스페인 내전 중 <스페인을 도우세요Aidez l'Espagne>(1937)라는 포스터를 제작해 1937년 파리에서 열렸던 만국박람회에서 팔았다. 본래 프랑스 우표용으로 디자인되었지만 미로는 스페인이 처한 상황을 사람들에게 널리 알리기 위한 수단으로 이용했다. 미로는 이 박람회에서 카탈루냐 농부를 표현한 <수확하는 사람The Reaper> 벽화를 출품했으나 벽화이기 때문에 전시 이후에는 없어졌다. 그는 미국에서 대형 벽화 프로젝트에도 참여하여 1974년 뉴욕 세계무역센터World Trade Center에서 <태피스트리Tapestry>를 제작했으나 이 작품은 9.11사태 때 파괴되었다.

4. 살바도르 달리의 초현실주의

지금까지 살펴본 스페인 미술가 중에서 달리만큼 화려하고 쇼맨십이 강한 작가는 없었다. 그는 자신을 무어 족들의 피가 흐르는 아랍 인이라고 자처했고 벨라스케스의 콧수염을 본 딴 수염을 평생 동안 하고 다녔다. 또 뛰어난 수완과 사교력으로 컬렉터들의 관심을 끌었으며 기인과도 같은 독특한 복장으로 달리를 한번 보면 어느 누구도 그를 잊을 수가 없었다. 프로이트의 꿈과 무의식의 세계를 지향하며 '자동기술법'을 이용하였고, 때로는 편집광적인 기술방식을 채택했다. 프로이트의 『꿈의 해석*Die Traumdeutung*』이 스페인 어로 1925년 출판되었기 때문에 달리는 이미 이 책에 대해 잘 알고 있었다. 달리는 1929년에 초현실주의에 가담하였다. 그러나 앙드레 브르통이 1924년에 선언한 '초현실주의 선언'은 달리의 작품을 위해 미리 써 둔 선언서라는 인상을 줄 정도로 두 사람은 초현실주의를 위해 헌신적이었다. 앞서 본 미로가 초현실주의 흐름과 거리를 두었다면 달리는 이와 반대로 적극적으로 이 사조에 참여하였다.

이들 초현실주의자들은 "도덕적 · 미학적 목적이나 이성적인 영역에서 자유로운 사고의 과정을 발견하고자 자동기술법이라는 순수한 심리적 상태를 추구"한다고 논했다. 그들은 그리스 신화에 나오는 반인반수인 미노타우어를 인간 무의식의 상징체로 파악하였고 이 외에도 오르페우스, 오시리스 신화 등을 탐색하였다. 달리는 1930년대 잠시 초현실주의자와 연관을 맺었던 자크 라캉Jacques Lacan을 알고 지냈으며, 라캉이 『미노타우어*Minotaure*』지에 쓴 정신분석학적인 글도 익히 알고 있었다.[10] 또 무의식적인

10 Dawn(1998)에 달리가 추구하는 초현실주의 특징이 잘 설명되어 있다.

꿈의 세계를 화면으로 옮기기 위해 정신분석학적인 접근을 옹호하였으며 이를 위해 때로는 '우연의 효과Chance Effect'에 의존하기도 했다. 초현실주의자 막스 에른스트는 프로타주frottage[11]와 콜라주를 혼합한 기법을 사용하면서 이 효과로 생기는 우연적인 이미지로 신선한 충격을 주었다. 특히 달리는 편집광적-비판 방법Paranoiac-critical method을 이용하고 있었기 때문에 브르통을 비롯한 다른 초현실주의자로부터 큰 찬사를 받았다.

편집광적-비판 방법은 달리가 현실을 인식하는 작업 방법으로 '해석의 망상'에 바탕을 둔 '비이성적인 지식'을 생산하기 위해 만들어 낸 작업 과정이다. 달리는 이 방법으로 세상을 새롭게 볼 수 있다고 믿었다. 또한 똑같은 대상에서 다양한 이미지를 읽어 내릴 수 있는 방식으로 잠재의식 속에 숨어 있는 이미지들이 표면화될 수 있다고 생각했다. 달리는 로트레아몽Comte de Lautréamont이 1868년과 1869년에 쓴 『말도로르의 노래*Les Chants de Maldoror*』에서 말한 "재봉틀과 우산이 해부대에서 우연적으로 만나는 아름다움"을 파악하며 이미지들을 재배치, 변형하기 시작했다.

1904년에 태어난 달리는 마드리드에 소재한 산 페르난도 미술학교Academy of San Fernando에 다니면서 회화를 공부했으나 1926년 이 학교의 선생님들은 그 어느 누구도 자신을 평가할 능력이 없다고 해 학교에서 퇴학당했다. 그는 1926년 학교에서 쫓겨난 뒤에 파리로 가서 미로의 소개로 평소 자신이 존경하던 피카소를 만나게 된다. 당시 그가 그린 작품들을 보면 피카소와 미로뿐 아니라 수르바란, 베르메르, 벨라스케스 등의 영향을 많이 받고 있음을 알 수 있다. <빵 바구니The Basket of Bread>(1926, The Salvador Dali Museum, St. Petersberg, Florida)는 달리의 초기 작품으로 수르바란과 벨라스케스의 17세기 스페인의 정물화 양식, 또는 보데곤Bodegón: 스페인 풍속화 전통을 이어받고 있음을 알 수 있다. 평면적인 어두운 배경, 광택이 나는 화면과 섬세한 세부묘사는 스페인 정물화가인 후안 반 데르 하멘 이 레온Juan van der Hamen y León, 1596~1631의 작품과 유사하다. 빵은 가톨릭 국가인 스페인에서는

11 천, 나무 등에 종이를 대고 연필 등으로 문지르는 방식.

달리, <빵 바구니>, Oil on panel

반 데르 하멘 이 레온, <과일과 잔이 있는 정물Still life with fruits and glassware>, Museum of Fine Arts, Houston

일상적인 음식이 아니라 성체를 암시하는 종교적인 모티프로 자주 사용되며, <카탈루냐 빵Catalan Bread>(1932)에서는 테이블을 제거하고 빵과 시계의 부자연스러운 조합을 세부적으로 그려 나간다. 그러나 여기에서 빵은 더 이상 일상생활에서 먹을 수 있는 대상도 성찬식에 사용되는 빵이 아니다. 빵과 시계가 불편하고 나른하게 엉겨 있다.

1929년은 달리에게 여러 면에서 중요한 해였다. 먼저 같은 해 1월 그는 부뉴엘과 <안달루시아의 개*Un chien andalou/An Andalusian Dog*>라는 무성영화를 제작하였으며, 달리는 시나리오 작업을 도와주었다. 애초에 이 영화는 "안에 기대기에는 위험한Dangereux de se pencher en dedans"이라는 제목으로 시작되었고 파리에서는 6월 6일 "안달루시아의 개"로 상영되었다. 초현실주의 영

달리, <봄의 첫 날들>, oil and collage on panel, 19¾×25⅝ inches

화로 시간의 전개 등이 뒤죽박죽이며 제대로 된 줄거리도 존재하지 않았다.

한편, 달리는 1929년 4월에 파리에 오기 이전에 <봄의 첫 날들The First Days of Spring>(1929, The Salvador Dali Museum, St. Petersberg, Florida)을 제작하였다. 이 작품은 브르통이 칭송한 작품으로 달리의 퇴폐적인 성적 욕구가 표현되어 있으며 달리의 초상이 두 번 등장한다. 화면 중앙에 있는 아기 모습의 달리 초상과 오른쪽에 일그러져 보이는 초상이다. 특히 측면을 보여 주는 얼굴로 메뚜기가 기어가고 있다. 이 작품은 달리의 성에 대해 인식을 다루는 작품으로 성적인 상징들은 프로이트의 책에서 가져온 것이다. 예를 들어 여성 성기를 연상시키는 항아리에서 남성 성기 모양의 생선이 돌출하는 모습이 있다. 오른쪽 상단에 어린 소녀가 자신의 '손지갑'을 나이 든 남자에게 주는 장면, 중경 뒤로 성 행위를 하는 것 같은 두 남성 등 달리의 작업은 성적인 이미지로 가득 차 있다.

1929년 달리는 미로의 도움으로 이미 르네 마그리트René Margritte, 장 아르프, 폴 엘뤼아르Paul Éluard와 친분을 쌓게 되었으며, 같은 해 여름에 스페인 카다케스Cadaqués에 돌아올 즈음에는 이미 브르통에게 '초현실주의 달리'라는 이미지를 굳혔다. 따라서 브르통이 1929년 11월 파리에서 있었던 달리의 개인전에 서문을 써 준 것은 당연한 결과였다. 그는 달리의 작품이 "가장 환각적이자 위협적인 초현실주의 작품"이라고 칭했다(Breton, 1929; Ian

Gibson, 1997: 237).

같은 해 1929년 8월에 달리는 예술의 뮤즈로 활약하게 될 갈라Gala: 본명은 Elena Ivanovna Diakonova를 만나 사랑에 빠지게 되는데 열 살 연상이었던 갈라는 초현실주의 시인이었던 폴 엘뤼아르의 부인이었기 때문에 달리와 갈라의 만남은 파리에서 스캔들을 일으켰다. 갈라를 받아들이지 못했던 달리의 아버지는 그들의 관계를 끝내 인정하지 않았고 그때마다 달리는 삭발을 감행했다. 그의 아버지는 초현실주의가 가지고 있는 비도덕성을 계속 비판하였다. 인정해 주지 않는 아버지를 향한 항변과 불만 등이 그의 작품 속에 지속적으로 등장했다.

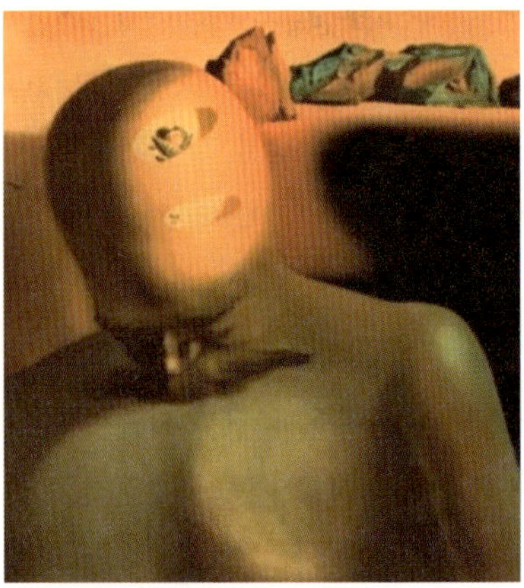
달리, <평범한 관료>

예를 들면, 달리의 작품 <평범한 관료The Average Bureaucrat>(1931, The Salvador Dali Museum, St. Petersberg, Florida)는 아버지와의 불화 이후 바로 머리를 삭발한 달리의 모습을 그렸다. 이 대머리 관료는 아버지의 모습이기도 하다. 달리는 1930년대 초반의 작품들에서 이런 아버지의 모습을 레닌, 윌리엄 텔, 장-프랑수아 밀레Jean-François Millet의 <만종Angelus> 등을 비롯한 역사와 신화에 나오는 인물의 형태로 변형시킨다. 달리의 작품에 밀레의 <만종>이나 기독교적인 도상 등이 자주 등장하는 것은 고착화되어 있는 기독교적인 이미지를 파괴해서 세계를 초현실주의 방식으로 재해석하기 위한 방법으로 의도적으로 사용되었다.

달리의 가장 유명한 작품인 <기억의 지속The Persistence of Memory>(1931, The Museum of Modern Art, NY)은 앙리 베르그송Henri Bergson이 설명한 지속duration의 개념을 회화적으로 해석한 작품이다. 축 늘어져 있는 시계는 꿈과 현실을 오가면서 초현실주의자의 꿈을 드러낸다. 일상과 꿈, 이성과 비이성, 자연

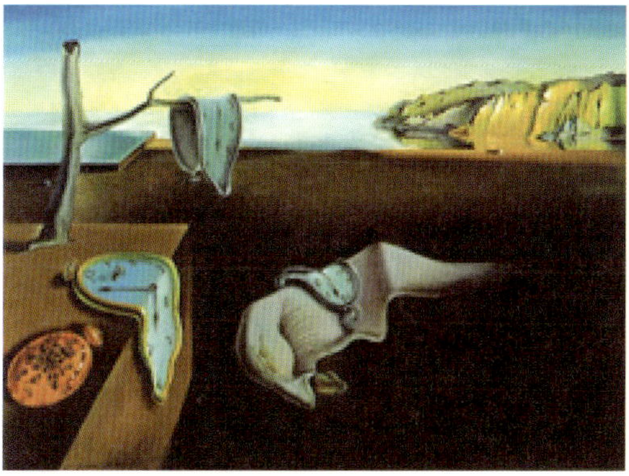

달리, <기억의 지속>, Oil on canvas, 9½×13in (24.1×33cm)

달리, <삶은 콩으로 세운 부드러운 구조물(내란의 전조)>, Oil on canvas, 100×99cm (39⁵⁄₁₆×39³⁄₈ in)

과 테크놀로지(시계) 등이 공존한다. 어떤 이들은 오른쪽 편에 보이는 금색의 바위는 스페인을 의미하는 상징체라고 한다. 또 일그러진 얼굴의 일부는 달리의 자화상으로 사진처럼 이브 탕기Yves Tanguy의 작품만큼이나 사실적으로 묘사되었다.

스페인 내전 중에 달리가 제작한 <삶은 콩으로 세운 부드러운 구조물(내란의 전조)Soft Construction with Boiled Beans (Premonition of Civil War)>(1936, Philadelphia Museum of Art, Philadelphia)은 피카소의 <게르니카>에 비견될 만한 작품이다. <삶은 콩으로 세운 부드러운 구조물>은 달리가 이탈리아에 잠시 거주하면서 스페인 내란이 발발하기 6개월 전에 제작한 것으로, 전쟁의 공포, 악몽 등이 묘사되어 있다. 현재 필라델피아 미술관에 소장되어 있는 이 작품은 상체와 하체의 구조물이 서로 고통을 주는 존재로 그려져 있으며 땅에 떨어져 있는 내장이 허물거리면서 공중에 떠 있는 산산조각 난 인체와 함께 전쟁의 처참한 현실을 보여 준다.

달리는 이미 1930년대 미국에서 유명세를 얻고 뉴욕 현대미술관에서 자신의 초현실주의전을 가졌으며, 1949년 이후에는 고향 카탈루냐로 돌아왔다. 그는 이미 뉴욕 화단에서 유명한 스페인 미술작가로 다른 어느 작가보다 고가에 그림을 팔면서 유명인사로 살아가고 있었다. 이후 제2차 세계대전을 피하기 위해 미국에서 거주하였고 미국인 컬렉터들이 그의 작품을 구입하기 시작했다.

지금까지 살펴본 스페인 미술가들인 피카소, 그리스, 미로, 달리는 모두 공통점을 가지고 있다. 스페인 출생이면서도 그들은 모두 전 생애를 스페인에서 보낸 적이 없으며 세계 대전과 스페인 내전 등을 겪으면서 정치적으로 가장 불안한 시대를 살아간 주인공들이었다. 또한 이들 스페인 작가들에게서 엿보이는 모더니즘의 아방가르드 정신도 보수적인 정치가 득세할 때에는 고전주의가 다시 대두한다는 사실을 알 수가 있다. 이 점에서 그들이 보여준 회화 작품은 결코 스페인의 정치, 사회적 상황과 분리할 수 없는 것이었다.

19세기와 달리 이들 작가들에게 여행은 더 자유로워졌다. 또한 그들은 정치적인 망명객으로 유럽과 미국 각지에서 많은 예술가들과 교류하는 것을 두려워하지 않았다. 그들은 스페인 특유의 전통을 바탕으로 20세기 전반 프랑스 파리를 중심으로 전개되던 아방가르드 언어인 큐비즘, 다다, 초현실주의 등을 새로운 동시대 미술로 수용하면서도 스페인의 정치적 상황을 반영했다. 당시 파리 화단은 프랑스 출신 작가뿐 아니라 세계 각국의 미술가들이 모여든 코스모폴리탄적인 분위기였고, 에콜 드 파리Ecole de Paris 작가들의 경우에는 동유럽 출신의 유태작가들도 많았다. 스페인과 프랑스 내에서 정치적 불안감이 조성되자 이들 작가들은 미국 뉴욕 현대미술관과 구겐하임 미술관 등에서 전시를 개최하는 등 미국과 유럽을 자유롭게 왕래하였다.

지금까지 살펴본 작가들의 작품은 유럽 각국에 많이 소장되어 있지만 미국의 유수 컬렉션에도 그들의 작품을 쉽게 만날 수 있다. 유럽이 제1차 세계 대전을 겪으면서 정치 및 경제 위기에 직면하자, 미국의 컬렉터들은 유럽 미술에 눈을 돌리며 모더니스트 작품들을 대량 구입했다. 미술사학자 기보Serge Guilbaut가 『뉴욕이 어떻게 모던 아트의 아이디어를 훔쳤는가*How New York Stole the Idea of Modern Art*』라는 책을 기술할 정도로 양차 대전으로 위기의 시간을 겪었던 유럽의 상황은 미국 컬렉터들에게 유럽 미술을 분석하고 수집할 여유를 안겨 주었다. 당시만 하더라도 변방에 속했던 미국 미술은 허드슨 강파Hudson River School나 애쉬캔 화파Ashcan School라는 구상 미술의 흐름에 있었다. 피카소, 미로, 달리와 같은 스페인 예술가들은 결국 전후 미국미술이 전 세계를 주도할 수 있도록 유럽의 모더니즘을 미국으로 전파시키는 주요 역할을 했다. 1945년을 기점으로 이뤄진 미술계의 지각변동은 파시즘과 스페인 내전을 피해 미국으로 이주해 온 유럽 아방가르드 미술가들의 기여 덕분이었다.

참고문헌

Breton, André (1929), "Stériliser Dalí," in *Salvador Dalí,* exh. cat., Camille Goemans Gallery, Paris, Nov. 20-Dec. 5.

Brown, Jonathan (ed.) (1996), *Picasso and the Spanish Tradition*, New Haven: Yale University Press.

Coddington, Jim and Robert Lubar (2008), *Joan Miró: Painting and Anti-Painting: 1927-1937*, exh. cat., New York: The Museum of Modern Art.

Dawn, Ades et al. (1998), *S. Dali: A Mythology*, London: Tate Gallery.

Gautier, Théophile (2001), *A Romantic in Spain*, Interlink Publishing House.

Gibson, Ian (1997), *The Shameful Life of Salvador Dalí*, London: Faber and Faber.

Golan, Romy (1995), *Modernity and Nostalgia: Art and Politics in France between the Wars*, New Haven: Yale University Press.

Jardí, Enric (1972), *Història de Els Quatre Gats*, Barcelona: Aedos.

Lubar, Robert S. (1994), "Miro's Defiance of Painting," *Art in America*, vol. 82 (September): 86-93.

_______ (1997), "Unmasking Pablo's Gertrude: Queer Desire and the Subject of Portraiture," *Art Bulletin*, vol. 79. no. 1 (March): 57–84.

McCully, Marilyn (1978), *Els Quatre Gats: Art in Barcelona around 1900*, exh. cat., Princeton: Art Museum, Princeton University.

Mendoza, Cristina (2001), "Le Chat Noir i els Quatre Gats," Maria Lluïsa Borràs et al., *Paris-Barcelona 1888-1937*, exh. cat., Paris: Réunion des Musées Nationaux, pp. 198-214.

Mendoza, Cristian (2007), "Quatre Gats and the Origins of Picasso's Career" Robinson, William H., Jordi Falgàs, and Carmen Belén Lord (ed.), *Barcelona and Modernity: Picasso, Gaudí, Miró, Dalí*, exh. cat. (The Cleveland Museum of Art, The Metropolitan Museum of Art, New York in association with Museu Nacional d'Art de Catalunya, Barcelona.

Rubin, William (ed.) (1984), *Primitivism in Twentieth-Century Art: Affinity of the Tribal and the Modern*, exh. cat. vol. I, New York: The Museum of Modern Art.

Rubin, William, Judith Cousins, and Hélène Seckel (1994), *Les Demoiselles d'Avignon, Studies in Modern Art*, New York: The Museum of Modern Art.

Silver, Kenneth E. (1989), *Esprit de Corps: The Art of the Parisian Avant-Garde and the First World War, 1914-1925*, NJ: Princeton University Press.

Steinberg, Leo (1988), "The Philosophical Brothel," *October*, no. 44 (Spring): 7–74.

Tinterow, Gary and Genevieve Lacambre (2003), *Manet/Velázquez: The French Taste for Spanish Painting*, exh. cat., New York: The Metropolitan Museum of Art; New Haven: Yale University Press.

"지중해의 빛과 돌의 애무":
스페인 건축

김희곤

1. 유구한 스페인 건축의 수레바퀴

여타 유럽과는 완벽하게 구별되는 스페인 건축만의 독창성의 기저에는 지중해의 빛이 돌과 만나 일으키는 이슬람 건축의 빛의 미학이 자리 잡고 있다. 스페인의 역사를 상징적으로 그려 낸 스페인 국기는 그 자체로 빛의 평면도다. 고트 왕의 용맹스러움을 상징하는 노란색의 대지 위의 문장은 이베리아 반도의 5개 왕국을 상징한다. 마드리드 중심의 카스티야 왕국, 레온 중심의 레온 왕국, 사라고사 중심의 아라곤 왕국, 팜플로나 중심의 나바라 왕국, 마지막 비운의 이슬람 그라나다 왕국까지 표현한 한 장의 개념 다이어그램이다. 문장의 좌우기둥을 감고 있는 리본의 글씨 "보다 먼 세상으로PLUS ULTRA"는 콜럼버스의 대항해의 모험정신을 상징하는 깃발이다.

테러를 서슴지 않으며 바스크 지방의 독립을 외치고 있는 빌바오에 세계에서 가장 아름다운 빌바오 구겐하임 미술관이 자리하고 있는 역설이 존재하는 스페인은 대지의 생명력이 활화산처럼 분출하고 있다. 입헌군주제인 스페인 문화는 결코 한 광주리에 담을 수 없는 계란처럼 다양성과 혼종이 공존하는 국가이지만 유로2012 축구 결승에서 환상적인 공간침투로 우승을 차지한 축구강국이자 유로화의 위기로 휘청거리는 비밀스러운 국가다.

지중해의 관문 지브롤터 해협을 눈썹처럼 아프리카와 마주하고 있는 스페인은 아시아와 아프리카와 유럽의 정신을 조화롭게 융합한 나라이며 그 혼종의 정신문화가 그들의 건축을 독창적으로 조각하였다.

이베리아 반도 전체가 피레네 산맥을 병뚜껑처럼 뒤집어쓰고 있지만 단절과 고립으로 주저앉기보다는 동서 문화를 융합하여 자신만의 고유향기를 숙성시켰다. 파에야의 독특한 맛에서 빼놓을 수 없는 음식재료가 동양의 신비를 간직한 사프란 향이듯 스페인 건축에서 이슬람 건축의 향기를 제외할 수 없다.

역사적으로 스페인 촌락의 형성과정을 살펴보면 유럽의 여타 유목민족처럼 작은 촌락 푸에블로pueblo가 모여서 마을공동체가 되고 마을공동체가 확장되어 도시로 발전하였다. 이러한 주거문화의 관습은 이민족의 침략을 효과적으로 방어하기 위한 생존전략이 절실하게 요구되었던 과거로 거슬러 올라간다.

이베리아 반도는 수백만 년 동안 유럽 서부의 끝자락에서 떨어져 나와 떠다니다가 약 7,000만 년 전에 대륙의 나머지 부분과 결합되었다. 유럽과 아프리카 대륙의 충돌로 반도의 주요 산맥이 융기하였고 그 대부분이 오늘날 피레네 산맥이 되었으며 중부고원지대와 남부 일부 산악지대가 평원에 솟아 있는 나라다. 이런 지정학적인 역사만큼이나 스페인은 유럽 국가들과 오랜 기간 동안 분리되었으며 중세시대까지 여러 개의 소국가로 분열되어 있었다. 국토의 40%를 차지하는 스페인 중부고원지대의 메세타meseta 곡창지대는 이민족의 침략을 불러일으켰다.

스페인 사람들의 족보를 따라가다 보면 아프리카의 석기시대 사냥꾼, 고대 그리스와 로마 인, 서고트 족과 독일인 부족, 모로코의 베르베르 인, 중동의 유대인과 아랍 인, 기원이 아리송한 집시들까지 이어진다. 콜럼버스 신대륙 발견으로 북미대륙은 물론이고 라틴아메리카로 이민 간 사람들의 조상들은 대부분 스페인 사람들이며, 오늘날에도 수많은 사람들이 더 나은 삶을 찾아 스페인으로 들어오고 있으며, 동시에 북유럽과 북미 대륙으로 건너가고 있다.

하이브리드hybrid 혼성건축의 원조 격인 스페인 건축은 다양한 문화가 유기적으로 혼합, 공존하면서 생성된 건축문화유산으로 독특한 문화적인 토양에 기반을 두고 있다. 기원전 1만 2,000년 무렵으로 알려진 알타미라 동굴벽화로 미루어 구석기시대의 문화를 짐작할 수 있으며, 스페인 북부에 산재한 켈트-이베리아 족의 단순한 석조가옥에서 그리스 무역상들이 머물렀다는 흔적은 남아 있지만 건축문화유산을 구체적으로 확인할 수 있는 지층은 로마 시대부터다.

영화 <글라디에이터>에서 러셀 크로우가 맡은 주인공 막시무스 장군의 고향으로 그려지는 배경이 오늘날 스페인이다. 로마는 스페인에 막대한 문화적인 유산을 남겼다. 스페인 전역의 도로와 수로를 정비하고 사원, 극장, 원형경기장, 목욕탕을 건설하였으며 스페인의 정신세계인 가톨릭을 전파하였다. 오늘날 지역마다 조금씩 다르게 사용되는 언어인 카스티야 어, 카탈루냐 어, 갈리시아 어, 포르투갈 어는 모두 다 로마 군대와 이주민들이 사용하던 라틴 어의 다양한 변주들이다.

스페인 사람들은 로마에 금, 은, 곡물, 와인 등을 제공하고 군인, 황제들을 배출하였으며 세네카, 마르티알리스, 퀸틸리아누스, 루카누스의 문학적인 성과를 올리기도 하였다. 오늘날 스페인에 남아 있는 로마 시대 유적지 메리다, 타라고나, 세고비아 등지에 흩어져 있는 유적은 스페인 로마네스크 양식으로 완벽하게 녹아들었다. 우리에게 너무나 잘 알려진 건축가 가우디의 건축기반은 자연박물관처럼 펼쳐져 있는 타라고나의 로마 유적지

알람브라 궁전

였으며 이리저리 나뒹구는 돌조각을 다람쥐처럼 타고 놀며 자연스럽게 가우디만의 상상력의 바다를 완성하였다.

이어서 8세기에 이르는 긴 시간 동안 스페인을 지배한 이슬람 유산은 스페인만의 고유한 무데하르 양식을 선물하였다. 이슬람의 지문이 생생하게 느껴지는 그라나다의 알람브라 궁전에 깊이 배어 있는 매혹적인 건축공간은 빛과 바람과 물과 기하학적인 조각이 어우러진 이슬람 건축의 과학이다. 왕국이 옷을 갈아입을 때마다 스페인 건축은 다양한 문화의 향기로 더 깊고 우아하게 숙성되었다. 전기 로마네스크 양식에서 이슬람 왕국 아래 기독교도들이 발전시킨 모사라빅 양식과 기독교왕국 아래 이슬람 건축을 계승 발전시킨 무데하르 양식으로 시대별 서로 다른 양식이 독창적인 스페인 건축문화로 발효되었다.

스페인 중세사회의 특징인 다원주의 문화는 스페인 특유의 건축문화가 성장할 수 있는 인큐베이터 역할을 하였다. 부르고스 남쪽의 구릉지 사이에 자리 잡고 있는 산토 도밍고 데 실로스 수도원의 복도를 걷다 보면 로마 교황 그레고리우스 1세의 발자국 사이로 중세의 열정, 그레고리안 성가가 울려 퍼진다. 톨레도, 부르고스, 팔마 데 마요르카 대성당에서 신의 위

산토 도밍고 데 실로스 수도원 복도

대함에 저절로 고개를 숙이게 만드는 건축공간의 엄숙함은 다양한 시대의 산물이다. 로마네스크 양식은 이슬람 양식에 스며들고, 이후 고딕 양식으로, 가톨릭 왕국의 질서를 잡아 가지만 이 과정에 이슬람 건축유산은 가톨릭 건축과 융합하여 르네상스 양식과 바로크 양식으로 옷을 갈아입으며 스

팔마 데 마요르카 대성당

페인 건축만의 독창성의 뿌리가 되었다.

스페인 근대 건축가 가우디는 혼종의 스페인 건축유산을 발전시켜 신화적인 걸작을 남겼다. 영혼이 숨 쉬는 가우디의 작품 곳곳에는 수천 년 동안 쌓아 온 스페인 건축유산이 곳곳에 배어 있다.

2. 로마 건축의 영향

유럽에서 가장 외진 은둔의 땅, 이베리아 반도에 최초로 첫발을 디딘 부족은 켈트-이베리아 족으로 알려져 있으며, 이들은 성터란 의미의 원형 석조가옥 카스트로Castro를 구축한 소규모 부족들로 스페인 북부 일대에 살았다는 흔적만 남아 있을 뿐이다.

그 뒤를 이어 이베리아 반도에 뚜렷한 족적을 남긴 로마 인들은 눈부신 건축문화유산을 건설하였다. 로마 인의 눈부신 건축유적으로는 세고비아의 수로교와 루고의 로마 성벽을 비롯하여 일일이 헤아릴 수 없는 유적이 산재하고 있다. 2,000년을 거슬러 야외박물관처럼 전시되어 있는 이탈리아의 폼페이유적에서 알 수 있듯이 고대 로마의 도시계획과 건축술은 오늘날 현대적인 도시계획의 고전으로 통한다.

1) 세고비아 수로교

1세기 후반 로마 인들은 세고비아에 그 어떤 접착제도 사용하지 않고 화강암 마름돌을 정교하게 쌓는 건식조립방식으로 높이 28.9미터 길이 728미터의 거대하고 웅장한 석조기둥을 쌓았으며 그 위에 이중 아치를 세워 아름답고 기능적인 수로교를 완성하였다. 정교한 로마 인의 기술은 고도의 과학이다. 세고비아 시내에서 17킬로미터 떨어진 과달라마 산맥에서 물을 끌어오기 위한 로마 인의 집념이 담겨 있는 건축물이다. 인공지능을 가진 거대한 석조구조물이 가느다란 긴 다리에 의지하여 도도하게 도시를 가로

세고비아 수로교

지르고 있다. 수직으로 고추선 아치가 거대한 기둥에 의지하여 긴 세월을 견디며 구조적으로 안전하게 서 있다는 것만으로 세고비아 수로교는 그 자체가 불가사이한 과학기술의 집적이다. 1884년까지 세고비아 시내에 물을 공급해 주는 수로로서 급수 파이프라인 역할을 하였다.

2) 메리다의 로마 유적

엑스트레마두라 자치주의 중심에 위치한 메리다는 뛰어난 고고학 유산이 숨 쉬고 있는 곳이자 거대한 옥외박물관이다. 기원전 25년 아우구스타 에메리타Augusta Emerita라는 이름으로 불리던 로마 도시로 칸타브리아 전투에 참여한 유능한 군인들의 자치마을이 그 기원이다. 지금 스페인에서 가장 완벽하게 보존되고 있는 로마 유적과 박물관이 자리하고 있는 유서 깊은 메리다 도시 중심 스페인 광장에는 아직도 매력적인 로마의 자갈길이 남아 있다. 한때 로마의 중심도시로 전성기에는 4만 명이 살았던 이베리아 반도의 최대도시였던 루시타니아Lusitania의 흔적을 심심찮게 찾을 수 있는 역사적인 도시다.

메리다의 로마교

강렬한 인상을 풍기며 구아디아나 강을 가로지르는 로마교Puente Romano는 로마 유적으로 792미터의 길이에 60개의 아름다운 화강암 아치로 만들어진 거대한 석조교로 고풍스런 화강암의 예술미가 돋보이며 특히 인공조명에 빛나는 밤의 로마교는 물 위에서 춤을 추는 환상적인 조각품이다. 로마교 바로 위에는 스페인의 현대건축가 산티아고 칼라트라바에 의해 지어진 선형 다리가 과거와 현대를 교묘하게 조정하며 메리다의 미래를 조용히 암시하고 있다.

도시의 동쪽 중심에 터를 잡고 있는 메리다의 원형극장Teatro Romano은 기원전 15년경에 지어진 6,000석 규모의 원형극장으로 돌기둥으로 만들어진 2층 구조의 로마식 극장으로 매우 잘 보존되어 있다. 바로 인접한 원형경기장Anfiteatro은 기원전 8년 검투사 대회를 위해 만든 것으로 1만 4,000석 규모의 아름다운 타원으로 이루어져 있다. 근처 3세기경에 지어진 대저택 유적 터에 남아 있는 바닥 모자이크만으로 과거의 향기를 맡을 수 있다. 조금 더 동쪽으로 가면 쇠락한 역사의 그림자를 움켜 쥐고 지워져 가고 있는 전차경기장Circo Romano이 나온다. 경마나 마차경주를 위한 경기장으로 3만 석 규모를 자랑하는 공간에 울려 퍼진 로마 인의 문화적인 풍류를 만끽하기에 충분하다.

메리다의 원형극장

3) 루고의 성벽

도시를 둘러싼 루고의 타원형 로마식 성벽은 세계에서 가장 잘 보존된 로마 유적이며 로마 시대 도시를 형성하는 그들의 축조방법을 알 수 있는 중요한 도시구조물이다. 단순하게 원형으로 성을 쌓지 않고 방어를 위해 여러 개의 돌출진지를 물고 있는 타원형 성벽이다. 돌출한 진지는 성벽을 공격하는 적을 좌우에서 효율적으로 방어하기 위해 입체적으로 구축한 구조

루고의 성벽

물이다. 성벽의 길이는 2.25킬로미터에 이르며 높이는 무려 15미터에 달한다. 견고한 82개의 탑이 있는 이곳은 지난 1,800년간의 역사를 말없이 담고 있다. 인적이 끊긴 성벽 안은 어머니의 품속처럼 편안하지만 성당과 광장을 중심으로 형성된 작은 미로들은 그 흔적만으로 기원전 1세기부터 고대 성터castro를 세웠던 당시 로마 인들의 바쁜 삶의 현장을 느낄 수 있다.

4) 타라고나 로마 유적

바르셀로나를 지척에 두고 영원히 해가 지지 않는 지중해 항구도시 타라고나는 카탈루냐에서 가장 중요한 로마 유적 도시이며 바르셀로나의 성인 가우디에게 영감을 불어넣은 고장이다. 기원전 218년에 이곳을 처음 지배한 로마 인들은 이곳을 타라코Tarraco라 불렀으며 기원전 27년에 로마 황제 아우구스투스가 이곳을 지역의 수도로 정하고 기원전 25년까지 머물면서 칸타브리아 지역과 아스투리아스 지역의 전투를 지휘하였다. 그 당시 바르셀로나는 작은 어촌에 불과하였다.

714년에는 무어 인들이 지배하였고 1089년에는 가톨릭 대주교가 지배

타라고나 원형극장

한 레우스와 타라고나는 로마 유적과 이슬람과 중세를 아우르는 다양한 건축문화유적이 널려 있다.

말발굽처럼 해안을 감싸고 있는 타라고나의 중심광장은 방사형으로 뻗어 있다. 그 중앙광장에서 지중해가 내려다보이는 절벽으로 곧장 이어진 중심도로로 내려가다 보면 만나는 신작로가 바로 람블라노바Rambla Nova 거리다. 여기서 동쪽으로 몇 블록 올라가면 람블라노바 거리와 평행하게 람블라벨라 거리가 뻗어 있다. 람블라벨라 거리를 물고 있는 불룩한 주머니 모양의 성벽으로 둘러싼 곳이 구시가지이며 해안가로 이어진 길이 그 옛날부터 로마 인의 길로 알려진 아구스타 대로다.

람블라 거리의 동쪽 윗부분에 로마 시대 전차경기가 열렸던 원형경기장 Circ Romano이 나타난다. 원형경기장은 길이가 300미터로 서쪽 폰트 광장Plaça de la Font까지 이어진다. 아구스타 대로 아래 해안가에 로마 시대 원형극장이 보존이 잘 된 상태로 남아 있다. 경기장 안에는 가톨릭 부주교와 부제의 순교를 기념하기 위해 6세기와 12세기에 지어진 교회의 흔적이 남아 있다.

남쪽 로마 포럼 주변은 도시의 집회 장소이자 정치의 중심이었음을 주초와 거대한 기둥과 아치유적으로 짐작할 수 있다. 현장의 북서쪽 반은 유대인 교회가 차지하고 있었으며 포럼의 나머지 부분이 남서쪽 언덕 아래까지 뻗어 있었으며 인도교를 통해 로마 거리 발굴 장소와 연결되어 있다. 포럼Forum Roma은 로마 시대 정치적 종교적 중심이었으며 2006년 주피터 미네르바의 신전터가 추가로 발견되면서 기존에 알려진 것보다 더 크고 웅장한 로마 건축물 유적지였음을 증명하고 있다. 구시가지 북쪽의 산책길 Passeig Arqueologic은 구시가의 두 벽 사이에 난 조용한 신작로로 안쪽 벽은 주로 로마 시대의 것이지만 바깥쪽 벽은 스페인왕위계승전쟁 당시 영국이 쌓은 것으로 알려져 있다.

5) 톨레도의 알카사르 다리

오늘날 수도인 마드리드 이전 수도였던 톨레도는 유네스코문화유산으로

톨레도의 알카사르 다리

지정된 성곽도시이며 타호 강이 톨레도의 절벽을 깎아지르며 흐르는 지점에 알카사르 다리가 웅장한 톨레도의 관문으로 당당하게 서 있다. 알카사르 다리는 로마 시대 지어진 것으로 알려져 있지만 오늘날 서 있는 다리는 그 후 파괴된 것을 이슬람 교도들이 다시 세운 것이다. 다리 양 끝에는 원래 적으로부터 도시를 방어하기 위해 두 개의 탑이 서 있었지만 지금은 구시가지 쪽만 남아 있으며 그 자태는 로마 시대의 영화를 느낄 만큼 여전히 아름답고 당당하다.

3. 초기기독교시대 건축

서고트 족은 로마 인들이 남긴 유산을 소박하면서도 매력적인 서고트 양식의 건축물들로 새롭게 장식하였다. 산재한 소규모 교회에 이들의 양식이 보존되어 있는데 부르고스 지방의 킨타니야 데 라스 비나스에 위치한 7세기의 에르미타 데 산타 마리아 데 라라가 최고의 건축물 중 하나로 꼽힌다. 경작지 한가운데 위치한 조그만 교회는 화강석으로 지어진 건축유적으로 단아한 서고트 양식의 외벽에 독특한 저부조Bas-Relief가 남아 있다. 7세기에 만들어진 종교 예술품 중에서 가장 잘 보존된 것이라 한다. 서측 벽의 중심에 작은 저부조를 통하여 서고트 족 교회의 내부모습을 유추할 수 있다. 지금은 파괴되고 남은 주초들로 추적해 볼 때 현재 남은 'ㅏ'자 모양의 교회는 서쪽으로 직사각형의 본체 건물과 'ㅏ'자 남북의 작은 사각형의 건물로 이루어져 있었다. 현재 남아 있는 건축물은 본체에서 잘려진 상태로 화강석 벽돌담과 나무서까래지붕 위에 기와만이 홀로 남아 있다.

711년 스페인은 오늘날 아스투리아스 지방에 해당하는 북부지역만을 제

에르미타 데 산타 마리아 데 라라

팔라시오 데 산타 마리아 델 나란코

이글레시아 데 산 미겔 데 리요

외하고 모두 이슬람의 영향권 아래에 들어갔다. 아스투리아스 근교에 흩어져 있는 약 30개의 건축물은 전기 로마네스크 양식으로 지어진 것으로 흔치 않은 건축유적으로 그중에서도 팔라시오 데 산타 마리아 델 나란코와 오비에도에 있는 이글레시아 데 산 미겔 데 리요가 가장 아름답다. 대부분 스페인 지역은 이슬람 인들에게 무너졌지만 8세기의 작지만 강인한 아스투리아스 왕국은 미술과 건축양식에 있어서 자신들만의 독특한 스타일을 간직하며 성장하였다. 200년에 걸친 아스투리아스 시대 동안 14개의 건물들이 남아 있으며 대부분은 교회 건물들로 모두 세계문화유산으로 등록되어 있다. 일부는 여러 양식에서 영감을 받은 흔적이 있지만 유사한 건물은 거의 없다. 후진Apse이나 원기둥은 없지만 반원형 아치나 네이브Nave의 둥근 천장은 로마네스크 양식으로 계승 발전되었다. 로마와 서고트 양식을 일부 차용하였으며 이슬람 건축양식인 격자무늬창문까지 절충하였다.

전기 로마네스크 양식을 가장 잘 보여 주고 있는 건축물이 오비에도와

이글레시아 데 산 훌리안 데 로스 프라도스

그 주변에 있다. 이글레시아 데 산 훌리안 데 로스 프라도스는 가장 크고 오래된 전기 로마네스크 양식의 건물이며 알폰스 2세 때 만들어진 것으로 건물 옆으로 두 개의 아스투리아스 양식 현관이 있고 내부는 벽화로 장식하였다. 오비에도 남동쪽에 있는 이글레시아 데 산타 마리아 데 벤도네스 교회는 폭이 넓은 네이브가 특징인데 로마의 영향을 받은 것으로 추정된다. 오비에도의 중심에서 북서쪽으로 3킬로미터 떨어져 있는 팔라시오 데 산타 마리아 델 나란코와 이글레시아 데 산 미겔 데 리요 역시 알폰스 2세의 계승자인 라미로 1세가 지은 것으로 아스투리아 예술의 우수함을 잘 보여 주고 있다.

작고 소박하고 검소한 교회인 나란코의 주요 특징은 소게아도Sogueado라 불리는 건물 기둥에 있는 로프 모양의 조각이다. 목가적인 전원마을에 십자형의 좀 복잡하지만 사람 얼굴 형상으로 익살스럽지만 단순하고 소박한 작은 교회가 인상적이다. 그 남쪽으로는 긴 직사각형의 본체에 작은 계단실이 붙어 있지만 형상은 좀 더 현대적인 입면으로 단순해졌으며 이슬람적인 요소와 기독교적인 요소가 적절히 조화를 이루며 입면을 3등분하고 있

이글레시아 데 산타 마리아 데 벤도네스

으나 그 비례의 단순함과 곡선의 아치와 기둥의 조화가 아름답다.

4. 동양의 신비를 간직한 이슬람 건축

스페인에서 이슬람의 건축문화유산을 이야기하지 않고 넘어갈 수는 없다. 리트머스 시험지를 이슬람 문화에 담그고 끄집어낼 때 이슬람 문화의 마지막 물감이 끝까지 달라붙어 있는 곳이 바로 안달루시아 지역이다. 그중에서도 코르도바는 이슬람 세력이 스페인에 들어온 이후 300년 동안 이슬람 왕국의 정치와 문화의 중심지였다. 그 이후 이슬람 최후의 보루였던 그라나다가 이슬람 문화의 마지막 불꽃을 이어받았다.

스페인 남부에 터를 잡은 시리아의 우마이야 왕조는 다마스쿠스에서 실력과 경험을 두루 갖춘 건축가들을 불러 모았다. 얼마 지나지 않아 이슬람 문화의 중심으로 자리 잡은 코르도바에 메스키타를 건설하였다. 메스키타는 말편자 모양과 종유석 장식이 들어간 아치, 화려한 타일, 복잡한 치장

코르도바의 메스키타 내부

벽, 고즈넉한 내부 정원과 천장의 종유석 장식이 특징이다. 수세기 동안 코르도바의 파티오들은 이슬람 인의 사생활을 품고 있는 신비한 정원이었다. 아마도 로마에서 유래한 파티오는 이슬람에 전승되면서 그들의 관습과 타협하여 중앙에 분수를 추가하였다. 하루에 다섯 번 기도하기 위해서 파티오의 분수는 기도 전 손과 얼굴과 발을 깨끗이 닦는 목적과 시원한 여름을 보내기 위한 물줄기를 선물하였다.

785년 압데라만 1세는 이슬람 교도들과 기독교인들 사이에 칸막이가 놓여졌던 서고트 족의 교회 부지에 메스키타를 세웠다. 9세기와 10세기에 메스키타는 확장과 단장을 계속했는데 마지막으로 약 2만 3,000평방미터 규모로 확장하면서 세계에서 가장 큰 이슬람 사원 중의 한 곳으로 태어났다. 1만 4,000평방미터의 기도실에는 1,293개의 기둥이 있었는데 일부는 서고트족 교회에서, 일부는 로마 시대 건축물들, 심지어는 고대 카르타고에서 가져온 다양한 색상의 기둥들로 채워져 있다. 현재 856개의 기둥만이 남아 있지만 각각의 기둥은 거대한 교회평면을 구획하기보다 보이지 않는 질서와 종교적인 숭고함을 불러일으키는 기하학적 장치에 불과하다. 건축공간에서 기둥은 원래 구조적인 기능을 수행하지만 메스키타에서는 공간을 조직하지만 형태는 오히려 지우는 역할을 하고 있다.

현재 메스키타에는 중앙에 16세기에 세운 대성당과 19개의 문이 추가되었다. 주요 출입구는 카르데날 헤레로 거리에 있는 무데하르식 성문Puerta del Perdón으로 그 안쪽에 매표소가 있다. 성문 안의 오렌지나무가 있는 안뜰Patio de los Naranjos은 원래 기도를 하기 전에 발과 얼굴을 씻는 데 사용된 안마당이었다. 여기서 문을 열면 바로 기도실로 연결된다. 이 문에서 정면으로 바라보이는 미흐랍mihrab은 메카의 방향을 알리는 키블라quibla에 오목 들어가 있는 기도용 공간으로 이곳을 향해 이슬람 인들은 기도를 올렸다. 출입구 안쪽 첫 열두 개의 복도와 기둥들과 아치들이 8세기 이슬람 사원의 원형이다. 건물 높이를 확보하고 탁 트인 느낌을 주기 위해 각각의 기둥은 2층으로 된 아치를 지탱하고 있다.

안타깝게도 건물 중앙에 가톨릭 대성당이 점령하면서 아름다운 이슬람 사원이 파손되었다. 대성당 서쪽 끝을 지나면 미흐랍으로 가는 길이 시작되는데 이곳에 더 육중하고 정교한 아치들이 있다. 미흐랍 바로 앞 막스쿠라makskura는 왕족들의 기도공간이다. 이곳의 아치들과 화려한 돔들은 칼리프였던 알하킴 2세에 의해 960년대에 만들어졌다. 미흐랍 입구Mihrab portal의 장식물은 비잔티움 제국의 기독교도 황제 니세포라스Nicephoras 2세가 선물한 1,600킬로그램의 정육면체 황금 모자이크조각으로 만들었다.

기독교도들이 코르도바를 함락한 뒤 16세기에 건물 중심부는 대성당 건립을 위해 메스키타의 중심을 해체하였다. 대성당에는 17세기 제단 뒤 장식벽Retablo이 있으며 대예배당Capilla Mayor과 화려한 조각으로 수놓은 18세기 마호가니 성가대석Coro이 있지만 화려한 이슬람 사원의 옛 모습과는 비교할 수 없다. 훗날 이사벨 여왕의 남편인 페르난도가 코르도바 메스키타를 방문하고서 땅을 치며 후회하였다고 전한다. 메스키타를 무참히 파괴한 아

알하페리아 궁전

픔은 훗날 그라나다의 알람브라 궁전을 파괴하지 않고 보존하게 하는 좋은 교훈이 되었다.

북부 스페인에서 가장 눈에 띄는 이슬람 건축물은 엑스포 행사를 유치했던 사라고사의 명물 알하페리아Aljaferia 궁전이다. 많은 여행전문가들은 사라고사에서 단 한 곳을 봐야 한다면 그곳은 알하페리아라고 말한다. 이 건물은 안달루시아 지역을 제외하면 스페인에서 가장 정교한 이슬람 건축 문화유산이라 할 수 있다. 알하페리아는 11세기 이슬람 통치자의 별궁이었으나 기독교 통치자가 이곳을 개조하면서 상태가 나빠지기 시작했다. 1940년대부터 50년간 복원공사를 하였으며, 지역의회가 개회되기도 하였다. 단조로운 입구의 앞마당을 지나면 이슬람 궁전의 안뜰Patio de Santa Isabel로 들어간다. 이곳에서 이슬람 건축의 전형적인 특징으로 자리 잡은 기하학 문양의 섬세하고 화려한 아치가 일품이다. 마치 숲속에 와 있는 듯 추상적인 조각이 원근법처럼 다가오며 인공과 자연의 구별을 모호하게 만드는 것이 이슬람 아치 장식의 특징이다.

북쪽 끝의 가장 안쪽 홀은 이 궁전의 중심에 위치한 왕의 공간Throne room이다. 또한 북쪽 현관 입구의 미흐랍메카로 향한 기도소은 우아한 편자모양의 아

세비야 대성당과 히랄다 탑

치 출입구와 함께 작은 팔각형의 기도소Oratorio가 있다. 섬세하게 조각된 꽃문양과 코란에서 인용한 뛰어난 아랍 어 문장, 깔끔한 둥근 지붕은 모두 이슬람 예술의 좋은 건축유산이다. 위층으로 올라가면 12~14세기에 기독교시대에 증축된 무데하르 궁전Palacio Mudejar을 통과하게 된다. 우아한 무데하르 양식의 소란장식 천장과 화려하게 장식된 아름다운 황제의 방Salon del Trono이 발걸음을 멈추게 한다.

세비야의 눈부신 문화유산 중 히랄다 탑Giralda은 사각형 모양의 첨탑으로 마라케시에 위치한 코우토비아 사원의 첨탑보다 더 아름다운 건축물이다. 1248년 세비야가 기독교인들에게 함락되면서 이슬람 사원은 곧바로 교회로 전용되었다. 세비야 대성당은 기존 이슬람 사원을 허물고 그 자리에 1401년부터 다시 지었다. 세비야 대성당은 세계에서 가장 큰 대성당 중 하나로 본관건물은 높이 126미터에 폭이 83미터나 된다. 대성당은 1507년 완공되었으며 원래는 고딕 양식으로 지어졌지만 1511년 중앙부 돔이 무너진 후에 르네상스 스타일로 재건축되었다. 메스키타의 아름다운 첨탑Minaret인 히랄다 탑만이 다행스럽게도 교회 동쪽에 그대로 남아 있다. 대성당 남동쪽 모퉁이에 있는 성당 참사회 회의소Cabildo는 1558~1592년에 지어진 것으로 히랄다 탑을 건축한 에르난 루이스Hernán Ruiz가 설계하였다. 대성당 내부의 북동쪽 모퉁이에 히랄다 탑으로 오르는 통로가 있다. 높이 90미터가 넘는 히랄다 탑은 대성당이 있기 전에 그 자리에 있던 이슬람 사원의 첨탑으로 1184~1198년 알모하드 칼리프인 만수르Yusuf Yacub al Mansur의 지시로 건축되었다. 이 첨탑은 건축비율과 색채 면에서 아마도 스페인에서 가장 완벽한 이슬람식 건축물일 것이다. 탑의 제일 상부는 16세기에 기독교양식의 첨탑이 덧붙여진 것이다. 꼭대기에 있는 16세기 청동 풍향계 엘 히랄딜료El Giraldillo는 진정한 신앙Faith을 의미하며 세비야의 상징물로 자리를 지키고 있다.

1) 알람브라 궁전

안달루시아 이슬람 건축의 백미는 뭐니뭐니 해도 그라나다의 알람브라 궁전이다. 코르도바의 메스키타와 사라고사의 알하페리아 궁전처럼 내부공간이 파괴되지 않는 상태로 보존된 이슬람 유산이다. 13세기부터 15세기에 걸쳐 지어진 이 궁전은 스페인에 남아 있는 이슬람의 상징적 유산으로, 화려하다고 말하기에는 숭고함이 압도적이고 신비하다고 말하기에는 절제미가 한층 더 돋보이는 자랑스러운 세계문화유산이다.

8세기 동안 이슬람의 스페인 지배가 남긴 선물로 알람브라 궁전 하나면 충분할 것 같다. 대영제국이 셰익스피어와 인도를 바꾸지 않겠다고 말한 것처럼 알람브라는 스페인 중세를 통하여 가장 아름답고 고귀한 이슬람의 건축문화유산이며 세계인의 보물이다. 라 사비카La Sabika로 불리는 천혜의 절경 위에 수수한 붉은 성벽으로 얼굴을 가린 알람브라 궁전은 동화처럼 상상력을 자극하기에 충분하다. 장엄한 시에라 네바다 산맥의 기백을 부여잡고 사이프러스나무와 느릅나무 숲 가운데 빛이 바랜 붉은 탑과 성벽들이 수호신처럼 그라나다를 굽어보고 있다. 인파를 피하려고 새벽에 도착하여도 겨우 오후에 들어갈 수 있는 요정의 궁전인 알람브라는 기다림의 지루함마저 상상력으로 채워 주는 요술궁전이다.

알람브라 궁전에서 걸출한 두 건축물은 나사리에스 궁전과 알카사바다. 말 그대로 궁전과 요새가 조화롭게 서로 의지하며 알람브라의 정체성을 지켜 오고 있다. 성벽내부에는 카를로스 5세 궁전과 산타 마리아 성당, 호텔 두 곳, 서점과 기념품점들과 별궁 헤네랄리페를 포함한 알람브라 궁전은 자연과 기하학과 인간이 조화를 이룬 무릉도원이며 가장 동양적인 신비함이 묻어나는 궁전이다.

아랍 어로 붉은 성에서 유래한 알람브라는 9세기 군사용 요새로 출발하였다. 13~14세기에 나스리드Nasrid 토후들이 이곳에 요새와 성을 결합하였으며 이후 유적만 남아 있는 작은 마을Medina을 지어 알람브라를 탈바꿈시켰다. 유수프Yusuf 1세와 모함메드Mohammed 5세는 나사리에스 궁전을 지었다. 기독교인들에게 정복당한 뒤 알람브라 이슬람 사원은 가톨릭 수도원Convento de San Francisco으로 개조되었다. 이후 카를로스 1세(카를 5세)가 르네상

알람브라 궁전의 알카사바

스식으로 자신의 궁전을 짓기 위해 나사리에스 궁전의 일부 벽면을 파괴하였다.

나폴레옹 지배 당시에는 병영으로 사용되었던 18세기 알람브라는 도둑과 거지들의 천국이었다고 한다. 1870년대 워싱턴 어빙과 같은 낭만파 작가들의 지대한 관심 덕분에 알람브라 궁전은 국가 기념물로 선포되었다. 어빙은 1820년 짧은 체류기간 동안 나사리에스 궁전에서 『알람브라의 이야기들*Tales of the Alhambra*』을 집필하였다. 그 이후 파괴되고 방치되었던 알람브라 궁전의 많은 부분이 복구되었으며 헤네랄리페 정원에 이어 알바이신 언덕과 더불어 유네스코세계유산으로 지정되었다.

알카사바

알카사바는 그라나다를 파고든 마지막 절벽을 타고 우뚝 솟아 있는 뛰어난 요새로서 오늘날 보아도 천혜의 군사요충지이자 망루로서 손색이 없다. 성벽과 몇몇 탑들만이 남아 있지만 그 위용만은 조금도 흐트러짐이 없다. 알카사바의 내부 중정은 중앙통로를 중심으로 남북으로 낮은 미로 같은 담들로 구획되어 있다. 군대의 병영이 있었을 남쪽은 비교적 일정한 기준으로 평면이 정리되어 있으며 평상시는 군대가 주둔하며 훈련을 받았으리라 추정하며 북측의 다소 복잡한 미로 같은 공간은 술탄의 친위대가 주둔하며 거주하였을 공간으로 추측하고 있다. 감옥으로 쓰였을 토굴과 목욕탕과 수조가 인접하여 설치되어 있었다. 지금은 미로처럼 낮은 담으로 기하학의 무늬를 연출하며 알카사바의 중정을 만들어 내고 있다. 그중에서도 망루Torre de la Vela 꼭대기의 테라스에서 바라보는 전망은 환상적이다. 저 멀리 시에라네바다의 눈 덮인 산봉우리에서 북쪽으로 알바이신 언덕을 누비고 있는 하얀 벽돌담과 붉은 기와지붕을 감상하고 서쪽으로 그라나다 시를 한눈에 굽어볼 수 있다. 특히 망루와 망루 사이를 이어 주는 군사용 통로를 걸으며 알카사바 내부 군영의 흔적을 바라보는 것도 흥미롭다. 1492년 1월 벨라의 탑에 알람브라 궁전을 정복한 가톨릭 군대의 십자가 현수막이 걸렸던 곳이며 과거에는 이 탑에 매단 종소리로 비옥한 평원Vega의 관개 시스템을 조절하며 그라나다의 정신적 수호신을 자처하였다고 한다.

카를로스 5세 궁전Palacio de Carlos V

알카사바의 감동적인 전망을 뒤로하고 두 번째 방문하는 곳은 카를로스 5세 궁전이다. 르네상스 양식의 이 궁전은 1527년 톨레도 건축가 페드로 마추카Pedro Machuca가 짓기 시작했는데 단 한 번도 완공된 적이 없었다. 외관은 단순한 정사각형 벽으로 둘러싸고 르네상스 장식을 한 평범한 건물이지만 내부에는 원형으로 32개의 기둥이 둥근 마당을 감싸며 열주를 이루고, 2층으로 구성된 원형 공간을 두른 안마당이 하늘을 풍족하게 담고 있다. 입구로 들어가면 중정회랑을 바라보며 오른쪽으로 곧바로 이르는 공간이 알람브라 박물관이며 그 다음 회랑으로 나와 연결되는 2층 공간은 미술관이 자리하고, 마지막 1층 팔각형 공간은 전시실로 연결되어 있다.

완벽한 기하학의 산물인 스페인 르네상스 양식을 대표하는 카를로스 5세궁전은 세상의 중심이 되고자 하는 염원을 안고서 알람브라 나사리에스 궁전의 한쪽 벽에 기대어 있다.

카를로스 5세 궁전

나사리에스 궁전Palacio Nazaries

무심한 카를로스 5세 궁전을 빠져 나와 들어선 미로 같은 좁은 골목길은 너무 이색적이다. 스페인에서 가장 아름다운 비경을 간직한 이슬람 양식의 건축물인 나사리에스 궁전은 완벽하게 균형 잡힌 방들이 안마당들과 정교하게 입맞춤하며 변화무쌍한 동선을 유도하며 평면을 리드미컬하게 이어 나간다. 이름 모를 공간이 단단하게 서로 이빨을 마주하며 공간을 닫고, 감싸고, 열기를 반복하며 춤을 추듯 하늘을 마중한다.

500년의 압력과 영혼의 손때가 스며 있는 내부공간은 아름다운 기하학 문양의 타일을 두르고, 작고 오목한 원추형 공간을 층층이 쌓아 올린 형태의 매혹적인 무카르나스Muqarnas 천장 장식이 조각된 성전이다. 신의 모습을 절대로 만들지 말라는 선지자의 가르침에 따라 형상을 만들지 못하는 대신 건물의 곳곳에 경전의 문구를 기하학적인 문양과 색과 조각으로 신을 경배하였다. 그나마 무심한 세월이 화려한 색상을 벗겨 버렸기에 망정이지 만약 그 화려한 색조마저 살아 있었다면 아마 보는 이로 하여금 마음과 정신까지 홀려 버릴 것 같다는 어느 시인의 탄식이 오랫동안 가슴에 맴돌았다.

좁은 복도를 지나 처음 만나는 14세기 멕수아르 궁Mexuar은 토후를 알현하기위한 대기실, 회의실로 사용되었다. 멕수아르 궁의 기도소를 지나 안으로 들어가면 안마당인 황금의 방 안뜰Patio del Cuarto Dorado이 나오는데 이곳에서 토후들의 알현을 허

나사리에스 궁전

락했으며 왼쪽에는 황금의 방Cuarto Dorado이 있다. 그 맞은편에 코마레스 궁전으로 들어가는 출입구가 있다. 토후인 유수프Yusuf 1세를 위해 지어신 코마레스 궁전Palacio de Comares은 통치자의 개인 저택으로 사용하다 확장되었으며 가운데 직사각형 연못이 있는 미르틀레스 안뜰Patio de Myrtles이 있다. 나사리에스 궁전의 실질적인 중심은 미르틀레스 안뜰이며 남쪽 끝에 카를로스 5세 궁전 성벽을 눈썹처럼 마주하고 있다. 스페인에 산재한 이슬람 건축의 전형적인 특징 중의 하나는 하늘로 열린 안뜰을 건물의 실질적인 중심에 배치한 것이다.

미르틀레스 안뜰의 가장 큰 매력은 아치현관의 반원이 연못에 비쳐 타원으로 완성되는 그림이다. 반원아치가 사람이 만든 건축물의 모습이라면 연못의 거울에 비친 타원은 신의 건축으로 완성된 모습이다. 단순히 물을 장식으로 사용하지 않고 미완성의 건물모습을 완성시키는 장치로 물을 사용하였다. 타지마할의 전면에 연못을 둔 것이나 발렌시아 과학도시에 연못을 설치한 것은 미완성의 건축을 완벽한 조형으로 마술을 부리기 위함이다.

코마레스 탑Torre de Comares 안에 있는 은총의 홀Sala de Barca은 토후들이 기독교 사절들과 협상을 진행했던 코마레스 홀Salón de Comares 안으로 이어진다. 이방의 돔 형식 천정에는 상감 세공이 되어 있는데 8,000여 개의 삼나무 조각들이 이슬람의 일곱 천국을 나타내는 별 문양을 이루고 있다.

미르틀레스 안뜰은 사자들의 궁Palacio de los Leones 안으로 이어지는데 모함메드 5세 치하에서 건설된 이 궁전은 금단의 공간으로 후궁이나 처첩이 기거하는 규방인 하렘이었다고 한다. 이 궁전의 방들은 12마리 사자상의 입에서 물이 떨어지는 대리석분수를 둘러싸고 있다. 12마리 사자상은 유대인 12부족 대표가 선물한 것으로 이슬람 시대에 유대인과 기독교인들이 함께 공존하였음을 보여 주는 증거다. 이 궁전은 이슬람식 파라다이스를 상징하고 있으며 수로로 연결되어 있는 분수의 물줄기들로 인해 4구역으로 나뉜다. 안뜰 주변의 네 방들 가운데 아벤세라헤스의 홀Sala de los Abencerrajes은

사자들의 궁

아벤세라헤스 귀족가문 수장이 살해된 장소다. 술탄 아부 알 하산Abu al-Hasan이 총애했던 애첩 소라야Zoraya를 아벤세라헤스 가문의 수장이 희롱하였기 때문이란다. 안뜰 동쪽 끝 제왕의 홀Sala de los Reyes에는 14세기 기독교 예술가들이 채색한 천장들이 있다. 중앙벽감의 그림은 열 명의 나스리드Nasrid 토후들을 묘사한 것으로 여겨진다.

안뜰 북쪽의 두 자매의 홀Sala de Dos Hermanas은 중앙의 별과 5,000개의 작은 조각들로 별자리를 연상시키는 환상적인 천장 장식이 특징이다. 토후가 총애하던 애첩의 홀답게 화려한 문양으로 장식하였다.

아히메세스의 홀Sala de los Ajimeces의 낮은 창문을 통해 한 많은 술탄의 여인들은 평생 하렘에 갇혀 지내며 알바이신과 시골풍경을 바라보았을 것이다. 두 자매의 홀에서 통로를 따라가면 1520년대에 카를로스 1세를 위해 지어진 황제의 홀Estacias del Emperado이 나온다. 이 방들 중 일부는 훗날 워싱턴 어빙이 기거한 공간이다. 격자의 안뜰Patio de la Reja과 린다하라의 안뜰

Patio de Lindaraja과 파르탈 정원Jardines del Partal에서 이슬람 정원의 완벽한 기하학적인 비례와 뛰어난 조형감을 확인할 수 있다. 단순히 물을 정원수로 사용한 것이 아니라 건조한 겨울의 습기를 보충하고 더운 여름에는 냉방을 겸하도록 끊임없이 순환하는 친환경적인 과학에 감탄을 자아낼 수밖에 없다. 이 정원들을 떠날 때 두 가지 선택권이 주어진다. 카를로스 5세 궁전 맞은편 성문으로 나가거나 헤네랄리페로 곧장 나가는 것이다. 아쉬움에 발길을 돌리지 못하고 다시 한 번 더 나사리에스 궁전을 돌고 나서야 겨우 헤네랄리페로 향할 수 있었다.

헤네랄리페

헤네랄리페Generalife

헤네랄리페는 회교도 통치자들의 여름 궁전이었던 곳으로 오늘날 일반적으로 건축가의 정원으로 불리고 있다. 헤네랄리페는 원래 주거지와 거대농지와 방목지의 중심에 마련된 휴식장소로서 작은 과수원이나 왕실농장으로 사용되었다.

1492년 알람브라가 정복된 이후로 가톨릭 군주는 아람브라요새 사령관에게 헤네랄리페를 하사하였다. 이후 영구적으로 그라나다의 베네가스 가문의 소유가 되었다가 긴 소송 끝에 1921년 주정부에 반환되었다. 원래는 들판에서 바로 진입하는 출입구와 농장과 정원의 일꾼이 드나드는 파빌리온 출입구, 대지의 가장 높은 곳에서 출입하는 곳으로 나누어져 있었다. 이후 알람브라와 합병된 이후로 본격적으로 알람브라와 헤네랄리페 사이에 정원을 꾸몄다. 1931년 왕궁과 제일 가까운 곳은 미로 숲으로 가꾸었으며 1951년 건축가 모레노Prieto Moreno의 감독 하에 이슬람식 정원으로 확장되었다. 십자형의 연못정원과 담장으로 단장된 사이프러스 보행로, 알람브라 궁전과 그라나다 시를 관망하는 파골라가 추가되었다. 1952년 그라나다 음악, 춤 국제페스티벌을 준비하기 위해 특별히 원형극장이 추가되어 오늘날 헤네랄리페의 모습이 완성되었다.

아세키아의 안뜰Patio de la Acequia에는 기다란 연못주변으로 꽃밭과 19세기 분수들이 있다. 경사지형을 적극적으로 이용하여 정원을 연결하다 보니 다양한 레벨의 전경이 관광객들의 호기심을 자극하기에 충분하다. 안뜰 근처의 술탄의 정원Jardín de la Sultana에는 삼나무 줄기가 무심한 세월을 아쉬워하고 있다.

2) 무데하르 양식Mudejar

훌륭한 무데하르 양식 건축물 중 하나로 레온 동쪽에 위치한 이글레시아 데 산 미겔 에스칼라다가 있다. 카스티야 북부 평원에 솟아오른 이 교회는 9세기에 아르캉헬 미겔Arcangel Miguel에 헌정된 서고트 왕국의 교회유적위에 세워진 것으로 코르도바에서 온 수도사들이 건축하였다. 서고트 왕국의 흔적은 거의 남아 있지 않지만 교회에는 스페인 북부지방에서는 좀처럼 볼 수 없는 이슬람식 말 발굽 형상의 아치 회랑이 가톨릭 교회의 회랑으로 다소곳이 자리하고 있다. 주랑 현관의 우아한 외양은 대리석 기둥과 조화를 이룬다.

출입구는 11세기에 만들어졌으며 전체적인 교회분위기는 단아한 평면과 형태를 이루고 있는 것으로 미루어 이 당시 사람들에게 이슬람 양식은 자연스럽게 기독교 양식의 일부가 되었음을 보여 주는 유적이다.

무데하르 건축양식에서 흔히 볼 수 있는 특징은 어디서든 쉽게 구할 수

이글레시아 데 산 미겔 에스칼라다 내부모습

있고, 지을 수 있는 벽돌을 건축 재료로 사용한 점이며 대부분의 성곽, 교회, 저택들이 모두 벽돌로 만들어졌으며 화려한 조각으로 사치스럽게 꾸며진 목재 천장 장식은 모두 무데하르의 손끝에서 나온 것이다.

이슬람의 대표적인 알람브라 궁전의 천장 장식은 이후 스페인의 모든 건축에 자연스럽게 스며들었다. 천장 장식 중 아르마두라Armadura는 목재 천장을 통칭하는 용어로 뒤집힌 배 모양을 하고 있는 목재 천장 장식의 전형이 되었다. 그 외 아르테소나도Artesonado 형식의 천장 장식도 발전하였는데 이 장식은 장식물을 삽입하기 위해 적당한 공간을 남겨 두고 엇갈리게 대들보를 짠 것이 특징이다. 단순히 지붕을 의미하기도 하는 테춤브레Techumbre 천장 장식은 아르마두라를 구체적으로 표현한 것으로 알파벳 A를 여러 개 겹쳐 놓은 형태를 하고 있다.

이후 무데하르 양식은 카탈루냐의 천재적인 건축가 가우디에 의해 이슬람 사원에 들어가기 전 손발을 깨끗이 씻기 위한 작은 분수대가 귀족주택의 전유물로 자리 잡았으며, 이슬람의 다양한 장식과 아치와 기둥들이 모두 현대적으로 다시 재현되었다. 코르도바 사원을 장식하였던 기둥들은 구엘 공원에서 86개의 기둥으로 되살아나 홀의 정체성을 부각하며 가우디만의 양식으로 자리 잡았다. 이슬람의 장식적인 천장이 가우디 건축에서 몽환적인 끽연실의 천장 장식과 물결무늬의 화사한 천장 장식으로 재현되었다.

5. 스페인 중세 건축

스페인 전역에서 국토회복운동(레콩키스타)이 세력을 얻으면서 이슬람 세력은 퇴보하기 시작하였지만 건축디자인에서는 중세 유럽 초유의 독특한 현상이 스페인 전역에서 일어나기 시작하였다. 11세기 무렵부터 북부 지역에는 로마네스크 양식으로 교회, 수도원, 다리, 순례자들의 숙박시설, 기타 건물들이 우후죽순처럼 생겨났다. 카탈루냐 지역에서 일어난 비잔틴 양식은 스페인 전역에 단순한 형태의 교회들을 양산하였다.

산트 클레멘트 데 타월 교회와 주변의 다른 건축물이 이러한 움직임의 선두주자였다. 카탈루냐 유일의 국립공원으로 마우리시 국립공원은 피레네 산맥 국경에 면하여 동에서 서로 20킬로미터, 북에서 남으로 9킬로미터 남짓한 공원 남서쪽 한가로운 시골마을에 카탈루냐에서 가장 아름답고 작고 소박한 성당이 몇 개 있으며 그중에서 타월 교회는 마치 이슬람 교회의 미나레트처럼 매끈한 6층 종탑이 낮은 교회당을 압도하며 마을의 랜드마크로 우뚝 솟아 있다. 타월 교회는 우아하고 꾸밈없는 모습으로 정겨운 시골마을과 조화롭게 서 있다. 20세기에 박물관으로 탈바꿈하기 전 성당 내부를 장식했던 미술작품들이 돋보인다. 중앙 후진Apse에는 1123년의 벽화사본이 걸려 있다. 현재 원본은 카탈루냐 국립박물관에 소장되어 있다. 성당 가운데 있는 예수형상Pantocrator은 이슬람의 영향을 받은 화려한 색감으로 풍부한 표정과 초인간적인 특징을 갖추고 있어 사실상 카탈루냐 로마네스크 미술의 상징으로 자리 잡았다. 건축물의 외관은 장식을 거의 하지 않아

산트 클레멘트 데 타웰 교회

단조로우며 각진 형태로 수수하지만 장식요소가 눈에 띄는 출입구, 창문, 아케이드, 회중석에 반원형의 아치는 로마네스크 양식을 돋보이게 하고 있다.

사라고사에서 동쪽으로 93킬로미터 떨어진 곳에 위치한 시골마을에 단아하게 서 있는 시에나 수도원은 작은 교회로 하나의 아치를 다른 아치가 반복해서 감싸는 형태로 총 14개의 아치가 출입구를 떠받치고 있다.

우리에게 순례자의 길로 잘 알려진 카미노 데 산티아고 주변에는 로마네스크 양식의 교회들이 즐비한 곳이다. 부르고스 남쪽 산토 도밍고 데 실로스 수도원은 그레고리안 성가로 더 유명한 곳이며 여러 개의 돔 천장으로 구성된 이 꾸밈없는 로마네스크 양식의 교회는 수도사들이 부르는 아름다운 하모니로 유명한 곳이다. 수도원의 보물은 2층으로 된 파티오의 회랑으로 가장 이상적인 로마네스크 양식을 보여 주는 곳으로 이슬람의 영향을 받은 식물과 기하학적 문양을 모티브로 조각된 사자기둥머리가 전체적으로 단아한 모습에 느낌표를 달아 준다. 서쪽에는 두 기둥이 꼬여진 형태로 회랑에 이목을 집중시키며 안뜰Patio에 활력을 전해 주고 있다. 모퉁이의 기둥들에는 예수의 삶이 에피소드별로 표현되어 있고, 회랑 안쪽은 14세기 무데하르 양식의 천장으로 덮여 있다. 북동쪽 모퉁이에는 13세기에 돌로 만들어진 동정녀 마리아가 조각되어 있고, 근처에는 산토 도밍고Santo Domingo의 원래무덤이 있다.

부르고스의 라스 우엘가스 수도원은 남쪽 제방 위에 있으며 한때는 스페인에서 가장 뛰어난 수도원이었다. 1187년 영국 헨리 2세의 딸이자 알폰

라스 우엘가스 수도원

소 7세의 부인인 엘레아노르Eleanor of Aquitaine가 세운 교회다. 라스 클라우스트릴야스Las Claustrillas로 알려진 사랑스러운 로마네스크 양식의 회랑을 통해 안으로 들어가면 보석으로 장식된 예복과 왕실의복이 소장되어 있다. 이곳의 왕실 판테온에는 엘레아노르Eleanor와 알폰소Alfonso를 포함한 왕과 왕비들의 무덤이 있고 십자가로 못 박힌 예수가 걸려 있는 금박의 르네상스 양식의 제단이 있다.

12세기부터 적용되기 시작한 공중버팀목의 기술적 혁신으로 스페인에서 가장 유명한 고딕 양식 성당으로 알려진 부르고스 성당과 레온 성당과 톨레도 성당이 13세기에 지어졌다. 유네스코세계유산으로 등재된 부르고스 대성당은 중세의 걸작 중에 하나다. 간소한 로마네스크 양식의 교회로서 출발했지만 1221년 웅장한 규모로 탈바꿈하기 시작했다. 놀랍게도 40년 만에 지금의 프랑스 고딕 양식 건축물로 완성되었다. 15세기에 추가된 쌍둥이 탑은 각각 84미터로 환상적인 고딕 장식으로 치장되었으며 옆으로 유사한 첨탑들이 둘러싸고 있다.

성당 내부에는 밝고 넓은 카필랴 데 라 프레센타시온Capilla de La Presentación과 15세기의 제단이 금박으로 멋지게 꾸며진 카필랴 데 라 콘셉시온Capilla

부르고스 대성당

de la Concepción 등 서로 다른 형태의 예배당들이 있다. 중앙제단은 금박을 입힌 사치스런 모습이고 그 뒤로 별 모양의 둥근 천장 아래에는 중세 스페인의 명장이었던 엘 시드의 무덤tomb of El Cid이 있다. 그리고 북서쪽 측면에 금박을 입힌 계단인 에스칼레라 도라다Escalera Dorada는 디에고 데 실로에Diego de Siloé가 수작업으로 탄생시켰다. 중앙제단 뒤의 동쪽 끝에 자리한 카필랴 델 콘데스타블레Capilla del Condestable는 15세기 후기에 만들어진 놀라운 작품으로 고딕과 플라테레스크 양식을 혼합한 것이다. 인상적인 것은 진귀한 별모양의 둥근 천장이 굽어보는 세 개의 제단이다. 예배당 입구를 보고 있는 상들은 예수 그리스도의 수난, 죽음, 부활과 승천을 묘사한 것으로 15, 16세기에 만들어진 놀라운 석재 조각품들이다. 중세무덤들이 조각된 평화로운 회랑Cloister도 둘러볼 만하다. 근처 카필랴 데 코르푸스 크리스티Capilla de Corpus Cristi의 북서쪽 벽 높은 곳에는 엘 시드의 관이 걸려 있다. 옆의 부르고스 대성당 박물관에는 유화 태피스트리가 화려하게 장식된 성배가 있고, 아래층에는 작은 크기의 대성당 모형으로 대성당의 역사를 소개하고 있다.

레온 성당은 스페인 최고의 고딕 양식 걸작으로 평가받고 있으며 13세기에 지어졌다. 우뚝 솟은 탑과 부벽Buttress에 숨이 막힐 듯한 실내장식을 가진 가톨릭 정신의 기념비다. 훌륭한 파사드에는 장미가 그려진 둥근 창문, 화려하게 조각된 세 곳의 현관과 두 개의 육중한 탑이 있다. 현관에는 최후의 만찬이 묘사되어 있고 안으로 들어가면 스테인드글라스로 꾸며진 회랑이 나온다. 13세기부터 16세기까지 프랑스의 영향을 받은 이 창문들은 여느 대성당과는 다른 분위기를 연출하고 있다. 1,800평방미터의 표면에 128개의 유리창으로도 대성당에 충분한 빛을 전달해 주지 못하고 있다. 제단 위의 은 납골단지는 엔리케 데 아르페Enrique de Arfe가 제작했고 레온의 수호성인인 산 프로일란San Froilán의 유해가 보관되어 있다. 또한 웅장한 성가대석과 제단 위의 아름다운 예배당이 있고 그중 하나는 오르도노Ordono 2세의 무덤이다. 햇살이 가득한 회랑에는 15세기 벽화로 꾸며져 주예배소를 완벽하게 보완해 주고 있다. 회랑 근처 레온 대성당 박물관에는 초기 로마네스크 양식으로 조각된 동정녀 마리아 상이 있다.

톨레도는 스페인에서 작은 로마라고 불린다. 도시 자체가 해자와 절벽과 성벽으로 감싸진 성곽도시인 톨레도는 이베리아 반도의 전략적 군사기지로 로마 인들이 가장 먼저 이곳을 차지하였다. 6세기에는 서고트 왕국의 수도를 세비야에서 이곳으로 옮겨 왔다. 그 후 711년 이슬람의 지배로 넘어가면서 수많은 이슬람 양식의 건물이 들어섰다. 이후 국토회복전쟁시기에는 수도로서 급격하게 성장하였으며 1085년 알폰소 6세가 톨레도로 진출한 지 얼마 지나지 않아 로마 교황청에서는 톨레도를 스페인 교회의 중심으로 인정했다. 초기엔 기독교인과 유대인 및 아랍 인들이 조화롭게 공존했으나 1492년 마지막 남은 이슬람 왕국 그라나다가 무너지자 아랍 인들과 유대인들은 기독교로 개종하거나 추방당했다. 16세기 카를로스 1세는 이곳을 왕국의 수도로 계속 유지하고자 하였으나 뒤 이은 펠리페 2세가 마드리드로 수도를 옮기면서 톨레도는 쇠퇴하기 시작하였다. 1986년 톨레도는 세계문화유산으로 지정되었다.

톨레도 대성당은 스페인 중세 가톨릭의 중심이자 톨레도 성의 중심으로 하늘과 이어져 있다. 초기 서고트 족이 지배하던 시기부터 대성당이 있던 자리는 모든 종교의 중심이었다. 이슬람 지배 시 300년간 메스키타(모스크)

레온 성당

가 있었고, 1085년에 파괴된 후 13세기에 대성당이 자리를 잡았다. 주된 양식은 고딕이지만 실내 장식은 이슬람의 무데하르 양식이고 내부는 스페인 르네상스 양식을 따랐다. 중앙의 네이브는 여러 조각상과 나무로 된 성가대석이 있는 곳으로 15세기에 만들어진 아래 부분은 가톨릭이 그라나다를 정복하던 모습을 묘사한 것이고, 르네상스 양식의 윗부분은 성인과 성자들의 모습을 표현하였다. 반대편의 카필랴 마요르Capilla Mayor는 원래 성가대석 자리로 1498년 만들어진 뛰어난 작품이다. 플랑드르 고딕 양식의 제단장식도 예수와 마리아의 살아 있는 모습을 묘사하였다. 성당의 거대한 스테인드글라스 중 가장 오래된 것은 시계가 있는 문Puerta del Reloj 위에 있는 장미가 그려진 창문이다. 또 하나의 볼거리로는 성구보관실에 보관된 엘 그레코, 수르바란, 크레스피, 티탄, 루벤스, 벨라스케스의 그림이다. 카

톨레도 대성당

필랴 데 레예스 누에보스Capilla de Reyes Nuevos에는 금세공 장인이 만든 쿠스토디아 데 아르페Custodia de Arfe가 있다. 16세기에 만들어진 18킬로그램의 순금과 18.3킬로그램의 은으로 만든 작은 조각상 260개로 구성되어 있다. 이것은 부활절 이후 9주째 목요일에 열리는 성축제일에 열리는 코르푸스 크리스티 축제 때 톨레도의 거리를 행진하면서 축제는 절정에 이른다. 회의장Sala Capitular에는 500년이나 된 나무로 된 무데하르 양식의 천장과 르네상스 시대의 종교벽화가 있다.

스페인 고딕 양식의 주요한 구조적 특징은 여러 개의 중심에서 뻗어 나온 들보로 아치형 천장을 만드는 별모양의 둥근 천장이다. 이 지역 건축가들은 웅장한 높이를 선호해 넓은 면적에 버팀목 없는 둥근 천장을 고안함으로써 건축물의 높이를 끌어올렸다. 스페인 중세 건축물의 특징은 여러 양식이 복합적으로 이루어진 것이다. 부르고스 대성당은 초기에 지어진 건물임에도 그 첨탑들은 독일에 영향을 받은 후기 고딕 양식을 띠고 있다. 후기에 지어진 고딕 혹은 로마네스크 양식 건물에 플라테레스크 장식이 바로크 양식으로 종종 덧씌워지기도 하였다. 스페인 어로 "은 세공사 같은" 뜻으로 불리는 플라테레스크 장식은 16세기 전반기 스페인의 주요 건축양식으로 발전하였으며, 스페인의 아메리카 식민지에서도 사용되었다. 1539년 크리스토발 데 비얄론이 고딕식 레온 대성당을 묘사하면서 나타난 이 문학적인 표현을 건축에 연관시켜 처음 사용했다. 후에 이 용어는 특정한 스페인 건축양식을 뜻하는 말이 되었다. 보통 사치스러운 장식효과를 위해 구조적 이음새를 고려하지 않고 주로 건물 표면에 쓰인 육중하면서도 복잡한 장식이 특징이다. 이 화려한 장식에 나타난 흔한 모티프는 꼬인 기둥, 문장紋章을 새긴 방패와 물결치는 소용돌이무늬 등이 대표적이다.

무데하르의 영향도 여전히 남아 있다. 톨레도와 아라곤 지방 일대에서도, 사라고사, 테루엘, 타라소나, 칼라타유드에서는 고딕과 무데하르 양식이 혼합된 독특한 스페인만의 양식건물이 자태를 뽐내고 있다.

후기에 등장한 이사벨리네 양식은 곡선미가 돋보이는 이슬람 양식에서 일부를 가져온 것으로 플라테레스크 양식에 간접적인 영향을 끼쳤다. 이

살라만카 대성당

세고비아 대성당

양식이 가장 잘 표현된 건축물로는 톨레도의 산 후안 데 로스 레예스이며 이곳은 원래 가톨릭 군주의 종묘로 정해졌던 곳이다.

16세기 순수 고딕 양식으로 회귀가 일어났으며 그 대표적인 건축물이 살라만카 대성당이다. 아나야 광장을 마주보고 있는 누에바 대성당은 후기 고딕 양식으로 살라만카 중심에 우뚝 서 있는 추리게라 양식으로 스페인에서 나타난 로코코 건축 양식으로 역사적으로 볼 때 후기 바로크 양식 이전의 플라테레스크 양식미학으로 복귀한 것으로, 넘칠 듯이 많은 촘촘한 장식 외에 갈라진 박공벽, 물결 치는 듯한 처마, 난간, 거꾸로 감긴 소용돌이, 회반죽 피막, 꽃 장식 도안 등으로 가득 찬 실내표면이 특징인 누에바 대성당 돔은 거의 모든 각도에서 볼 수 있다.

살라만카 대학건물 정면

아나야 광장을 바라보고 있는 라모스 대문은 대학건물Universidad Civil의 건물정면에 조각되어 있는 개구리를 찾는 행복한 관광객들로 넘친다. 내부에서 가장 주목할 만한 것은 호세 추리게라가 만든 정교한 성가대석과 성가대석 뒤편과 천장이다.

세고비아 대성당은 스페인에서 가장 마지막으로 지어진 아마도 가장 수수한 고딕 양식을 따른 교회일 것이다. 로마네스크 양식 이전 건물이 전소한 후에 1525년에 지어진 것으로 거의 200년이 걸린 스페인 고딕 양식의 대표적인 건물이다. 교회 내부는 세 개의 웅장한 네이브가 있는 성가대석과 20개의 예배당이 있으며 이전 교회에 있었던 웅장한 로마네스크 양식 현관이 잘 보존되어 있다.

6. 르네상스 시대 건축

산 에스테반 수도원의 파사드 역시 산 에스테반의 묘석과 이것을 소재로 한 제단형상의 파사드를 가지고 있다. 플라테레스크 양식의 대표 주자였던 알론소 데 코바루비아스는 자신의 고향인 톨레도에 알카사르와 카피야 데 레예스 누에보스를 건설하였다.

산 로렌소 데 엘 에스코리알 왕궁

산 에스테반 수도원

안달루시아 지방에서는 순수한 르네상스 양식이 번성하였는데, 그라나다의 알람브라 궁전에 있는 카를로스 5세 궁전이 대표적이다. 디에고 데 실로에가 이 양식의 대가다. 실로에는 그라나다 대성당을 지었고 그의 제자들도 하엔 대성당과 같은 걸작을 남겼다.

후안 데 에레라는 스페인 르네상스 최후의 가장 위대한 건축가로 그가 만든 건축물로는 산 로렌소 데 엘 에스코리알 왕궁과 수도원 복합건물이 있다. 프랑스와의 전투에서 승리한 펠리페 2세는 이곳에 성인의 이름을 딴 거대한 수도원을 짓기로 했다. 수도원과 왕궁, 그의 선대인 카를로스 1세와 이사벨의 무덤을 짓기 위해 스페인 르네상스의 거장인 후안 데 에레라에게 공사를 맡겼다.

7. 바로크 양식

혼합된 바로크 양식으로 마무리된 카디스 대성당에서 바로크 양식의 무분별한 허세와 그 흔적을 찾을 수 있다. 노란색 돔이 인상적인 카디스 대성당은 지중해의 푸른 바다와 대조를 이루며 바로크식과 신고전적 스타일이 어우러진 건물이다. 1838년까지 공사가 지연되면서 1716년 비센테 아세로 Vicente Acero가 계획했던 바로크식 설계에 돔, 탑 같은 신고전주의적 요소들이 추가되었다. 종종 지나치게 과장되기도 하였던 이 양식의 선구자는 추리게라 형제였다.

살라만카의 마요르 광장을 디자인한 알베르토 추리게라는 살라만카 대성당 건설에도 참여했다. 추리게라는 바르셀로나에서 태어나 마드리드에서 활동한 유명한 조각가였다. 그는 나무를 깎아 만든 제단 뒤 장식으로 불리는 레타블로 전문가였다. 바로크 양식은 그라나다의 카르투하 수도원

카디스 대성당

살라만카 마요르 광장

과 톨레도 대성당의 트란스파렌테로 새로운 경지의 화려함에 도달하였다. 카르투하 수도원은 도심에서 2킬로미터 북서쪽에 위치하고 있으며 16~18세기에 지어졌고 황금과 대리석 조각상으로 넘치는 교회이며 바로크 양식의 성구보관실이 특징이다.

산티아고 데 콤포스텔라 대성당

주옥 같은 바로크 양식 건축물로 넘쳐난 세비야와 그 밖의 로마네스크 양식 기초에 덧씌워진 산티아고 데 콤포스텔라 대성당 외관과 무르시아의 대성당이 주목할 만하다. 순례길의 정점인 산티아고 대성당은 도시 한가운데 우뚝 솟아 있으며 이끼로 덮인 첨탑과 석상들이 고고하게 솟아 있다. 대성당은 여러 세기에 걸쳐 완성되었으며 로마네스크, 바로크, 고딕 양식이 조화를 이루며 그 매력을 더했다. 바로크 양식의 파사드에는 12세기 후반에 대성당 건축의 지휘를 맡은 건축가이자 조각가 마테오Maestro Mateo의 작품 200점이 조각되어 있다.

8. 가우디의 모더니즘 건축

19세기 말의 카탈루냐는 스페인 건축의 발전소 같은 장소였다. 헤라클레스의 도시 바르셀로나에 모더니스트로 알려진 일군의 건축가들에 의해 스페인의 건축역사상 가장 상상력이 풍부했던 시대를 맞이하였다. 그 선봉에 선 시인 같은 건축가가 바로 안토니 가우디(1852~1926)였다. 죽어서도 여전히 공사를 지휘하고 있는 성가족 대성당Sagrada Familia에서, 해골집으로 알려진 카사 바트요와 채석장으로 불리는 카사 밀라에 이르기까지 폭넓은 작품 활동을 했다.

바르셀로나는 가우디의 숨결이 살아 움직이는 가우디의 박물관이다. 하늘을 찌를 듯한 위용을 자랑하는 독창적인 대성당양식으로 완공까지는 아직도 100년이나 족히 더 걸릴 것으로 추정되는 성가족 대성당은 여전히 가우디에 의해 열정으로 지어지고 있다. 지금까지 만들어 놓은 것만으로도 스페인에서 가장 많은 사람들이 찾고 있는 건축물이며 그 위용만으로 가우디의 천재성을 유감없이 확인할 수 있는 작품이다. 모두 다 둘러보는 데 2시간으론 부족한 대작이지만 작은 디테일에서 거대한 파사드까지 모두 다 조각 작품으로 이루어졌다.

성가족 대성당은 가우디의 일생을 통하여 몰입한 작품이며 특히 그의 인생 말년을 고스란히 바친 대형 프로젝트로 전형적인 고딕 양식의 평면에 폭 60미터 높이 95미터에 1만 3,000명이 미사를 볼 수 있는 거대한 건축물로 설계하였다. 북동쪽 예수 탄생 파사드는 대성당의 예술적 숭고함을 상

성가족 대성당

징하는 조각들로 가득 차 있다. 리프트나 좁은 나선형 계단을 통하여 4개의 탑 위로 올라갈 수 있다. 나선형 계단을 오르다 보면 몽환적인 분위기에 빠져든다. 이 탑은 웅장한 음악을 연주할 수 있는 튜브라 벨Tubular Bells을 지탱하기 위해 만든 것으로 뒤쪽의 탑이 더 높고 3부분으로 나뉜 현관은 예수 탄생과 어린 시절을 묘사해 놓았다. 아래에서 올려다보면 마치 앞으로 기울어진 것처럼 생동감이 넘친다.

예수 탄생 파사드를 제대로 보려면 앞마당에 배낭을 메고 누워서 느긋하게 감상하는 것이 제격이다. 가우디는 조각을 할 때 살아 있는 사람과 동물을 모델로 제작했다. 예수나 요셉, 동정녀 마리아와 모든 성인, 천사를 닮은 사람들을 찾아 헤맸다. 알콜 중독자였던 수위 요셉은 유다 역을 맡았고 산양치기였던 두티에레스는 빌라도 역을 맡았다. 무고한 이들을 학살한 로마의 백부장 역은 바에서 발굴했는데 거대한 육발의 거인이었다.

사람만 찾으러 다닌 것이 아니다. 적당한 성탄나무와 병아리는 물론 수일을 걸어다닌 후 지친 나귀도 찾아냈다. 생각했던 모델을 찾기가 점점 힘들어질 무렵 가우디는 자신이 바라던 고상한 얼굴 모습과 체격을 가진 화가를 발견했다. 그는 곧 시몬 베드로로 변신했고, 석재 운반업자는 도마로, 미남형 석고 기술자는 다윗으로 변했다.

다음 단계는 더 복잡하고 힘들었다. 닭과 칠면조를 클로로포름으로 마취시키고 기름을 바른 뒤 마취가 풀리기 전에 재빨리 석고에 넣어 주형을 떠냈다. 무거운 나귀는 꽁꽁 묶어서 도르래로 들어 올렸는데 이러면 주형을 뜨기가 편했기 때문이다. 이러한 모든 과정을 힘들게 거친 가우디는 마지막으로 사물의 숨겨진 뼈 구조까지 알고 싶었다. 한 병원에서 가우디에게 해골을 기증했고 가우디는 이를 여러 위치에서 촬영할 정도로 조각 하나하나의 사실성과 골격을 정확히 관찰하였다.

현관의 세 부분은 희망, 사랑, 믿음을 상징하는 것으로 사랑 부분을 보면 여물통 주변으로 황소, 당나귀, 목동들, 왕들이 둘러싸고 있고 그 위로 노래하는 천사들이 묘사되어 있다. 가우디는 입버릇처럼 "나는 다 빈치와 마찬가지로 인간이 자연을 소중히 여기지 않는 순간부터 인간 세상은 타락하기 시작했다고 생각한다."라고 말했다.

성가족 대성당의 외관은 진실한 가족의 중요성, 청렴한 직업관 등 당시에 대두된 현대적인 주제들을 다루고 있어 바티칸의 정책을 고스란히 조각으로 옮겨 놓은 듯하다. 그러나 무엇보다도 이곳은 속죄의 성전이므로 가우디는 로사리오 문 모퉁이마다 두 개의 기둥장식을 배치했다. 하나는 돈주머니를 갖고 있는 악마에게 유혹당한 한 여인의 모습이며 다른 하나는 리세우에서 마라갈을 죽일 뻔 했던 폭탄을 노동자에게 건네주는 악마의 모습이었다. 이는 마치 중세 때 고딕 양식 교회의 석조꼭대기 구석에 성직자를 비판하고 풍자하는 장면을 숨겨 두었던 것처럼 현대적 의미의 각성을 불러일으키는 것이었다. 동시에 당시 팽배했던 염세주의와 신앙을 잃은 시민의 허무주의를 반영했다.

남서쪽의 예수 수난의 파사드는 예수의 최후의 날과 죽음을 묘사한 것으로 가우디 사후 1950년대에 시작해서 아직도 진행 중이다. 예수 탄생 파사드처럼 4개의 거대한 바늘처럼 하늘을 향해 솟은 탑들이 수많은 조각으로 장식된 부조 위에 피어 있다. 조각가인 조셉 수비라치Josep Subirachs는 가우디를 모방하지 않고 자기만의 스타일로 만들어 평가가 극과 극으로 갈리고 있다. 반원형으로 된 후진Apse은 가장 먼저 완성된 부분으로 1894년에 만들어졌다. 교회 내부는 아직 공사 중이지만 네이브의 천장은 올려졌고 독특한 기둥들도 자리를 잡았다. 기둥에 나무의 이미지를 적용한 것은 가우디가 일찍이 실험한 수곡선구조에서 나왔다.

예수 영광의 파사드Glory Facade도 공사가 시작되었고 다른 부분처럼 4개의 탑이 만들어지고 있다. 4면에 각각 4개의 탑이 총 12개의 탑이 들어설 것이며 이 형상은 예수 12제자들을 상징한다. 더 추가될 나머지 세부장식들은 교회를 상징하는 것들로 꾸며질 것이며 예수를 상징하는 170미터 탑이 수랑 위에 지어질 것이며 남은 5개의 탑은 성모 마리아와 4명의 복음전도사Evangelist를 표현할 예정이다. 바르셀로나의 성자 가우디의 영혼이 깃들어 있는 성가족 대성당은 오늘도 계속 지어지고 있는 신비의 건물이다. 지하의 가우디 박물관 끝에 있는 소박한 지하 납골당에 가우디는 영원히 살아 있다.

카사 바트요는 가우디의 색다른 수작이다. 건물의 정면은 푸른색, 연한 자주색, 초록색 타일로 반짝이며 흐르는 곡선의 창문틀과 해골무늬 발코니, 파란 타일 지붕 위에 탑 하나가 서 있다. 지붕은 수호성인Santa Jordi과 용을 사실적으로 표현하였다. 그라시아 거리가 훤히 내려다보이는 거실 내부에 모든 것들이 물결친다. 천장은 태양처럼 생긴 램프 주위를 소용돌이치는 모양이다. 문, 창문, 채광창은 알록달록한 유리로 춤을 춘다. 다른 방이나 테라스도 모두 유선형의 곡선으로 설계되었고 옥상지붕도 나선형 모양의 굴뚝으로 자리 잡았다.

라 페드레라La Pedrera는 카사 밀라의 별칭으로 채석장이라는 별명이다. 카사 밀라는 산이라는 유일하고 지배적인 개념에 따라 건물 뒤에 있는 카탈루냐의 성지 몬세라토 산을 본떠 만든 것이다. 가우디는 몬세라토에서 일할 때 자연에 가까운 공간감을 만들기 위해 바위를 폭파하는 데 그쳤지만 카사 밀라를 만들 때는 한 발 더 나아가 자연 그 자체를 응용하여 건축

카사 바트요

카사 밀라

물에 적용하였다. 지금은 도시의 매연에 휩싸여 검게 변해 버렸지만 지어질 당시 우유빛 돌에서 뿜어 나오는 부드러운 골격은 아마 파도가 넘실대는 바위산을 연상하기에 충분하였을 것이다. 정교하게 만든 철제 발코니는 물결무늬와 조화를 이루며 봄, 여름, 가을, 겨울 화초가 자라고 꽃과 새가 날아드는 자연 속의 카사 밀라를 연출하였다. 카사 밀라가 지어질 당시 대부분의 건물은 직사각형의 덩어리로 중세의 단순한 창문으로 외벽을 가린 벽장 속의 집이었다. 시대를 초월하는 가우디의 정신이 만들어 낸 걸작이 카사 밀라다. 가우디의 공간으로 알려진 맨 꼭대기 층에는 다락방과 옥상이 파도를 타듯 출렁이며 지붕의 곡선을 만들어 내고 있다. 옥상의 가장 특이한 부분은 중세 기사를 연상시키는 거대하고 다양한 색상의 굴뚝과 환기탑이다. 산꼭대기의 곡선처럼 지붕의 아래층에는 가우디의 포물선 아치를 감상할 수 있는 박물관이 있다. 가우디가 설계한 건물들의 모형과 비디오를 볼 수 있는 이 공간은 아치 구조의 독특한 아름다움을 감상할 수 있는 곳이다. 한 층 더 내려가면 아파트가 있다. 20세기 초에 부유한 가족들의 거주공간으로 우아하게 꾸며져 있다.

유럽 전체를 지배하던 당시 아르누보의 유행이 모든 작품에 부드러운 선형으로 타일, 유리, 벽돌, 스틸 등의 소재를 사용한 장식주의로 번져 나갈 때 바르셀로나의 가우디는 고딕, 이슬람 양식, 르네상스, 로마네스크, 비잔틴, 바로크 등의 다양한 스타일을 자신만의 영감으로 독창적인 건축공간을 고집스럽게 실험하고 있었다.

팔라우 무시카 카탈라나

카탈루냐 모데르니스모의 천재 가우디의 뒤를 이어 루이스 도메네크와 요셉 푸이그가 계속 등장하였으며 도메네크는 팔라우 무시카 카탈라나를 지었으며 푸이그는 카사 아마트예르와 같은 고급저택을 지었지만 가우디의 창조성을 뛰어넘기에는 역부족이었다.

9. 스페인 현대건축

가우디를 중심으로 하는 바르셀로나가 모더니즘의 중심터전이라면 마드리드는 아르데코의 중심지였다. 1920년대에 새로 만들어진 그란비아Gran VIa는 마드리드의 상업과 문화의 중심 젖줄이었으며 건축문화의 창조에 완벽한 기회를 제공하였다. 이 시기에 세워진 수많은 아르데코 건축물 중 특히 돋보이는 건물은 시벨레스 광장의 팔라시오 데 코무니카시오네스다. 기품 있는 프라도 거리의 여러 로터리 중에서 제국주의 시대의 영광을 가장 잘 보여 주는 것이 시벨레스 광장이다. 레알 마드리드가 우승하면 반드시 시벨레스 광장에서부터 광란의 축하 퍼레이드가 시작되며 그중에서도 팔라시오 데 코무니카시오네스Placio de Comunicaciones가 상징적인 건물이다. 1917년 아노니오 팔라시오스가 완성한 작품으로 건물 꼭대기마다 왕관을 쓰고 있는 아름다운 모양을 한 이 건물은 고딕 양식에 르네상스 양식을 가미한 모뉴멘탈 스타일이다. 광장 중심에는 여신 시벨레Cybele가 있는 웅장한 분수가 있다. 카를로스 3세가 세고비아로 동상을 옮기려 했지만 마드리드 시민의 반대로 무산되었다고 한다.

시벨레스 광장 분수대

1992년 개최된 올림픽의 고장 바르셀로나는 당시 사마란치 IOC위원장의 고향으로 올림픽개최를 기점으로 도시가 대대적으로 정비되었다. 1995년 개관한 바르셀로나 현대미술관 막바Macba가 위치한 곳은 한때 빈민가였던

팔라시오 데 코무니카시오네스

엘 라발 지역으로 아름다운 미술관이 들어서면서 지역은 활기찬 변화를 맞이하였다. 황영조 선수가 마지막 스피치를 올리며 금메달을 목에 걸었던 몬주익 언덕을 입에 물고 있는 막바는 미국건축가 리차드 마이어에 의해 설계되었으며 온통 새하얀 흰색을 뒤집어쓰고 있는 정형의 박스에 유려한 곡선의 작은 덩어리가 부착되었으며 수평 바로 연출된 유리면이 도시의 이정표를 만들었다.

2005년에는 프랑스 건축가 장 누벨이 플라사 데 레스 글로리에스 카탈라네스 근처에 번쩍번쩍한 탄피모양의 악바르 탑을 세웠다. 어쩌면 인간의 가장 원시적인 상징인 남근을 닮은 육감적인 형태의 타워가 도시의 랜드마크로 자리 잡았다. 현대적인 바르셀로나의 심장인 글로리에스 광장에 당당하게

악바르 탑

에디피시 포럼

서 있는 악바르 탑은 마치 인간의 피부조직처럼 다양한 빛깔 즉 붉은색, 보라색, 파란색 조명으로 24시간 도심의 다양한 표정과 스카이라인을 조정하고 있다.

2004년 스위스의 건축가 헤르조그와 드 뮤론이 초호화 빌딩 에디피시 포럼Edifici Forum을 세웠다. 올림픽해변을 따라 북동쪽으로 올라가면 아름다운 해변에 다양하게 열려진 도시 개발 프로젝트 디아고날 마르Diagonal Mar와 포럼Forum을 볼 수 있다. 바다를 정원처럼 내려다보는 호텔과 아파트와 수영장과 새로 지은 선착장 놀이터와 롤러블레이드와 스케이트를 탈 수 있는 장소뿐만 아니라 단순한 삼각형의 기하학적인 덩어리로 다소 기이하게 느껴지는 에디피시 포럼이 눈길을 끈다. 거대한 청색 덩어리가 그라운드 레벨에서 살짝 들려 있으며 삼각형 덩어리 위로 흘러내리듯 절단면들 사이로 난 긴 수직의 유리 창문들이 지루한 삼각형의 덩어리를 분절하며 호기심을 자아내고 있다.

바르셀로나의 젊은 건축가 엔리크 미라예스는 2005년 산타 카테리나 시장Mercat de Santa Caterina에 새 생명을 부여하였다. 그의 미망인이자 이탈리아 건축가인 베네데타 태그리아부가 완성한 가스 나투랄 빌딩은 바닷가 경치에 새로운 느낌을 더해 주고 있다.

남쪽 지중해 연안도시인 발렌시아에는 가우디의 후계자로 인정받는 건축가 산티아고 칼라트라바가 지은 미래지향적 복합관인 예술과 과학의 도시Ciudad de las Artes y las Ciencias가 스페인 미래건축을 선도하고 있다. 발렌시아는 1957년 투리아 강의 범람을 기회로 강줄기를 도시외곽으로 옮기고 기존 투리아 강의 인공대지 35만 평방미터에 발렌시아의 문화시설을 건설하였다. 펠리페 과학박물관Museo de las Ciencias Principe Felipe은 쌍방향 과학박물관으로 다양한 수족관을 둔 시설이지만 외모는 공상과학에나 나올 법한 거대한 벌레가 강둑으로 기어 올라가는 모습으로 상상력을 자극하는 구조미가 압권이다. 바로 옆에 있는 에미스페릭Hemisferic은 단단한 조가비를 물위에 살짝 놓아둔 것처럼 단순하지만 밤이 되면 불빛에 반사되어 완전한 타원으로 되살아나 구형의 눈을 간직한 생명체로 다시 태어나도록 연출한 이 기술은 알람브라와 타지마할에서 볼 수 있는 이슬람의 유산이다. 마지막으로 중세기사의 철모를 뒤집어쓰고 있는 모습의 레이나 소피아 예술공연장Palau de Artes Reina Sofia은 거대한 딱정벌레가 괴상한 투구를 쓰고 강바닥에 얼어붙은 것 같다. 반투명 모자이크 타일로 반짝거리는 외피는 마치 불가사의한

펠리페 과학박물관

생명의 등껍질처럼 이색적이다.

북쪽 대서양 비스케이만에 연한 빌바오 시에는 세계적으로 유명한 구겐하임 미술관이 스페인을 빛내고 있다. 조선업과 어업기지였던 산업시대의 유산이 폐허처럼 널려 있던 네르비온 강 연안의 산업폐기물창고지대에 현대적인 건축물 하나가 들어서면서 도시에 활력을 주었다. 구겐하임은 미술관 내부의 예술품보다 복잡한 유선형의 건물 그 자체로 더 유명하다. 건축가 프랭크 게리는 흐르는 듯한 차양, 절벽, 낭떠러지, 배 모양, 탑과 공중에 뜬 지느러미, 버섯 등에 영감을 얻어 만든 이 건축물은 사람들의 호기심을 자극하였다.

세계적인 건축가 프랑크 게리도 역사적 지리적 맥락을 염두에 두고 구겐하임을 디자인하였다. 거대한 청어의 비늘처럼 건물 대부분을 감싸고 있는 반짝이는 티타늄 판들은 건축가가 어린 시절 매료되었던 물고기에서 영감을 받은 것이라고 한다. 특히 변덕이 심한 대서양 날씨에 맞추어 다양한 빛깔로 옷을 갈아입으며 연출하는 모습은 장관이다. 구겐하임의 웅장하고 넓은 중앙 홀의 45미터 높이가 아찔하고 절벽 같은 유리창 사이로

구겐하임 미술관

빛이 쏟아져 내린다.

노먼포스터 경이 디자인한 지하철 시스템은 뛰어난 기능과 동시에 고동처럼 아름다운 지하철 출구가 사람들의 마음을 사로잡는다.

이와 비슷한 맥락으로 리차드 로저스 경은 마드리드 바라하스공항에 꿈결과도 같은 인공 숲으로 제4터미널을 선보였다. 마치 숲속 산책길을 걸어 다니는 느낌을 전해 주는 터미널은 기하학적이고 단순한 공간에 풍부한 실내공간을 무한정 확장하고 있다.

바라하스 공항 제4터미널

1992년 세비야엑스포에 이어 2008년 사라고사 엑스포는 도시를 새로운 건축문화의 도시로 탈바꿈했다. 사라고사 엑스포를 위해 만들어진 많은 건물들은 하나같이 아름다운 건축물들이었으며 그중에서도 자하 하디드가 만든 다리와 전시관을 결합한 건축물은 상상력을 비웃는다. 부유하는 곡선 면이 내부공간을 가로지르며 살아 움직이는 파충류의 몸짓처럼 흐른다. 토레 델 아구아, 팔라시오 데 콘그레소스 역시 눈이 부실 정도 독창적인 건축물이다.

10. 미래로 가는 스페인 건축

역사적인 도시 마드리드에 최첨단의 고층빌딩단지가 개발되었다. 마드리

마드리드의 CTBA

드 북쪽 차마르틴 역 좌측을 끼고 흐르는 카스테야나 거리Paseo de la Castellana 인근에 건설 중인 쿠아트로 토레스 상업지구CTBA는 역사적인 마드리드 스카이라인을 조정하고 있다. 프로젝트에는 네 개의 타워가 포함되어 있으며 현재 노먼 포스터와 시저 펠리가 스페인에서 가장 높은 250미터의 토레 카하 마드리드와 토레 크리스탈 두 개의 타워 건설을 이끌었다. 페이 코브가 설계한 223미터의 토레 에스파시오가 제일 먼저 들어섰으며 네 번째 타워인 토레 사키르 바예에르모소는 스페인 국내건축가인 카를로스 루비오와 엔리케 알라베스에 의해 디자인되었다.

마드리드는 400여 년 간 스페인의 정치, 경제, 문화의 중심지로 유럽의 수도 중 가장 높은 고지대인 해발 646미터에 자리하고 있는 고원도시다. 1561년 펠리페Felipe 2세가 수도를 톨레도에서 마드리드로 천도한 이래 급속한 발전을 이룩하였으며 현재까지 남아 있는 구시가는 주로 17~18세기에 건설된 원형을 그대로 유지하고 있다. 특히 18세기 후반 카를로스Carlos 3세 때 프라도 미술관, 왕궁 및 프라도 가로를 건설하여 수도로서의 면모를 갖추었다.

프라도 미술관

그러나 21세기 마드리드는 더 이상 과거의 온실에 안주하지 않고 미래로 향한 날개짓을 시작하였다. CTBA를 시작으로 현대적인 고층빌딩타워를 중심으로 상업지구가 들어서면서 과거와 현대가 공존하며 마드리드의 미래를 설계하고 있다.

바르셀로나에서도 도시 재개발 프로젝트가 진행되었다. 자하 하디드는 예반트 대학 캠퍼스로 쓰일 기발한 모양의 건물을 필두로 인근에 엔리크 마스프보쉬가 디자인한 건물은 스페인 국영통신사 텔레포니카의 카탈루냐 지역본사로 사용될 것이다.

바르셀로나 도시 재개발프로젝트"22@bcn"은 바르셀로나를 대각선으로 가르는 글로리에스 로터리에 인접한 옛 공업지역을 IT단지로 개발하는 곳이다. 22@의 시작을 알리는 중심건물이 바로 장 누벨이 설계한 악바르 빌딩이다. 새로운 철도역과 인터체인지 건설이 진행되고 있으며 이 중 태양에너지 자급자족 시스템을 갖춘 건물 5개동을 프랭크 게리가 디자인하였다. 리처드 로저스 경은 바르셀로나 스페인 광장에 위치한 옛 레스 아레네스 투우장을 상점, 영화관, 조깅트랙을 갖춘 원형레저복합관으로 재건하고 있다. 바르셀로나는 2012년에 투우경기를 금지하기로 하였다. 바르셀로나 민족주의가 부활하는 것으로 우려하는 시각도 있지만 시민의 교류와 도시의 발전은 계속되고 있다.

2007년 FC바르셀로나의 새 경기장 디자인 공모에서 노먼 포스터 경의 디자인이 당선되었다. 새로운 캄프 노우 경기장은 어둠 속에서도 은은하게 빛나는 스폰지 케이크 형태로 2012년 완공되었다. 2009년 바르셀로나 공항 인근에 피라Fira 2 박람회장이 완공되었는데 이는 일본건축가이자 가우디의 팬인 이토 토요가 디자인하였다.

바르셀로나 출생의 유명한 건축가 리카르도 보필은 바로셀로나 해변의 남쪽 끝 지중해 해안선이 보이는 곳에 88미터 삼각돛 모양의 호텔W를 디자인하였다. 그는 바르셀로나 공항의 남쪽 터미널을 디자인하기도 하였다. 지금도 바르셀로나는 끊임없이 생동하며 미래로, 미래로 나아가고 있다.

11. 스페인 건축의 매력

스페인에서 건축을 공부하면서도 늘 스페인 건축만의 독특한 색깔과 맛과 냄새가 무엇일까 궁금하였다. 그동안 수없이 생각하고 내린 결론은 자신의 일을 즐기며 느긋하게 살아가는 국민성에 바탕을 둔 그들의 공동체문화와 풍부한 건축문화유적이다. 스페인 건축의 독특함은 서로 다름이 공존하는 지역문화가 서로 자양분을 주고받으며 성장하고 있는 것이다.

이슬람의 문화가 지워지지 않는 물감처럼 배어 있는 스페인의 남부 안달루시아 지역 건축문화, 마드리드를 중심으로 하는 중세유적을 바탕으로 새로운 발전을 거듭하는 카탈란 건축문화, 카탈루냐 민족주의를 바탕으로 독특한 바르셀로나 모더니즘 건축문화, 스페인 북부해안지역인 바스코 지역 건축문화와 갈리시아를 중심으로 한 대서양건축문화가 모두 다양한 스페인 건축문화의 주요 구성요소다.

프랑코 독재가 끝나고 맞이한 21세기 스페인은 이제 콜럼버스의 대항해시대의 영광을 재현하려고 꿈틀거리고 있다. 스페인 현대건축은 미국 발 금융위기로 주춤해 버린 부동산 광란의 아픈 실수로 잠시 진통을 겪고 있지만 그들의 융합적인 건축문화는 여전히 아름답다.

스페인 건축문화는 아직까지 건강하다. 스페인의 국력과 관계없이 스페인 건축문화는 세계의 첨단을 달리고 있다. 문화적 다양성의 토양 위에서 세계적인 건축대학이 우수한 건축인재를 양성하고 있으며 이런 문화적인 배경에서 세계적인 건축가가 지속적으로 성장하고 있다. 세계적인 건축가의 숫자만이 아니라 스페인 건축은 여전히 어려운 현장여건에도 굴복하지 않고 최선의 실용적인 공간을 디자인하는 건축가들이 단순하고 아름다운 건물에서 복잡하고 독특한 형태의 디자인에 이르기까지 꾸준히 열정을 다하고 있기 때문이다.

로마 시대의 건축문화유산에서 800년의 이슬람 건축문화를 수용하며 항상 새로운 시대 스페인 건축문화를 생산하였다. 스페인만의 고유한 건축양식인 무데하르 양식을 바탕으로 중세 기독교문화인 고딕과 르네상스, 바로크, 로코코와 신고전주의를 거치면서도 무데하르 양식을 소중히 계승 발전시켰다. 그 결과 바르셀로나의 현자이자 위대한 건축가 가우디가 태어났다. 가우디는 스페인의 카탈루냐 민족주의의 두꺼운 외투를 단 한 번도 벗어던지지 않고서도 세계적으로 빛나는 자신만의 특별한 건축을 만들어낸 영감의 원천은 복합적인 스페인 건축문화유산이다.

이러한 자신감으로 캐나다계 미국건축가 프랭크 게리는 빌바오 구겐하임을 설계하면서 가우디의 유산을 바탕으로 자신만의 유려한 곡선의 건축 디자인을 발전시켰다. 가우디의 후계자로 지목된 스페인 발렌시아 출신의 건축가 산티아고 칼라트라바는 발렌시아의 투리아 강 인공대지를 화폭 삼아 근육질의 아름다운 건축물을 연이어 세우고 있다. 산티아고 칼라트라바 건축의 기반에도 어김없이 무데하르의 양식과 가우디의 디자인 기법이 DNA처럼 내재되어 있다. 이것이 바로 스페인 건축의 건강함이며 동시에 스페인건축의 독특함이며 나아가 스페인 건축이 세계의 중심으로 우뚝 설 수 있는 배경이자 힘의 원천이다.

마지막으로 가장 부러운 스페인만의 장점이자 힘은 국민 모두가 건축을 문화와 예술의 경지로 끌어올리며 건축을 문화의 자산으로 생각하는 그들의 역사관이다. 건축디자인을 하고 있는 건축가 스스로 돈과 명예보다 열정적으로 일하는 자세에 그들의 삶의 목표를 두고 있는 중세의 열정이 고스란히 남아 있다. 그렇기에 스페인 건축문화유산은 과거형이 아니라 여전히 현재진행형이다.

참고문헌

김희곤(2003), 『반 바퀴 돌린 꿈』, 현대건축사.
반 헨스베르헌, 하이스(2002), 『어머니 품을 설계한 건축가 가우디』, 현암사.
안그라픽스 편집부(2009), 『론니플래닛 스페인 & 포르투갈』, 양혜성 역.
안영옥(2005), 『스페인문화의 이해』, 고려대학교 출판부.
Zevi, Bruno(1983), 『공간으로서의 건축』, 최종현 역, 신학사.

Official Guide (1989), *TOLEDO*, Madrid: Grefol.
_______ (1999), *The Alhambra and Generalife*, Granada: Copartgraf S.C.A.

스페인 영화의 과거와 현재:

스페인적인 것에서 세계적인 것으로

임호준

1. 스페인 영화의 시작과 선구자들

1895년 5월, 뤼미에르 형제의 친구인 알렉산더 프로미오Alexander Promio가 마드리드에서 처음으로 영화를 상영한 이후, 그해 10월 최초의 스페인 영화로 일컬어지는 에두아르도 히메나Eduardo Jimena의 <필라르 데 사라고사의 12시 미사가 끝나고*Salida de misa de doce del Pilar de Zaragoza*>가 제작됨으로써 스페인에서 영화는 비교적 일찍 시작되었다. 그러나 다른 나라에서와 같이 스페인의 영화산업이 순탄하게 발전하기에는 스페인의 20세기 초반 역사는 격변의 연속이었다. 미약한 수준이나마 영화산업의 기틀이 마련되었다고 볼 수 있는 시기는 제2공화국 시대였다. 이때부터 이미 자국영화 보호정책이 시행된 덕분에 내전 직전인 1935년 스페인 영화는 스페인 시장에서 헐리우드 영화의 비중을 능가하게 되었다.

내전 이후 프랑코 정권 하에서 영화 역시 프랑코 정권이 펼친 자급자족 정책la autarquía의 예외가 아니었다. 프랑코 정부는 강력한 시장통제 정책을 입안했고 이때 외국영화에 대한 의무적인 더빙 정책도 도입되었다. 그러나 경직된 이데올로기와 엄격한 검열에 의해 통제되던 사회에서 생산된 스페인 영화가 헐리우드 영화들의 경쟁상대가 되지 못했다. 스페인 대중들은 더빙된 외화에 금세 적응했고 오히려 나중에는 더빙된 외화를 선호하기에 이르렀다.[1] 자국영화의 생산은 점점 위축되었고 배급업자와 상영업자가 영화산업을 쥐락펴락하게 되었다. 그러자 정부는 더욱 강화된 보호주의 정책을 내놓았는데, 스크린 쿼터를 강화하고 배급과 수입에서도 쿼터제를 실시하여 네 편의 외화에 한 편의 스페인 영화를 포함시키는 것이 골자였다.[2] 그러자 1955년, 미국의 다국적 영화 수출회사들의 연합인 '영화수출협회Motion Pictures Export Association. MPEA'는 스페인 시장을 보이코트했다. 결국 미국 회사들의 뜻이 관철되어 1958년 강력한 보호주의정책은 철회되었고 다시 미국영화가 스페인 시장을 지배하게 되었다.

이러한 상황 하에서도 스페인 영화의 거장들이 나오기 시작한다. 스페인 영화의 선구자로서 세계 영화사에도 거장으로 기록된 인물은 아라곤 태생의 루이스 부뉴엘Luis Buñuel, 1900~1983 감독이다. 부뉴엘은 초기 작품을 프랑스에서 만들었고 프랑코 시대엔 멕시코에서 망명생활을 하며 많은 작품을 만들었으며, 말기에는 다시 프랑스에서 작품 활동을 했기 때문에 그를 멕시코나 프랑스 인으로 알고 있는 사람들이 많다. 그러나 그는 기질적으로나 이념적으로 스페인 사람이었다. 그는 쿠바에서 돈을 벌어 온 부유한 아버지 덕택에 대학시절 마드리드에서 유학하며, 유명한 '학생기숙사La residencia

1 외화의 의무적인 더빙조항이 오히려 외화 소비에 유리하게 작용하게 되자 정부는 1947년 1월 이 조항을 폐지했다.

2 이 정책도 스페인 영화생산을 진작시키는 것과 반대되는 결과를 낳았다. 배급업자들의 손에 자국영화의 배급권을 부여함으로써 배급업자 자체가 만든 내국영화들만 상영되는 결과를 낳았기 때문이다. 이로써 스페인 영화 생산업자의 어려움은 가중되었다.

de estudiantes'에서 지내게 된다. 농공학을 공부하기 위해 수도에 왔던 그는 '학생기숙사'에서 페데리코 가르시아 로르카Federico García Lorca, 살바도르 달리Salvador Dalí 등 훗날 스페인 예술의 상징이 된 인물들과 교류하며, 예술에 눈을 뜨게 되고 인문학으로 전공을 바꾼다. 대학을 졸업한 후에는 파리로 건너가 각광받던 영화를 배운다. 그리고 1929년 살바도르 달리와 함께 무의식의 세계를 영화화한 <안달루시아의 개*Un chien andalou*>를 만들었고, 이듬해에는 신성모독의 함의가 짙은 <황금시대*L'Âge d'or*>를 발표하여 프랑스 초현실주의 예술계에 충격을 주었다.

내전이 프랑코파의 승리로 돌아가자 망명을 떠난 부뉴엘은 미국을 거쳐 멕시코에 자리 잡는다. 17년간 멕시코에서 거주하며 <잊혀진 사람들*Los olvidados*>(1950), <절멸의 천사*Ángel exterminador*>(1962) 등 18편의 영화를 만드는 한편, 프랑코가 개방 정책을 표방한 1960년 스페인에 귀국하여 <비리디아나*Viridiana*>(1960), <트리스타나*Tristana*>(1970)를 제작하여 국제적으로 고립되어 있던 스페인 영화계에 큰 영향을 끼친다. <비리디아나>는 1961년 칸 영화제 황금종려상을 받았지만 스페인 검열관들로부터 신성모독의 혐의를 받아 스페인에서 상영되지 못했다. 그러나 카를로스 사우라 등 스페인 감독들은 부뉴엘과 교류하며 많은 영감을 얻었다.

<비리디아나>에서 '최후의 만찬'을 패러디한 장면

<환영합니다, 마샬 씨>에서 안달루시아풍으로 차려입은 마을 사람들

부뉴엘이 스페인 태생의 세계적인 감독으로서 명성을 얻었지만 스페인 내에서 만든 영화는 세 편에 불과한 한계를 가졌다면, 프랑코 시대에 주로 활동하며 1950~1960년대 스페인 영화의 황금기 동안 국민감독으로서 등극했던 후안 안토니오 바르뎀Juan Antonio Bardem, 1922~2002과 루이스 베를랑가Luis G. Berlanga, 1921~2010는 스페인의 지성인 감독의 모델로 볼 수 있다. 바르뎀과 베를랑가는 예술작품에 대한 검열이 가장 심했던 프랑코 시대 초기, 체제 비판 진영의 대표적인 감독이었다. 1950년대 까다로운 검열을 뚫고서 이들이 내놓은 걸작들은 당시 스페인 영화에서 유일하게 작품성을 인정받을 수 있는 작품들이었다. 게다가 대중들로부터도 상당한 호응을 얻었으며 국제적으로도 스페인 영화의 존재를 알릴 수 있었다.

바르뎀과 베를랑가는 당시 유럽에서 유행하던 이탈리아 네오리얼리즘의 전략과 헐리우드 멜로드라마의 요소를 혼합했고, 여기에 스페인 예술 특유의 전통적 미학을 가미하여 이데올로기적으로나 형식적으로 전복적인 걸작을 만들었다. 바르뎀의 대표작 <자전거 탄 사람의 죽음*La muerte de un ciclista*>(1955)과 <중앙로*Calle mayor*>(1956), 베를랑가의 대표작 <환영합니다, 마샬 씨*Bienvenido, Mr. Marshall*>(1953), <플라시도*Plácido*>(1951), <사형집행인*El verdugo*>(1963) 등이 바로 이러한 미학을 충실하게 보여 주는 작품들이다.

2. 프랑코 치하의 '신영화 운동'

1936년부터 3년 동안 벌어진 내전과, 그 결과로 이루어진 프랑코의 집권은 역사의 시계를 거꾸로 돌리는 것이었다. 프랑코파가 좌파 계열의 연합체인 공화파를 내전을 통해 축출함으로써 구시대의 집권층이었던 왕당파, 지주, 귀족, 교회 등 보수세력이 또다시 국가의 지배자로 등장했다. 이로써 19세기 후반 이래 진행되었던 스페인 사회의 모든 근대화 작업과 그 성과는 무위로 돌아갔다. 프랑코 체제는 가톨리시즘과 민족주의가 결합된 국가가톨릭주의Nacionalcatolicismo라는 파시스트적 이데올로기를 국가 통치이념으로 내걸었는데, 이것은 제2차 세계대전 이후 다원적이고 자유주의적인 민주사회로 변모해 간 유럽의 중심국가와는 정반대의 방향을 지향하는 것이었다.

그러나 경제적인 필요에 의해 1950년대 이후 국제 사회에 재등장하게 되면서, 시대착오적인 전체주의 프랑코 체제는 내부적・외부적 도전에 직면하게 된다. 특히 1960년대 이후에는 급속한 산업화와 외국 관광객들의 유입, 전 세계적인 좌파 운동의 영향으로 인해 스페인 사회에도 자유주의적 문화가 유입되면서, 프랑코이즘 역시 중대한 노선변화를 요구받게 된다. 따라서 문화적으로 볼 때 스페인의 1960년대는, 자유주의와 이를 억압하는 보수적 제도 사이에서 거대한 파열음이 유발되던 시기다. 이러한 역사적 상황 속에서 태동한 '새로운 스페인 영화'는, 유럽적인 자유주의 문화에 눈을 뜨게 된 젊은 영화인들에 의해 제기된 일종의 문화운동이었다. 당시 대부분의 스페인 영화들은 정치적으로 각성된 계층의 지적 요구를 채워 주지 못하고 있었기 때문에 새로운 영화의 등장은 어느 정도 예견된 것이었다.

카를로스 사우라Carlos Saura, 1932~는 이러한 흐름의 대표적인 감독이다. 그는 선배 감독이었던 후안 안토니오 바르뎀이나 루이스 베를랑가에 비해 보다 전투적인 정치성을 견지하고 있었다. 이것은 공화국의 공무원이었던 부모를 둔 그의 성향 때문이기도 했지만 또 한편, 시간이 흘러 프랑코 정권의 억압이 완화된 때문이기도 했다. 그는 1947년 개교하여 존재하던 국립영화원Instituto de Investigaciones y Experiencias Cinematográficas에 다니면서 이탈리아 네오리얼리즘 영화와 부뉴엘의 영화를 보고 깊은 감명을 받는다. 영화원을 졸업하자마자 마드리드의 하층계급 출신 건달들의 비행과 불행한 말로를 그린 <불량배들*Los golfos*>(1959)이라는 충격적인 작품을 만든다. 그리고 1962년, 국립영화원이 국립영화학교Escuela Oficial de Cinematografía로 이름을 바꾸고 새로 출범하자 이 학교의 초대 교수가 된다. 국립영화학교는 빅토르 에리세Víctor Erice, 호세 루이스 보라우José Luis Borau, 마리오 카무스Marío Camus 등 정치적으로 각성된 새로운 감독들을 배출하였고, 전설적인 제작자 엘리아스 케레헤타Elías Querejeta가 이들에 가세하면서 이른바 스페인 신영화Nuevo cine español라는 흐름이 형성된다.

1960년대에는 스페인 영화의 산업적 상황도 최고의 황금기를 누리고 있었다. 스페인의 60년대는 프랑코의 철권통치가 완화되면서 경제적 번영과 함께 대량소비사회의 이완된 분위기가 지배하던 시기였다. 또한 20세기 중반은 세계 영화산업 전체의 호황기로서 전쟁이 끝나고 전 세계적으로 평화의 무드가 조성되고 있었다. 아직 TV가 제대로 보급되지 못해 영화시장을 위협하지 못하고 있었다는 것도 우호적인 환경이었다. 이러한 이유로 스페인 영화계는 1960년대에 최대의 호황을 누렸는데, 국민 1인당 연평균 관람횟수가 1968년 11.33회를 기록하는 등 평균 10회를 상회하고 있었다(Blanco, 1998: 19).

스페인 영화 생산을 진작시키고자 60년대에도 정부의 다양한 개입정책이 시행되었다. 제작보조금 지급, 영화상 신설, 신인작가들에 대한 보조, 손해액 보전 등이 그런 정책들이었다. 스크린 쿼터, 수입 쿼터 등 50년대의 단순한 양적 보호정책을 수정한 60년대의 비교적 복잡한 정책들은 질적으로 우수한 스페인 영화를 보호하기 위한 것이었다. 이러한 정치적, 사회적 상황을 배경으로 전복적 이데올로기를 표방한, 그다지 대중적이지 않은 스페인 신영화가 제작되고 상영될 수 있었다.

신영화 감독들은 내전이 남긴 역사적 트라우마, 지배계층의 부패와 타락 등 그때까지 금기시되던 주제들을 다루기 시작했다. 사우라가 1965년에 발표한 <사냥*La caza*>은 스페인 영화사에서 처음으로 내전을 언급한 작품이다.[3] 이 영화를 통해 사우라가 말하고자 하는 바는 명백하다. 전쟁이 끝난 후 겉으로는 평온하게 유지되는 것 같은 스페인 사회가 실은 해결되지 않은 트라우마를 숨기고 있으며, 이것은 사소한 자극에 의해 겉으로 드러나 순식간에 사회를 파멸로 몰아넣을 수 있다는 것이다. 이 영화의 마지막 신에서 젊은 세대를 대표하는 인물이 살인 현장에서 벗어나기 위해 도망을 가는 장면이 프리즈 프레임으로 처리되며 끝난다. 이것은 해결되지 않은 역사의 트라우마에서 아무도 벗어날 수 없다는 것을 말한다.

1973년에 만들어진 <사촌 앙헬리카*La Prima Angélica*>는 패배자의 관점에서 35년 전의 전쟁을 구체적이고 직접적으로 조명하고 있다는 점에서 스페인 영화사에서 중요한 의미를 부여받는다. <사냥>에서는 비유적인적 방법으로 내전을 언급하고 있는 데 비해, 이 영화는 정치적 터부를 정면에서 거론하고 있어 공화파의 관점에서 내전을 다룬 첫 번째 영화로 일컬어진다. 이 작품의 명징한 반 파시스트적 입장은 사회적으로 큰 반향을 일으켰다. 1974년 바르셀로나와 마드리드에서 처음 개봉되었을 때 우익신문들은 일제히 이 영화를 공격했고 우익분자들은 극장에 화염병을 투척하기도 했다.[4]

빅토르 에리세의 첫 장편 <벌집의 정령*El espíritu de la colmena*>(1973) 역시 내

3 물론 등장인물의 대사에서 내전의 존재가 언급된 적은 있다. 바르뎀의 <자전거 탄 사람의 죽음>이 그런 작품이다. 하지만 내전에서의 기억이 집중적으로 말해진 것은 사우라의 <사냥>이 처음이다.

4 국제적 이미지 제고를 위해 프랑코 정권은 1960년대 말부터 검열의 수위를 상당히 낮췄는데 특히 사우라, 베를랑가, 케레헤타처럼 국제적으로 알려진 예술가들에게는 검열이 더욱 관용적으로 적용되었다. 이 덕분에 <사촌 앙헬리카>와 같은 좌파적 내용의 영화들이 제작, 상영될 수 있었다. 그러나 스페인 영화전문가 호프웰은 사우라의 영화들이 실제로 당시의 스페인 대중에게 중대한 이데올로기적 영향을 끼쳤는가 하는 점에 대해서는 회의적이다. 이미 프랑코 정권 말기에 반정부적인 태도를 확고히 한 소수의 지식인 그룹이 형성되어 있었고 형식 면에서 그다지 대중적이 못한 사우라의 영화는 이미 정치적 입장을 정리한 소수 그룹에 의해서만 환영받았다는 것이다(John Hopewell, 1986: 76).

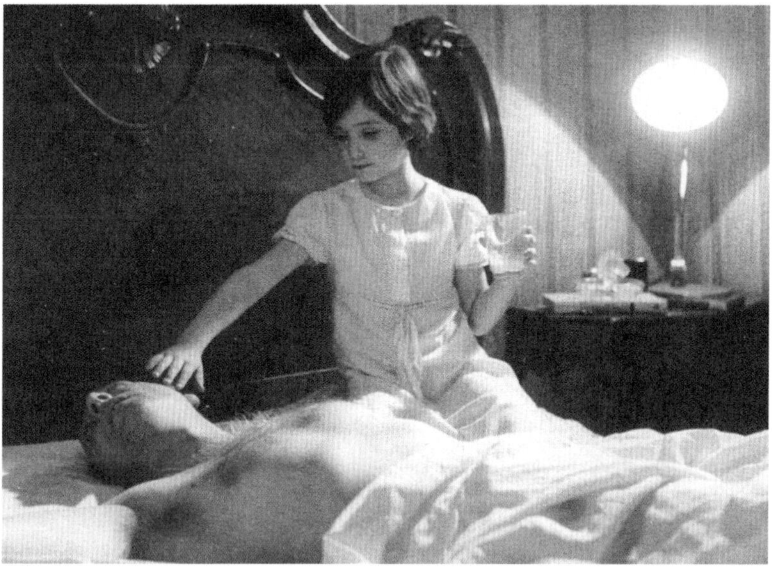

사우라의 <까마귀 기르기>에서 아빠를 독살하는 아나.

전 직후 공화파 지식인들이 겪던 역사적 트라우마를 시적詩的으로 표현한 것이다. 이 영화는 스페인 영화사에 길이 간직될 명장면을 담고 있어 많은 비평가들로부터 가장 아름다운 스페인 영화로 꼽히고 있는 작품이다. 프랑코 체제의 종말이 예견되면서 검열도 다소 완화되던 시점에 제작된 <벌집의 정령>에서, 에리세는 프랑코 정권의 폭력을 고발하는 대신 내전이 남긴 트라우마의 재현에 집중하고 있다. 오히려 이 영화에서 폭력은 최소한으로 절제되어 있다.

내전의 아픔을 표현한 작품들을 만들던 감독들은, 프랑코의 병세가 악화되자 더욱 표현의 수위를 높인다. 1975년 프랑코의 죽음이 임박한 시점에서 제작된 사우라의 <까마귀 기르기*Cría cuervos*>는 독재자의 죽음을 상징적으로 재현하고 있다. 일곱 살의 나이로 <벌집의 정령>에 출연하여 트라우마에 사로잡힌 아이를 연기했던 아나 토렌트Ana Torrent는, 이 영화에서 범상치 않은 아이로 등장하여 프랑코 군대의 장성이었던 아버지를 상징적으로 독살한다. 아나가 독이 든 우유를 아버지의 침대 머리에 놓아 아버지를 살해하는 이 시퀀스는 반 프랑코 정서의 스페인 영화에서 상징적인 장면이다. 내전과 프랑코의 억압을 그저 감내하고 그 아픔을 은유적으로 재현하던 감독들이 독재자를 죽이기 서사를 택했기 때문이다. 그리고 그 살해 행위를, <벌집의 정령>에서 "프랑코의 아이들"의 상징적인 역할을 했던 아나가 맡게 되는 것 또한 매우 의미심장한 것이었다.

3. 민주화 시대의 도래와 알모도바르의 등장

1973년부터 병상에 누워 있던 프랑코가 1975년 11월 사망하자 스페인은 다원적인 민주사회로의 뒤늦은 여행을 시작한다. 프랑코의 죽음을 보는 시각은 정치적 입장에 따라 달랐지만, 스페인 대중들은 스페인 사회의 급속한 자본주의화와 함께 60년대 말 이후로 밀어닥친 범세계적인 자유주의 물결을 인지하고 있었기 때문에, 프랑코의 퇴장이 가져 올 스페인 사회의 본격적인 유럽화에 대해 내심 기대감도 갖고 있었다. 이러한 기대감은 당장 자유의 향유로 이어졌다. 물리적인 제재가 없어지자 스페인 대중들은 우선 일차적으로, 그동안 금지되었던 자유를 누리려 했던 것이다. 이런 이유로 프랑코 사망 후 첫 시기는 술, 마약, 섹스가 일상사를 지배한 무절제와 방종의 시기가 되었다.

바로 이 시점에서 유명한 '환멸desencanto'이라고 하는 의식이 태생하게 된다. '환멸'의 의식은 좌우파를 막론하고 당시의 상황에 회의적이었던 모든 사람들에 의해 공유되었다. 좌파는 좌파대로 우파는 우파대로, '프랑코에 맞서며 더 행복했네Contra Franco vivíamos mejor' 또는 '프랑코 밑에서 더 행복했네Bajo Franco vivíamos mejor'라는 자조 섞인 탄식을 터뜨리게 되었다. 그만큼 당시의 방종적 사회 분위기는 좌우파 모두에게 실망스러운 것이었는데 1981년 2월 23일의 쿠데타는 극우파 군부의 '환멸' 의식에서 비롯된 것이었다. 이 사건은 국회 단상에서 권총을 겨누고 있는 테헤로 대령의 다소 코믹한 사진과 함께 소개되며 스페인의 역사서에는 현실을 오판한 엉뚱한 시도로 기술되고 있지만 분명 사회 일각의 시각을 반영하는 것이었다. 이 쿠데타가 실패한 것은 스페인 대중들의 민주화, 유럽화에 대한 열망이 그 만큼 컸었기 때문이지 결코 현실에 대한 불만이 적었기 때문은 아니다.

이러한 사회 분위기 속에서 '환멸'에 대해 젊은 층이 대답을 내놓는 것이 모비다La movida 문화였다. 60년대 말부터 세계를 휩쓴 젊은 세대들의 자유주의적 저항 문화에서 소외되어 있던 스페인에서 젊은 예술가들을 중심으로 일어난 모비다 문화는, 시기적으로 늦기는 했지만 스페인 젊은 세대가 세계적 조류에 합류한 것을 의미했다. 따라서 모비다는 태생적으로 상당히 외부 모방의 성격이 강했다. 우선은 그 시절 유럽의 젊은 층이 향유하던 팝 음악과 정치의식을 그대로 모방하여 자기 정체성으로 만들었고, 그 결과 펑크, 마약, 페미니즘, 게이 해방 운동이 유행하게 되었다. 이러한 이유로 비록 모비다 문화가 서구에서 먼저 생겨난 젊은 세대의 문화에서 영감을 받아 시작된 것이기는 하지만 스페인의 지역적인 요소들이 상당히 가미되었다. 게다가 당시 스페인의 사회적 분위기와 맞물려 서구의 펑크나 히피 문화에 비해 훨씬 더 환호적인 기질을 가지고 있었음이 자주 지적된다 (Toribio, 2000: 275).

페드로 알모도바르Pedro Almodóvar는 바로 이러한 모비다 문화의 중심인물이었다. 라 만차의 작은 마을에서 상경하여 전화국에서 일하며 취미로 단편 영화를 찍던 그는 이러한 언더그라운드 문화에 심취하였다. 그는 영화 촬영 외에도 '파티 디푸사Patti Diphusa'라는 필명으로 『마드리드의 달』을 비롯한 언더그라운드 잡지에 코믹 콩트를 기고하기도 했다. 그리고 독립극단 '불량배들Los Goliardos'에서 활동하기도 했으며, '알모도바르와 맥나마라'라는 펑크 록 그룹을 결성하여 드랙drag 가수로 활동하는 등 다양한 활동을 벌이는 등 모비다를 이끌었다. 그의 첫 번째 상업 영화인 <페피, 루시, 봄, 그리고 대단한 여자 아이들*Pepi, Luci, Bom y otras chicas del montón*> (1980)과 두 번째 영화 <열정의 미로*Laberinto de pasiones*>(1982)는 당시의 모비다에 대한 기록물로서 모비다의 실제 모습을 고스란히 반영하고 있다. 가령 <페피, 루시, 봄>에 등장하는 봄과 그녀의 친구들은 실제의 언더그라운드 록 밴드의 멤버들이었고 그들이 부르는 저속한 노래들 역시 당시 유행하던 음악이었다. 알모도바르는 모비다가 유행하던 1980년대 초반에 대해, "마드리드가 세계인들의 입을 떡 벌어지게 만든, 광란적이고 즐겁고 창조적이고 열정의 밤으로 가득 찬 시대였다"[5]고 회고하며 자부심을 드러낸다.

모비다의 실제 영상을 담은 언더그라운드풍의 영화를 만들어 유명해진 알모도바르는 모비다의 열기가 식자 <어둠 속에서*Entre tinieblas*>(1983), <내가 뭘 했다고 이런 꼴을 당해야 하나?*¿Qué he hecho yo para merecer esto?*>(1984), <마타도르*Matador*>(1985) 등에서부터 장르 영화의 문법을 따르는 영화를 만들기 시작한다. 그 당시 유행 영화장르였던 이탈리아 네오리얼리즘, 멜로드라마, 느와르 영화의 문법을 따르기 시작한 것이다. 물론 이런 영화들에도 알모도바르 특유의 익살과 파격이 가미됨으로써 결과적으로 이전 스페인 영화에서 볼 수 없었던 독특한 미학의 작품들이 탄생되었다.

스페인의 비평가들은 영화제작을 제대로 배운 적이 없는 알모도바르의 거친 영화를 평가절하했지만 관객들의 반응은 달랐다. 게다가 해외 비평가들은 알모도바르의 영화가 보여 주는 새로운 스페인의 모습에 감탄했고, 그를 새로운 스페인 문화의 아이콘으로 여기게 되었다. 초기에는 예술 영화관에서 상영되던 알모도바르의 영화는 점차 관객의 인기를 얻게 되자 대형 상영관에서 개봉되었다. 알모도바르의 영화에서 프랑코 시대의 문화를 쇄신할 가능성을 본 사회노동당 정부는 <마타도르>에서부터 제작비의 50퍼센트를 지원하고 나섰다. 이에 고무된 알모도바르는 본격적인 동성애 영화인 <욕망의 법칙*La ley del deseo*>(1987)을 만들었는데 아직 동성애에까지 받아들일 준비가 되어 있지 않은 스페인 관객을 고려하지 않고 상황을 너무 낙관한 것이다. 소수자를 위한 영화를 만드는 게이 감독으로 분류될 위기에 처한 그는 1988년, 그의 영화로서는 매우 드물게 동성애는 물론 이성애

5 "Vuelve *Entre tinieblas*," *El País* 8 de agosto de 1996.

<신경쇠약 직전의 여자들>

의 섹스신이 전혀 들어 있지 않은 <신경쇠약 직전의 여자들*Las mujeres de al borde de un ataque de nervios*>을 만들었고 이 영화는 스페인에서만 180만 명의 관객을 동원하여 기록적인 성공을 거두었다.

그렇다고 해서 이 영화가 철저하게 상업영화의 논리로 일관한 것은 아니었다. <신경쇠약 직전의 여자들>은 남자에게 버림받은 여자들의 얽히고설킨 관계를 보여 주는데, 이 속에서 바람둥이 남성과 마초적 경찰은 우스꽝스럽게 희화화된다. 오히려 버림받은 여자들은 서로 위로하고 연대하며 남성중심의 사회를 전복할 긍정적인 가능성을 부여받는다. 물론 이 영화에서도, 남자이지만 마초적이지 않고 동정심이 있는 사람은 우호적인 시선을 받게 되고 여자이지만 가부장적 논리에 함몰된 전통적 사고관의 사람은 비판되고 공격당한다. 이러한 페미니즘적 함의와 알모도바르 특유의 익살 덕분에 <신경쇠약 직전의 여자들>은 아카데미 최우수 외국어 영화상 후보작에 오르고 스페인 최고 권위의 고야상을 휩쓰는 등 비평가들의 찬사를 받았다.

알모도바르는 1988년 동생인 아구스틴 알모도바르와 함께 '욕망El deseo'

이라는 영화사를 차리고 직접 제작에도 참여한다. 그리고 <날 묶어 줘 *¡Átame!*>(1988), <하이힐*Tacones lejanos*>(1991), <키카*Kika*>(1993) 등 자신의 개성 있는 스타일을 원숙한 영화적 테크닉으로 녹여 낸 걸작들을 잇달아 개봉하여 스페인에서는 물론 세계적으로도 성가를 높인다. 이때부터 한국에도 알모도바르의 영화가 개봉되기 시작했다. 이후로 그가 새 영화를 만들 때마다 국내의 개봉관에서 상영되었고 한국에도 그의 영화를 좋아하는 팬들이 생겨났다. 알모도바르의 영화는 해외에서 상업적으로 의미 있는 성공을 거둔 최초의 스페인 영화였다. 물론 부뉴엘, 베를랑가, 사우라 등이 유럽 영화계에서 거장으로 자리매김했지만 그들의 영화는 주로 비평가들이나 소수의 시네필로부터 추앙을 받은 것이었지 대중적인 성공을 거둔 경우는 드물었다. 그런 면에서 알모도바르의 세계적 성공은 알모도바르 개인의 영예를 넘어 민주화 시대 스페인 영화의 전환점이 되었다.

4. 1990년대와 스페인 영화의 르네상스

알모도바르의 영화는 스페인 영화가 상업적으로도 해외에서 성공할 수 있다는 것을 보여 줌으로써 다른 감독들에게 결정적인 영감을 제공했다. 알모도바르의 스타일을 모방하여 후안 호세 비가스 루나Bigas Luna, 비센테 아란다Vicente Aranda, 페르난도 트루에바Fernando Trueba 등이 화제작을 내놓았다. 이들의 대표작인 <하몽 하몽*Jamón, Jamón*>(1992), <연인들*Amantes*>(1991), <아름다운 시기*Belle Époque*>(1993) 등의 영화가 해외에서 큰 성공을 거두며 스페인 영화의 본격적인 부흥기를 열었다. 작품성 측면에서 그리 대단하다고 할 수 없는 <아름다운 시기>가 1993년 오스카상에서, 대단한 호평을 받았던 첸 카이거의 <패왕별희>를 물리치고 최우수 외국어 영화상을 수상한 데에는 이 시기 스페인 영화의 유행이 한몫을 하였음이 틀림없다.

이러한 영화들의 성공과 함께 해외 시장에서 '스페인 영화'라고 하는 전

세계인의 사랑을 받는 한 장르가 탄생하게 되었다. 실제로 세계의 관객들은 '스페인 영화'를 한 장르로 받아들이며 공통적인 스타일을 상상하게 되었다. 이는 스페인 영화 전문가 스미스가 규정한 대로, 스타일 있는 에로티시즘, 정열과 고통의 혼합, 부조리한 유머다(Smith, 2000: 138). 이것은 일찍이 알모도바르의 영화가 해외관객들에게 제공하던 것들로서 스페인 영화의 고유한 미학으로 자리를 잡게 되었던 것이다.

이러한 상업영화의 중흥을 바탕으로 새로운 감수성과 재능으로 무장한 젊은 세대 감독들이 대거 등장한 것이 1990년대 스페인 영화의 르네상스를 여는 결정적인 요인이 되었다. 이들은 훌리오 메뎀Julio Medem, 1958~, 산티아고 세구라Santiago Segura, 1965~, 이시아르 보야인Icíar Bollaín, 1967~, 페르난도 레온 데 아라노아Fernando León de Aranoa, 1968~, 알레한드로 아메나바르Alejandro Amenábar, 1972~ 등이다. 이들 감독들의 특징은 앞선 세대에 못지않은 치열한 사회의식과 작가성을 가지고 있으면서도 상업적인 면에도 상당히 신경을 쓴다는 것이다. 또 한 가지는 영화매체에 대한 충분한 사유와 이해를 거쳤기 때문에 테크닉면에서 완벽하다는 것이다. 이러한 배경 아래 1990년대에 스페인 영화의 걸작들이 쏟아져 나오기 시작했다.

연령상으로 보았을 때 이 그룹의 대표주자는 1992년 <암소들*Vacas*>로 데뷔한 훌리오 메뎀이다. <암소들>은, 1875년 제2차 카를리스타 전쟁에서부터 1936년 스페인 내전에 이르기까지 60년 동안의 바스크 역사를 압축적으로 표현하고 있는 문제작이었다. 19세기 말 20세기 초 바스크 인들의 삶과 운명을 스페인 현대사의 맥락 속에서 성찰하고 있는 젊은 감독의 스케일은 놀라운 것이었다. <암소들>은 스페인과 해외의 비평가들로부터 극찬을 받았고 이 한편으로 훌리오 메뎀은 일약 지성적 작가주의 감독의 반열에 오를 수 있었다. <암소들>의 성공 이후 메뎀은 1993년 <붉은 다람쥐*La ardilla roja*>, 1996년 <대지*Tierra*>, 1998년 <북극권의 연인들*Los amantes del círculo polar*>, 그리고 2001년 <루시아와 섹스*Lucía y el sexo*>를 발표한다. 이 작품들은 데뷔작 <암소들>보다 훨씬 상업지향적인 성격을 갖고 있었고 실제로 <북극권의 연인들>이나 <루시아와 섹스>의 경우엔 스페인 국내와 해외에서 상당한 상업적 성공을 거두었다.

이시아르 보야인은 1967년 마드리드에서 태어났는데, 아버지는 바스크 출신의 기업인이었고 어머니는 음악선생님이었다. 그녀는 열다섯 살에 빅토르 에리세의 <남쪽>에 캐스팅 되어 연기자로 데뷔하였다. 에리세는 그 당시 보야인의 연기력을 보고 발탁한 것이 아니라 오히려 그녀의 병적인 수줍음이 극중 역할에 맞을 것이라고 보았다고 했다(Zavala, 2007: 288). 보야인은 에리세의 영화에 연기자로서 데뷔한 후, 조지 오웰의 『카탈로니아 찬가』를 바탕으로 스페인 내전을 영화화한 켄 로치 감독의 <대지와 자유*Land and Freedom*> 등 여러 편의 영화에 출연하였다. 연기자로 활동하던 보야인은 감독이 될 것을 결심하고 이구아나La Iguana라는 제작사를 세운다. 그리고 1995년, 두 십대 소녀의 방황을 담은 <안녕, 혼자 있니?*¿Hola, estás sola?*>를 연출하며 감독으로 데뷔하였다. 이 영화에는 현대 스페인 사회를 살아가는 결손가정 소녀들의 정신적 공황과 심리가 여성감독 특유의 섬세한 감수성에 의해 세밀하게 포착되고 있다. <안녕, 혼자 있니?> 이후 보야인 감독은 좀 더 본격적으로 사회적인 문제에 천착하기 시작하는데, 1999년 <외지에서 온 꽃*Flores de otro mundo*>은 스페인의 농촌남성과 외국 이주여성이 짝을 이루고 있는 스페인 농촌의 현실을 담은 문제작이다.

적어도 상업적인 면에서 가장 비중 있는 천재감독의 등장은 1995년, 대학 3학년인 23세의 청년 알레한드로 아메나바르가 <논문*Tesis*>으로 데뷔한 것이었다. <논문>은 대단한 상업적 성공을 거두었고 1997년 고야 영화상에서 최우수 작품상을 비롯하여 8개 부문을 휩쓺으로써 스페인 영화계를 이끌어 갈 새로운 주역의 탄생을 알렸다. 아메나바르는 어릴 적부터 할리우드 영화를 보고 자란 글로벌한 감수성의 소유자로서 미국 장르 영화의 문법에 익숙하며 그의 영화 역시 이러한 문법을 차용하고 있다. 실제로 <논문>은 미국 호러영화의 문법을 스페인 사회를 배경으로 솜씨 좋게 옮겨 와 상당한 극적 흥미를 주었다.

<오픈 유어 아이즈*Abre los ojos*>는 1997년 스페인 영화 중에서 가장 큰 상업적 성공을 거두었다. 비평적으로도 큰 성공을 거두었는데 1998년 토쿄 영화제에서 대상을 수상했다. 또한 선댄스 영화제에 출품되었을 때 이 영화에 감동한 미국 배우 톰 크루즈Tom Cruise는 영화의 리메이크 권리를 샀다. 그리고 카메론 크로Cameron Craw 감독이 연출을 맡아 2001년 <바닐라 스카이Vanilla Sky>가 완성되었다. 흥미롭게도 이 영화에도 <오픈 유어 아이즈>와 마찬가지로 페넬로페 크루스가 소피아 역을 맡아 출연하였다.

젊은 감독들이 세련된 영화 테크닉으로 흥행성 있는 작품들을 만들어 내는 동안 알모도바르의 영화 역시 1990년대로 넘어가면서, 초기의 거친 화면과 도발적 사회성이 순화되면서 세련된 미장센과 짜임새 있는 서사를 바탕으로 대중 친화적으로 변모하게 된다. 그리하여 <라이브 플레쉬*Live Flesh*>(1997), <내 어머니의 모든 것*Todo sobre mi madre*>(1999), <그녀에게 말해요*Hable con ella*>(2002) 등의 작품들은 알모도바르 영화의 원숙미를 보여 주었고 상업적으로 크게 성공했다. 보편적 관객을 상정하지 않는 알모도바르 영화의 도발성 때문에 그의 손을 들어 주길 주저하던 미국 주류 비평계도 흠잡을 데 없는 그의 작품성을 인정하지 않을 수 없었고 <내 어머니의 모든 것>에 이르러 아카데미 최우수 외국어영화상을 수여했다. 그리고 그 다음 작품 <그녀에게 말해요>가 더욱 좋은 평판을 받자 최우수 각본상을 주었다. 이로써 알모도바르는 한 부류의 팬들이 좋아하는 감독이 아니라 헐리우드까지 인정하는 보편적인 감수성의 감독이 되었다.

5. 최근의 스페인 영화

세계화의 거친 풍파 속에서도 최근의 스페인 영화는 안정된 인프라를 바탕으로 순항하고 있다. 영화 제작 편수는 그동안 꾸준히 증가하여 2010년에는 200편에 도달했고 전체영화 관객에 대한 스페인 영화의 점유율은

12~16퍼센트를 유지하고 있다. 관객 수는 1억 명을 넘어선 후 조금씩 감소하고 있는 추세이다. 이것은 DVD나 인터넷 다운로드 등을 통해 집에서 영화를 보는 사람들이 늘어나면서 영화관에 가는 관객이 줄어들고 있는 세계적인 현상이다. 그러나 스페인 영화의 경우, DVD 판매나 수출 등 부가 판권의 수입이 전체 수입의 50퍼센트를 넘기 때문에 스페인 내의 극장관객이 줄어드는 것으로 인해 큰 타격을 입지는 않고 있다.

앞서 설명한, 90년대에 등장한 젊은 감독들은 2000년대에 더욱 활발하게 작품활동을 전개하며 흥행력과 작품성을 동시에 갖춘 걸작들을 만들어 내고 있다. 그중에서 가장 두각을 나타내고 있는 감독은 1995년 <논문>으로 데뷔한 알레한드로 아메나바르다.

아메나바르의 <오픈 유어 아이즈>를 리메이크한 <바닐라 스카이>를 만든 헐리우드는 아메나바르에 거액을 투자하여 영화를 만들도록 한다. 아메나바르는 자신이 대본을 쓰고 연출과 음악을 맡은 영화에 니콜 키드만을 주연으로 캐스팅하여 <디 아더스*The Others*>를 만들었다. 이 영화는 전세계적으로 히트했고 스페인에서만 640만 명의 관객을 동원하여 스페인 영화 사상 — 스페인 영화로 볼 수 있을지 논란이 있지만 — 최다 관객을 기록했다.

아메나바르는 2004년, 안락사를 요구한 사지마비자 라몬 삼페드로의 실화를 바탕으로 <바다 속으로*Mar adentro*>를 만들어 스페인에서 400만 명의 관객을 동원했을 뿐만 아니라 스페인 고야상의 15개 부문을 석권하는 신기록을 세웠고 아카데미 최우수 외국어 영화상 등 해외 주요 영화상을 휩쓸었다. 비교적 단순한 스토리 임에도 불구하고 하비에르 바르뎀의 뛰어난 연기와 아메나바르의 완벽한 영화적 테크닉 덕분에 단숨에 현대의 고전으

최근 스페인 영화 주요 지표

	2006	2007	2008	2009	2010
제작편수(공동제작)	150(41)	172(57)	173(49)	186(51)	200(49)
자국영화 점유율(%)	15.4	13.5	15.4	15.9	12.7
총관객수(단위: 1,000명)	121,650	116,930	107,810	109,99	101,600

자료: 스페인 문화부: www.mcu.es.

로 인정받을 수 있었다.

1990년대에 잇따른 화제작을 만들며 스페인 영화계의 거장으로 떠 오른 훌리오 메뎀은 2000년대에도 활발하게 활동하고 있는데 그가 2003년에 만든, 바스크 분리주의 문제에 관한 다큐멘터리 <바스크 볼: 돌에 부딪히는 피부*La pelota vasca: la piel contra la piedra*>는 스페인 사회에 큰 파장을 몰고 왔다. 그는 이 작품에서, 바스크 분리주의 문제에 대해 자신은 절대 중립의 위치에 있음을 여러 번 강조하며 무장투쟁단체 ETA에 대해 여러 관점의 인터뷰를 담았다. 그럼에도 <바스크 볼>은 바스크 민족주의를 지지하는 입장으로 해석되어, ETA의 테러에 의해 희생된 경찰이나 정치인들의 유가족들의 거센 항의를 받았고 보수 언론의 공격을 받았다. 이 작품이 2004년 고야상의 다큐멘터리 부문의 후보작으로 오르자, 고야상 시상식에서 ETA 희생자 협회는 이 작품의 후보 철회를 요구하는 거센 시위를 벌였다.

자신이 분리주의 지지자가 아님을 밝히려 했는지 메뎀은 2007년 초국주의적transnational 관점을 표명하는 <혼란스러운 아나*Caótica Ana*>를 발표하였다. 이 작품에서 메뎀은, 주인공 아나의 연인으로 아프리카 소수민족 출신의 연인을 설정함으로써 그가 그동안 작품의 배경으로 삼았던 바스크 지역은 물론 스페인의 국가적 경계를 넘어 초국가적인 관점으로 나아가고 있다.

1990년대 여성영화 감독 2세대의 기수로 떠올랐던 이시아르 보야인은 가정 폭력을 다룬 <내 눈도 가져가*Te doy mis ojos*>(2003)를 만들어 사회의식에 투철한 그의 작품 세계를 이어 갔다. <내 눈도 가져가>는 가정폭력을 행사하는 사람의 병리적 심리, 폭력을 당하는 사람의 공포와 심리상태를 세심하게 짚어 가며 갈등의 과정과 필연적인 결말을 리얼하게 묘사함으로써 관객들의 전폭적인 공감을 얻을 수 있었다.

최근작 <빗물마저도*También la lluvia*>(2011)에서는 영화의 공간을 라틴아메리카의 볼리비아로 옮겨 가, 신자유주의 경제논리 하에서 수도 민영화로 인해 물마저 빼앗긴 볼리비아 인들의 비참한 상황을 고발하고 있다. 이 영화에서 스페인 영화촬영팀은 콜롬버스를 비롯한 초기 정복자들의 식민지

<내가 사는 피부>의 알모도바르와 안토니오 반데라스

수탈을 고발하는 진보적 정치성의 영화를 만들기 위해 볼리비아로 가는데, 촬영팀의 정치적 위선이 볼리비아 사람들의 비참한 현실 앞에서 신랄하게 비판된다.

한편, 세계적 거장이 된 알모도바르의 영화 작업은 2000년대에도 꾸준히 이어진다. 그는 공전의 성공을 거둔 <그녀에게 말해요*Hable con ella*>(2002) 이후, <나쁜 교육*La mala educación*>(2004), <귀향*Volver*>(2006), <부서진 포옹*Los abrazos rotos*> (2009), <내가 사는 피부*La piel que habito*>(2011)를 잇따라 개봉하며 세계 전역의 스크린에서 거장 감독으로서 그의 존재를 확실히 한다. 스페인이 민주화된 초기에 게이 문화 운동가로서 출발한 그가 세계적 거장이 된 이력을 반영하듯 2000년대의 영화들은 80, 90년대의 영화들에 비해 형식면에서나 주제면에서 확실히 세련돼졌고 표현방식에 있어서도 순화된 양상을 보인다. 그래서 보다 많은 관객을 모을 수 있었지만 비평가들은 알모도바르 특유의 거침없는 파격과 부조리한 유머가 희석된 것을 아쉬워한 것도 사실이다.

하지만 그렇다고 해서 알모도바르의 영화가 특유의 색채와 주제의식을 모두 잃어버린 것은 아니다. <나쁜 교육>이나 <귀향>에는 초기 영화에서 빈번하게 등장했던 프랑코 시대에 대한 비판의식이 온전하게 남아 있다. 특히 수도원에서 교육을 받은 남자아이가 신부에 의해 성폭행을 당함으로써 게이가 된 서사를 다루고 있는 <나쁜 교육>의 메시지는 분명하다. 다른 영화에서도 동성애, 복장도착, 성전환 등 알모도바르가 선호하는 주제들이 자주 등장하고 있다.

이러한 작가주의 영화들 외에 최근 스페인 영화에서 주목할 만한 현상은 이른바 블록버스터형 상업영화들의 등장이다. 산티아고 세구라Santiago

Segura는 자신이 탐정으로 출연하는 <토렌테*Torrente*> 시리즈를 만들어 상업적인 면에서 공전의 성공을 거두었다. 이 영화들의 주인공인, 음식과 섹스를 탐하는 배불뚝이 탐정 토렌테는 갱들 사이에서 좌충우돌하는 반영웅이다. 스페인 영화 역대 흥행 리스트에서 <토렌테 1편>(2001)이 12위, <토렌테 2편>(2001)은 3위, <토렌테 3편>(2005)은 6위를 차지했을 정도로 <토렌테> 시리즈는 큰 인기를 모았지만 저질스러운 코미디 영화에 불과하다는 것이 비평계의 중론이다.

최근 스페인 상업영화에서 또 다른 흥행 영화는 단연 판타스틱 호러 장르다. 이것은 매우 최근의 현상인데 스페인에서 만들어진 판타스틱한 호러 영화나 좀비 영화가 세계적으로 히트한 것이다. <어둠*Darkness*>(2003), <판의 미로*Laberinto del fauno*>(2006), <고아원*El orfanato*>(2007), <Rec>(2007) 등이 대표적인 작품이다. 한국에서 가장 많은 수입을 올린 스페인 영화로 이 작품들이 선두에 있을 만큼 한국을 비롯해 세계적으로 많은 수입을 올렸다.

이렇게 최근의 스페인 영화는 작가주의 영화의 건재와 함께 상업영화도 발흥하는 이상적인 상황을 맞고 있다. 산업적으로 보자면 스페인 TV 회사들로부터 많은 자본이 영화제작에 흘러들어오고 있는 것이 큰 힘이 되고 있다. TV 프로그램에 영화를 많이 편성하고 있는 스페인 TV가 영화계에 선투자 할 수 있도록 법령을 통해 유도한 것이 효과를 발휘하고 있는 것이다. 또한 합작 프로그램 등을 통해 이베리아 반도와 라틴아메리카가 하나의 영화시장으로 통합되고 있는 현상 또한 많은 도움이 되고 있다. 거대 시장은 많은 자본을 투입한 영화의 제작을 가능하게 하고 이로써 양질의 영화가 제작될 수 있는 환경이 마련되기 때문이다. 스페인 출신의 하비에르 바르뎀Javier Bardem, 페넬로페 크루스Penélope Cruz, 마리벨 베르두Maribel Verdú, 멕시코 출신의 가엘 가르시아 베르날Gael García Bernal, 셀마 하엑Selma Hayek, 아르헨티나 출신의 세실리아 로스Cecilia Roth, 미아 마에스트로Mía Maestro 등의 배우들은 국가의 경계를 넘어 스페인 어권 전체의 스타로 군림하고 있다.

라틴아메리카와의 시장 통합으로 인해 라틴아메리카의 걸출한 재능들이 스페인 영화에 유입되며 많은 화제작들이 만들어지고 있다. 멕시코 감독 곤살레스 이냐리투González Iñarriú가 하비에르 바르뎀을 기용하여 바르셀로나를 배경으로 찍은 <비우티풀*Biutiful*>(2011)이 그런 예가 될 것이다. 이렇듯 스페인 영화는 앞서 언급한 것처럼 새로운 환경을 우호적으로 활용하고 있는 듯하다. 부뉴엘, 사우라, 에리세 등이 남긴 지성적 영화의 전통을 이어가며, 알모도바르를 필두로 메뎀, 보야인, 아메나바르 등 후세대의 감독들이 상업성을 잊지 않은 새로운 작가주의의 모델을 제공함으로써, 스페인 영화는 세계화 시대에 내셔널 시네마가 가야 할 길을 제시하고 있다.

참고문헌

임호준(2006), 「새로운 스페인 영화: 내전의 트라우마와 남성성의 위기」, 피종호 외(2003), 『유럽영화예술』, 한울미디어, pp. 148-172.

______(2006), 「세계화시대 스페인 영화산업」. 『스페인어문학』 39: 313-333.

______(2006), 알모도바르의 영화: 전지구성과 지역성」, 피종호 외(2003), 『유럽영화예술』, 한울미디어, pp. 275-295.

______(2009), 「작가주의와 정치성: 훌리오 메뎀 영화의 바스크성」, 『이베로아메리카연구』 20.2: 1-20.

Blanco, Víctor Fernández (1998), *El cine y su público en España: Un análisis económico*, Madrid: Datautor.

Castro, Antonio (2010), *Las Películas de Almodóvar*, Madrid: Edciones JC.

Hopewell, John (1986), *Out of the Past: Spanish Cinema after Franco*, London: BFI.

Smith, Paul Julian (2000), *Desire Unlimited: The Cinema of Pedro Almodovar*, London: Verso Books.

Torres, Augusto M. (1996), *Cine Español*, Diccionario Espasa. Madrid: Espasa.

Toribio, Núria Triana (2000), "A Punk called Pedro: la movida in the films of Pedro Almodóvar," Barry Jordan and Rikki Morgan-Tamosunas (eds.), *Contemporary Spanish Cultural Studies*, London: Arnold; New York: Oxford University Press.

Zavala, Juan (2007), "Elio Castro-Villacañas y Antonio C. Martínez," *Lo que yo te diga: el cine español contando con sencillez*, Madrid: Maeva ediciones.

플라멩코와 투우에서 보는 스페인 문화의 역동성

김상유

1. 낭만과 열정의 상징으로서의 플라멩코와 투우

붉은 원색의 화려한 옷을 입은 플라멩코 무희가 신들린 듯한 자태로 힘차게 발을 구르는 곳, 이글거리는 태양 아래 성난 황소가 콧김을 내뿜으며 금빛 투우사를 노려보는 곳, 장중한 성당이 굽어보는 가운데 흥에 겨운 사람들의 떠들썩한 소리가 끊임없이 이어지는 곳, 이것은 바로 우리가 흔히 떠올리는 스페인의 모습이다.

스페인에서 삶의 모습은 사계절에 따라 대단히 역동적이다. 3월 중순에 열리는 발렌시아의 불꽃축제에 맞춰 투우 시즌이 시작되며, 세비야의 성주간과 4월 축제로 스페인의 삶은 점차 달아오르기 시작한다. 5월이 되면 햇살은 따사로워지고 꽃은 앞 다퉈 피기 시작한다. 봄의 절정기인 이때가 스페인을 여행하기에 가장 적합한 시기라 할 수 있다. 7월로 접어들면서 팜플로나의 산 페르민 축제로 대표되는 광란의 여름이 도래하여 8월 말 부놀의 토마토 축제로 이어진다. 여름 내내 비 한 방울 내리지 않고 작렬하는 태양 아래 눈부시게 빛나는 지중해 연안의 하얀 집들은 인상적이다. 9월이 되면 스페인은 결실의 계절을 맞는다. 남부의 헤레스에서 성모에게 첫 포도즙을 올리기 위해 포도 밟기 의식을 하는 가을 축제가 개최된다. 포도주의 명산지인 북부의 리오하에서 포도 축제가 열리고 중부의 라만차 지방에서는 온 가족을 동원하여 사프란을 수확한다. 10월 사라고사의 필라르 축제와 더불어 투우 시즌이 마감되고 스페인은 겨울로 접어든다. 12월 말부터 시작되는 2주간에 걸친 연휴를 통해 성탄절과 새해맞이 행사가 열리고, 2월에는 스페인 전역에서 새봄을 알리는 카니발이 거행된다. 열린 국민성을 지닌 스페인 사람들은 이러한 행사들을 치르면서 이방인들과 자연스럽게 어울리며 함께 즐기는 것을 좋아한다.

흔히 스페인 문화의 독특함이 다양한 문화적 유입과 그 혼합으로 비롯되었다고 이야기하는데, 그 결과물 중의 하나가 바로 플라멩코 음악과 춤이라 하겠다. 플라멩코가 발생하게 된 문화사적 배경에는 기독교 문화와 유대교 문화에 근간을 둔 음악적 요소뿐만 아니라 이베리아 반도를 점령했던 이슬람 세력이 남긴 음악적 자취가 진하게 감돌고 있다. 이러한 문화적 배경 속으로 집시들 또한 15세기부터 인도의 예술 문화를 가지고 들어오게 된다. 선천적인 방랑문화와 음악적 재능을 소유한 집시들은 플라멩코 음악과 춤의 발생에 커다란 역할을 한 계층이다. 그들은 음악을 만들어 내고, 춤을 전승함에 있어 활발하게 활동했다. 즉흥적이고 화려한 집시음악은 이슬람, 기독교, 유대 문화 등과 융화하면서 안달루시아의 전통 음악을 만들었으며, 이 지역 음악은 스페인 문화의 전형으로까지 발돋움하게 된다. 이는 스페인이 포용한 여러 문화들이 혼합되어서 만들어진 예술적 결정체 중 하나가 플라멩코임을 뜻하는 것이며, 특수한 지방 음악으로 싹트고 자라났지만 어느새 스페인이라는 국가 이미지를 상징하는 문화로 자리 잡았다는 것이다.

이러한 플라멩코 못지않게 투우 또한 스페인을 강렬하게 대변하는 문화 양식이다. 스페인의 투우는 단순히 소를 죽이는 행위가 아니라 정교한 의식이 가미된 열정적 삶의 축제다. 이것은 바로 투우가 피와 난폭함이 난무하는 장엄하고도 예술성 높은 행위양식이며, 죽음의 위험이 있는 만큼 강렬한 행위이기 때문이다. 스페인의 투우에서는 최후의 순간에 소를 죽이지만 포르투갈이나 프랑스의 경우는 마구를 채우거나 소가 공격하지 못하도록 제지하는 것으로 끝낸다. 그러므로 스페인의 투우와 연관된 상징들은 포르투갈이나 프랑스의 투우와 관련된 상징과는 아주 다를 수밖에 없으며, 이를 통해 스페인 문화의 특성과 국민성이 확연히 구별된다. 또한 투우는 스페인 사회 전반에서 있어 중요한 의식으로 간주된다. 투우는 시작을 알리는 손수건 신호로부터 마지막 순간 성난 황소를 제물로 바치는 과정까지 엄격하게 정해진 순서를 반복한다. 이런 측면에서 투우는 스포츠라기보다는 엄숙한 축제 의식이며, 더 나아가 투우를 통해서 그들이 가진 삶과 죽음에 대한 사고방식까지 엿볼 수 있다. 다시 말해, 투우는 스페인 사회를 이해하기 위한 대표적 문화 코드이자 스페인의 문화적 특징을 함축하고 있는 행위양식인 것이다.

플라멩코와 투우는 우리가 스페인이라는 국가에서 가장 먼저 떠올리는 문화 영역이기도 하면서 그들 문화의 대표적 특징을 담고 있다. 따라서 스페인 문화의 가치체계에 다가가기 위해서는 플라멩코와 투우를 반드시 거쳐야 한다.

2. 플라멩코와 문화의 상호작용

1) 플라멩코의 기원

플라멩코Flamenco는 이베리아 반도에서 벌어진 역사적 과정을 대변하는 대표적 음악이자 춤이다. 플라멩코의 발원지인 안달루시아(스페인 남부지방)는 이슬람 문화의 영향을 강하게 받았을 뿐만 아니라 유대인, 집시 등의 유입이 상대적으로 많았던 지역이기도 하다. 따라서 여러 가지 이질적인 요소들이 서로 영향을 주고받으며 새로운 문화를 형성할 수 있는 토대를 가진 지역이라 할 수 있다.

특히 플라멩코의 형성에 커다란 역할을 한 계층은 바로 집시들이다. 집시가 유럽에 처음 모습을 나타낸 것은 그렇게 오래 된 옛날이 아닌 14세기 경이었다. 그들의 출신지는 인도 서북부, 인더스 강 상류의 펀자브 지역이라고 알려져 있다. 처음에는 이들을 이집트에서 온 민족으로 생각하여 '집시'라는 명칭이 쓰이게 된 것이다. 유럽으로 이주한 집시 중 한 부류가 스페인 남부에 정착한 사실을 기록한 최초 자료는 1447년으로 거슬러 올라간다. 그리고 1480년경 기독교 왕국이 이슬람 세력의 그라나다 왕국을 공략할 때, 집시들이 군마를 조달하고 적정을 정찰하는 역할을 수행하였다. 1492년 그라나다를 함락시킨 후, 그 협력의 대가로 카스티야 왕국의 이사벨 여왕은 집시들이 안달루시아의 사크로몬테Sacromonte 언덕에 거주하도록 허락하였으며, 세습적인 면세 특권을 부여하였다. 이후 집시들은 그 언덕에 횡혈식 주거지를 형성했으며, 현재 그 지역은 플라멩코로 유명한 관광지 역할을 하고 있다. 과거 집시들의 주요한 수입원 중 한 가지가 말의 매매였다. 집시들은 말을 조련하고 돌보는 일에 있어 놀라운 능력을 보유하고 있었다. 따라서 방랑하는 집시들에게 말은 생계수단이자 교통수단 역할 또한 겸하는 것이다. 물론 집시들은 간단한 가내수공업 기술을 보유하고 있었고, 목수나 대장장이를 하였다. 그러나 대량 생산 공장이 들어선 현대에 들어와 그들이 가진 기술은 쓸모없게 되었고, 교통수단의 발달로 말도 소용이 없게 되었다. 이 때문에 집시들은 주로 날품팔이나 일용 노동에 종사하긴 하지만, 현대 사회에 적응하지 못하는 모습을 보이고 있다. 이는 그들의 자유롭게 떠돌아다니는 성향뿐만 아니라, 집시들의 독특한 문화 때문일 것이다. 주변 다른 문화를 가진 이웃과 동화해서 정착해서 살지 못하지

플라멩코 공연 모습

만 음악에는 탁월한 재능을 소유하고 있었다. 특히 소유가 간편한 악기들인 바이올린, 아코디언, 기타, 탬버린, 캐스터네츠 등을 능숙하게 연주했으며, 흥겨운 즉흥연주에 일가견이 있었다. 이러한 이유로 집시들은 플라멩코의 형성과 발전에 커다란 영향을 주었다.

플라멩코는 집시를 중심으로 한 사회주변부 계층에서 발생한 음악이라 할 수 있으며, 보통 14세기경부터 지역 민요와 종교 음악을 바탕으로 형성되기 시작했다. 서서히 플라멩코는 기타 반주에 즉흥적인 춤을 곁들인 노래로 구성되어 갔다. 현재 플라멩코는 크게 '혼도Jondo'와 '페스테로Festero'의 두 가지 범주로 나눈다. 그 세부적인 특성이 지역에 따라 약간씩 다른 모습을 보이기 때문에 여러 가지 명칭으로 불리며, 그 종류가 50여 종에 이른다. 짙은 비장미를 동반하는 플라멩코 혼도는 죽음이나 절망을 다루는 장중한 특성을 지니고 있으며, 파타나 축제에서 흔히 연주되는 플라멩코 페스테로는 사랑과 즐거움을 경쾌하게 노래한다. 플라멩코 혼도에 속하는 대표적인 것들은 불레리아스Bulerías, 파루카Farruca, 마르티네테Martinete, 미네라Minera, 페테네라Petenera, 솔레아Soleá, 티엔토Tiento 등이 있으며, 플라멩코 페스테로에 속하는 것으로 세비야나스sevillanas, 룸바 히타나Rumba Gitana, 탕기요스Tanguillos, 알레그리아스Alegrías 등이 있다.

비록 플라멩코라는 용어가 어디서 유래되었는지 정확한 기원은 밝혀지지 않았지만, 플라멩코는 스페인 어로 플랑드르 인, 아랍 어로 '땅 없는 농부fellah mengu' 등의 의미가 있으며, 플라멩코라는 표현이 유래했을 법한 비슷한 스페인 어 단어로 flama(불꽃), flamante(빛나는), flameante(불타오르는) 등을 나열할 수 있다. 용어의 기원이 어떠하든 간에 플라멩코라는 용어는 음악과 춤을 지칭하기 이전에 특정한 행동유형을 일컫는 말이다. 플라멩코는 소위 자기의 감정을 억제하지 못하는, 열심히 일하기보다는 본능의 즐거움을 추구하는, 그래서 때로는 법의 외곽지대에 사는 사람을 지칭하기도 한다. 긍정적인 의미로 이 표현을 풀이하자면, 부나 명예보다는 자유를 추구하고 일상적인 삶보다는 즉흥적인 개성을 존중하고 깊이 있게 표현하는 사람을 의미한다고 볼 수 있다. 플라멩코가 현대의 음악적 의미로 사용되기 시작한 것은 18세기 중엽이다. 그때 극장에서 오페라의 막간을 이용하여 사람들의 삶을 노래와 춤으로 보여 주기 위해 상연되었고 이 막간 상연에 등장한 사람들은 대부분 집시들이었다. 이러한 이유로 플라멩코와 집시가 같은 의미로 쓰이게 된 것이라 한다.

2) 플라멩코의 특징과 변천과정

플라멩코 음악은 독특한 불협화음으로 이뤄져 있어서, 정형화된 클래식 음악에 익숙한 이에게는 상당히 당혹스러운 느낌을 준다. 이는 플라멩코가 이성적으로 체계화된 음악이 아니라 삶 속에서 우러나오는 진한 감성을 표현하는 비이성적인 특성이 강하기 때문이다. 플라멩코가 논리적이기보다

플라멩코 가수 라 파케라La Paquera의 동상

는 주관과 개성이 강한 음악이기에 그 만큼 정열적인 것이다. 플라멩코는 한스러운 노래를 피를 토하듯 뱉어내거나 절규하듯 소리를 지르기도 한다. 이는 한국의 창이나 판소리와 아주 흡사한 측면이며, 플라멩코가 지닌 동양적인 음악 요소이다. 구체적으로 플라멩코에는 서양 음계에 없는 음과 음 사이를 넘나드는 창법과 더불어 한 음을 중심으로 두고 리듬을 반복하는 특징이 잘 나타난다. 또한 아름다운 목소리보다는 풍부한 표현을 할 수 있는 거친 목소리를 선호하는 측면이 있다. 이러한 음악적인 특징을 통해 인간이 가진 감성을 최대한으로 표출하고, 흥분의 절정에서부터 헤어나지 못하는 아픔까지 모두를 예술로 승화시킨다. 특히 삶의 가장 어둡고 고통스러운 측면을 노래하는 장르를 '칸테 혼도 cante jondo'라 부르는데, 이는 심오한 노래라는 뜻이다.

노래와 음악으로 표현하는 모든 감정을 움직임으로 보여 주는 것이 바로 플라멩코 춤이다. 즉 동작 하나하나에 체계적인 기교를 담는 게 아니라, 주관적 감정을 표현하는 것을 우선시한다. 다른 춤과 비교했을 때 플라멩코의 춤 동작은 사뭇 차이가 있다. 다른 지역 춤은 몸통으로부터 팔과 다리가 독립적으로 움직이며 뜀뛰기를 하면서 하늘로 도약을 꿈꾼다. 반면 플라멩코의 주요 동작은 팔과 다리는 꼿꼿한 몸통을 중심으로 움직이며 특히 발구르기 동작이 강렬하다. 이것은 하늘을 향해 뛰어오르기보다는 땅과의 교감을 강조하는 것이며 천상의 삶보다 지상의 삶을 지향하는 것이다. 그리고 박자는 발로만 맞추는 게 아니라 손바닥으로도 한다. 일반적으로 캐스터네츠를 사용하기도 하지만 순수한 형식의 플라멩코에는 캐스터네츠가 들어가지 않는다. 춤사위에는 어떠한 양식이 정해져 있지 않고 무용수들의 감정과 감각에 맡겨져 있다. 이런 특징에서 플라멩코의 자유분방한 기질을 엿볼 수 있다.

유럽의 다른 어떤 국가보다 스페인 문화는 대중적 전통이 상대적으로 강하다. 먼저 17세기의 스페인 문화 풍토 중 두드러진 것이 바로 대중 혹은 민중들이 즐기던 연극이다. 극작가들은 대중의 취향을 고려하여 그들을 대상으로 작품을 만들었으며, 길거리나 광장과 같은 곳에서 연극은 곧잘 상연되었다. 또한 스페인적인 오페라인 사르수엘라zarzuela[6]도 가장 대중적이며 통속적인 국민들의 삶을 그린 스페인만의 장르다. 이러한 문화적 배경을 가진 스페인에서 19세기 중반경 플라멩코에 대한 대중적인 수요가 일어나 플라멩코의 황금기를 맞이했다. 특히 1840년대에 세비야, 카디스 등 안달루시아 지방에 플라멩코를 위한 '음악 카페'가 들어서기 시작했고, 가수, 무희, 기타연주자 등으로 구성된 플라멩코 그룹들 다수가 결성되었다. '음악 카페'가 생겨나자 그 이전과 비교할 수 없을 정도로 플라멩코 음악과 춤의 기법들이 상당한 발전을 보였다. 그 이전에는 플라멩코 전수자들은 목동, 대장장이, 광부, 농부, 떠돌이 등과 같은 비전문인들이었기 때문일 것이다. '음악 카페'가 생겨나고 대중들의 수요가 커지자 플라멩코 음악을 직업으로 하는 전문가들이 배출되기 시작했다. 이러한 전문직업화는 플라멩코를 크게 변화시켰지만, 다른 한편으로는 짙은 상업성이 가미되면서 부정적인 측면 또한 파생하게 되었다. 즉 '음악 카페'를 찾은 고객들의 취향에 맞추려다 보니 혼이 깃든 무용가들보다 형식적 쇼맨십을 보여 주는 음악가들을 선호했다. 따라서 무용가의 즉흥적인 창안과 혼이 들어가야만 되는 플라멩코에서 반복적인 움직임과 기존 음악의 되풀이만 계속되었다. 이러한 상황을 거쳐 1920년대에 플라멩코 본연의 형식과 정신을 되살리고

6 17세기에 신화나 영웅을 주제로 다룬 귀족들의 오락물로 시작되었다. 첫 공연은 마드리드 근처의 라 사르수엘라에 있는 왕의 저택에서 있었다. 17세기 말과 18세기에 이탈리아 오페라가 인기를 끌면서 이 양식은 쇠퇴했으나, 19세기 중반 유사한 양식인 18세기의 토나디야를 확대하여 대중적인 뮤지컬로 되살아났다. 재치와 풍자가 넘치는 사르수엘라는 등장인물들을 일상생활에서 관찰하여 다루었으며, 그 속에는 민속음악 · 춤 · 즉흥곡이 포함되어 있었다.

플라멩코 공연 모습

자 작곡가 마누엘 파야와 시인이자 극작가인 가르시아 로르카는 그라나다에서 플라멩코 노래와 춤의 전통적 기법에 주안점을 둔 경연대회를 개최한 바 있다. 현대에 들어와 플라멩코의 흐름은 크게 전통성을 지키려는 부류와 새로운 변용을 인정하려는 부류로 나눌 수 있다. 특히 적지 않은 젊은 예술가들은 플라멩코를 고정된 스타일이 아니라 과거와 현재를 아우르며 끊임없이 변화하는 예술 중의 하나로 인정하고 있다. 그 예로 미국의 음악 리듬을 플라멩코에 끌어들인 록-플라멩코를 들 수 있으며, 더 나아가 재즈 리듬까지 받아들이고 있다.

3) 플라멩코와 문화의 상호작용

여러 갈래로 유입된 외래문화가 토착민요와 결합하여 발생한 플라멩코는 이미 스페인을 대표하는 문화적 아이콘이 되었다. 더 나아가 스페인적인 색체로 재탄생한 플라멩코 리듬은 또다시 대서양을 건너 아메리카에서 새로운 리듬을 만들어 내는 데 주요한 역할을 하게 된다. 아메리카 원주민과 아프리카 흑인의 리듬은 플라멩코와 융합되면서 19세기 말에서 20세기 중반까지 다양한 라틴 음악을 탄생시켰다. 즉 여러 문화의 융합에서 탄생한 하나의 문화 양식이 또 다른 문화들과 결합하여 새로움을 창출한 것이다. 그리고 '룸바 히타나Rumba Gitana'와 '콜롬비아나Colombiana'와 같은 춤은 역으로 라틴아메리카에서 유래한 음악과 춤의 영향을 받은 스페인 플라멩코의 새로운 갈래다. 이렇게 본다면 문화의 새로운 창조는 여러 문화의 역동적인 상호작용으로 이루어진다고 할 수 있을 것이다. 따라서 문화는 탄생과 변화와 변용의 과정을 거친 후 다시 재탄생하는 순환성을 지니고 있음을 플라멩코에서 엿볼 수 있다.

3. 투우와 문화의 상대성

1) 황소 신화

수만 년 전 스페인 사람들이 그린 인류 최초의 벽화가 알타미라 동굴에 지금까지 남아 있으며, 그 이외에도 여러 동굴에 태고의 흔적이 보전되어 있다. 특히 알타미라의 동물 그림은 고대 지중해 세계에서 점차 숭배의 대상으로 떠오른 황소를 힘과 생명의 상징으로 승화시켰다. 전기 구석기시대의 어둠 속 벽화를 간직하고 있던 알타미라 동굴이 1879년에서야 발견된 사실도 흥미롭지만, 그 동굴을 발견한 이가 다름 아닌 다섯 살짜리 여자 아이였다는 것에 놀라지 않을 수 없다. 더욱이 알타미라 동굴의 어둠 속에서 떠오른 것은 바로 지금까지 스페인을 지배하고 있는 황소였기에 말이다. 황소는 이베리아 반도의 오수나 지방에 있는 동굴벽화(기원전 3~4세기)에서도 볼 수 있고, 스페인 기산도에서는 황소 석상이 켈트 족의 수호신으로 남아 있다. 스페인 도로를 달리다 보면, 저 먼 언덕 위에 거대한 황소가 듬직하

타일로 만든 게르니카

게 서 있는 모습을 자주 보게 된다. 그것은 오즈번 브랜디를 선전하는 검은 황소 간판이다. 그리고 파블로 피카소는 인류가 자행한 참혹한 비극을 <게르니카>에서 묘사하고 있다. 그 작품 속에서 아기를 두 손에 부여잡고 울부짖는 어머니를 애처로운 눈빛으로 바라보고 있는 것은 다름 아닌 황소다. 이와 같이 황소는 예나 지금이나 스페인에서 군림하며 자신의 위치를 굳건히 지키고 있는 존재라 할 수 있다.

마드리드 고고학박물관에서 소장하고 있는 사람의 머리를 지닌 발라소테의 괴물은 스페인의 황소숭배문화를 지중해 연안이라는 보다 큰 문화권에 직접 연결시킨다. 지중해 문명이 싹튼 크레타 섬은 투우의 발상지로도 알려져 있다. 이는 바로 인간의 몸을 지니고 황소의 머리를 가진 괴물, 미노타우로스 때문이다. 미노타우로스의 실제 이름은 아스테리오스 일명 아스테리온으로, 미노스의 아내 파시파에와 포세이돈이 미노스에게 보낸 황소 사이에서 태어난 아들이다. 비정상적인 사랑에서 태어난 이 괴물을 보고 놀라움과 수치심에 사로잡힌 미노스는 당시 자신의 궁정에 있던 아테네 출신의 장인 다이달로스를 시켜 거대한 미궁을 짓게 하고 그 속에 괴물을 가두었다. 그리고 매년 아테네 인들이 바치는 공물인 일곱 명의 젊은 남자와 일곱 명의 처녀를 그에게 먹이로 주었다. 테세우스는 스스로 제물이 되기를 자청해 이 젊은이들 사이에 끼었고, 아리아드네의 도움을 받아 이 괴물을 죽이고 돌아 나오는 길을 찾아냈다. 이 전설은 황소에 대한 숭배와 거대한 궁전을 가지고 있던 것으로 추측되는 미노아 문명의 흔적을 간직하고 있다. 더 나아가 이 전설은 황소의 힘과 다산성에 대한 동경과 더불어, 인간의 지성과 상상력을 겸비한 근원적인 황소로의 변신에 대한 인간의 열망을 보여 준다는 해석에까지 이른다.

지중해 사람들에게 황소라는 동물은 놀이나 유희에서도 친숙한 존재다. 황소 위로 뛰어오르거나 황소 등을 타고 가는 장면이 묘사되어 있는 크레타 섬의 벽화에서 볼 수 있듯이, 그들은 황소 등 위에 올라서서 균형을 잡고 가는 놀이를 즐겼다. 제우스가 황소로 모습을 바꾸어 에우로페를 유괴한 것에서 알 수 있듯이 황소는 잔인한 폭력을 상징하기도 한다. 이러한 폭력의 상징인 황소가 황도 12궁 가운데 하나의 성좌로 자리 잡게 되면서, 강간의 상징은 우주 창조의 신화로 승화된 것이다.

앞서 언급한 바 있는 미노타우로스를 퇴치한 아테네의 영웅 테세우스는 최초의 투우사로 간주할 수 있을 것이다. 테세우스와 엇비슷한 시대의 영웅인 헤라클레스는 그리스의 황소 신화를 스페인으로 가져왔다. 열두 가지 과업 중에 헤라클레스는 뜨거운 불길로 크레타의 황소를 잡아 제물로 헤라에게 바친 바 있으며, 스페인까지 와서 세 개의 몸을 가진 거인 게리오네우스로부터 붉은 소들을 빼앗아 그리스로 데려간 바 있다. 소들을 가져오기 위해 헤라클레스는 아프리카와 스페인 사이의 지브롤터 해협을 건너야만 했는데, 이러한 전설 덕분에 이 해협은 '헤라클레스의 기둥'이라고 불리고 있다. 그러나 이 명칭은 단순히 지명만을 의미하는 것은 아니다. 그것은 인류의 가장 오래된 의식 중의 하나로서, 성스러운 동물의 제의적 죽음을 통한 통합과 분열을 상징하기도 한다. 헤라클레스는 스페인에서 받은 환대에 대한 답례로 소 몇 마리를 스페인에 되돌려 보냈다고 한다. 그 후 크리사오르 왕은 매년 헤라클레스에게 바치는 황소의 희생제의를 스페인에서 확립시켰다.

헤라클레스는 저 머나먼 고대로부터 시작해서 스페인으로 무수히 건너왔던 이주자들의 상징으로도 볼 수 있다. 스페인에 정착한 이주자들은 헤라클레스처럼 소를 몰며 최초의 대중적 장소인 투우장과 그곳에 이르는 길을 지켜왔으며, 스페인 고유의 황소 이미지를 남겼다. 특히 카를로스 푸엔테스는 투우장을 '공공 장소'로 간주하며 색다른 의미를 부여한다. 그에 의하면 '공공 장소'란 문자 그대로 사람들이 만나서 서로를 알아보고 타자와의 체험을 공유하는 장소로 간주되며, 투우장에서 사람들은 민족을 인식하게 된다고 한다. 가난한 사람이나 시골 사람이나 머나먼 벽지에 고립되어 있는 사람들이나 할 것 없이, 그들 모두는 매주 일요일 오후에 행해지는 의식, 즉 이단적인 미사라고도 말할 수 있는 희생제의를 위해서 투우장에 모인다. 기독교 미사와 투우는 희생이라는 공통의 의미를 가지고 있지만 시간은 서로 달라서, 미사는 오전에 행해지고 투우는 저녁에 행해진다. 따라서 미사는 하늘에서 빛나는 태양 밑에서 이루어지는 투우이고, 투우는 석양 가운데서 행해지는 빛과 그림자의 미사다. 이러한 논리를 연장한다면, 투우사는 인간의 생존을 위해 자연을 굴복시키는 제식을 연출하는 배우라 할 수 있으며, 인간과 자연의 관계 속에 놓여 있는 비극적 주인공이라 부를 수 있다.

2) 투우의 특징

투우는 스페인 사람들이 가진 강한 자존심과 개성을 제대로 보여 준다. 특히 투우의 행사 순서는 독특한 스페인의 문화적 의미를 담고 있다. 스페인

부를라데로

어로 투우를 의미하는 명칭은 '코리다 데 토로스corrida de toros'다. 이 표현을 문자 그대로 번역을 한다면 '황소의 질주'라는 의미를 가지고 있으며, 보통 줄여서 '라 코리다la corrida' 혹은 '로스 토로스los toros'로 부른다. 투우는 주로 일요일 오후의 해질 무렵 즉 해 뜨는 시간과 정확하게 반대되는 시간에 열린다. 먼저 투우는 트럼펫 소리와 함께 대회장이 흔드는 흰 손수건을 신호로 시작된다. 파소도블레pasodoble의 경쾌한 가락에 맞추어 대회 참석자들이 서열 순으로 행진해 들어오는 축하 퍼레이드인 파세이요paseíllo로 화려하게 개막된다. 퍼레이드가 끝나면, 대회장은 첫 번째 소의 등장을 알리기 위해 흰 손수건을 다시 흔든다. 이와 같이 투우 경기의 매 단계가 시작될 때마다 대회장은 흰 손수건으로 신호한다.

투우를 행하는 참여자의 단위를 쿠아드리야cuadrilla로 부르며 보통 세 그룹이 참여하는 게 원칙이다. 쿠아드리야는 여러 명의 투우사로 구성되는데, 흔히 투우사를 통칭하는 표현은 토레로torero이나, 각 투우사들이 맡은 역할에 따라 여러 가지 명칭으로 불린다. 마지막으로 등장해 소를 죽이는 역할을 하는 중심 투우사를 마타도르matador라 부르며, 하나의 쿠아드리야는 마타도르 한 명과 그의 조수들로 구성된다. 각 쿠아드리야는 황소 두 마리를 상대하게 되며, 따라서 한 투우장에서 도합 여섯 번의 투우가 하루에 행해진다.

첫 번째 소가 투우장 안으로 들어오게 되면, 먼저 "부를라데로burladero"라고 불리는 마타도르의 조수 세 명이 그 소와 대결하게 된다. 이들은 자홍색과 황금색으로 된 망토인 카포테capote로 소를 유인해서 투우사가 그 소의 주력 및 움직임의 특색을 살펴볼 수 있도록 하며, 때로는 마타도르 자신이 이 단계부터 참여하기도 한다. 몇 분 후에 마타도르가 경기장 안으로 들어와서 망토를 한 층 더 예술적으로 휘두르면서 용맹스러움을 과시하는데, 여기에 전통적인 베로니카verónica, 투우사가 정지한 채 망토로 천천히 흔들어 소를 다루는 재주도 볼 수 있다. 이때 마타도르가 용맹함을 떨치거나 반대로 관중의 기대에 못 미치거나 하면, 관중들은 감정적으로 반응한다. 마타도르의 용맹함에 감동을 받으면 박수로 환호하며 '올레olé'라고 소리친다. 그러나 반대로 경기가 만족스럽게 못하면 야유하거나 휘파람을 분다. 이렇게 대중들이 마

피카도르

타도르와 상호 반응함으로써, 마타도르가 더 아슬아슬하고 예술적인 몸동작을 펼치도록 부추긴다. 이러한 상호 반응은 다시 관중에게로 되돌아와 사람들을 한층 더 흥분시킨다.

황소와 첫 대면이 끝나면, 두 명의 피카도르picador가 말을 타고 경기장 안으로 들어온다. 피카도르 한 명은 대기 상태로 있고, 다른 한 명은 자신이 타고 있는 말을 향해 소가 돌진해 오도록 약을 올린다. 이는 그가 가지고 있는 기다랗고 뾰족한 창으로 소를 찌르기에 충분한 거리 내로 유인하기 위해서다. 피카도르의 임무는 창으로 소의 등을 찌르는 것으로, 이를 통해 소의 기운을 빼고 주력을 떨어트려 마타도르가 싸울 때 능력을 한껏 과시할 수 있게 한다. 그 다음은 소가 다시 원기를 차리게 만드는 단계로 한층 흥미로운 볼거리를 제공한다. 그것은 바로 세 명의 반데리예로banderillero가 각각 두 개의 반데리야banderilla, 화려한 장식이 달린 나무 작살를 소의 뒷목에 꽂는 행위다. 투우가 끝날 때까지 작살들은 소의 뒷목에 꽂힌 채로 있게 된다. 이 시점에서 소는 잠잠해지는 듯 하나 뒷목에 꽂혀 있는 작살에 자극받아 더욱더 사나워진다.

반데리예로

위기에 처한 마타도르

마지막 단계에서 마타도르는 약 15분간에 걸쳐서 자신의 기술을 펼쳐 보인다. 이때 마타도르는 카포테보다 크기가 작은 붉은색 망토인 물레타 muleta와 칼을 들고 소를 다루는 위험스런 드라마를 연출한다. 칼은 결정적인 순간을 제외하고 언제나 물레타 속에 감춰 둔다. 마타도르는 투우를 시작하기 전에 대회장을 향해 인사를 한다. 그와 싸울 소가 이날 오후 경기에서 만난 첫 번째 소일 경우 그 소를 죽여도 좋다는 허락을 구한다. 그리고 죽인 소를 친구나 대중들에게 헌납하게 된다. 소 죽이기가 완전히 끝나면, 관중들의 반응에 따라 마타도르가 받게 될 보상 수준을 대회장이 결정한다. 또한 용맹하게 싸웠던 소 역시 투우장 밖으로 끌려나오면서 박수를 받는다. 투우 경기에서 남은 다섯 마리 소 또한 위와 똑같은 과정을 반복한다. 마타도르 한 명이 소 두 마리씩을 상대하고, 그 다음 쿠아드리야로 교체된다. 따라서 언제나 세 명의 마타도르가 등장해서 투우를 치르고, 대회장이 자리를 뜨면서 투우의 공식 행사는 끝나게 된다.

3) 투우 속의 스페인

스페인에서 오래전부터 대중들의 인기를 끌고 있는 투우가 발생하게 된 것과 관련하여 여러 가지 설이 존재한다. 기원 전 2000년 크레타 섬에 있었던 고대 미노아 인의 축제라든지, 로마 원형경기장에서의 싸움으로부터 유래했을 수도 있다. 어느 주장이 맞든지 간에, 스페인 투우의 뿌리는 이베리아 반도에 들어온 여러 민족들과 그들의 문화에서 기인한 것임에 틀림없다. 사료에 의하면 기원전 3000년경에 북아프리카로부터 이주해 온 이베리아 인이 반도 남쪽 3분의 2 가량을 차지했다고 한다. 그 후 다른 민족들이 이 지역을 점령하거나 교역하기 위해 혹은 정착하게 위해 이베리아 반도에 잇달아 들어왔다. 처음에는 페니키아 인(셈 족)이 들어왔고, 이어서 켈트 인, 그리스 인, 카르타고 인, 로마 인, 유대인, 게르만 족, 고트 족 그리고 아랍 인이 들어왔다. 그리고 집시는 중세에 이주해 왔는데, 스페인 사회에서 가장 뒤늦게 정착한 사람들이다. 이렇게 지속적으로 이어진 침략과 이주의 물결은 투우에서 반복되는 소의 공격에 견줄 수 있다. 경기 순서에 따라 투우장으로 들여보내는 여섯 마리의 소에 비유된다는 말이 오히려 더 적절할 것이다. 이러한 비유로 본다면, 스페인의 초기 역사는 외지인들의 침입이 너무나 잦아서, 마치 투우사들이 침략해 오는 민족의 수만큼이나 황소의 무수한 공격을 막아내며 치러야 하는 투우 경기에 비유할 수 있겠다.

투우에서 쿠아드리야는 스페인 사람들이 팀과 집단주의를 어떻게 보는지 명확히 보여 준다. 개인주의가 강한 나라에서도 공동 방어의 필요성을 느낄 때에는 타인과의 협력이 필요하다. 쿠아드리야에 속하는 사람들은 밀접한 상호 행동을 하지 않기에 영어의 팀team이라기보다는 '그룹, 일당, 또는 갱gang'이라는 의미로 받아들여야 한다.[7] 소를 죽이는 목적을 성취하기

7 '팀'이라는 의미의 스페인 어는 'equipo'이다. 여기서 팀과 쿠아드리야를 비교하기 위해 축구를 예로 들 수 있다. 공을 유기적으로 주고받으며 움직이는 축구와는 달리, 투우에서 쿠아드리야는 자기 자신에게 맡겨진 임무만을 수행하면 되는 것이다.

위해 투우사들 개개인의 뛰어난 힘을 합하고 여러 명이 같이 싸우는 게 안전하다는 사실을 쿠아드리야에서 살펴볼 수 있다. 스페인의 역사는 용기 있고 자존심이 강한 개인들이 어렵지만 공동의 목표를 달성하기 위해 뭉쳐서 이뤄낸 영웅적인 사건들로 가득 차 있다. 예를 들면, 로마에게 항복하기를 거부하여 누만시아Numancia라는 도시 전체가 불태워진 사건이나, 16세기 초 아스테카와 잉카 제국의 정복자들을 비롯하여, 그리고 19세기 초반 스페인을 침입한 나폴레옹에게 대항했던 게릴라 전투 등을 언급할 수 있을 것이다.[8]

일반적으로 투우장의 좌석은 햇빛sol, 그늘sombra, 그리고 햇빛과 그늘의 혼합sol y sombra 지역의 세 종류로 나누어져 있다. 이것은 이미 언급한 대로 투우가 해 뜨는 시각과 정확히 반대되는 시간에 열린다는 사실을 생각해 보면 가능한 일이다. 스페인의 강렬하고 뜨거운 햇빛을 감안한다면 그늘

1900년 여름 투우 포스터

8 '게릴라전'이라는 용어는 1812년 나폴레옹에게 승리하기 위해 스페인에서 처음 사용했던 것인데, 겉으로는 비조직적으로 보이지만 실제로는 체계적인 전투를 일컫는다.

16세기 초 투우 광경

좌석이 가장 비쌀 수밖에 없다. 그늘 좌석의 요금은 가장 싼 좌석인, 해가 비치는 좌석 요금의 두 배다. 투우 경기 입장권 가격이 비싸다는 사실을 고려할 때, 좌석을 구분해 주는 이 입장권은 관중들을 부자와 가난한 사람들로 구분해서 앉게 만들기도 했다. 그러나 투우 경기가 진행되는 시간과 비례해서 당연히 그늘이 차지하는 면적이 넓어지고 투우장의 열기는 점차 고조되어 관중들의 그러한 구분을 끝내는 사라지게 된다. 수직적인 차이가 있지만 그것은 유동적이며 결국에 가서는 수평을 유지하는 사회적 단면이 이러한 좌석 배치에서 엿볼 수 있다.

투우 경기의 개막에 앞서 벌어지는 퍼레이드인 파세이요는 스페인 문화가 보여 주는 가장 흥겨운 모습들 중 하나다. 투우는 경쾌한 파소도블레 음악에 맞추어 경기장에 입장해 자랑스럽게 행진하는 사람들의 퍼레이드로 시작된다. 이 퍼레이드에 참가하는 사람들은 화려한 의상을 입으며, 투우사에서부터 경기장 정리를 담당하는 아레네로arenero에 이르기까지 여러 사람으로 구성된다. 또한 그들은 역할의 중요성에 따라 순서대로 뽐내면서 걷는다. 이러한 귀족적인 개막 행사는 투우의 역사에서 비롯된다. 17세기 말까지는 오직 귀족만이 여성들과 동료와 부하들 앞에서 자신의 남성미를 뽐내기 위해 투우를 할 수 있었기 때문이다. 구체적으로 투우와 관련된 역사를 살펴보면 스페인의 설화적 영웅 '엘 시드El Cid'가 창으로 투우를 한 기

18세기 말 투우 광경을 묘사한 고야의 판화

록이 12세기 서사기에 남아 있으며, 16세기에 카를로스 1세가 자신의 아들 펠리페 2세의 탄생을 기념하기 위해 바야돌리드 광장에서 황소를 죽이는 행사를 거행하기도 했다. 초기에는 말을 탄 채로 투우를 했지만 18세기 중엽부터는 직업적인 투우사가 등장했으며, 말에서 내려와 땅에서 황소와 겨루면서 대중들의 축제로 변모하게 된 것이다.

우아하게 몸을 기울인 투우사가 스쳐 지나가는 황소의 뿔을 칠 때 관중들이 내는 환호성과 '올레'라는 고함소리는 스페인 사람들의 강한 감성주의를 나타낸다. 고함과 환호는 자기표현의 한 형태일 뿐만 아니라 투우사의 행동과 그의 성과에도 영향을 주는 관중 참여의 한 형태이기도 하다. 더욱이 투우사가 소를 죽일 때 관중들은 투우사의 능력에 대해 심판을 하며, 관중들의 반응에 따라 투우사는 적절한 의례를 갖춘다. 만약 관중들 속에 투우사에 대해 불만을 갖고 있는 사람이 있다면 휘파람을 불며 야유를 퍼붓기 때문에 그 투우사는 다시 경기장에 들어오지 못하게 된다. 긍정적인 관중들의 반응이 지속되는 경우 투우사는 그가 사용한 칼을 들고 경기장 주위를 돈다. 투우사의 경기가 매우 만족스러웠다면 관중들은 투우사가 황소의 귀를 상으로 받는 영예를 얻도록 손수건을 흔들어 준다. 대회장은

황소 귀를 상으로 받은 투우사

관중 대다수가 손수건을 흔들게 되면 이에 응해야 한다. 이때 대회장은 아주 훌륭한 경기의 대가로 황소의 양쪽 귀를 투우사에게 상으로 주어야 할지 결정한다. 그리고 드물지만 황소 꼬리를 증정하기도 한다.

4) 투우와 문화의 상대성

특정 지역의 가치관이나 문화적인 양태는 그 지역민들의 치르는 의식 속에서 잘 나타난다. 지역주의, 비극성, 자존심과 같은 개인주의, 그리고 감정적인 상호작용과 같은 스페인 문화의 특징들은 투우 속에서 생생하게 살아있다. 궁극적으로 볼 때 투우는 스페인에서 하나의 주요한 사회적 의식이기 때문이다. 의식에서처럼 손수건 신호로 투우는 시작되며 부를라데로, 피카도르, 반데리예로, 마타도르에게 주어진 엄격한 역할 및 정확하게 규정된 순서가 있다. 그리고 대회장의 공식적인 역할이나 마지막 순간에 성난 황소를 제물로 바치는 것 또한 투우가 가진 의식적 요소라 하겠다. 사실 동물보호단체를 필두로 해서 상당수의 사람들은 투우를 잔인한 동물 학대 행위로 간주한다. 하지만 투우는 엄숙함과 흥겨움, 그리고 삶과 죽음이 결부된 의식이다. 투우가 스페인 국민들에게 깊이 자리 잡은 문화적 가치와 태도를 이해하는 유일한 상징은 아니지만 투우 의식이나 투우에 내재하는 문화가 없는 스페인을 상상하기는 힘들 것이다. 따라서 투우는 스페인을 대표하는 문화적 현상으로 간주할 수 있다. 또한 문화는 서로 우열을 가릴 수 있는 게 아니며, 서로 다른 문화를 이해하기 위해서는 그 문화권 사람들의 입장에서 생각하고 바라봐야 한다는 문화상대주의에 대해 다시금 생각해 봐야 할 것이다.

4. 플라멩코와 투우의 문화적 의의

이베리아 반도의 지도를 펼쳐 보면 사방에서 팽팽하게 잡아당긴 황소 가죽을 닮았다고 한다. 그 지도 위에 놓인 수많은 길들은 그 옛날부터 다녀간 사람들의 흔적을 말해 주고 있다. 수천 년 동안 유입된 수많은 종족의 의해 그 형상을 갖춘 스페인은 분명 다면적인 정체성을 가지고 있다. 마치 투우장의 햇볕과 그늘이 갖가지 명암을 만들어 내듯이 스페인은 여러 가지 모습으로 우리에게 다가온다. 종교재판소, 배타성, 대항종교개혁 등으로 대표되는 '흑색 신화'의 스페인에서부터 투우, 플라멩코, 카르멘 등에서 보이는 영국 여행자나 프랑스 낭만주의자들이 묘사한 스페인까지 말이다. 이렇듯 빛과 그림자가 어우러지는 스페인의 모습은 아메리카에 살고 있는 스페인 식민지 후손들의 눈에 비친 스페인 상과도 이어진다. 디에고 리베라의 벽화에 묘사된 것처럼 잔혹한 정복자의 모습으로 혹은 경건한 선교사의 모습으로 말이다. 스페인을 두고 볼 때 언제나 대립적인 요소가 반복적이고 풍요롭게 나타난다. 바이런이나 비제의 작품에서 느낄 수 있는 낭만적이고 현란한 모습의 스페인 안에는 엘 그레코나 벨라스케스의 그림에서 볼 수 있는 어둡고 진지한 표정을 짓고 있는 귀족의 모습이 함께한다. 이것은 바로 스페인이 수많은 민족의 침략, 그들의 이주와 정착을 경험하면서, 그리고 그 대립과 융화를 통해 스페인적인 문화를 일궈 냈기 때문일 것이다.

이렇듯 다면적 모습을 지닌 스페인 속에서 플라멩코와 투우는 분명 지극히 작은 문화적 단면에 지나지 않는다. 그러나 앞서 살펴보았듯이, 플라멩코와 투우가 함축하고 있는 문화적·사회적 의미의 폭은 넓고 풍부하다. 더구나 이 두 가지 문화적 단면은 전통성과 대중성, 고유문화와 외래문화를 논함에 있어 하나의 의미를 시사하고 있다.

먼저, 전통성과 대중성은 상호대립적인 의미를 가지고 있진 않다. 하지만 과거의 전통문화가 지금까지 대중의 관심을 받으며 그 생명력을 유지하기란 쉬운 일이 아니다. 투우처럼 전통이 대중성을 가지게 될 때, 그 전통은 한 국가나 지역 공동체의 정체성 구현에 커다란 역할을 하게 된다. 다양한 인종과 편차가 큰 지역성을 가진 스페인이 자신들의 정체성과 공동체 의식에 대해 논할 때, 전통 대중문화로 자리 잡고 있는 투우를 빼놓을 수 없을 것이다. 왜냐하면 한 국가나 지역 공동체의 형성은 같은 문화를 함께 공유하고 즐길 때 일궈지기 때문이다.

두 번째, 고유문화와 외래문화를 논함에 있어서 각 단어의 의미 자체는 분명히 구별되지만 실제 문화 영역에서 고유문화와 외래문화를 엄밀히 구분하기란 쉽지 않다. 플라멩코의 경우를 보면 바로 고유문화와 외래문화의 의미에 대해 다시 한 번 재고할 수 있다. 플라멩코의 원류를 거슬러 올라가면 아프리카, 아시아, 중동, 다른 유럽 지역 등의 문화에 이르게 된다. 하지만 이러한 외래문화들의 유입으로 형성된 문화가 현재 스페인을 대표하는 문화로 자리 잡게 된 것이다. 즉 플라멩코는 스페인적인 문화 장르로 그 고유성을 획득하게 된 것을 의미한다.

일반적으로 문화는 그 사회의 기본적인 신념과 가치, 그러한 신념과 가치를 표현하기 위해 사용되는 양식과 수단으로 이루어져 있다. 인간은 본능보다는 문화에 의존하여 다양한 상황에 적응하며, 인간이 만들어가는 사회 또한 문화를 토대로 건설된다. 인간이 가지고 있는 그 의존성으로 인해 문화는 한 지역에서 다른 지역으로 옮겨 가며 발전해 갈 수 있다는 것을 의미한다. 초기의 문화는 고립되어 발전했으나 시간이 흐를수록 이질적인 문화 간의 상호교류가 점점 왕성해졌고, 현대 사회는 바로 그러한 문화적 교류의 절정이라 해도 과언은 아니다. 그런 교류가 많을수록 자신의 정체성을 지키려는 배타성이 힘을 얻기도 한다. 하지만, 타문화에 대한 배척이 아니라 그 상대적 가치를 이해하고 융화할 수 있을 때 자국의 문화는 새로워지고 발전하게 될 것이다. 더구나 플라멩코와 투우에서 보듯, 그런 과정은 자신의 정체성을 잃어버리는 과정이 아니라, 좀 더 역동적이고 깊이 있는 문화적 에너지를 구축하여 좀 더 크고 굳건한 공동체 형성을 위한 과정일 수 있는 것이다.

참고문헌

개논, 마틴 J.(2002), 『세계 문화 이해』, 최윤희 외 역, 커뮤니케이션북스.

스턴스, 피터 N. 편(2003), 『문화는 흐른다』, 문명식 역, 궁리출판.

안영옥(2000), 『스페인 문화의 이해』, 고려대학교출판부.

엘리엇, 존 H. 편(2003), 『히스패닉 세계』, 김원중 외 역, 새물결.

폰타나, 조셉(2000), 『거울에 비친 유럽』, 김원중 역, 새물결.

푸엔테스, 카를로스(1997), 『라틴아메리카의 역사』, 서성철 역, 까치.

일상으로부터의 탈주와 위반의 즐거움:

스페인 축제 연구

정동희

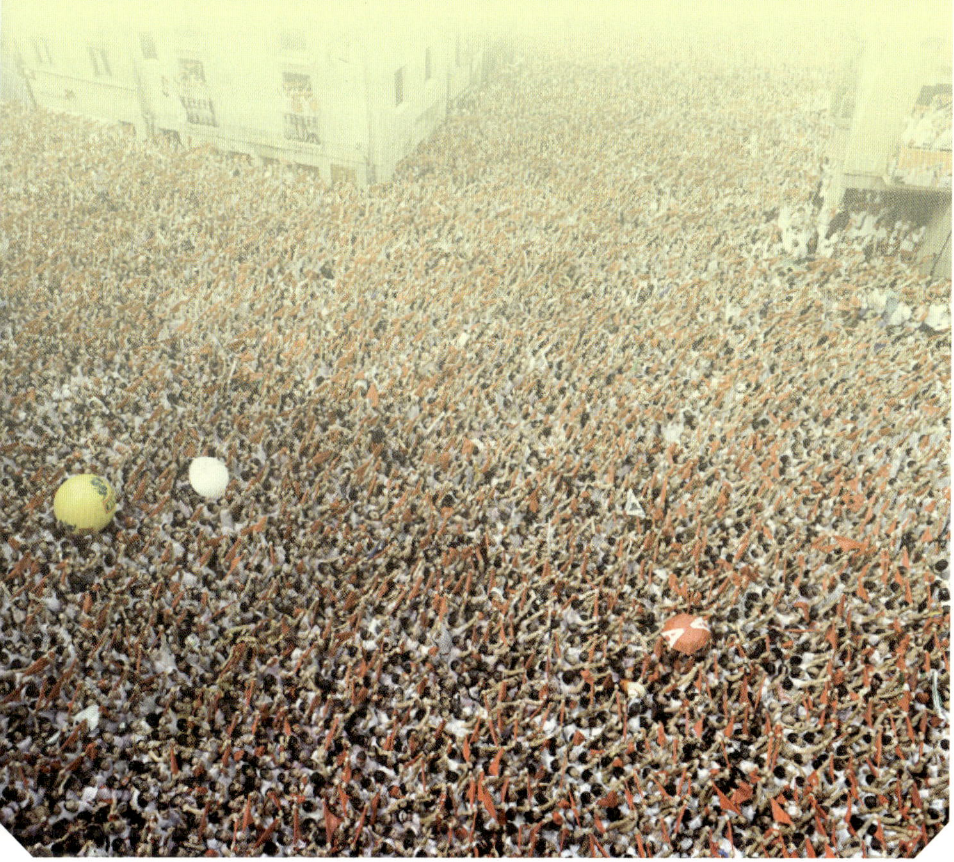

1. 축제, 혹은 일탈을 통한 일상의 긍정

축제란 단어는 언제나 우리의 가슴을 설레게 한다. 축제는 반복되는 일상에서 잠시 탈피해 심신의 여유를 누릴 수 있는 위반의 즐거움을 내포하고 있기에 우리는 이것을 꿈꾸며 동경한다. 스페인 어로 축제를 의미하는 fiesta 혹은 festival의 어원인 라틴 어 festus는 일상에서 잠시 벗어나 종교적인 의식에 진입한다는 뜻을 내포하고 있는 만큼 축제는 일상의 궤도에서 일탈한다는 의미를 기본적으로 담고 있다. 전람회, 박람회 혹은 축제의 의미를 가지고 있는 스페인 어 feria의 어원인 라틴 어 feriae 역시 일을 하지 않는 것을 함의하고 있다. 따라서 축제는 노동의 개념과는 대비되는 놀이와 여유의 인간 활동인 것이다. 인간적 삶의 방식의 한 특수한 표현으로 규정될 수 있는 축제는 이렇듯 일상생활 속에서 파생되는 긴장과 소외 등의 부정적인 영역에서 탈출하여 순간적으로 삶의 충만감과 희열의 상태로 우리를 진입시키는 역할을 한다.

신학자 하비 콕스Harvey Cox는 축제란 평상시에는 억압되고 무시되던 감정을 표현할 수 있는 사회적으로 허용된 기회로 정의한다. 그리고 의식적 과잉conscious excess, 축의祝儀적 긍정성celebrative affirmation, 병치성juxtaposition을 축제가 지니고 있는 고유한 요소로 제시한다. 그에 따르면 의식적 과잉이란 축제가 허용한 시간 내에서는 고의적으로 지나친 짓을 함으로써 평시에는 허용되지 않던 행위들을 합법적으로 할 수 있음을 의미한다. 축의적 긍정성은 축제는 언제나 삶을 긍정하는 자세를 요구하는 것이며 병치성은 의식적 과잉성과 직결된 것으로 축제는 일상적 삶과 뚜렷하게 대조, 대비되는 특성을 지니는 것이다(Cox, 1969: 22-24). 결국 축제란 의식적 과잉을 통해 일상의 삶으로부터 순간적으로 일탈함으로써 일상과 뚜렷한 대조를 보이는 것이며, 이때 일탈은 삶을 타락시키는 것이 아니라 인간에게 역사의 연속성을 한층 강하게 느끼도록 하는 역할을 수행한다.

사회적으로 허용된 제한된 시간에 우리의 감정 표현을 극대화시킬 수 있는 기회를 제공하는 축제는 따라서 언제나 즐거움을 수반하게 된다. 그런데 이 즐거움은 어떤 목적과 수단에 의해 형성된 즐거움이 아니라 축제 자체의 목적이 축제를 즐기는 것이기에 자연적으로 발생하는 즐거움이다. 이와 같은 축제의 특성으로 인해 콕스는 축제는 우리에게 일상으로부터 벗어난 짧은 휴가를 제공하며 이것이 없이는 삶을 영위하는 것이 불가능하다고 주장한다(Cox, 1969: 24).

그런데 축제는 단순한 개인적 활동이 아니다. 이것은 한 개인이 살고 있는 특정 지역의 구성원들이 함께 참여하여 진행하기에 참가자들에게 소속감을 일깨워 주고 이를 통해 그 지역에서의 축제의 존재 의의를 더욱 선명히 해 주는 선순환적이며 공적인 성격을 가지고 있다. 즉 축제는 한 특정 지역의 문화를 계승, 발전시키며 지역민들에게 공동체 의식을 함양하고 방문객들에게 자신이 살고 있는 지역을 알리는 역할을 수행하는 사회적 · 역사적 행위인 것이다.

의식적 과잉과 축의적 긍정성으로 요약되는 축제의 의미를 가장 잘 구현하고 있는 국가가 스페인이다. 스페인은 축제가 곧 일상일 만큼 일 년 내내 축제가 열리는 나라다. 수년에 걸쳐 스페인에서 열리는 모든 축제에 참가해 봐도 동일한 축제가 없을 만큼 다양성에 있어서도 스페인은 타의 추종을 불허한다. 새해 첫날 사모라Zamora 지방의 작은 마을인 아베헤라Abejera에서 열리는 오비스파라Obisparra 축제 및 아스투리아스Asturias 지방의 벨레뇨Beleño에서 펼쳐지는 기릴라El guirrila 축제부터 한 해의 마지막 주에 막을 올려 12월 31일 절정에 이르는 바르셀로나 인근 센텔레스Centelles의 소나무 축제Festa del Pi에 이르기까지 스페인에서는 부활절 기간을 제외하고는 축제가 열리지 않는 날이 없을 만큼 스페인 인들의 삶은 축제와 불가분의 관계에 있다.[1] 더군다나 이 관계는 오랜 역사를 통해 그들의 생활 속에 용해되어 있는 만큼 스페인 축제들은 각 지방의 고유한 특성을 뚜렷하게 표출하고 있으며, 따라서 연간 10만 개가 넘는 축제가 스페인 전역에서 열리지만 유사한 축제가 거의 없을 만큼 개성이 강한 점이 특징이다.

2월달 세계적인 휴양지인 카나리아 제도Islas Canarias의 라스 팔마스Las Palmas에서 전 섬을 광란의 도가니로 몰고 가는 카니발, 3월달에 1년 동안 정성스레 만든 인형들을 불태우는 발렌시아Valencia의 파야스 축제Las fallas, 4월달 안달루시아Andalucia의 주도인 세비야Sevilla 전역을 축제의 공간으로 변모시키는 4월 축제Feria de abril, 5월 안달루시아 주 우엘바Huelva 지역의 알몬테Almonte에서 개최되는 로시오 축제Romería de El Rocío, 6월달 세계적인 와인 산지인 리오하Rioja 지방에 위치한 아로Haro에서 열리는 포도주 전쟁Batalla del vino, 7월달 스페인뿐만 아니라 전 세계를 열광시키는 팜플로나Pamplona의 산 페르민 축제San Fermín, 8월달 부뇰Buñol이라는 발렌시아 주에 위치한 작은 도시를 토마토의 강으로 변모시키는 토마토 축제La tomatina, 9월 7일부터

1 스페인 각 지방에서 열리는 축제에 대해서는 http://fiestas.net을 참조하라.

열흘간 돈키호테의 본고장인 카스티야-라 만차Castilla-La Mancha 주의 중소 도시인 알바세테Albacete를 뉴스의 중심지로 만드는 알바세테 축제Feria de Albacete와 9월 23일부터 닷새간 바르셀로나 전체를 축제의 무대로 만드는 메르세 축제La mercè, 10월달 스페인 북부 아라곤Aragón 주의 주도이자 2008년 세계 박람회를 통해 우리에게 널리 알려진 사라고사Zaragoza를 장엄하게 수놓는 필라르 축제Fiestas del Pilar, 11월달 지중해에 인접한 무르시아Murcia 주의 작은 도시 로르카Lorca를 중세의 도시로 탈바꿈시키는 성 클레멘테 축제 Fiesta de San Clemente 혹은 Fiesta de moros y cristianos, 그리고 12월 크리스마스 축제 등 매월마다 스페인의 어느 한 도시에서는 고유의 전통을 보존하고 있는 축제가 어김없이 열린다.

수만 개의 스페인 축제들 중에서도 스페인 인들은 발렌시아의 파야스 축제, 세비야의 4월 축제, 팜플로나의 산 페르민 축제, 그리고 부뇰의 토마토 축제를 스페인의 4대 축제로 꼽는 데 주저하지 않는다. 실제로 이 축제들은 스페인 인들이 가장 열광하는 축제들이자 국제적인 명성을 지니고 있어 많은 외국인들이 참가하고 있다. 또한 축제 기간 중에는 스페인 및 세계 유수의 언론들로부터 세세한 부분까지 취재의 대상이 될 정도로 집중적인 조명을 받는다. 이는 이 네 개의 축제들이 스페인 축제가 지니고 있는 특성들을 가장 잘 포함하고 있으며 동시에 스페인 인들뿐만 아니라 모든 사람들에게도 호소력이 강한 어떤 보편성을 함유하고 있다는 사실을 반영하고 있기 때문일 것이다.

2. 발렌시아 파야스 축제

스페인의 봄은 일찍 찾아온다. 이베리아 반도 한가운데 위치한 수도 마드리드의 경우만 해도 1월 말만 되어도 수직으로 내리쬐는 태양빛이 너무 강해 눈을 뜨지 못할 정도이며 사방에 노란 개나리들이 자기의 시간이 도래한 양 서둘러 모습을 드러낸다. 스페인 동부 지중해 연안에 위치한 발렌시아의 봄은 마드리드의 그것보다 훨씬 진하게 봄의 내음을 풍긴다. 지중해의 축복이라고 형언할 수밖에 없을 만큼 발렌시아는 모든 것이 풍요롭다. 바다에 면해 있어 해산물이 풍부해 스페인을 대표하는 음식인 파에야Paella가 이곳에서 탄생하였으며 세계적인 오렌지 산지이기도 하다. 또한 바르셀로나와 함께 스페인의 양대 항구로서 국제 교역의 중심지이기도 하다. 이처럼 풍요로운 도시에서 봄의 초입에 발렌시아 시민들은 자신들이 일 년 동안 공들여 제작한 인형들을 전시하였다 모두 태워 버리는 파야스 축제Las Fallas 혹은 발렌시아 어로는 팔레스 축제Les Falles를 매년 3월 15일부터 3월 19일까지 개최해 세계인들의 시선을 사로잡는다.

프로메테우스가 자신에게 닥쳐 올 가혹한 형벌에도 불구하고 신들의 세계에서만 존재하던 불을 훔쳐 인간에게 선사한 것은 인류 역사의 전개에 있어 거대한 사건이었다. 이 고귀한 선물을 가지게 된 인간은 비로소 문명을 개척할 수 있는 능력을 가지게 되었다. 그 후 불은 인간의 삶 속에서 필수적인 요소로 자리매김을 한 동시에 부정스러운 것, 불순한 것, 망각하고 싶은 것 등을 태워 버려 흔적을 없애 버림으로써 심리적 위안을 주는, 즉 우리의 정신 영역까지 지배하는 하나의 상징으로까지 자리매김을 하였다. 인간의 의식 체계에까지 영향을 미치게 됨으로써 불은 인간에게 "연속적 삶 속에서 재생되는 씨앗으로 인식되어 성적 본능과 풍요를 상징"(Cirlot, 2000: 215)하게 되었으며 또한 모든 사물은 불에서 나와 불로 돌아간다는 고대적 신념에 근거해 "소멸의 형식과 창조의 형식 사이에서 매개자의 역할"(같은 책, 215)을 하는, 즉 변형과 재생을 상징하게 되었다. 이처럼 불은 우리 삶의 필수적 요소로서 영적 세계와도 밀접한 관계를 맺고 있기에 역사가 시작된 이후 인류는 비록 물리적 거리가 있었음에도 불구하고 공통적으로 불을 제례에 있어 부활과 풍요를 의미하는 하나의 소재로 이용해 왔다. 동서고금을 막론하고 지구 전역에 존재하는 불을 중심 테마로 하는 다양한 축제들 중 발렌시아의 파야스 축제는 가장 화려하며 규모가 큰 축제로서 세계인들을 황홀경 속으로 안내한다.

발렌시아 시민들이 파야스 축제를 언제부터 즐겼는지에 대해서는 정확한 사료가 존재하지 않는다. 현재 불, 혹은 축제를 위해 만든 인형들, 또는 이 인형들을 불태우는 행위 등을 뜻하는 파야스Fallas란 단어는 횃불을 의미하는 라틴 어인 파쿨라Facula에서 유래되었는데 중세에는 발렌시아 성벽을 밝히던 횃불들을 지칭하였다. 그런데 시간이 경과함에 따라 의미가 확장되어 목수들의 수호 성인인 성 요셉을 기리는 축제가 도래했음을 알리기 위한 점화 의식을 함의하기 시작하였다. 파야스 축제의 유래 역시 확실하지 않지만 가장 유력한 설은 발렌시아의 목수들이 성 요셉 축일 전날 새로 도래한 봄을 맞이하는 의미로 자신들의 작업장을 청소하면서 나온 대팻밥이나 낡은 세간들을 태우기 시작한 데서 비롯되었다는 것이다. 17세기까지만 해도 파야스 축제 때는 이처럼 오래되고 낡은 집기들을 태우는 것이 관례였지만 이후엔 일상적 삶의 장면들을 풍자하고 조롱하는 인형들을 제작해 그것을 태우기 시작하였다.

이와 같이 기원이 확실하지 않는 파야스 축제는 18세기 중반까지 목수들의 수호 성인인 성 요셉의 축일인 3월 19일 직전에 열리던 이벤트 중의 하나였다. 3월 18일 아침 발렌시아 시민들은 거리로 난 창 밖에 낡고 해진 인형들을 걸어 놓거나 여론의 비판을 받을 만한 사람들을 풍자하는 니놋ninot이라 불린 인형들을 만들어 집 벽에 세워 놓았다. 이날 어린이들과 젊은이들은 장작불로 태워 버릴 만한 파야스fallas로 불리는 물건들을 모아 성 요셉의 날 전날 밤에 모조리 불살라 버렸다. 다음날 독실한 기독교도들과 목수들은 그들의 수호 성인을 기리기 위해 미사에 참석했으며 일반 가정에서도 케이크와 튀김 요리 등을 준비해 성 요셉의 스페인 식 이름인 호세José, 혹은 페페Pepe라는 이름을 가진 이들을 축복하는 파티를 열었다. 이렇게 발렌시아에서 성 요셉을 기리기 위한 이벤트는 18세기부터 대중적인 축제였다.

파야스란 단어가 공식적으로 등장한 것은 화재의 위험으로 인해 인형들을 좁은 거리에 설치하는 것을 금지한다는 내용을 담은 공문서였다. 발렌시아 경찰은 곧 이 조치를 실행에 옮겼는데, 역설적으로 이는 파야스 축제를 발전시키는 결정적인 계기가 되었다. 즉, 시민들은 시 당국의 조치로 인해 좁은 거리 대신 대로나 교차로 혹은 광장과 같은 보다 넓고 개방적인 장소에 인형들을 설치해야만 했고 이를 통해 파야스 축제는 보다 많은 사람들이 참가하고 구경할 수 있는 메머드급 축제로 변모하게 된 것이다.

파야스 축제는 지방 자치단체에서 주관하는 일반적인 축제와는 달리 철저히 민간 주도로 진행되는 축제다. 발렌시아 시 각 구역마다 파야스 위원회Comisión fallera가 있고 이 위원회 구성원들인 파예로Fallero들이 주축이 되어 파야스 제작을 하게 되는 동시에 축제를 준비한다. 파예로들은 자발적으로 일정액의 회비를 내며 위원회는 이 회비를 바탕으로 파야스 제작 이외 다양한 문화 활동을 조직, 운영하고 회원들은 여기에 적극적으로 참여한다. 따라서 발렌시아 시 전역에 조직되어 있는 약 400여 개의 파야스 위원회들은 단순히 축제를 준비하는 조직이라기보다는 시민들에게 공동체적 삶을 영위할 수 있는 기회를 제공하며 시민 문화 활동을 이끄는 주체인 것이다. 이런 의미에서 발렌시아 시민들에게 파야스 축제는 3월 중순 단 며칠 동안 열리는 축제라기보다는 1년 내내 이들의 삶 속에서 살아 있는 축제의 역할을 한다고 볼 수 있다. 한편 각 파야스 위원회는 위원회 명칭을 자신들이 제작한 파야스 인형들을 설치할 거리나 광장의 이름을 따 정한다.

발렌시아 각 지역마다 설치된 파야스 위원회의 회원들은 카살El casal이라 불리는 장소에서 회동한다. 시내 거의 곳곳에 산재한 카살은 이들 회원들의 회합 장소로서 친목의 공간이며 파야스 축제뿐만 아니라 다른 기타 문화 활동의 전개와 참가에 있어서도 중심적 역할을 한다. 파야스 축제 기간이 가까워지면 카살은 지역 주민들뿐만 아니라 관광객들에게도 개방되며 다른 지역 파야스 위원회 회원들도 자주 찾아 파야스 축제의 보다 원활하고 생동감 있는 진행을 위해 협의를 한다.

파야스 축제가 열리기 전 발렌시아는 이미 축제 분위기에 휩싸이며 축제와 관련된 여러 행사가 펼쳐진다. 시민들은 파야스 축제가 열리는 전 해 10월달에 결정되는 파야스 여왕에 누가 선출되느냐에 지대한 관심을 보이면서 축제가 서서히 다가옴을 느끼게 된다. 파야스 여왕 후보는 각 파야스 위원회에서 젊은 여성 회원 및 여자 어린이 회원 각 한 명을 위원회들의 최상급 조직인 파야스 중앙 위원회Junta Central Fallera에 추천을 하며 위원회들의 투표로 여왕을 뽑게 된다. 파야스 여왕에는 두 명이 선출되는데, 한 명은 성인Fallera mayor이고 다른 한 명은 어린이Fallera infantil다. 발렌시아에 거주하는 대부분의 여성들이 파야스 여왕에 뽑힐 꿈을 꿀 정도로 여성들에게는 선망의 자리로서 오늘날에는 단지 파야스 축제만을 위한 역할이 아니라 발렌시아 시 및 주정부의 문화 사절의 역할을 하면서 그 중요도가 더욱 커지고 있다.

축제가 시작되기 보름 전인 2월 마지막 일요일에는 크리다La Cridà 행사가 열린다. 파야스 위원회들에 의해 선출된 파야스 여왕과 발렌시아 내 모든 파야스 위원회들이 도시의 진입문인 세라노스 탑Torres de Serranos에 집결해 발렌시아 시민들과 방문객들에게 축제의 주간이 시작되었음을 선포하고 이어 발렌시아 시장은 도시의 열쇠를 파야스 여왕에서 양도함으로써 축제의 막이 올랐음을 상징적으로 공표한다.

크리다 행사가 열리는 세라노스 탑

크리다 행사 이전인 2월 6일부터 파야스 축제가 정식으로 시작되기 직전인 3월 14일까지 각 파야스 위원회들은 자신들이 제작한 니놋들을 파야스 박물관에 전시를 하고 일반인들에 공개한다. 니놋은 크게 아동용 니놋과 성인용 니놋으로 나뉘는데, 이것은 니놋의 제작 주체가 어린이 혹은 성인이라는 의미가 아니라 니놋의 크기와 주제에 따른 구분이다. 일반적으로 아동용 니놋은 최대 3미터를 넘지 않으며 동화 속 주인공이나 어린이들에게 교육적으로 좋은 형상을 담는다. 반면 성인용 니놋은 크기가 상당해 30미터가 넘는 초대형도 있으며 주로 사회 풍자적이거나 에로틱한 형상을 한 것들이 대부분이다. 평균적으로 매년 약 800여 개의 니놋들이 박물관에 전시되는데 이것들 중 일반인들의 투표를 통해 최우수 니놋Ninot indultat으로 선정된 작품을 제외하고는 파야스 축제 마지막 날인 3월 19일 모두 소각된다. 최우수 니놋은 소각의 운명에서 벗어나 파야스 박물관에 영구 보존된다.

2010년 파야스 축제 성인부분 최우수 니놋

최우수 니놋을 제작한 위원회를 제외한 모든 위원회들은 니놋 전시가 끝나는 파야스 축제 전날 자신들의 니놋들을 되찾아 와서는 거리에 전시를 한다. 최우수 니놋에 선정되지 못한 것에 대한 아쉬움은 전혀 없다. 오히려 파야스 박물관에 전시를 했던 니놋들을 찾으러 가는 길은 음주와 가무가 동반되는 즐거운 파티와도 같아서 본격적으로 시작될 축제의 분위기를 더욱 고조시킨다.

2010년 파야스 축제 아동부분 최우수 니놋

파야스 축제가 열리기 직전 주의 주말에는 니놋 행진Cavalcada del Ninot이 펼쳐진다. 이 행진에서 파야스 축제에 참가하는 여러 파야스 위원회들은 일반적으로 정치적 · 사회적 주제를 형상화한 니놋들을 내세워 행진을 하는데, 이것들을 통해 니놋 제작에 참가한 사람들은 현실에 대해 풍자와 비판의 기회를 가지게 된다. 시가 행진을 마친 후 심사 위원은 최우수 제작상, 최우수 행렬상 등 다양한 상을 각 위원회에 수여한다.

1967년부터는 축제가 공식적으로 개막되는 3월 15일 직전 토요일에 왕국 행진Cavalcada del Regne이 열린다. 초창기에는 알리칸테Alicante, 카스테욘Castellón 등 발렌시아 주 각 지방의 민속적인 요소들을 보여 주는 행사로 "지역 행진"으로 불렸지만 이후 브라질의 리우 카니발 등 세계적인 명성을 얻고 있는 민속 행사들을 재현하는 행진으로 확대되어 파야스 축제를 찾는 전 세계 관광객들을 축제에 더욱 능동적으로 참여시키는 계기를 마련해 준다.

파야스 축제가 불과 관계된 축제인 만큼 축제 전 과정은 불과 밀접한 관련을 맺고 있다. 축제가 시작되는 3월 15일 아침은 엄청난 폭죽 소리로 시작된다. 데스페르타La despertá로 불리는 이 행사는 축제가 끝나는 날까지 매일 아침 7시에 시작되는데, 파예로들이 발렌시아 전역을 다니며 폭죽을 터뜨려 시민들을 잠에서 깨워 자신들뿐만 아니라 시민들도 축제에 능동적으로 참여토록 하자는 의미에서 진행되는 행사다.

축제 시작 이전인 3월 1일부터 축제 기간 동안 매일 오후 2시에는 마스클레타La mascletá가 발렌시아 시 주요 지역에서 열린다. 폭죽 전문가들이 주도하는 이 행사는 엄청난 양의 폭죽을 터뜨려 순식간에 주위 소음이 사람이 고통을 극도로 느끼는 120데시벨에 이르는데, 야간에 열리는 불꽃놀이가 주로 시각적 아름다움을 관중에게 던져 준다면 마스클레타는 폭죽이 내는 소음을 몸으로 직접 경험하면서 축제의 짜릿함을 느끼는 기회를 관중들에게 제공한다. 발렌시아 시청 광장에서 열리는 마스클레타 행사가 가장 유명해 수많은 인파가 운집하는데, 시 당국은 이 행사만을 위해 9,000유로(약 1,400만 원) 정도를 소비한다.

파야스 축제의 첫날인 3월 15일은 플란타La plantá와 함께 시작된다. 이것은 축제를 위해 지난 1년간 발렌시아 전역의 파야 위원회에서 공들여 제작한 니놋들을 거리에 설치 및 전시를 하는 행사다. 오전에는 아동용 니놋들이 설치, 전시되며 저녁부터 새벽까지는 성인용 니놋들이 설치, 전시된다. 여러 니놋들이 모여 하나의 거대한 형상물인 파야스를 구성하기에 설치 시간이 상당히 많이 걸리고 또한 파야스 심사 위원들의 평가를 받기 때문에 각 파야스 위원회들은 보다 화려하고 예술적으로 자신들의 형상물들을 전시하고자 하는 경쟁심이 상당하다.

2010년 특별부분 최우수상 시상 파야: 천국으로의 여정Rumbo

일반적으로 파야스 축제 기간 동안 발렌시아 시 전역에 전시되는 파야스는 400여 개에 달한다. 파야스 중앙 위원회는 전시된 다양한 파야스들을 규모에 따라 여러 부분으로 나누어 심사를 한다. 규모가 크고 제작비용이 많이 든 파야스들은 특별 부분에 속하며 나머지 파야스들은 1부 A, 1부 B에서 시작해 7부 C까지 여러 부분으로 분류가 되어 각 부분의 최우수상과 순위를 결정한다. 하지만 특별 부분에 속한 파야스들이 예술적으로 가장 화려하며 압도적 규모를 자랑하기에 이 부분에서 최우수상을 받은 파야가 파야스 축제 최고의 파야로 평가받는다. 한편 아동용 파야스 역시 성인들의 파야스들과 마찬가지로 여러 부분으로 분류되어 평가를 받으며 최우수작과 순위가 결정된다.

한편 몇몇 파야스 위원회들은 자신들의 파야스가 담고 있는 내용을 설명하는 소책자llibret를 발행하기도 하는데 주로 풍자적인 운문으로 구성되어 있다. 이 관습은 19세기부터 시작되어 1950년대 호세 베아 이스키에르도José Bea Izquierdo와 같은 인기 작가들이 나타나 시민들 사이에서 큰 인기를 끌었다.

형상물들의 설치가 완료된 16일에는 새벽에 이것들을 평가한 심사위원들의 심사 결과에 따라 상이 주어지고 17일과 18일 양일에 걸쳐서는 성모 마리아에 대한 장엄한 헌화식L'Ofrena이 거행된다. 파야스 축제의 백미 중의 하나인 헌화식은 파야스 여왕이 주관을 하며 17일 오후부터 시작되어 다음날까지 계속되는데 축제의 초창기에는 18일 하루만 열렸으나 시간이 지남에 따라 발렌시아 내 파야스 위원회들이 증가하였고 이들 모두 헌화식에 참여코자 하였기에 행사가 양일 간에 걸쳐 펼쳐지게 된 것이다. 각 파야스 위원회가 헌화한 꽃들은 망토 형상으로 디자인되어 14미터에 이르는 성모 마리아 상을 화려하게 장식하게 된다.

발렌시아의 수호 성녀인 동정녀 마리아에게 파야스 축제 기간 동안 꽃을 바치는 의식은 20세기 중반 프랑코 독재 시기 때부터 공식적으로 행해졌다. 가톨릭을 국교로 삼을 만큼 친가톨릭적 정책을 표방했던 프랑코는 파야스 축제의 민중적 성격을 가능한 한 제거하려 하였다. 따라서 헌화식 역시 하나의 장엄한 종교의식으로 간주되었지 유희적 성격이 지배하는 축제의 한 부분으로 생각되지는 않았다. 헌화식이 공식적으로 시작되었을 당시에는 이 행사에 자발적으로 참가한 파야 위원회는 극소수였다. 하지만 시간이 경과됨에 따라 참가 위원회들의 수가 급증해 오늘날에는 3월 17, 18 양일 동안 20시간에 걸쳐 총 10만 명이 넘는 사람들이 헌화식에 참가한다.

장엄하면서도 아름다움의 극치를 보여 주는 헌화식이 끝나는 18일 밤에는 "불의 밤La Nit del Foc" 행사가 펼쳐진다. 축제가 끝났음을 알리는 이 행사는 원래 축제 마지막 날인 19일에 열렸지만 요즘엔 하루 전에 열린다. 불과 깊은 관련을 맺고 있는 파야스 축제의 밤하늘을 화려하게 수놓는 이 불꽃 축제는 약 20분 동안 2,500~3,500킬로그램의 화약을 소비하면서 축제가 서서히 끝나가고 있음을 시민들에게 인식시켜 준다.

축제의 마지막 날인 19일 오후 7부터는 축제 기간 동안 발렌시아 전역에 전시되었던 모든 인형들을 태워 버릴 불의 도착을 알리는 "불의 행진Cavalcada del Foc"이 펼쳐진다. 불과 관련된 상상 속의 동물들과 악마들의 가장 행렬로 이루어지는 이 행사는 1930년대 파야스 축제 기간에 열렸던 것으로 한동안 축제에서 사라졌다 파야스 축제 연구협회Associació d'Estudis Fallers의 제안으로 2005년부터 다시 축제의 한 부분으로 부활하였다.

파야스 축제의 절정은 불의 행진이 끝난 후 열리는 크레마La Cremà다. 축제 기간 동안 전시되었던 모든 인형들을 불태우는 이 행사를 마지막으로 파야스 축제는 막을 내리게 된다. 밤 10시 아동부 파야스들이 점화되면서 시작되는 크레마는 10시 30분경에 아동부 특별 부분에서 최우수상을 수상한 파야스가 점화되고 11시에는 성인부 파야스들이 그리고 11시 반에는 성인부 특별 부분 최우수작이 점화된다. 마지막으로 시청 광장에 전시되었던 발렌시아 시청이 제작한 파야스가 새벽 1시에 점화되어 크레마의 절정을 이루는 동시에 파야스 축제는 막을 내린다. 하지만 축제의 끝은 다음 해 파야스 축제의 시작이다. 각 지역 파야스 위원회는 축제가 끝난 다음날부터 이듬해 축제를 위해 또다시 새로운 니놋들을 제작하기 시작한다. 따라서 발렌시아 시민들에게 파야스 축제는 영원한 축제인 것이다.

2010년 라 크레마 행사

3. 세비야 4월 축제

3월 파야스 축제가 새 봄을 맞이하는 행사라면 스페인 남부 안달루시아Andalucia의 주도인 세비야Sevilla에서 열리는 4월 축제Feria de abril는 이 봄을 만끽하는 축제로서 파야스 축제, 산 페르민 축제와 더불어 스페인 3대 축제로 손꼽히는 축제다. 마드리드, 바르셀로나, 발렌시아에 이어 스페인에서 네 번째로 큰 도시인 세비야가 위치한 안달루시아 주는 스페인 자치주들 중 엑스트레마두라Extremadura 주와 함께 가장 경제력이 약한 주이지만 우리에게 무의식적으로 스페인의 이미지로 각인되고 있는 태양, 정열, 플라멩코, 집시 등의 본고장이기도 하다.

발렌시아의 파야스 축제가 끝난 후 어떤 공허함을 느끼던 스페인 인들에게 세비야의 4월 축제는 이 허전함을 단번에 메우는 역할을 하는 동시에 축제 직전에 있었던, 금욕을 요구하는 사순절 기간 동안의 금욕을 일거에 해결하는 어떤 카타르시스를 느낄 수 있는 장을 제공한다. 앞에서 살펴보았듯이 축제를 의미하는 Fiesta 혹은 Festival과 유사한 의미를 가지는 Feria의 어원은 라틴 어 Feriae, Feriarum으로써 '일이 아니라 종교 의식에 전념하기 위해 일반 시민들이 행하는 모든 행위와 관련되어 쉬는 날'이라는 의미를 내포하였다. 하지만 현재 이 단어는 시장을 뜻하기도 하고 특정 사물과 관련된 박람회, 전시회를 의미하기도 한다. 4월 축제 역시 초창기에는 축산물 거래 장터에서 출발했지만 상업적 요소는 거의 사라지고 오늘날에는 세비야 시민들이 마음껏 먹고 즐기는 축제로 변모하였다.

4월 축제는 스페인의 다른 대표적인 축제들과 비교해 특별한 이벤트가 없다. 파야스 축제의 경우에는 1년간 공들여 만든 거대한 인형을 불태워 버리는 이벤트가 있고, 산 페르민 축제는 사람들이 투우용 소와 시내를 함께 질주하는 위험천만한 행사가 축제의 상징이고, 토마티나는 잘 익은 토마토를 생면부지의 사람들에게 마음껏 던지며 즐기는 광기의 순간이 사람들을 매혹한다. 그러나 4월 축제는 이처럼 축제를 대표하는 상징적 아이콘이 존재하지 않는다. 한마디로 이 축제는 전형적으로 먹고 마시며 즐기는 축제다. 오히려 이것이 4월 축제를 스페인의 3대 축제로 만든 것이다.

성주간이 끝난 뒤 3주 후, 봄기운이 완연한 시간 속에서 열리는 4월 축제는 봄이 던져 주는 화사함에 걸맞게 붉은색과 흰색 등 원색의 색으로 채색된다. 이와 같은 강렬한 원색의 축제는 수십만 개의 전등 장식으로 화려함의 극치를 뽐낸다. 축제가 열리는 레메디오스Los remedios 지역 정문을 장식한 수만 개의 전구를 점화하는 알룸브라오Alumbrao 행사로 시작되는 4월 축제는 겨울과 사순절의 끝남 및 봄의 도래를 축하하며 일주일간 세비야 시민들의 일상생활을 완전히 마비시킨다. 축제 기간 동안 시민들과 관광객들은 4월 축제의 핵이라 할 수 있는 작은 막사인 카세타Caseta에서 먹고 마시고 춤추기를 반복하면서 자신들에게 주어진 허용된 일탈을 최대한 만끽한다. 봄은 여인의 계절이라는 말에 어울리게 4월 축제 기간 세비야의 여인들은 원색으로 화려하게 장식된 민속 의상을 입고 거리를 활보하거나 말 혹은 마차를 타고 드넓게 펼쳐진 행사장을 돌아다니며 안달루시아 특유의 눈부신 태양이 내리쬐는 봄 분위기를 한껏 고조시킨다. 화려하게 장식한 마차 행렬과 투우 경기장에서 열리는 투우가 축제 기간 동안 세비야 시민들의 삶 그 자체가 된다.

파야스 축제나 산 페르민 축제와 달리 4월 축제의 역사는 상대적으로 짧다. 또한 수호 성인을 기리기 위한 종교적 개념도 4월 축제에서는 부재한다. 세비야의 봄맞이 축제는 자연발생적이 아니라 인위적으로 만들어진 축제다. 1846년 카탈루냐 출신의 나르시소 보나파르떼Narciso Bonaparte와 바스크 지방 출신인 호세 마리아 데 이바라José María de Ybarra 두 사람은 세비야 시 의회에 4월 19일부터 21일까지 3일 동안 축제를 개최하겠다는 신청서를 제출하였고 시 의회가 이를 승인해 다음 해인 1847년부터 4월 축제가 공식적으로 시작되었다. 보나파르떼와 이바라는 19세기 들어 급속한 산업화가 진행되면서 농업과 목축업 중심의 경제체제를 유지하고 있던 세비야가 쇠퇴하기 시작하자 이를 타개하고자 축제를 개최하여 농축산업의 진흥을 꾀하였던 것이다. 현재 스페인 자치주들 중 분리독립 움직임 혹은 자치권 확보 움직임이 가장 강한 지역인 카탈루냐와 바스크 지방 출신들이 스페인 3대 축제로 성장한 4월 축제의 개최를 주도했다는 사실은 하나의 아이러니다.

이후 축제에 대한 시민들의 호응도가 날로 높아져 가자 규모는 점차 확대되었고 농축산물 장터의 개념에서 벗어나 시민들이 즐기는 축제로 자리매김을 하였다. 1877년에는 이사벨 여왕이 직접 축제 현장을 방문함으로써 명성을 전국적으로 떨치기 시작하였는데 이때부터 거리를 장식하는 행사가 도입되었으며 1885년부터는 가스등을 거리에 설치해 도시의 야경을 화려하게 꾸미기 시작하였다. 또 1893년부터는 오늘날 4월 축제의 아이콘인 카세타가 설치되어 현재의 모습을 서서히 갖추게 되었다.

시민들의 폭발적인 성원에 의해 1914년부터는 축제 기간이 3일에서 5일로 늘어났으며 1916년 축제에 알폰소 12세 국왕이 이사벨 여왕에 이어 또다시 직접 축제에 참가해 축제의 명성을 재확인하였다. 1920년대에 들어 4월 축제는 더욱 진화해 조명을 통한 도시 장식, 예술가나 배우 등 유명인 방문객들을 위한 카세타 설치 등을 통해 오늘날의 축제 모습에 더욱 가까워 졌다. 그러나 1936부터 3년 동안 지속된 내전은 4월 축제의 쇠퇴를 가져왔다. 내전 직후인 40년대 역시 경제적 궁핍으로 인해 축제는 이전 모습을 되찾지 못하고 명맥만 유지하였다. 그렇지만 전쟁의 상흔을 극복하기 시작한 50년대 들어와 4월 축제는 점차 화려함을 더해 가면서 예전의 모습을 되찾기 시작하였고 1966년에는 세계적인 명성을 날리던 모나코 왕비 그레이스 켈리, 케네디 대통령의 미망인 재클린 케네디 등 유명 인사들이 대거 방문해 전 세계적인 축제로 자리매김 하였다.

1949년부터는 축제가 열리는 레메디오스 지역의 레알 데 라 페리아Real de la feria에 거대한 출입문을 만들어 축제에 또 하나의 볼거리를 제공하기 시작하였다. 약 50미터에 이르는 규모의 이 출입문은 단순히 축제가 열리는 공간으로 들어가는 문의 역할을 하는 것이 아니라 세비야를 대표하는

전등불로 장식된 레알 데 라 페리아 출입문. 출처: www.urbesevilla.com/tag/feria-de-abril

건축물들을 모방하거나 축제 직전에 발생한 중요한 사건들을 소재로 건축함으로써 축제의 사회 반영적 측면을 어느 정도 반영한다. 세비야 당국은 이 출입문을 수만 개의 전등으로 장식해 밤마다 화려한 조명으로 방문객들의 시선을 사로잡는다.

1973년은 현재 4월 축제의 형태가 완벽히 갖추어진 해로 평가된다. 레알 데 라 페리아의 넓이는 100만 제곱미터가 넘게 되었고 개설되는 카세타 또한 1,000개를 상회해 세비야 시민들은 보다 확장된 공간에 설치된 다양한 카세타에서 축제를 즐기게 된 것이다. 그러나 현재 이 장소도 점차 협소해진다는 의견이 제시됨에 따라 세비야 시청은 보다 넓은 차르코 데 라 파바Charco de la Pava 지역으로 축제의 공간을 옮기는 안을 검토하고 있다.

100여 년이 넘는 역사 속에서 4월 축제의 모든 활동은 시 당국이 정한 일정한 규범 속에서 진행된다. 우선 축제는 언제나 월요일 자정 세비야 시장이 점등 버튼을 누르는 알룸브라오Alumbrao 행사를 기점으로 시작된다. 버튼을 누르는 순간 출입문과 레알 데 라 페리아 거리에 설치되어 있던 2만 2,000여 개의 전등에 순식간에 불이 켜지는 장관이 펼쳐지면서 곧이어 카세타들이 설치되어 있는 모든 지역으로 차례로 점등되며 세비야 대학 정문에 이르러 점등 행사가 끝난다. 하지만 실질적으로 축제는 알룸브라오 행사 이전에 까세타를 설치한 회원들 간 친목을 도모하기 위한 "생선 튀김 만찬Cena del pescaíto"에서부터 시작된다. 이 만찬에는 오직 회원들만 참석할 수 있으며 생선 튀김이 주 요리로 등장한다. 화요일에는 카세타 설치 회원들이 지인들을 초대해 점심 식사를 하며 수요일에는 레알 데 라 페리아를 화려하게 장식한 조명이 새벽 4시까지 켜지고, 일반인들이 몰려들기 시작하는 목요일에는 축제 지역을 오가는 말들과 마차들이 급증하기 시작하며 조명은 한 시간 더 연장되어 새벽 5시까지 불을 밝힌다. 축제 기간 중 가장 많은 방문객이 몰려오는 금요일에는 왕족과 귀족, 명사들이 축제 현장을 방문해 분위기를 고조시키며 토요일엔 점등행사가 새벽 6시까지 계속된다. 축제의 마지막 날인 일요일 자정에는 축제 현장과 세비야를 밝혔던 조명들이 꺼지고 대규모 불꽃놀이로 대미를 장식한다.

이렇듯 4월 축제는 요일별로 행사 내용을 달리하지만 축제 기간 내내 펼쳐지는 행사도 방문객들의 시선을 사로잡는다. 화요일부터 축제가 끝나는 마지막 날까지 매일 정오에는 전통 복장을 한 시민들의 마차 행렬이 펼쳐진다. 응급 차량을 제외하고는 일반 차량들의 출입이 금지된 레알 데 라 페리아 안에서 유일한 교통수단은 마차다. 세비야 시청은 이 마차들을 단순한 교통수단으로만 머물게 한 것이 아니라 매력적인 축제의 볼거리로 전환 시켜 축제의 재미를 배가시켰다. 남성들은 짧은 자켓을 의미하는 트라헤 코르토Traje corto를 입고 말을 타고 행진하며 여인들은 전통 플라멩코 복장을 한 채 말이나 마차를 타고 행진한다.

4월 축제의 또 다른 볼거리는 투우다. 4월 축제의 시작이 농축산 산업의 부흥을 위한 것이었기에 초창기부터 투우는 4월 축제와 불가분의 관계를 유지해 왔다. 레알 데 라 페리아를 방문해 오후 시간을 즐긴 사람들은 마차를 타고 곧바로 마에스트란사Maestranza 광장으로 와 18시 30분부터 시작되는 투우 경기에 열광한다. 스페인 투우사들은 일반적으로 4월 축제 기간

전통 복장을 한 시민들의 마차행렬. 출처: www.practicopedia.com/files/estructuracaseta4

에 열리는 투우 경기를 가장 중요한 것으로 간주하며 스페인 국민 상당수 역시 마에스트란사 광장을 스페인 투우 경기에서 최고의 경기장으로 생각한다.

4월 축제의 꽃은 드넓은 레알 데 라 페리아를 가득 메운 카세타Caseta다. 세비야 시민들에게 있어 카세타는 자신들이 현재 축제의 시공간 속에 존재하고 있음을 의미하는 상징이며 일탈의 순간을 향유할 수 있는 공간이기도 하다. 카세타의 형태는 4월 축제의 초창기부터 존재하였다. 축제의 태동이 농축산물 판매와 직결되어 있었던 만큼 장이 열렸던 지역에는 농민들이 끌고 온 가축들을 매어 두는 막사가 필요로 하였다. 그런데 1849년 세비야 시 당국이 축제가 열리는 지역의 안전 및 질서 유지를 위해 임시 막사를 설치하였는데 이것이 공권력 행사의 중심 역할을 하기보다는 축제의 분위기에 맞추어 시민들이 부담 없이 찾아와서 즐기는 공간으로 변모하였다. 이처럼 임시 막사가 만남과 유흥의 장으로써 의외로 방문객들에게 인기를 끌자 이듬해에는 개인이나 회사들이 임시 막사를 설치하여 보다 다양하면

4월 축제의 꽃 카세타. 출처: http://es.wikipedia.org/wiki/Archivo:Feria_Seville.jpg

서도 흥미롭고 마음껏 먹고 마시며 즐기는 공간을 제공하였는데 이것을 가리켜 카세타로 명명하였다. 축제가 성장함에 따라 개설되는 카세타의 수도 급격히 증가하였는데 1919년에 세비야 시는 다양한 형태의 카세타를 화가인 구스타보 바카리사스Gustavo Bacarisas가 제안한 디자인에 따라 통일된 형태로 설치하도록 하였고 1983년에는 안전을 위해 설치 규정안을 마련해 모든 카세타 설치 주체들이 필수적으로 따르도록 하였다.

레알 데 라 페리아의 카세타들은 우선 시민들의 또 다른 가정 역할을 하는 가족용 카세타 지역과, 시민들이 먹고 마시고 즐기는 오락을 위한 상업용 카세타 지역, 그리고 공공 시설들이 입주하는 지역으로 나뉘어 설치된다. 일반적으로 가족용 카세타가 가장 많이 설치되고 카페테리아나 바와 같은 상업용 카세타가 다음으로 많이 설치되며 시청, 소방서, 경찰서, 병원 등 공공 기관 카세타가 스무 개 내외로 설치된다. 2010년 축제의 경우 총 1,047개의 카세타들이 레메디오스 지역에 설치되어 장관을 이루었으며 해가 갈수록 설치되는 카세타들의 수는 더욱 증가할 전망이다. 축제 기간 동안 세비야 시민들은 이 카세타 안에서 가족, 친지, 친구들과 함께 스페인 전통 음식과 와인을 즐기면서 플라멩코의 일종이자 세비야의 전통춤인 세

세비야나를 즐기는 세비야 시민들. 출처: www.fotolog.com/pinyacola/56095485

비야나를 추며 허용된 일탈을 마음껏 즐기는 것이다.

4. 팜플로나 산 페르민 축제

스페인의 6월은 이미 태양빛이 수직으로 내리쬐는 한여름이지만 실질적으로 한 해를 마무리하는 느낌이 강하다. 우선 전년 8월 말에 시작해 스페인 인들의 일상과 함께 해 온 프리메라 리가가 5월 말 6월 초에 시즌의 막을 내리며 초중고 및 대학교의 1년 학기가 끝난다. 이런 면에서 볼 때 7월은 신학기가 시작되는 동시에 프로축구의 새로운 시즌이 시작되는 9월을 준비하기 위한 충전의 시간이라고 할 수 있다. 즉 스페인 인들에게 7월은 8월말까지 갖게 되는 휴가의 시작을 의미하며 일년 중 가장 기다려지는 달로써 일상의 구속에서 벗어날 수 있다는 자유와 해방의 감흥을 던져 준다.

그런데 스페인 인들에게 있어 7월은 곧 산 페르민San Fermín 축제다. 7월 6일 정오부터 14일 자정까지 일주일 동안 스페인 북부 나바라Navarra 주의 주도인 팜플로나Pamplona에서 열리는 산 페르민 축제는 스페인 인들이 가장 기다리는, 가장 열광하는 축제이자 무수한 스페인 축제들 중 세계적으로 가장 잘 알려진 축제이기도 하다. 2009년 현재 팜플로나의 인구는 19만 8,400명인데 비해 같은 해 산 페르민 축제 기간 중 이 도시를 찾은 관광객

수가 상주 인구보다 많은 20만 8,000명에 달했다는 사실은 이 축제가 얼마나 매력적이며 대중적인 축제인지를 단적으로 증명한다.

사람들이 산 페르민 축제에 열광하는 이유는 축제 기간 중 매일 아침 열리는 엔시에로Encierro 때문이다. 팜플로나의 좁은 구시가지를 투우용 황소와 함께 2~3분 동안 900여 미터를 질주하는 이 행사는 정상적인 시각에서 볼 때 광기 가득한 행동이다. 하지만 여기에 사람들은 도취된다. 단순함과 강렬함. 이것이 산 페르민 축제의 진정한 매력인 것이다. 발렌시아의 파야스 축제의 경우에는 데스페르타, 마스클레타, 크레마 등과 같이 상이한 명칭을 가진 세부 행사들이 축제 기간 중 단계적으로 진행되는 형식이 잘 구비된 축제다. 이와 비교해 볼 때 산 페르민 축제는 매우 단순하지만 삶과 죽음의 경계를 참가자들에게 제공함으써 인간의 본능을 최대한 자극하는 전율로 가득하다.

어네스트 헤밍웨이Ernest Hemingway의 대표작 중 하나로 삶에 대한 인간의 의지를 잘 묘사한 『태양은 다시 떠오른다*The Sun Also Rises*』(1926)를 통해 세계적인 명성을 얻게 된 산 페르민 축제의 역사는 중세까지 거슬러 올라 갈 정도로 유구하다. 하지만 헤밍웨이의 이 작품으로 인해 세계적 축제로 발돋움 했다는 사실은 부인할 수 없다. 헤밍웨이는 이 축제에 1923년부터 해마다 참가할 정도로 광적인 팬이었으며 자신의 경험을 바탕으로 이 작품을 집필하였다. 팜플로나 시는 헤밍웨이의 산 페르민 축제 사랑을 기리기 위해 그가 자주 다녔던 카페테리아와 호텔을 보존하고 있으며 기념비를 세워 그를 추도하고 있다.

원래 산 페르민 축제는 나바라 주의 수호성인이자 3세기 말 주교였던 페르민 성인을 기리기 위한 것이었지만 오늘날의 축제의 모습을 갖추기까지는 종교와 관련 없는 다양한 요인들이 융합되어 축제를 찾는 사람들이 열광하지 않을 수 없는 매력적인 축제로 자리매김을 하였다. 축제의 태동기 당시 페르민 성인의 성축일은 원래 9월 24일이었다. 하지만 이 시기는 비가 자주 오는 우기로서 축제에 적합지 않았기에 1591년 팜플로나 시는

7월 7일 현재의 날짜로 옮겼다.[2]

한편 13세기 초부터 팜플로나에서는 여름의 초입인 6월 23~24일 양일간 큰 장이 섰는데 시간이 지남에 따라 베드로 성인의 성축일과 맞추기 위해 7월 29로 장날이 옮겨졌다. 상인들과 농민들, 일반 시민들로 뒤섞인 장터는 축제 분위기를 물씬 풍겼고 이 같은 분위기를 더욱 고조시키고자 황소와 함께 뛰는 행사가 마련되었다. 여름에 열리는 이 장터와는 별개로 팜플로나에서는 1324년 이래 매년 10월 10일부터 일주일 동안 또 다른 큰 장이 열렸는데 여름의 초입과 끝에 열렸던 이 두 장은 1591년에 통합되어 1년의 일곱 번째 달의 일곱 번째 날에 열기로 결정되었다.

이처럼 산 페르민 축제는 역사적으로 볼 때 페르민 성인을 기리는 종교의식과 14세기부터 열렸던 장날의 축제적 성격, 그리고 프랑스와 스페인 접경 지역에서 유행하던 소 축제가 융합되어 발전하였다. 그리고 17, 18세기까지 강했던 종교적 성격은 시간이 흐름에 따라 사라지고 대신 퍼레이드와 같은 유희적 색채가 짙어지면서 오늘날의 모습을 갖추게 되었다.

산 페르민 축제는 7월 6일 오전 시청 앞 광장에서 열리는 추피나소chupinazo 혹은 txupinazo 행사를 시작으로 일주일간의 열정의 시간 속으로 들어간다. 여름의 뜨거운 태양이 작렬하는 가운데 팜플로나 시청 광장은 정오 이전부터 수많은 인파들로 발 디딜 틈도 없으며 이곳으로 모인 시민들과 관광객들은 축제의 전통 복장인 하얀색 상하의를 입고 붉은색 허리띠를 두른 채 맥주나 샴페인 등을 서로에게 뿌리며 축제 분위기를 고조시키고 "산 페르민, 산 페르민"을 외치면서 축제의 개막을 기다린다. 그리고 정오가 되면 축제 준비위원회에 의해 그해 선정된 사람이 시청 발코니에 나와 "팜플로나 시민 여러분, 산 페르민 축제 만세Pamponeses, Pamplonesas, ¡Viva San Fermín!

2 산 페르민 축제를 소개하는 국내 서적들 및 인터넷 상의 글들 절대 다수가 페르민 성인을 축제가 열리는 팜플로나 시의 수호성인으로 서술하고 있는데 이는 잘못된 정보다. 페르민 성인은 프란시스코 하비에르 성인San Francisco Javier과 함께 나바라 주의 수호성인이며, 팜플로나 시의 수호성인은 사투르니노 성인San Saturnino인데, 성축일은 11월 29일로 팜플로나 시민들은 이날 자신들의 수호성인을 기린다.

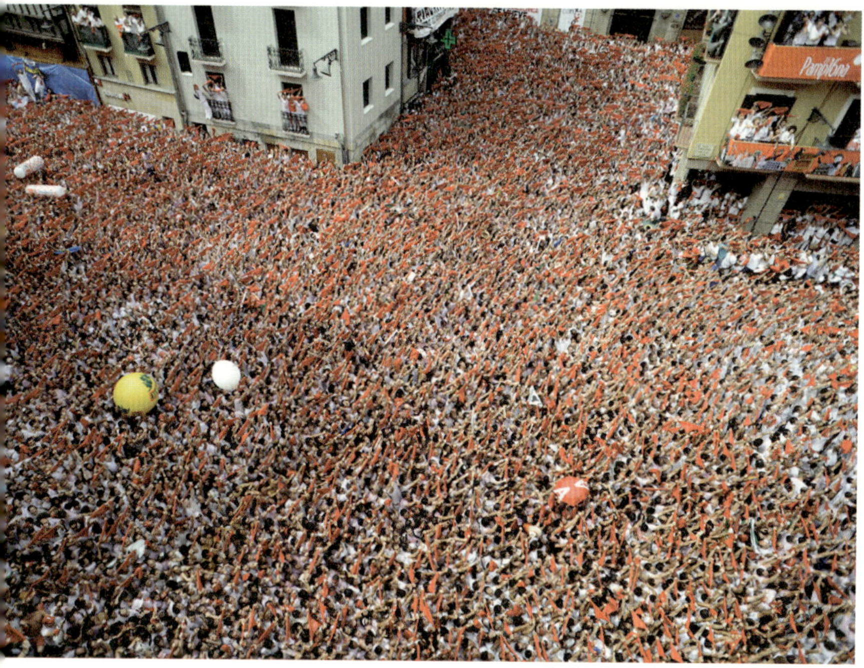

산 페르민 축제의 시작을 알리는 추피나소

¡Gora San Fermín!"를 외치면서 폭죽을 발사하고 이로써 축제가 시작된다.

스페인의 전 공중파 방송국들이 생중계를 할 만큼 하나의 장관을 이루는 추피나소의 역사는 중세부터 이어져 온 산 페르민 축제의 전체 역사에 비해 매우 짧다. 20세기 초 팜플로나 시 당국은 축제 전날인 7월 6일 축제의 시작을 시민들에게 알리기 위한 방편으로 폭죽을 발사하기로 하고 폭죽 전문회사와 계약 체결 후 별다른 행사 없이 폭죽을 발사하였다. 시간이 지남에 따라 폭죽 발사 자체가 큰 호응을 얻으면서 이것을 보기 위해 시민들이 시청 광장에 모여들기 시작하였다. 1939년에는 한 시 의원이 폭죽 발사를 위한 행사의 도입을 건의해 이때부터 발사 전 장엄한 행사를 거행하기 시작하였다. 1941년부터는 시 의원들이 돌아가면서 폭죽 발사를 맡기로 하였고 프랑코 독재가 끝난 후 민주화가 이루어진 1979년부터는 축제 조직 위원회 회원들이, 1983년 이후부터는 조직 위원회에서 지명한 유명인들이 폭죽 발사를 담당하기 시작하였다.

투우 경기장에서 정식으로 투우가 열리기 전, 산토 도밍고Santo Domingo 사육장에서부터 투우 경기장까지 6마리의 소와 함께 참가자들이 팜플로나 시내의 900미터 정도 되는 좁은 거리를 약 3분 동안 질주하는 엔시에로는 산 페르민 축제의 백미다. 매년 수십 명의 부상자가 발생하고 사망의 위험도 상존하는 위험하기 그지없는 엔시에로는 오히려 위험하기에 참가자들이나 관중들에게 극도의 긴장감을 던져 주며 최고의 스릴을 맛보게 한다. 하지만 현재처럼 소와 사람들이 함께 뛰는 형태의 엔시에로는 축제 초창기부터 존재하지는 않았다. 19세기 이전까지 소몰이 행사 참가자들은 소를 안전하게 몰기 위해서 소의 뒤나 옆에서만 뛰었다. 그런데 19세기 중엽부터 정육사를 비롯한 일단의 사람들이 소의 꼬리와 뿔을 잡고 뛰거나 소 앞에서 뛰자 관중들의 엄청난 호응을 얻었고 하나의 풍속으로 급속히 자리매김을 하게 되었다. 그리고 1856년부터 소몰이 행사를 엔시에로라 명명하기 시작해 오늘날에 이르고 있다.

축제 기간 동안 매일 오전 8시에 시작되는 엔시에로에 참가하는 사람들은 행사의 출발지인 산토 도밍고 언덕의 보호막이 쳐진 거리 안으로 입장을 해 행사가 시작되기 5분 전, 3분 전, 그리고 1분 전에 각각 "페르민 성인에게 청하오니 우리의 수호성인이시기에 우리에게 은총을 내려주시고 우리를 인도해 주시옵소서. 산 페르민 만세A San Fermín pedimos por ser nuestro patrón, nos guíe en el encierro dándonos su bendición."라는 페르민 성인을 기리는 기도를 세 차례 하며 그의 도움을 구한다. 이후 성당의 종소리가 소몰이 경주의 시작을 예고하며 정각 8시 첫 번째 총성이 울리면서 엔시에로가 시작된다. 투우 경기에 사용될 여섯 마리의 소들을 가둔 우리의 문이 열리고 두 번째 총성이 울리면 이 소들은 거리로 내몰려 시내의 좁은 길을 평균 시속 25킬로미터로 질주하며, 흰색 상하의에 빨간 스카프를 맨 참가자들은 이 소들과 함께 달린다. 흉기나 다름없는 긴 뿔을 가진 소들과 인간들 간의

삶과 죽음의 경계에서 펼쳐지는 엔시에로

경주는 숨 막히는 긴장감을 한껏 유발하면서 엔시에로에 직접 참가한 사람들이나 지켜보는 사람들을 극도로 흥분시킨다. 엔시에로는 3분도 채 안 되는 시간에 끝나지만 스릴과 긴장감으로 인해 스페인 인들뿐만 아니라 전 세계인들이 열광하는, 산 페르민 축제를 대표하는 아이템으로 자리를 잡았다. 인구 20만이 채 되지 않는 팜플로나에 산 페르민 축제 기간 동안 상주인구보다 많은 관광객들이 방문해 축제를 즐긴다는 것은 그만큼 이 축제가 단순한 지역 축제가 아니라 세계인들이 공감하는, 지역을 뛰어넘는, 인간의 원초적 본능에 충실한 축제라는 것을 증명한다.

삶과 죽음의 경계의 장에서 펼쳐지는 향연이기에 1924년부터 2010년까지 총 15명의 사망자가 발생하였다. 위험하기 그지없는 놀이란 사실을 감안할 때 희생자 수는 의외로 적은 편이다. 여기에는 누구보다도 엔시에로의 위험을 잘 알고 있는 시 당국의 안전 조치들이 큰 역할을 하였다. 우선 팜플로나 시는 엔시에로가 행해지는 구시가지 거리에 보호막을 설치해 소들이 거리 밖으로 나가지 못하도록 한다. 또 엔시에로에 직접 참가하는 사람들에게 시청이 정한 엔시에로 과정에서 필히 지켜야 할 안전 수칙을 준수할 것을 요구한다. 여기에는 질주 도중 넘어질 경우 절대 일어나지 말고 두 손으로 머리를 감싼 채 엎드려 있어야 한다는 구체적인 내용까지 담고 있다. 그리고 엔시에로 행사에 소의 습성을 잘 아는 베테랑 목동들을 뛰게 하여 만일 소들이 흥분하여 일반 참가자들을 해치는 응급 상황이 발생할 경우 소들을 통제할 수 있도록 한다. 엔시에로에 참가하는 이들 목동들은 녹색 완장을 차 일반 참가자들과 쉽게 구분될 수 있도록 하고 있다. 한편 시청은 축제 전반의 안전을 위해 최대한의 공권력을 동원한다. 2009년 산 페르민 축제의 경우 시청은 엔시에로 및 다른 행사들을 위해 총 1,380명의 경찰과 700여 명의 응급 의료진을 동원해 축제 참가자들의 안전에 만전을 기하였다.

비록 엔시에로가 산 페르민 축제의 모든 것이라 할 만큼 가장 상징적인 행사이지만 축제 기간에는 팜플로나를 방문한 관광객들의 시선을 사로잡는 다른 여러 행사들도 함께 펼쳐진다. 이들 중 가장 주목할 만한 것은 축제 기간 매일 오전에 펼쳐지는 거인 행렬이다. 1860년 타데오 아모레나Tadeo Amorena라는 한 시민이 제안해 열리기 시작한 거인 행렬Los gigantes은 첫해 시민들의 큰 호응을 얻자 다음 해부터는 시청이 직접 주관해 실시해 오고 있는 유서 깊은 행사다. 이 행렬에는 아시아, 아프리카, 아메리카, 유럽 대륙을 상징하는 각 한 쌍의 거인과 오세아니아를 상징하는 한 명의 거인이 등장하고 이들과 함께 말 형상을 한 두 명의 살디코스Zaldikos, 큰 머리 인형들인 다섯 명의 카베수도스Cabezudos와 일곱 명의 킬리키스Kilikis가 참가한다.

행진 중인 거인 인형들

살디코스

거인 행렬이 시민들과 방문객들에게 인기가 높은 이유는 이 행사가 관객들이 그저 지켜만 보는 단순한 행렬이 아니라 킬리키스 인형들이 행진 도중에 솜방망이를 들고 시민이나 관광객들, 특히 어린이들을 아무나 때림으로써 커다란 웃음을 유발하며 이를 통해 관객들을 단순한 관객이 아닌 축제의 주체로 변모시키기 때문이다.

한편 축제 개막식이 열리는 7월 6일 오후 4시 30분에 "리아우 리아우

킬리키스

어린이들과 어울리는 킬리키스

Riau-Riau" 행사도 산 페르민 축제에서 빼놓을 수 없는 볼거리다. 이 행사는 팜플로나 시 의원들이 축제를 맞이해 성당에서 종교적 의식을 거행하고자 시청부터 성 로렌소 성당까지 행진을 하는데 시민들이 시청 악대가 연주하는 아스트라인 왈츠Vals de Astráin를 끊임없이 부르며 의원들의 행진을 방해하는 단순한 행사다. 워낙 많은 인파들이 행진을 방해하기에 의원들이 1미터 나아가는 데 45분 정도가 소요되며 이러한 이유로 의원들이 성당에 도착하지 못한 채 행사가 취소되는 경우가 종종 있었다. 1914년 왕당파였던 이그나시오 발레스테나Ignacio Baleztena라는 사람이 자신의 정치적 라이벌들이 장악하고 있던 시 당국에 항의코자 아스트라인 왈츠라는 노래를 크게 부르며 시장 및 시 당국자들의 행렬에 끼어들어 이들의 행진을 방해한 데서 기인한 리아우 리아우는 곧바로 시민들의 큰 호응을 얻어 축제의 명물로 자리를 잡았다. 정치적 동기가 다분했던 만큼 리아우 리아우 행사는

1920년대에 시청에 의해 두 차례 금지되기도 하였고 1991년부터 1996년까지도 정치적 이유로 인해 무산되기도 하였지만 팜플로나 시민들은 산 페르민 축제에서 리아우 리아우 행사를 필수적인 것으로 간주한다.

일주일 동안 팜플로나뿐만 아니라 전 스페인을 달아오르게 한 산 페르민 축제는 7월 14일 자정 축제의 개막식인 추피나소가 열렸던 시청 광장에서 "가엾은 나여!Pobre de mí" 행사를 마지막으로 막을 내린다. 광장을 가득 메운 사람들은 붉은색 스카프를 높이 쳐 든 채 촛불을 들고 일제히 "산 페르민 축제가 끝났으니 아 가엾은 나여, 가엾은 나여Pobre de Mí, Pobre de Mí, que se han acabado las fiestas, de San Fermín."라는 노래를 부른다. 하지만 곧 "다음 축제까지 얼마 남지 않았네Ya falta menos"를 합창하며 이듬해에 열릴 산 페르민 축제를 기약한다.

산 페르민 축제는 페르민 성인을 기리기 위한 종교 축제에 기원을 두지만 3월달에 주로 열리는 성 주간Semana Santa 행렬과 같은 성스런 의식을 통해 성인을 기리는 것이 아니라 인간의 본능과 원시성의 형상을 더듬어 볼 수 있는 극도로 흥분된 감정의 배출을 가능하게 한다. 그 어떤 규칙도 없이 황소와 함께 뛰는 이 위험한 놀이의 축제는 상실된 시원성을 복원하여 최대의 황홀경을 느끼게 함으로써 뿌리칠 수 없는 매력을 우리들에게 던져 주고 있다.

5. 부뇰 토마토 축제

산 페르민 축제의 거대한 광기가 휩쓸고 지나간 공허함 속에서 이제 스페인 사람들의 시선은 발렌시아 주의 한 조그마한 시골 마을에 집중된다. 왜냐하면 파야스 축제가 열리는 발렌시아에서 서쪽으로 38킬로미터 떨어진 곳에 위치한 인구 9,000명이 약간 넘는 작은 마을인 부뇰Buñol에서 8월 마지막 주 수요일 산 페르민 축제의 광기와는 또 다른 광기와 열기로 가득 찬 토마토 축제 토마티나La tomatina가 열리기 때문이다. 토마티나는 전형적으로 토마토라는 음식물을 이용한 축제다. 이처럼 음식물을 이용한 축제는 세계 곳곳에 산재하고 있는데 음식을 주제로 하는 대부분의 축제들은 먹는 데에 주안점을 둔다. 이런 점에서 토마토를 던지는 부뇰의 토마토 축제는 이와 같은 축제들과는 궤를 달리한다. 한편 음식물을 아무에게나 던지는 축제들 역시 존재한다. 대표적인 것이 이탈리아 피에몽트Piedmont 지방의 이브레아Ivrea에서 열리는 오렌지 축제다. 하지만 부뇰의 토마티나만큼이나 전 세계적으로 이목을 집중시키는 음식물 던지기 축제는 존재하지 않는다. 이 축제가 열리는 기간 동안 상주인구 9,000명의 시골 마을에 전 세계에서 약 4만 명의 관광객들이 찾아와 여름의 끝자락이 선사하는 엑시타시를 느낀다.

잘 익은 토마토 던지기라는 색다른 아이템으로 인해 토마티나는 짧은 역사에도 불구하고 산 페르민 축제와 더불어 가장 세계화된 스페인 축제가 되었다. 세계 각국에서 토마티나를 벤치마킹하여 현지에 적합한 형태의 토마토 던지기 축제를 열고 있는데 2004년부터 남미 콜럼비아의 수타마르찬Sutamarchán에서는 6월 15일 토마토 던지기 축제가 열리고 있으며 카지노로 유명한 미국 네바다 주의 르노Reno에서는 전미 암 협회가 주최하는 토마토 던지기 축제가 2009년부터 8월 마지막 주 일요일에 개최되고 있다. 심지어 중국 광동성의 동광에서도 10월 19일에 토마티나를 모방한 토마토 던지기 축제가 열린다.

이렇게 전 세계적으로 선풍적인 인기를 얻고 있는 만큼 다국적 기업들은 토마티나를 자신들의 상품 마케팅에 적극 활용하고 있다. 세계 최대 인터넷 검색 업체인 구글은 토마티나 당일 홈페이지 로고를 토마토로 꾸미며 삼성전자는 2010년 남아프리카 공화국 월드컵 기간 동안 자사의 TV 광고에서 토마티나의 한 장면을 사용했고 일본의 반다이남코BandaiNamco사는 세계에서 가장 많이 판매된 격투기 게임인 『철권 6』의 배경 화면으로 토마티나를 이용하였다. 또 스포츠 용품 제조업체인 아디다스사는 "토마티나"란 상표를 단 운동화를 판매하다 저작권 문제로 부뇰 시청과 법정 공방까지 갔다.[3] 이와 같은 사실들은 토마티나가 얼마나 스페인 인들뿐만 아니라 전 세계인들에게 매력적인 축제로 다가가고 있는지를 반증하고 있다.

토마티나는 사실 부뇰의 수호 성인인 성 루이스 베르트란San Luís Bertrán을 기리기 위해 일주일 동안 펼쳐지는 부뇰의 라 오야 축제Ferias de la Hoya의 한 이벤트 중 하나이지만 오히려 부뇰을 상징하는 아이콘으로 자리매김을 하였다. 라 오야 축제는 토마티나가 열리기 일주일 전부터 시작되는데 이 때부터 부뇰 시민들과 관광객들은 토마티나의 분위기를 한껏 기대하면서 다양한 행사가 펼쳐지는 축제에 몰입한다.

스페인의 대표적인 축제들과 비교해 토마티나의 역사는 매우 짧으며 그 시작도 우연의 결과다. 1945년 8월 마지막 주 수요일 시민 광장에서는 부뇰시 축제의 일환으로 가장 행렬이 펼쳐졌는데 시청 관계자들과 악대가 지나가자 행렬에 참가하고 싶었던 일단의 젊은이들이 이들을 밀쳤고, 밀려 쓰러졌던 사람들은 자신들을 밀친 젊은이들을 구타하기 시작하였다. 그러자 주위에 있던 사람들도 싸움에 휘말려 순식간에 가장 행렬은 난장판이 되었고 분을 삭이지 못한 이들은 상점에 진열되어 있던 야채들을 서로에게 던지며 더욱 격렬히 싸웠다. 결국 경찰이 개입하고 나서야 비로소 싸움은 멈추었고 상점에 진열된 야채를 던진 이들에게는 벌금형이 구형되었다.[4]

다음 해에도 젊은이들은 축제 기간 때 패싸움을 벌였는데 이전 해와는 달리 미리 집에서 토마토를 준비해 와서 서로에게 던졌다. 역시 경찰이 개입해 싸움은 중단되었지만 시민들은 토마토를 던지는 이와 같은 패싸움에 열광하였고 해가 거듭될수록 비록 비공식적이었지만 토마토 던지기 패싸

3 여기에 대해서는 http://www.youtube.com/watch?v=_BF9lcoDLSs와 htty://www.elmundo.es/elmundo/2008/11/21/valencia/1227265636.html를 참조하라.

4 부뇰의 토마티나를 소개하는 국내 도서들이나 주요 포털에서는 토마티나의 유래를 시정을 잘못 운영하고 있던 시 의원들에 대한 반감으로 이들에게 토마토를 던지면서 시작되었다고 소개를 하거나 농민들이 토마토값 하락에 항의하기 위해 토마토를 던졌다고 말하면서 토마티나의 사회 비판적인 성격을 부각시키고 있다. 하지만 이는 왜곡된 정보이며 토마티나의 유래는 정치적, 사회비판적 성격과는 무관하며 우연한 패싸움에서 시작되었다. 여기에 대해서는 토마티나 공식 홈페이지인 http://www.latomatina.es/historia를 참조하라.

움은 하나의 전통으로 굳어져 갔다. 하지만 시 당국은 이 패싸움이 단지 지켜보던 사람들에게도 피해를 입히고 심지어는 시 고위층 인사들마저 토마토 세례를 받는 사건이 발생하자 1950년대 중반까지 토마토 던지기 싸움을 금지하였다.

당국의 금지령에도 불구하고 시민들은 지속적으로 토마토 전투를 하였다. 1955년에는 토마토 던지기 싸움에 대한 시청의 금지 조치에 항의하고자 시민들은 토마토 장례식entierro de tomates을 벌이기도 하였다. 시 당국은 거듭되는 시민들의 항의에 결국 1957년에 토마토 던지기 싸움을 허용하였지만 정해진 시간 내에 오직 토마토만 던진다는 가이드 라인을 설정해 시민들에게 요구하였다. 1959년 부뇰의 공식적인 축제로 인정된 토마티나는 토마토 던지기 싸움에 참가하고자 하는 사람들이 자발적으로 토마토를 가져와 던지는 형태로 운영되다 1975년부터 79년까지는 성당에서 토마토 구입 비용을 지불하였고 1980년부터는 시청이 직접 토마토를 구매해 지금까지 유지되고 있다.

현재 토마티나는 부뇰 시를 대표하는 공식 행사 중의 하나로 시청 산하의 축제 위원회에서 주도하고 있으며 시청의 적극적인 지원을 받는다. 부뇰시는 토마토 축제를 위해 식용으로는 품질이 떨어지는 15만 개의 토마토, 중량으로 140톤 가량을 구매한다. 2009년에 부뇰시는 토마티나를 위해 9만 유로(약 1억 5,000만 원)를 사용했으며 토마티나 행사를 제외한 라 오야 축제의 다른 이벤트를 위해서는 6만 2,000유로(9,900만 원)를 사용하였다.[5]

토마티나에 사용되는 토마토는 대부분 카스테욘Castellón 지방과 엑스트레마두라 주Extremadura에서 생산된 것을 이용한다. 이 지방에서 생산된 토마토는 식용으로 판매하기에는 질이 떨어지기에 가격이 저렴해 축제를 준비하는 과정에서 드는 비용을 절감할 수 있는 동시에 저품질로 인해 수익률이 많이 떨어져 판로에 어려움을 겪을 수 있는 농민들에게 안정적인 수입원의 역할을 한다.

5 http://www.hoy.es/20090827/sociedad/bunol-bana-tomate-extremeno-20090827.html

토마티나 시작 전에 열리는 비누 기둥 행사

토마티나는 산 페르민 축제와 마찬가지로 매우 단순하다. 잘 익은 토마토를 주위에 있는 아무에게나 던지는 행위 그 이하도 그 이상도 아니다. 그런데 이 단순함이 재미의 극치를 참가자들에게 선사한다. 토마토 축제에 참가하고자 하는 사람들은 오전 11시 마요르 광장Plaza mayor으로 모인다. 그런데 축제를 시작하기 위해서는 비누 기둥Palo Jabón 행사라는 필수적인 단계를 거쳐야 한다.

이것은 광장 중앙에 기름을 칠해 놓은 큰 기둥 꼭대기에 매달린 스페인식 햄인 하몽을 누군가가 따야만 하는, 토마토 던지기 싸움이 시작되기 전 분위기를 고조시키는 역할을 하는 행사다. 사람들의 열광 속에서 누군가가 성공하면 폭죽이 터지면서 토마토 던지기 싸움의 시작을 알리고 이어 사람들은 "토마토, 토마토"를 외치면서 토마토를 가득 실은 트럭이 도착하길 기다린다.

이후 트럭이 도착하면 트럭 위에 올라 탄 축제 진행 요원들이 거리를 가득 메운 사람들에게 토마토를 던지고 이 토마토를 가지고 사람들은 아무한테나 토마토를 던지며 순간적인 해방감을 즐긴다. 정오까지 정확히 한

토마토를 싣고 들어오는 트럭

시간 동안 토마토 던지기 싸움이 광란의 분위기 속에서 진행되는 동안 소방차들과 광장 주변 발코니에서는 8월의 폭염을 식혀 주기 위해 끊임없이 물을 뿌리고 이 물들은 터진 토마토와 섞여 부뇰 시내를 이내 토마토의 강으로 변모시킨다.

정오가 되면 싸움의 끝을 알리는 폭죽이 울리고 그 이후부터는 토마토를 던지는 행위가 엄격히 금지된다. 규칙을 어길 경우 벌금을 물어야만 한다. 또한 축제 조직 위원회는 유리병과 같은 토마토 외 다른 사물을 던지는 행위, 단단한 토마토를 던지는 행위, 옷을 찢는 행위 등을 엄격히 금지하면서 전투와 다름없는 토마티나의 안전한 진행을 위한 사전 조치들을 취하고 있다. 한편 시 당국은 토마토 던지기 싸움에 참가하고자 하는 사람들에게 잃어버리기 쉬운 샌들 대신 끈으로 매는 운동화를 신기를, 싸움이 끝나면 버려도 아깝지 않은 티셔츠를 착용하기를, 눈을 보호하기 위해 물안경을 가지고 오기를 권하는 등 참가자들에게 축제의 재미를 한껏 느끼게끔 주도적으로 프로그램을 운영한다. 이와 같은 시 당국의 노력으로 토마티나가 세계적 축제의 하나로 자리 매김을 하자 50년이라는 짧은 역사에도 불구하고 토마티나는 스페인 정부에 의해 2002년 오랜 역사를 자랑하는 파야스 축제, 4월 축제, 산 페르민 축제와 같은 급인 국제 관광 차원의 관심 축제Fiesta de Interés Turístico Internacional로 선정되어 더욱 세계적인 명성을 획득

토마토 던지기 싸움

토마토의 강이 되어 버린 부뇰
출처: http://www.foro-cualquiera.com/informes-frikis/54977-la-tomatina.html

하게 되었다.

6. 나가며

인간의 존재 이유는 생존이며 이를 위해 우리는 노동을 한다. 그러나 동시에 인간은 일상의 영위를 위한 이 노동의 세계에서 벗어나고자 하는 욕망을 의식적이건 무의식적이건 지니고 있다. 그래서 인간은 사회가 순간적 일탈을 허용하는 축제라는 행위를 고안해 내었고 축제가 허용하는 시간과 공간 속에서 억눌러 왔던 욕망을 최대한 분출한다. 따라서 인간은 본질적으로 축제하는 인간Homo festivus이며 현실에서 불가능한 것을 추구하는 꿈꾸는 인간Homo fantasia인 것이다. 꿈을 꾸고 그 꿈을 잠시나마 현실에서 경험할 수 있도록 축제를 즐기는 행위는 오직 인간만이 할 수 있는, 다른 생명체와 인간을 구분하는 본질적인 요소다.

지금까지 살펴본 파야스 축제, 4월 축제, 산 페르민 축제, 토마티나 등은 다른 어떤 축제들보다 우리가 한번이라도 꿈꾸어본 일탈의 행위들이 자유롭게 이루어지는 공통점을 가지고 있다. 넓은 광장에서 수많은 사람들이 함께 즐기는 불놀이의 꿈, 아무것도 생각하지 않은 채 오직 먹고 마시며 춤추면서 삶을 즐기고자 하는 꿈, 두려움의 대상인 황소와 맞대결을 해보는 꿈, 먹는 음식으로 원 없이 장난을 쳐보고자 하는 꿈들이 이들 축제에서 어떤 통제나 간섭 없이 자유롭게 이루어진다.

그런데 이들 축제가 축제에 참가하는 사람들에게만 개인적 만족만을 주는 것은 아니다. 축제는 축제가 열리는 특정 지역에서 역사를 통해 축적된 정신적 유산을 대외적으로 알리는 기회를 제공해 지역의 존재 가치를 부각시키며 지역민들에게는 공동체적 소속감을 느끼게 해 지역적 정체성을 확립시킨다. 결국 이들 축제는 지역민들에게는 소속감을, 외부인들에게는 일상으로부터의 일탈을 통한 순간적인 해방감을 느끼게 하는 참여의 장으로서의 역할을 수행하고 있다.

또한 이들 축제는 지역 경제를 활성화시키는 요소로 작동한다. 파야스 축제와 토마티나는 외형적으로 볼 때 전형적인 낭비성 축제다. 니놋들을 만들기 위해 상당한 비용이 소비되고, 토마토 던지기 싸움에 필요한 토마토 구입을 위해서도 적지 않은 돈이 든다. 그럼에도 불구하고 축제 준비를 위한 이런 기본적인 소비보다 지역 경제에 훨씬 더 큰 기여를 한다. 파야스 축제의 경우 니놋들을 만드는 과정에서 파야스 장인들mestres fallers이라고 불리는 조각가, 화가 등 다양한 분야의 예술가들이 발렌시아 시 각 구역마다 설치된 386개의 파야스 위원회들과 계약을 맺고 니놋 제작에 직접 참여함으로써 시의 실업률을 떨어뜨리는 역할도 수행한다. 토마티나의 경우 2010년 축제 당시 시 당국이 축제 준비를 위해 사용한 금액은 9만 유로(약 1억 4,000만 원)지만 4만 명이 넘는 방문객들이 부뇰이라는 조그마한 도시에서 쓰는 비용은 시청의 토마토 구입비용과는 비교가 되지 않을 정도로 많다. 또한 축제가 열렸던 날에는 Skynews, CBS News, France 24 등 세계적인 방송사들의 메인 뉴스의 머리를 장식함으로써 그 어떤 광고도 없이 인구 만 명도 되지 않는 시골 마을 이름을 세계적으로 알려 계산이 불가능할 정도의 무형의 경제적 이익을 얻는다.

우리가 살펴본 스페인 축제 중에서도 세계적으로 가장 많이 알려졌고 사랑을 받는 산 페르민 축제는 한 도시에서 열리는 축제가 얼마나 지역 경제를 활성화하고 도시의 대외적 이미지를 높이는지를 단적으로 보여 준다. 2010년 팜플로나 시 1년 예산은 2억 5,882만 9,565유로(약 4,150억 원)로 시 당국은 축제 준비를 위해 300만 유로(약 48억 원)를 지출하였다. 그런데 축제 기간 중 팜플로나 시를 방문한 관광객은 시의 상주 인구 수보다 많은 20만 명이 넘었고 다양한 행사에 참가한 연 인원은 150만 명에 달한다. 그리고 이들은 일주일간의 축제 기간 중 4,500만 유로(약 720억 원)를 소비하였다. 즉 팜플로나 시는 축제 준비를 위해 소모한 비용의 15배를 벌어들였고 단 일주일 만에 1년 예산의 17%에 해당하는 수익을 올렸다. 더군다나 산 페르민 축제를 취재하기 위해 15개국 126개 언론 기관에서 400명이 넘는 기자들이 방문하여 인구 20만의 중소 도시 팜플로나를 세계적으로 알림으로써 시 당국은 별도의 홍보비용 없이 도시 브랜드 가치 향상의 극대화를 이루었다.[6]

이와 같이 스페인 4대 축제가 많은 사람들에게 사랑받고 세계적인 명성을 얻게 된 데에는 여러 가지 원인이 있을 수 있겠지만 무엇보다 중요한 것은 이들 축제를 대표하는 상징적인 행위가 존재하며 또한 이것이 매우 강렬한

....

6 여기에 대해서는 http://www.pamplona.es/turismo/sanfermines/VerPagina.asp?IdPag=65&Idioma=1와 http://diariodesanfermin.blogspot.com/2009/03/los-datos-de-los-sanfermines-i.html을 참조하라.

인상을 던져 준다는 점이다. 1년간 공들여 만든 인형을 순식간에 태워 버리는 행위, 야외에 천막을 차려 놓고 마음껏 먹고 마시는 행위, 황소와 함께 뛰는 행위, 토마토를 아무에게나 던지는 행위는 일상에서는 절대 허용되지 않는 것으로써 누구나 한 번쯤은 해 보고 싶은 욕망을 불러일으킨다. 우리들 사유의 기저에 숨겨져 있던 본능을 자극하는 이와 같은 행위소들의 존재야말로 스페인 축제들을 세계적 축제로 성장하게끔 한 핵심적 요소다.

또한 우리는 다양한 스페인 축제들을 세계적인 관광상품으로 개발하려는 스페인 정부의 의지와 정책도 이들 축제가 세계적인 축제로 자리매김을 하는데 큰 역할을 했다는 점을 간과해서는 안 된다. 스페인 정부는 자국 내에서 열리는 수많은 축제들을 크게 국내 관광 차원의 관심 축제Fiesta de Interés Turístico Nacional와 국제 관광 차원의 관심 축제Fiesta de Interés Turístico Internacional로 구분한다.[7] 이 타이틀은 정부로부터의 경제적 지원과 같은 실질적 지원은 없는 순전히 명예적인 것이다. 하지만 이 타이틀을 부여받은 축제는 부여받지 못한 다른 축제들보다 자연스럽게 언론 노출 빈도가 높아짐에 따라 보다 많은 사람들이 찾는 축제로 발전하게 된다.

우선 국내 관광 차원의 관심 축제 타이틀은 역사가 적어도 300년 이상 되어야 되며 중단 없이 지속적으로 열린 축제들에만 부여된다. 또한 그 내용이 독창적이고 흥미로워 관광 대상으로써의 매력을 갖추어야만 한다. 국제 관광 차원의 관심 축제 타이틀을 획득하기 위해서는 국내 관광 차원의 관심 축제 타이틀을 적어도 40년 이상 보유하고 있어야 하며 스페인 관광산업에 기여할 수 있는 축제이어야만 한다. 스페인 정부는 이와 같은 기준을 상당히 엄격히 적용해 이 타이틀을 적합하다고 판단한 축제에만 부여하며, 여기에 선정된 축제는 언론의 관심을 받게 됨으로써 더욱 발전할 수 있는 선순환적 구조가 갖추어져 있다. 2010년 현재 스페인 정부로부터 국제 관광 차원의 관심 축제로 선정된 축제들은 다음과 같다

7 여기에 대해서는 1987년 10월 27일 스페인 정부 공식 문서 257호(*Boletín Oficial de Estado*, n. 257, 27/10/1987) 31990쪽을 보라.

축제명	개최 도시
테네리페 카니발Carnaval de Santa Cruz de Tenerife	테네리페Santa Cruz de Tenerife
카디스 카니발Carnaval de Cádiz	카디스Cádiz
산 루카르 해변 경마 축제Carreras de caballos de Sanlúcar	산 루카르 데 바라메다Sanlúcar de Barrameda
아바네라 음악 경연 대회Certamen Internacional de Habaneras y Polifonía	토레비에하Torrevieja
통나무배 축제Fiesta de las Piraguas - Descenso del Sella	아리온다스 이 리바데세야Arriondas y Ribadesella
막달레나 축제Fiestas de la Magdalena	카스테욘 데 라 플라나Castellón de la Plana
투우와 말 경주 축제Entrada de toros y caballos	세고르베Segorbe
파야스 축제Fallas de Valencia	발렌시아Valencia
4월 축제Feria de Abri	세비야Sevilla
알바세테 축제Feria de Albacete	알바세테Albacete
헤레스 말 축제Feria del Caballo de Jerez	헤레스 데 라 프론테라Jerez de la Frontera
전통 플라멩코 경연 축제Festival Internacional del Cante de las Minas	라 우니온La Unión
무르시아 봄맞이 축제Fiestas de Primavera de Murcia	무르시아Murcia
성 요한 축제(Fiestas de San Juan o de la Madre de Dios	소리아Soria
사도 산티아고 축제Fiesta de Santiago Apóstol	산티아고 데 콤포스텔라Santiago de Compostela
성 요한 모닥불 축제Hogueras de San Juan	알리칸테Alicante
카라바카 수호 성인 축제Fiestas patronales de la Santísima y Vera Cruz de Caravaca	카라바카 데 라 크루스Caravaca de la Cruz
알코이 무어인과 기독교인 축제Moros y Cristianos de Alcoy	알코이Alcoy
비야호요사 무어인과 기독교인 축제Moros y Cristianos de Villajoyosa	비야호요사Villajoyosa
엘체의 미스테리 연극 축제Misterio de Elche	엘체Elche
불 양탄자 건너기 축제Paso del Fuego y las Móndidas	산 페드로 만리케San Pedro Manrique
톨레도 성체 축일 행진Procesión del Corpus Christi de Toledo	톨레도Toledo
엘체 성 주간 종려나무 행진Procesión del Domingo de Ramos de Elche	엘체Elche
알몬테 로시오 순례제Romería de El Rocío	알몬테Almonte
카또이라 바이킹 순례제Romería Vikinga de Catoira	카또이라Catoira
산 페르민 축제Fiestas de San Fermín	팜플로나Pamplona
카르타헤나 성 주간 행진Semana Santa en Cartagena	카르타헤나Cartagena
쿠엔카 성 주간 행진Semana Santa en Cuenca	쿠엔카Cuenca
에인 성 주간 행진Semana Santa en Hellín	에인Hellín
레온 성 주간 행진Semana Santa en León	레온León
로르카 성 주간 행진Semana Santa en Lorca	로르카Lorca
말라가 성 주간 행진Semana Santa en Málaga	말라가Málaga
메디나 데 리오세코 성 주간 행진Semana Santa en Medina de Rioseco	메디나 데 리오세코Medina de Rioseco
살라망카 성 주간 행진Semana Santa en Salamanca	살라망카Salamanca
세비야 성 주간 행진Semana Santa en Sevilla	세비야Sevilla
그라나다 성 주간 행진Semana Santa en Granada	그라나다Granada
바야돌리드 성 주간 행진Semana Santa en Valladolid	바야돌리드Valladolid
사모라 성 주간 행진Semana Santa en Zamora	사모라Zamora
토마티나La Tomatina	부뇰Buñol
폰테아레아스 성체 축일Corpus Christi de Ponteareas	폰테아레아스Ponteareas

스페인의 4대 축제는 정형화된 사회 구조로부터의 일탈을 꿈꾸는 이들에게 이 꿈을 실현시킬 수 있는 꿈의 현실화된 시공간을 제공한다. 또한 이를 통해 막대한 경제적 이익을 올리는 동시에 흥미 유발의 강도가 매우 높아 축제와 도시의 이미지를 세계인들의 뇌리에 강하게 각인시켜 스페인의 대표적인 관광상품으로 자리 매김을 하였다. 지방 자치제 실시 이후 전국적으로 우후죽순처럼 생겨난 우리나라 축제 문화는 아직 맹아 단계에 머문다고 평가할 수밖에 없을 만큼 흥미 요소 부족과 현실적이며 실천적인 정책의 부재 등으로 세계에 내놓을 만한 관광상품으로 성장하지 못하고 있다. 스페인 4대 축제가 세계적 축제로 성장하게 된 배경에 대한 탐구는 우리나라 축제들을 어느 방향으로 끌고 나갈지에 대한 일종의 지침서가 될 것이다.

참고문헌

Boletín Oficial de Estado, n. 257, 27/10/1987, pp. 31990-91.

Cirlot, Juan Eduardo (2000), *Diccionario de símbolos*, Madrid: Ediciones Siruela.

Cox, Harvey (1969), *The Feast of Fools: A Theological Essay on Festivity and Fantasy*, Cambridge, Massachusetts: Harvard University Press.

http://www.comunitatvalencia.com

http://feriadesevilla.andalunet.com

http://www.latomatina.es

http://www.bunyol.es

http://fiestas.net

http://www.hoy.es/20090827/sociedad/bunol-bana-tomate-extremeno-20090827.html

http://www.pamplona.es/turismo/sanfermines/VerPagina.asp?IdPag=65&Idioma=1

http://diariodesanfermin.blogspot.com/2009/03/los-datos-de-los-sanfermines-i.html

인구보다 관광객이 많은 나라의 비밀:

스페인 관광산업 엿보기

정동희

1. 미래 전략산업으로서의 관광산업

2012년 11월 21일은 우리나라 관광산업의 역사에 영원히 기억될 날이다. 한 해가 저물기도 전에 우리나라를 방문한 외국인 관광객이 1,000만 명을 돌파하여 우리도 이제 외래 관광객 1,000만 명 시대를 맞이하게 된 것이다. 우리나라를 방문한 외국인 관광객 통계를 집계하기 시작한 1955년 이후 외국인 관광객들은 1978년에 100만 명, 2000년에는 500만 명을 넘어섰고 그 후 12년 만에 1,000만 명을 돌파하면서 우리나라는 세계 관광시장에서 유래 없는 급속한 성장을 하였다고 언론들은 평가하였다. 최근 몇 년 동안 우리나라 관광산업이 이룬 성과는 실로 경이롭다. 세계 17위의 관광 강국으로 등장하면서 전통적인 관광 대국인 스위스(30위, 850만 명)와 호주(42위,

580만 명)를 제쳤고 우리와 상대적으로 유사한 역사, 문화 상품을 가지고 있는 일본(39위, 620만 명)과의 격차를 더욱 벌렸다. 실제로 2009년부터 2011년까지 최근 3년간 우리나라를 찾은 외래 관광객수의 증가율은 12.4퍼센트로 관광 선진국인 미국 2.9퍼센트, 중국 2.9퍼센트, 이탈리아 2.6퍼센트 등의 증가율과 비교해 월등히 높으며 경제협력개발기구(OECD) 주요국들 중 최고 수준이다. 이런 추세를 바탕으로 문화체육관광부와 한국관광공사는 오는 2016년 1,430만 명, 2020년에는 지금보다 두 배가 늘어난 2,000만 명의 외래관광객을 유치한다는 목표를 수립하고 다양한 정책을 통해 이를 달성하기 위한 노력을 기울이고 있다.[1]

외국인 관광객 1,000만 시대의 도래는 우리 정부가 관광산업의 중요성을 인식하고 그만큼 매진하였다는 결과에 다름 아닐 것이다. 여기서 우리는 질문을 하나 던질 수 있다. 왜 우리 정부는 1,000만 외국인 관광객 입국을 하나의 역사적 사건으로 평가하면서 의미를 부여하고, 더 많은 관광객 유치를 위해 노력하는 것일까? 답은 의외로 단순하다. 바로 관광산업이 지니고 있는 엄청난 경제적 효과 때문이다. 우리나라 경제의 외연을 확대하기 위해서는 전통적인 제조업 중심의 경제 체제를 넘어 고부가가치 산업인 서비스업을 발전시킬 필요가 있고, 발전을 시켜야만 한다. 이런 이유로 서비스업의 대표적 산업인 관광산업을 우리 정부는 우리나라의 미래 전략산업이자 차세대 먹거리로 간주하고 있는 것이다. 세계여행관광산업회의 World Travel & Tourism Council에 따르면 2011년 기준으로 관광산업은 전 세계 국내총생산GDP의 9.1퍼센트, 고용의 8.8퍼센트를 차지하고 있다.

관광산업은 굴뚝 없는 산업이다. 공해를 유발할 수 있는 어떤 특정한 생산 시설 없이 관광객을 유치함으로써 국가와 지역 경제에 이바지한다. 그러므로 서비스 산업 차원에서뿐만 아니라 21세기 경제계의 화두인 녹색

1 『정책 정보 공감 코리아』 2012년 12월 28일자.
http://www.korea.kr/policy/mainView.do?newsId=148754236

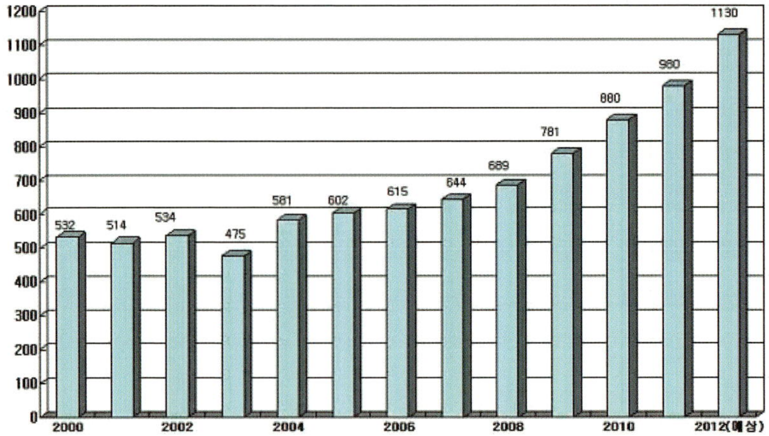

출처: 『정책 정보 공감 코리아』.

연도별 외래 관광객 방한 실적

산업의 차원에서도 관광산업은 다른 어떤 산업보다도 미래적 가치가 높다고 할 수 있다. 우리나라 관광산업의 부가가치율은 57.3퍼센트로 관광객 22명당 중형 승용차 1대의 수출 효과를 창출하고 있다. 이 부가가치율은 전 산업평균인 36.1퍼센트이나, 우리나라 경제의 핵심 축인 제조업의 평균인 24.1퍼센트보다 훨씬 높다. 상품수출가격에서 수입원자재 가격을 공제한 가격, 즉 외화가득액을 상품수출가격으로 나눈 비율인 외화가득률rate of foreign exchange earning에 있어서도 관광산업은 82퍼센트로 전 산업 평균인 67.4퍼센트, 제조업 평균인 58.7퍼센트보다 높다. 더욱 우리의 주목을 끄는 사실은 관광산업의 외화가득률이 반도체의 2.5배, TV의 1.4배로 우리나라 주력 산업의 외화가득률보다 월등히 높다는 점이다.[2]

한마디로 관광산업은 대규모 투자가 필요하지도 않고, 오염원도 발생시키지 않으면서 외화를 벌 수 있는 알짜산업이다. 관광산업은 또한 종합 산업이다. 우리나라 관광진흥법에 따르면 관광산업은 "관광객을 유치하여 운

2 『정책 정보 공감 코리아』 2012년 11월 21일자. http://www.korea.kr/policy/cultureView.do?newsId=148752897&call_from=naver_news

송, 숙박, 음식, 오락, 휴양 또는 용역을 제공하거나 그 밖에 관광에 딸린 시설을 갖추어 이를 이용하게 하는 업"으로서 운송업, 숙박업, 여행업, 카지노업, 휴양업 등 관광객들의 동선과 관련된 거의 모든 산업을 관광산업으로 규정하고 있다. 관광 주체인 관광객과 관광 대상인 관광상품을 매개하는 인적 서비스와 연관된 모든 산업이 관광산업의 범주 속에 포함되기에 관광산업은 전방위 분야에서 고용을 촉진시킨다. 특정 산업 부분에 대한 최종수요 10억 원 발생 시 해당 산업 및 모든 산업에서 직접적, 간접적으로 유발되는 취업자수를 의미하는 취업유발계수 혹은 고용유발계수를 살펴 보면 2009년 현재 우리나라 제조업 전체의 취업유발계수는 9.4명인데 우리를 대표하는 산업인 IT 산업의 취업유발계수는 6.3명으로 제조업 평균보다 한참 아래다. 즉 IT 산업은 우리나라 제조업의 부가 가치를 향상시키는 데에는 커다란 기여를 하고 있지만 고용 창출 효과는 상대적으로 크지 않음을 의미한다. 관광업을 포함한 서비스업 전체 평균은 그 2배에 달하는 18.5명이며 관광산업의 한 부분인 요식, 숙박업은 4배에 달하는 36.5명이다(한국은행, 2011: 39-42).

이와 같은 점들을 고려할 때 관광산업이야말로 21세기 경제 환경이 요구하는 고부가가치, 높은 수준의 고용 창출, 친환경 등의 특성을 완벽하게 갖추고 있으며, 따라서 이 산업을 육성하고자 하는 우리 정부의 열망은 당연한 것이라 할 수 있다. 관광 대국을 향한 도상道上에서 정교한 로드맵과 정책적 지원은 목표 달성을 위한 양대 축이다. 그런데 우리는 필수적인 로드맵 작성에 있어서 우리나라보다 훨씬 이전에 관광산업의 중요성을 간파하고 많은 노력을 경주한 결과 관광 대국으로 성장한 국가들의 관광산업의 역사, 현황, 중장기 전략 등 관광산업 전반에 대한 철저한 연구와 분석을 반영할 필요가 있다. 장점의 수용과 단점의 수정을 통해 시행착오를 줄임으로써 효율적으로 목표 달성에 접근할 수 있기 때문이다. 세계 10대 관광대국 중 스페인은 여러 면에서 우리가 주목할 필요가 있다. 특히 경제 규모와 인구 규모에 있어서 우리와 별반 차이가 나지 않음에도 불구하고 인구보다 많은 외래 관광객이 연간 스페인을 방문한다는 사실은 우리가 집중적으로 연구해 볼 주제다.

2. 스페인 관광산업의 어제와 오늘

19세기 초 나폴레옹이 스페인을 침공하기 위해 피레네 산맥을 넘을 때 장병들에게 "이곳부터 아프리카가 시작된다"라고 말한 것은 스페인이 일반 유럽 국가와는 다른 특색을 지니고 있음을 나타내는 하나의 메타포다. 수직으로 강렬하게 내리쬐는 태양과 누런 먼지가 끊임없이 피어 오르는 황량한 벌판, 오렌지 나무와 올리브 나무가 즐비한 풍경 등은 분명 서유럽 국가들의 일반적인 자연 풍경과는 구별된다. 또 기독교라는 단일 문화를 배경으로 하는 서유럽 국가들과는 달리 스페인은 가톨릭 대국임에도 불구하고 800년이나 되는 이슬람 통치 결과 이슬람 문화가 짙게 드리워져 있다. 이렇게 스페인은 지형적으로, 문화적으로 다양함이 공존하는, 그래서 스페인이라는 하나의 전체를 이루는, 모자이크로 구성된 예술작품이다.

스페인의 존재 가치 그 자체라 할 수 있는 이 다양성으로 인해 스페인은 천혜의 관광국이 될 수밖에 없는 조건을 가지고 있으며, 스페인의 문화유산은 그 어떤 나라보다 풍부하고 전 지역에 골고루 분포되어 있다. 1972년 유네스코가 인류 전체를 위해 보전해야 할 보편적 가치가 있는 유적들을 세계유산World Heritage의 범주에 포함하기 시작한 이래 스페인은 44건의 문

표 1. 세계문화유산등재 국가별 순위

순위	국가	자연유산	문화유산	복합유산	총등재유산
1	이탈리아	3	44		47
2	스페인	3	39	2	44
3	중국	9	30	4	43
4	프랑스	3	34	1	38
5	독일	3	34		37
25	한국	1	9		10

출처: UNESCO.

화유산을 등록해 47건을 등록한 이탈리아와 함께 세계에서 가장 많은 세계유산을 보유한 국가가 되었다. 이와 같은 관광 환경은 스페인이 프랑스, 미국, 중국과 함께 세계 4대 관광 대국으로 성장하는 데 결정적 기여를 하였다.

현재 스페인은 2009년 전 세계적 경제 위기의 영향을 가장 많이 받은 국가 중 하나로 재정 위기 상황에 봉착해 있지만 관광산업만은 예외다. 표 2와 표 3에서 보듯이 2000년대 들어 스페인을 방문한 외국인 관광객 수는 2001년을 기점으로 4,000만 명대를 넘어 2002년부터는 5,000만 명대로 접어든 이후 지속적인 상승 곡선을 그리다 재정 위기가 본격적으로 시작된 2009년에 약간의 감소 추세를 보였지만 2010년부터는 다시 상승 추이를 그려 2011년에는 세계에서 네 번째로 많은 외래 관광객을 유치하였다.

그런데 외국인 관광객 수보다 더욱 우리의 시선을 사로잡는 것은 스페인의 관광 수입액이다. 스페인은 외국인 관광객 수에서는 세계 4위로 1위인 프랑스와 약 2,000만 명 정도의 차이가 나지만 관광 수입액에 있어서는

표 2. 2001~2011년 스페인 방문 외국인 관광객수(단위: 100만 명)

연도	2001	2002	2003	2004	2005	2006	2007	2008	2009	2010	2011
관광객수	48.6	50.4	50.9	52.5	55.9	58.0	58.7	57.2	52.2	52.7	56.7

출처: 스페인 관광연구소Instituto de Estudios Turísticos.

표 3. 2010~2011년 외래 관광객 순위

순위	국가	방문객 수(2011)	방문객 수(2010)	증감률
1	프랑스	7,950만	7,710만	+3.0%
2	미국	6,230만	5,980만	+4.2%
3	중국	5,760만	5,570만	+3.4%
4	스페인	5,670만	5,270만	+7.6%
5	이탈리아	4,610만	4,360만	+5.7%
6	터키	2,930만	2,700만	+8.7%
7	영국	2,920만	2,830만	+3.2%
8	독일	2,840만	2,690만	+5.5%
9	말레이시아	2,470만	2,460만	+0.6%
10	멕시코	2,340만	2,330만	+0.5%

출처: 2012 Tourism Highlights. UNWTO.

표 4. 2011년 국제 관광 수입 순위

순위	국가	국제 관광 수입	순위	국가	국제 관광 수입
1	미국	1,163억 달러	6	독일	388억 달러
2	스페인	599억 달러	7	영국	359억 달러
3	프랑스	538억 달러	8	호주	314억 달러
4	중국	485억 달러	9	마카오(중국)	278억 달러
5	이탈리아	430억 달러	10	홍콩(중국)	272억 달러

출처: 2012 Tourism Hightlights. UNWTO.

오히려 프랑스보다 60억 달러를 더 벌어들여 미국의 뒤를 이어 세계 2위다. 이것은 스페인을 방문한 관광객 1인당 소비액이 프랑스의 경우보다 월등히 높으며 스페인 관광산업이 창출하는 부가가치가 타 경쟁국보다 높다는 사실을 입증한다.

그렇다면 왜 이렇게 많은 사람들이 수많은 국가들 중 스페인을 관광지로 선택하는 것인가? 여기에 대한 일차적인 답변은 천혜의 자원이다. 지브롤터Gibraltar에서 말라가Málaga를 걸쳐 알메리아Almería에 이르는 스페인 남부 안달루시아Andalucia 지중해 해변인 코스타 델 솔Costa del Sol은 햇빛을 보기 어려운 북유럽 인들에게 천국과 같은 곳으로 인식된다. 바르셀로나 인근의 코스타 브라바Costa Brava와 스페인 최대 섬인 마요르카Mallorca 및 인근 섬들인 메노르카Menorca, 이비사Ibiza 등이 위치한 발레아레스 제도Islas Baleares는 우중충한 기후 속에서 살아가는 영국과 독일인들이 꿈꾸는 이상향이다.

하지만 스페인과 유사하거나 더 좋은 기후를 가지고 있는 국가들도 있는데 스페인은 이들 국가들을 압도하는 숫자의 외국인 관광객들을 끌어들이고 있다. 여기에는 스페인 특유의 분위기가 큰 역할을 한다. 호주와 뉴질랜드 등도 스페인 못지않은 자연 환경을 가지고 있지만 외국인 방문객수는 스페인과 비교가 되지 않는다. 이들 나라에는 스페인 사회가 가지고 있는 특유의 개방적 분위기가 부재하기 때문이다. 스페인은 다른 어떤 유럽 국가들보다 안전하다. 밤늦은 시간에도 큰 어려움 없이 시내를 활보할 수 있다. 퇴근 시간 이후엔 도심이 공동화되어 버리는 다른 유럽 대도시들과는 달리 마드리드Madrid나 바르셀로나Barcelona, 발렌시아Valencia, 세비야Sevilla 등 스페인 도시들은 새벽에도 교통 체증이 있을 만큼 나이트 라이프가 발달하였으며 새벽 늦게까지도 도심이 시끌벅적하다. 즉 사람 살아가는 분위기를 그대로 맛볼 수 있는 것이다. 다른 유럽 국가들에서는 찾아보기 힘든 바로 이런 분위기가 수많은 사람들을 스페인으로 이끄는 요인 중의 하나다.

자연환경과 함께 스페인에는 알람브라 궁전이나 산티아고 데 콤포스텔라 대성당, 톨레도 대성당 등 기독교와 이슬람 문화가 공존했던 역사의 흔적들이 전국 곳곳에 산재해 있다. 동서로는 지중해 문화와 대서양 문화가, 남북으로는 유럽 문화와 이슬람, 아프리카 문화가 교차하는 지역에 위치해 있기에 존재 가능한, 다른 유럽 국가에서는 볼 수 없는 독특한 매력을 지닌 문화유산들은 관광객들이 스페인을 방문하지 않을 수 없도록 만드는 또 다른 요인이다. 따라서 스페인을 찾는 관광객들은 단순한 휴양을 목적으로 올 경우 발레아레스 제도나 코스타 델 솔 등 지중해 연안을 찾으며 문화유산을 보기 위해 방문할 경우 바르셀로나가 위치한 카탈루냐 지방과 수도인 마드리드, 그리고 스페인 남부 안달루시아 지방을 찾는다. 이와 같은 자연적 · 문화적 환경은 독자적으로, 혹은 융합적으로 다양한 관광상품을 만들 수 있어 스페인은 전 지역이 관광객들을 끌어들일 수 있는 조건을 갖추고 있는 것이다.

이렇게 스페인은 개방적이며 정열적이고 즐기기를 좋아하는 사람들, 하늘로부터 선물받은 천혜의 자연 환경, 혼종적인 역사가 연출한 다양한 문화 유적과 같은 사회 환경이 복합되어 관광 대국으로 성장한 것이다. 하지만 관광 대국의 타이틀은 거저 주어진 것이 아니었다. 세계에서 가장 매혹적인 관광국이 되기까지 스페인 정부의 정책적 노력은 사실 스페인이 지닌 자연적, 문화적 유산보다 더 중요한 요소로 작동하였다. 근현대사에 있어서 커다란 부침을 겪은 스페인이었지만 관광산업과 정책만큼은 그 어떤 정권 하에서도 변함없이 중시되었다.

스페인 근대 관광사는 1905년부터 시작된다. 1898년 미서 전쟁의 패배로 500년 스페인 제국이 붕괴되는 장면을 목도한 스페인 사회는 패배감과 열등감에 휩싸였고 정치적 · 경제적으로도 불안하였다. 이때 알폰소 13세의 왕정 당국은 관광이 하나의 산업으로써 국가 경제에 큰 기여를 할 수 있을 뿐만 아니라 영국, 프랑스 등 서유럽에 만연한 부정적인 국가 이미지를 개선하는 데 중요한 역할을 할 수 있다는 사실을 인식하고 "외국인을 위한 예술 및 휴양 여행 진흥 국가 위원회Comisión Nacional para fomenter las excursiones artistícas y de recreo al público extranjero"를 출범시켰다. 정부가 직접적으로 외래 관광객 유치를 위해 조직을 만들고 정책을 수립한 것은 유럽 최초의 일이었다(Pack, 2008: 660). 이 조직은 1911년 왕립 관광청Comisaria Regia de Turismo으로 1928년에는 국립관광후원회Patronato Nacional del Turismo로 지속적으로 확대개편되었다(Martínez, 2004: 270).

정부의 직접적인 관광산업 개입의 대표적인 예가 국영 호텔인 파라도르Parador의 건립이다. 1928년 알폰소 13세 당시 스페인 정부는 도시에서 떨어진 곳들 중 뛰어난 자연 환경이나 문화 환경을 지닌 지역에 위한 역사적 건물들을 고급 숙박 시설로 개조해 관광객들을 유치하려는 계획을 세우고 아빌라Ávila 인근의 그레도스Gredos에 최초의 파라도르를 설립하였다. 이렇게 국가가 숙박 시설을 설립하게 된 데에는 후진적인 스페인의 숙박 문화를 다른 서유럽 국가 수준으로 끌어올리기 위해 하나의 표준을 마련하기 위한 방편이었다. 도시에서 떨어진 고즈넉한 곳에 위치한 고급 숙박 시설에 대한 반응이 기대 이상으로 나오자 정부는 스페인 전역에 파라도르들을 설립하여 현재에는 93개에 이른다.

1939년 스페인 내전이 끝난 후 수립된 프랑코 독재 정권 초기에 관광산업은 이전과 비교해서 많이 위축되었다. 정권 스스로 대외적으로 고립주의 정책을 취함으로써 외국인들의 입국을 제한하였고 서유럽 국가들은 독재 정권에게 호의적이지 않았다. 또한 2차세계대전으로 인해 세계적으로 관광산업은 바닥을 쳤다. 스페인 정부가 다시 본격적으로 관광산업에 관심을 가지기 시작한 것은 서유럽 전후 부흥이 어느 정도 궤도에 오른 1950년대 초반부터다. 특히 항공산업의 발달로 서유럽뿐만 아니라 미국 등 북미에서도 어렵지 않게 스페인으로 올 수 있게 되면서 관광산업은 새로운 전기를 맞게 되었다. 프랑코 정권 또한 기존의 고립주의 정책을 폐기하고 경제 정책의 자유화, OECD의 전신인 유럽경제협력기구OEEC 가입 등 개방 정책으로 전환하면서 관광산업을 경제적 측면에서뿐만 아니라 독재 정권의 이미지 개선 수단으로 중시하게 되었다(Pack: 663-64; Martínez: 274-76). 이 시기에 바르셀로나 인근의 코스타 브라바Costa Brava와 안달루시아 주의 코스타 델 솔Costa del Sol 등 스페인을 대표하는 해변 휴양지들이 집중 개발되었다.

스페인 관광산업이 획기적인 전환을 맞게 된 것은 1962년 촉망 받는 젊은 정치인이었던 마누엘 프라가Manuel Fraga[3]가 정보관광부 장관에 취임하면서부터였다. 프랑코 정권의 일반적인 정치인들과 비교해 상대적으로 자유주의적이며 개혁적 성향이 강했던 프라가 장관은 관광산업이 경제적인 측면에서뿐만 아니라 정치, 사회, 문화 등 전방위적인 가치를 지닌 산업으로 인식하면서 국가가 체계적으로 정책을 수립하여 관광산업을 주도할 필요성을 역설하였다. 취임하자마자 그는 정보관광부 산하에 관광청Subsecretaria de Turismo, 관광사업총국Dirección General de Empresas Turística, 관광진흥총국Dirección General de Promoción Turística, 호텔 건설과 운영을 전담하는 관광공사ENTURSA: Empresa Nacional de Turismo, 관광산업 전반에 대한 연구를 전담하는 관광연구

3 마누엘 프라가 이리바르네Manuel Fraga Iribarne, 1922~2012: 1950년대부터 2000년대 중반까지 한번도 쉬지 않고 지속적으로 주요 공직을 맡아 온 전설적인 거물 정치인으로 스페인 보수 우파의 대표적 인물이다. 갈리시아 주 빌랄바Villalba 출신으로 마드리드 콤플루텐세 대학교 법학부를 졸업한 후 1951년 스페인 문화원 사무총장을 시작으로 1962년 정보관광부 장관, 주 영국 대사, 정무 부총리를 차례로 역임하였고 프랑코 사후에는 보수 정당인 국민 연합Alianza Popular를 창당하여 절대 권력자였던 프랑코의 부재 속에 혼돈에 빠진 보수 우파 정치 세력을 통합하였다. 국민 연합은 현재 스페인 집권 여당인 국민당Partido Popular으로 확대 발전하였다. 1990년 프라가는 중앙 정치를 후배 보수 정치인들에게 물려주고 고향으로 돌아가 2005년까지 15년 동안 갈리시아 주 지사를 역임하면서 자신이 지닌 강력한 정치적 리더십을 바탕으로 갈리시아 주 발전을 위해 총력을 기울였다. 주 지사에서 물러난 뒤에는 스페인 최고령 상원 의원으로 사망할 때까지 활동하였다. 2012년 그가 사망했을 때 스페인 언론들은 그의 정치적 이력에 대한 평가뿐만 아니라 현대 스페인 관광산업의 초석을 다진 존재로 집중 조명하면서 좌우를 막론하고 그를 "스페인 관광산업의 열쇠"로 평가하는 데 주저하지 않았다.

소Instituto de Estudios Turísticos, IET 등을 신설해 각 부처에 흩어져 있던 관광 관련 업무를 수직계열화하였고 관광진흥법Ley de Competencia Turística, 호텔등급평가기준법Normativa de Clasificación Hotelera, 콘도, 캠핑, 식당 및 카페테리아에 관한 법령Ordenanzas de Apartamentos, Campamentos, Restaurantes y Cafetería 등과 같은 현재까지도 스페인 관광산업 관련 법안 입법 과정에서 전범으로 채택하고 있는 관광 관련 법들을 제정하여 관광산업 진흥을 위한 제도를 완비하였으며 프랑코 정부가 추진하던 사회경제개발계획에 제조업 중심의 산업만을 포함시키길 원하던 다른 보수 정치인들의 반발을 무릅쓰고 관광산업을 포함시켰다. 그리고 국립관광학교Escuela Oficial de Turismo를 설립해 관광업에 종사할 전문 인력을 양성하기 시작하였다.

또 파라도르 프로젝트를 추진하여 1928년부터 시작된 파라도르 건설을 가속화하였는데 1963년부터 77년까지 전국 각지에 60개의 파라도르를 설립해 총 95개로 늘렸으며 중세부터 내려오는 성 야고보 신화를 이용한 산티아고 순례길을 본격적으로 관광상품화하였다. 이렇게 프라가 장관의 관광산업에 대한 확신과 수직계열화된 관광정책 기구의 설립, 국가의 관광산업에 대한 직접적 개입의 결과 장관 취임 시 연 800만 정도였던 외래 관광객 수가 퇴임할 당시인 1969년에는 2,000만이 넘을 정도로 확대되는 '스페인 관광산업의 기적'을 성취하면서 관광 대국으로 성장할 수 있었던 것이다. 그리고 경제적 측면에 있어서도 스페인 무역 적자의 72퍼센트를 관광산업이 커버할 정도로 관광산업은 스페인의 가장 중요한 산업으로 자리매김을 하게 되었다(Pack, 2008: 666-67; Martínez, 2004: 274-76; Almeida Garcia, 2012: 21).

3. 스페인 관광정책 현황

현재 스페인에서 관광산업이 국가 경제에서 차지하는 비율은 막대하다. 스페인 관광산업은 국내 총생산의 12%를 차지하는데 스페인 제조업 전체를 합해도 16퍼센트인 것을 감안하면 스페인 경제에서 관광산업이 얼마나 중요한 위치를 점하고 있는지 단적으로 알 수 있다. 고용창출 효과 또한 막대하다. 전체 고용 인구의 10퍼센트에 이르는 154만 명이 식당, 숙박업, 여행업, 운송업 등 관광산업에 종사하고 있다.

이렇듯 관광산업이 스페인 경제에서 차지하는 비율이 막대하기에 스페인 정부는 관광산업 정책 개발에 각고의 노력을 기울이고 있다. 스페인이 세계 3대 관광 대국으로 성장한 데에는 앞에서 살펴보았듯이 자연 및 사회문화 환경 등이 큰 역할을 하였지만 정부의 관광산업에 대한 지속적인 정책 개발과 실행이 결정적이었다. 관광정책을 문화적 차원에서 접근하려는 성향이 강한 우리나라에서는 관광산업 업무를 문화관광부에서 관장하고 있는 반면 스페인에서는 전체 산업에서 관광산업이 차지하는 비중이 매우 높기 때문에 관광정책을 산업자원관광부Ministerio de Industria, Energía y Turismo에서 총괄하며 관광정책을 전담하는 직속 산하 기관으로는 관광청Secretaria de Estado de Turismo)-관광연구소TURESPAÑA: Instituto de Turismo de España-관광기술혁신공사SEGITUR: Sociendad Estatal para la Gestión de la Innovación y las Tecnologías Turísticas-파라도르 운영공사Paradores de Turismo 등이 있다. 이들 기관들은 효율적으로 수직계열화되어 있어 관광 관련 정부 기관과 관련 단체들 간의 유기적 협조 체제를 구축하면서 운용된다.

이 기관들 중 핵심 기관은 TURESPAÑA이다. 외국인 관광객 유치를 위해 스페인 정부가 1962년에 설립한 TURESPAÑA는 스페인의 해외 관광 진흥을 담당하는 부서로서 스페인 관광산업에 있어 핵심적 역할을 하고 있다. 또한 관광학 연구소IET: Instituto de Estudios Turísticos를 산하 기관으로 두고

표 5. 관광산업의 국내경제 비중 국제비교

구분(2008년 기준)	한국	중국	일본	미국	프랑스	스페인	태국	OECD
GDP대비 관광 비중 (%)	7.2	9.8	9.3	10	10	16.3	15.6	10.1
총고용대비 관광비중 (%)	7.9	7.6	9.8	10.5	11.6	17.9	11.9	10.9

출처: 문화체육관광부 2010년 7월 15일자 보도 자료.
http://www.mcst.go.kr/web/notifyCourt/press/mctPressView.jsp?pSeq=10743

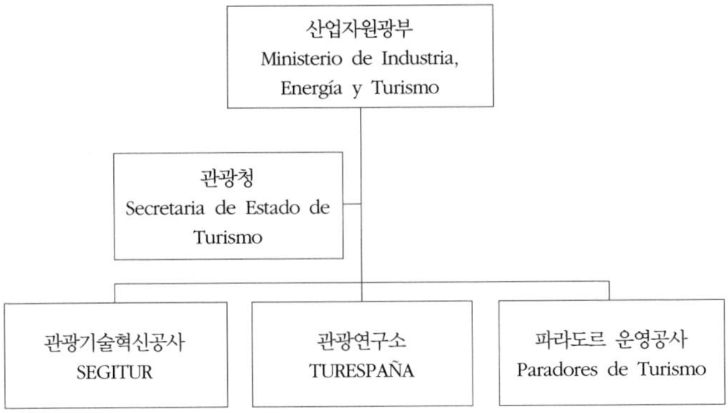

관광 분야 스페인 정부 조직도

국제 관광 시장 및 스페인 관광산업에 대한 지속적인 모니터링과 데이터 분석을 통해 중장기적인 관광정책을 수립한다. 관광기술혁신공사SEGITUR는 인터넷을 비롯한 통신 기술의 발달로 관광산업이 새로운 환경 속에 놓이게 되자 정부가 2002년에 설립한 기관이다. 이 기관은 관광산업과 관련된 기술을 개발하여 21세기 IT환경에 적합한 스페인의 관광정책 수립을 지원하는 역할을 한다. 그리고 스페인 정부는 독립 기관으로 관광품질연구소 Instituto para la Calidad de Turísticia Española를 운영하고 있는데 여기에서는 정부나 민간 업계의 간섭을 배제하고 철저히 객관적인 평가 기준을 통해서 관광 분야 품질 보증 Q 마크를 부여, 관리하는데 주 대상은 호텔 등 숙박 시설, 여행사, 식당, 스키장, 민박 등이다.

정부의 강력한 주도와 관광 관련 정책 기구의 수직 계열화를 통해 효율성을 추구하는 스페인의 관광정책은 중장기적 전략과 행동 계획Action Plan에 의해 철저히 운영된다. 다음 그림에서 보듯 1990년대부터 지금까지 총 4개의 중장기 전략이 수립되었으며 각 전략들은 시대 상황에 맞게 작성되어 있다. 1992년부터 1996년까지는 스페인 관광의 경쟁력 향상에 초점을 맞추고 있고 이 전략에 따라 어느 정도 경쟁력을 확보한 2000년부터 2006년까지는 관광의 격과 품질을 향상시키는 데 주안점을 두고 있으며 2007년부터 2020년까지는 관광 대국의 위상을 지속적으로 유지, 발전시킬 수 있

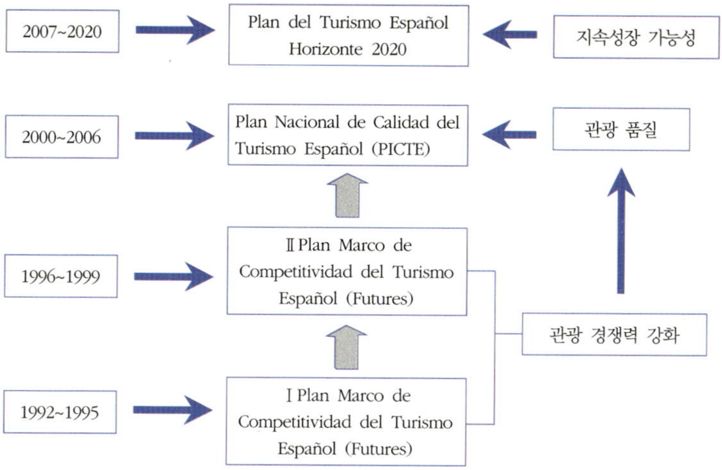

1990~2020년 단계별 스페인 중장기 관광 전략

는 방향으로 작성되어 있다.

현재 운용되고 있는 스페인의 관광 전략은 국제 관광산업에서 스페인이 어느 정도 경쟁력을 확보했지만 지속 성장을 위해서는 기존과는 다른 접근 방식이 필요하다는 전제에서 수립되었다. 전통적인 "태양과 해변Sol y Playa" 상품 외에 문화경제 시대에 적합한 문화 및 도시 관광, 컨벤션 산업 강화, 스포츠 및 참여 관광 강화, 식도락 및 와인 루트 등의 테마 관광상품들을 집중적으로 개발해 스페인의 매력을 강화하는 "관광 2020Turismo 2020" 전략이 바로 그것이다. 2007년 11월 8일 국무회의에서 의결되어 현재 스페인 관광정책의 중추를 형성하고 있는 "Turismo 2020"은 스페인의 국가 관광 정책 시스템이 세계 최고의 경쟁력을 확보하고 관광 선진국으로서의 스페인의 위치를 확고히 하기 위해 마련된 전방위적이고 총체적인 정책추진전략으로 이 계획은 기존의 정부 주도 작성 전략을 탈피해 민관의 합동연구 성과물이다.

"Turismo 2020"은 그 목표를 지속성장 가능한 산업으로써 관광산업을 발전시키고 스페인의 특정 지역만이 아니라 전국을 관광대상지로 개발할 수 있는 자원들을 재평가하며 관광산업 발전의 이론적 토대를 심화하고,

혁신을 장려하고 스페인이 지닌 장점을 극대화하는 것 등을 통해 스페인 관광산업이 현재와 미래에 야기할 수 있는 도전에 대응하는 것에 두고 있다(Ministerio de Industria, 2007: 45-49). 그리고 이 전략은 관광산업 경쟁력 강화를 위한 인적 자원 양성과 기존 관광산업 종사자들에 대한 재교육, 관광산업의 효율성과 질적 향상, 지속 가능한 발전을 위한 관광 시스템 구축, 타 산업과의 융복합을 통합 시너지 효과 창출, 관광산업을 통한 스페인 경제의 체질 강화 등을 근간으로 전개된다.

이 중장기 전략에서 특히 눈에 띄는 것은 축제의 상품화다. 스페인 정부는 산 페르민 축제나 토마티나와 같은 자국 축제들이 세계적인 인기를 끌고 있는 현상에 주목해 이를 더욱 강화하고 축제에 참가하는 관광객들의 유치를 위해 축제의 상품화에 적극 나서고 있다. 스페인 정부는 자국 내에서 열리는 수많은 축제들을 크게 국내 관광 차원의 관심 축제Fiesta de Interés Turístico Nacional와 국제 관광 차원의 관심 축제Fiesta de Interés Turístico Internacional로 구분한다. 이 타이틀은 정부로부터의 경제적 지원과 같은 실질적 지원은 없는 순전히 명예적인 것이다. 하지만 이 타이틀을 부여받은 축제는 부여받지 못한 다른 축제들보다 자연스럽게 언론 노출 빈도가 높아짐에 따라 보다 많은 사람들이 찾는 축제로 발전하게 된다.

우선 국내 관광 차원의 관심 축제 타이틀은 역사가 적어도 300년 이상 되어야 되며 중단 없이 지속적으로 열린 축제들에만 부여된다. 또한 그 내용이 독창적이고 흥미로워 관광 대상으로서의 매력을 갖추어야만 한다. 국제 관광 차원의 관심 축제 타이틀을 획득하기 위해서는 국내 관광 차원의 관심 축제 타이틀을 적어도 40년 이상 보유하고 있어야 하며 스페인 관광 산업에 기여할 수 있는 축제이어야만 한다. 스페인 정부는 이와 같은 기준을 상당히 엄격히 적용해 이 타이틀을 적합하다고 판단한 축제에만 부여하며, 여기에 선정된 축제는 언론의 관심을 받게 됨으로써 더욱 발전할 수 있는 선순환적 구조가 갖추어져 있다.

"Turismo 2020" 전략 속에서 외국인 관광객의 유치를 직접적으로 담당

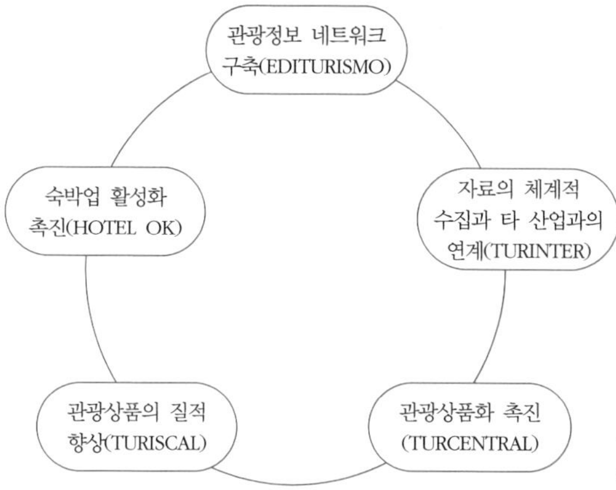

TURESPAÑA의 관광 활성화 5대 전략 과제

하고 있는 TURESPAÑA는 경제의 세계화 속에서 스페인 관광산업의 국제 경쟁력 강화, 관광산업과 환경 보존 사이의 상생적 발전을 위한 제도 정비, 소비자 지향적인 관광상품의 개발과 다양화 등을 위한 보다 세밀한 행동 계획을 실현하고 있다. 이를 위해 TURESPAÑA는 첫째, 관광산업에 대한 정보 교환을 보다 현대적으로 원활하게 하기 위해 관광업 관련 업체들 간의 네트워크를 개발하고(EDITURISMO), 둘째, 관광 자료의 체계적 수집과 정리를 통한 기업, 지방자치정부, 유럽연합 등과의 공조 체제를 구축하고(TURINTER), 셋째, 이 같은 공조를 통해 소비자의 요구에 적합한 관광상품을 신속히 개발하고(TURCENTRAL), 넷째, 이들 관광상품의 질적 향상을 도모하고(TURISCAL), 다섯째, 효율적이고 품격 있는 호텔 시설의 운영을 통한 숙박업 활성화(HOTEL OK)의 5대 전략 과제를 설정, 수행하고 있다.

2009년부터 시작된 글로벌 금융 위기는 국제 관광시장에 직접적인 영향을 미쳤고, 관광산업이 국가의 기간 산업인 스페인은 재정 위기와 함께 관광 시장의 급속한 위축으로 인한 이중적인 고통을 겪었다. 이 같은 상황에 직면한 스페인 정부는 "Turismo 2020"의 테두리 속에서 관광산업 위기 타개를 위한 새로운 중기 실천 계획인 "국가통합관광계획 2012~2015PNIT: Plan Nacional e Integral de Turismo 2012-2015"을 마련하였다. 이 계획은 관광산업을 스페

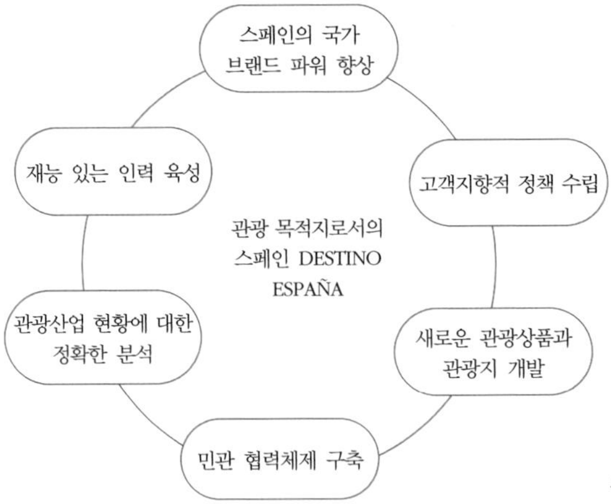

국가통합관광계획 6대 실천 방안

인의 경제 위기를 해결하는 전략적 축으로 규정하고 관광상품으로써의 스페인과 관광 관련 기업들의 경쟁력을 향상시키고 관광 선도국으로서의 위치를 확고히 하며 스페인 국민들의 고용 촉진과 복지 증진에 기여한다는 기본 목표를 설정하고 있다(Plan Nacional e Integral de Turismo: 10).

"국가통합관광계획"은 재정 위기의 어려움이 지속될 것으로 전망되는 2012년부터 2015년까지 4년 동안 "관광 목적지로서의 스페인Destino España" 이라는 기본 전략 수행을 위해 스페인의 국가 브랜드 파워 향상, 고객 지향적 정책 수립, 새로운 관광상품과 관광지 개발, 민관 협력 체제 구축, 관광 산업 현황에 대한 정확한 분석, 재능 있는 관광 인력 육성 등 총 6개의 실천 방안을 정하고, 실천을 위한 28개의 방법과 108개의 행동 계획을 수립해 현재 실행 중인데 관광과 연관이 있는 모든 산업들이 유기적으로 연결되어 참여함으로써 국가 생산력 창출에 활력을 불어 넣는 동시에 청년 실업률이 50퍼센트를 넘는 상황에서 고용 증대를 꾀하고 있다.

이처럼 스페인은 세계 관광 시장을 선도하는 관광 대국으로 자리매김을 하였고 안정적으로 관광 수입을 올리고 있음에도 불구하고 시대에 적합한 관광상품을 개발하기 위해 중장기 전략을 수립하여 국가 기간 산업으로써의 관광산업에 지속 성장 가능한 경쟁력을 불어넣으며 행동 계획을 통해서는 끊임없이 상품으로서 스페인의 매력을 창조하고 있다.

4. 태양과 해변: 본능의 합법적 분출 공간

앞에서 살펴보았듯이 근대 관광산업 초창기에 스페인은 "태양과 해변"이라는 슬로건을 내세워 외국인 관광객에게 접근하였다. 자연 환경을 이용한 이 상품은 다양한 문화 체험 관광상품들이 끊임없이 나오고 있는 최근 상황에서는 다소 유행에 뒤지는 듯한 느낌을 주지만 여전히 관광 대국 스페인을 떠받치는 일등 공신이다. 하지만 스페인은 단순히 자연 환경을 이용하는 수준을 넘어 스페인 국민의 특성인 개방성과 정열을 해변 리조트 관광이 지니는 자유로운 분위기와 결합해 만든 유럽 최고의 화려한 유흥 문화를 관광상품화하여 막대한 수익을 올리고 있다. 유흥 문화의 관광상품화가 가장 잘 이루어진 곳은 발레아레스 제도를 구성하고 있는 이비사 섬이다. 가장 가까운 본토 도시인 알리칸테로부터 약 97킬로미터, 스페인 최대 섬인 마요르카로부터 80킬로미터 떨어진 곳에 위치한 이비사는 제주도의 두 배 정도의 규모이며 젊은이들에게 있어 세계에서 가장 재미있고 특별한 섬이라 해도 과언이 아니다. 항공 산업이 본격적으로 발달하기 시작한 1950년대부터 본격적으로 개발된 이비사는 영국과 독일인들이 가장 선호하는 휴양지로 변모하여 주민의 70퍼센트가 관광업에 종사할 정도다. 성수기인 6월부터 9월까지는 상주 인구 6만 명인 이 섬에 200만 명이 넘는 관광객이 몰려들며, 미국과 유럽의 젊은이들이 이 섬에서 열리는 클럽 파티에 참가하기

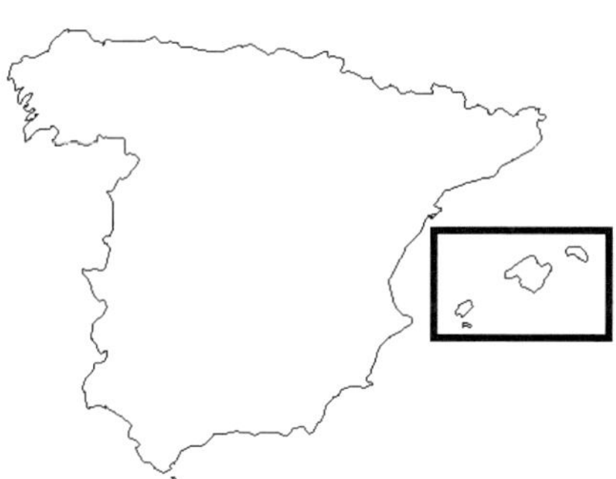

발레아레스 제도 위치

발레아레스 제도

위해 1년 동안 아르바이트를 하며 돈을 모으고 헐리우드 톱스타들이 휴양처로 많이 이용한다.

이처럼 이비사가 서유럽 인들에게 인기가 좋은 것은 우선 기후 때문이다. 이비사는 1년 중 300일 이상이 구름 한 점 없는 맑은 하늘이 지속되며 겨울에도 낮 온도가 15도에 이르고 밤에도 8도 정도로 따뜻한 이곳은 계절을 막론하고 언제든지 방문해도 온화한 기후가 반긴다. 또 각기 서로 다른 특색을 가지고 있는 해수욕장이 50여 개가 넘으며 깨끗한 수질을 자랑한다.

이비사 섬은 바다와 해안 생태계 간의 상호 작용을 보여 주는 공간이다. 오직 지중해에만 서식하는 포시도니아와 거머리말이 해안가에 펼쳐져 있는데 이들 해양 식물들은 수질 유지와 산소 공급을 통해 다른 해양 생물들이 살아가는 데 최적의 환경을 제공한다. 이와 같은 자연 환경 외에도 페니키아 시대 집단 거주지였던 사칼레타와 공동 묘지인 푸이그 데스 몰리스가 발견되 이곳이 고대 페니키아와 카르타고가 번성했을 때 중요한 역할을 한 장소임을 증명하고 있다. 이처럼 이비사는 독특한 해안 생태계와 고고학 유적들이 공존하고 있어 1999년 유네스코로부터 세계복합유산으로 지정되었다.

그러나 이비사를 유럽 젊은이들이 가장 방문하고 싶은 휴양지로 만든 것은 바로 세계 최고 수준을 자랑하는 클럽 때문이다. 섬 전역에 즐비한 클럽들은 스페인 클럽 문화의 역사 그 자체이며 연중 수백만의 관광객을 끌어들이는 일차적 요소다. 따라서 이비사 섬은 낮에는 빼어난 자연 풍광을 감상하며 해수욕을 하는 인파로 해안이 넘치고 밤에는 특색 있는 테마 파티가 날마다 열리는 클럽이 인파로 넘쳐나는, 낮과 밤 구분 없이 끊임없이 사람들로 붐비는 그러한 공간이다.

파차, 암네시아, 에스 파라다이스, 스페이스, 프리빌리지 등 역사와 전통을 자랑하는 클럽들이 즐비한 이비사의 밤은 새벽 3시에 절정에 도달한다. 각 클럽들은 거품 파티, 물 파티, 샴페인 샤워 파티 등 다른 클럽들과 뚜렷이 구별되며 클럽의 아이덴티티를 나타내는 흥겨운 테마 파티를 통해 젊은층을 끌어들이며 세계 최고의 클럽들이라는 명성에 걸맞게 DJ 또한 세계적인 명성을 가진 이들로 충원된다.

이비사의 클럽들은 단순히 젊은이들이 와서 파티를 즐기며 젊음을 발산하는 공간의 역할만을 하지는 않는다. 세계 최고 수준의 DJ들이 결집되어 있는 곳이다 보니 다양한 음악적 실험을 통해 새로운 음악 장르를 개척하면서 스페인과 유럽의 팝 음악 시장에 지대한 영향을 미친다. 스페인 팝 시장은 해마다 여름이면 이비사 클럽들에서 인기를 끈 음악들을 모은 음반이 여러 버전으로 발매되어 여름 휴가를 떠나는 사람들이 적어도 한두 개는 구입하는 필수 상품으로 간주될 만큼 이비사 클럽 음악은 대중 음악 시

이비사 섬의 해변

장에서 막강한 영향력을 행사하고 있다.

이비사 섬의 또 다른 매력은 누드 해변이다. 이비사 섬 내에 유일하게 있는 누드 해변인 프랑코 해변에서는 자연주의자로부터 일반 관광객들까지 일상적인 삶에서 잠시 벗어나 자연 상태로 회귀하고픈 모든 사람들이 편안히 남의 눈치를 보지 않고 알몸이 되어 해수욕과 일광욕을 즐긴다.

이비사 섬이 유럽 젊은이들에게 꿈의 섬, 낙원으로 인식된 데에는 이비사가 가지고 있는 천혜의 자연 환경과 이들이 젊음을 발산할 수 있는 공간인 클럽 문화가 큰 역할을 하였다. 하지만 우리가 주목해야 할 점은 클럽 문화라는 주제를 통해 이비사를 환상의 섬으로 탈바꿈시킨 스페인 관광 당국의 발상의 전환이다. 스페인 관광 당국은 일상에서 잠시 동안은 탈피하고픈 인간의 본성을 직시하며 이것을 최대한 이용하였고 대성공을 거두었다. 본성을 마음껏 발산케 함으로써 물론 마약과 같은 문제들도 초창기에는 발생하였지만 이비사 섬의 존재 그 자체인 클럽들과 지방자치단체의 노력으로 부작용도 점차 줄어들고 있다. 또 이비사 섬의 클럽들이 세계 최고 수준의 클럽으로 성장하면서 스페인과 유럽 대중 음악계에 큰 역할을 하는 부수적인 성과도 올렸다.

코스타 델 솔은 이비사와 쌍벽을 이루는 스페인의 해안 리조트이다. '태양의 해변'이라는 의미를 가진 코스타 델 솔은 스페인 남동부 안달루시아 주에 위치해 있으며 그라나다Granada 인근부터 카디스Cádiz에 이르는, 특히 말라가Málaga와 그 주변의 해안 지역인 토레몰리노스Torremolinos, 미하스Mijas, 네르하Nerja, 마르베야Marbella 등에 걸친 총 160킬로미터에 달하는 해변이다. 코스타 델 솔을 사이에 두고 서쪽으로는 코스타 데 라 루스Costa de la Luz가 동쪽으로는 코스타 트로피칼Costa tropical이 연속으로 펼쳐져 있어 스페인 최대의 해안 리조트로 각광을 받고 있다. 이 지역은 20세기 전반까지는 조그마한 시골 마을에 불과하였고 설상가상으로 주 산업이었던 농업과 목축업도 위축되어 지역 경제가 매우 어려웠다. 이러한 상황을 타개하고자 지방 정부는 관광산업에 주목하였고 지역 홍보를 위해 1897년에 이미 "말라가

코스타 델 솔 위치

코스타 델 솔

미화와 기후 선전 협회Sociedad Propagandística del Clima y Embellecimiento de Málaga"를 출범시키고 노력을 기울였지만 당시 스페인의 어수선한 대내외적 상황으로 큰 성과를 거두지는 못하였다. 이런 상황을 타개코자 하는 일환으로 1928년 알메리아Almería의 최고급 호텔이었던 시몬 호텔의 총지배인인 로돌로 루스닉Rodolfo Lussnig이 세비야와 바르셀로나에서 열리는 국제 박람회에 참가한 사람들을 대상으로 연간 태양일수가 300일이 넘고 연평균 기온이 19도로 겨울에도 해수욕을 할 수 있는 천혜의 자연환경을 가지고 있는 알메리아 해변을 홍보하기 위해 '코스타 델 솔'이란 용어를 처음 사용하였다. 하지만 코스타 델 솔이 본격적인 휴양지로 각광받기 시작한 것은 2차세계대전이 끝나고 유럽의 경제 재건이 어느 정도 이루어진 1950년대부터다. 이 시기에 그레이스 켈리, 에바 가드너, 오손 웰스, 브리짓 바르도, 프랭크 시나트라 등 당대 최고의 헐리우드 스타들이 코스타 델 솔에서 여름을 보내기 위해 찾으면서 세계적인 명성을 얻게 되었다.

1960년대부터 70년대 말까지는 코스타 델 솔의 황금기였다. 50년대까지는 관광객들이 토레몰리노스Torremolinos 지역을 주로 찾았지만 60년대에 들어서면서 인근 지역 해안까지도 관광객들의 휴양지로 변모하였다. 조그마한 어촌들이었던 베날마데나Benalmadena, 푸엔히롤라Fuengirola, 미하스Mijas 등이 이 시기 집중적으로 휴양지로 개발되었다. 코스타 델 솔이 세계적 명성을 지닌 휴양지로 발전하게 된 데에는 중앙 정부의 정책적 배려도 큰 역할을 하였다. 프랑코 독재 정권은 근본적으로 가톨릭 이념을 바탕으로 한 가부장적인 권위주의 체제였다. 그런데 코스타 델 솔 지역에 헐리우드 스타들이 몰리고 패션을 비롯한 이들의 일거수 일투족이 언론에 보도되면서 이 지역은 비키니와 파티로 상징되는 자유적인 분위기가 가득하였다. 이런 현상에 대해 가톨릭 교회를 중심으로 한 스페인 보수층들은 강하게 반발하였고 중앙 정부 역시 스페인 젊은 세대에게 이 같은 분위기가 퍼져 반정부 운동으로 발전할 가능성에 대해 우려를 하였지만 이미 관광산업이 스페인 경제에서 차지하는 비중이 무시할 수 없을 정도로 커지자 이 지역에 대해서만은 어떠한 통제도 하지 않았다. 현재 코스타 델 솔 지역은 스페인 관광산업을 대표하는 곳으로 성장하여 안달루시아 주 관광산업의 35퍼센트가 이곳에 집중되어 있으며 연간 약 2,000만 명의 관광객이 방문하는 휴양지가 되었다. 그리고 이 지역은 해수욕을 위한 단순한 휴양지가 아니라 해양스포츠, 초대형 놀이공원, 자연공원 등의 특급 위락 휴양 시설과 국제 영화제, 음악 및 연극 축제 등이 연중 운영되는 복합 문화 휴양지로 발전되고 있다.

이비사, 코스타 델 솔과 함께 스페인이 자랑하는 또 다른 해안 리조트가 코스타 브라바Costa Brava다. '거친 해변'이란 의미를 지니고 있는 코스타 브라바Costa Brava는 스페인 북동쪽에 위치한 지로나Girona의 블라네스Blanes부터 프랑스 국경에 위치한 포르보우Port Bou까지의 약 120킬로미터에 걸친 해변을 지칭한다.

1906년 지로나 출신의 언론인 페란 아굴로 이 비달Ferran Agullo i Vidal이 거친 자연풍광을 자랑하는 이 지역을 코스타 브라바로 부르기 전까지 이 지역은 '코스타 그레가', '코스타 델 코랄', '코스타 세레나', '코스테스 데 레반트'등 다양한 이름으로 불리웠다. 1960년대 들어와 코스타 브라바라는 명칭으로 굳어졌고 스페인 정부가 카탈루냐 주 관광산업 발전의 핵심 지역으로 간주하게 되면서 많은 투자가 이루어졌다. 1차세계대전까지 코스타 브

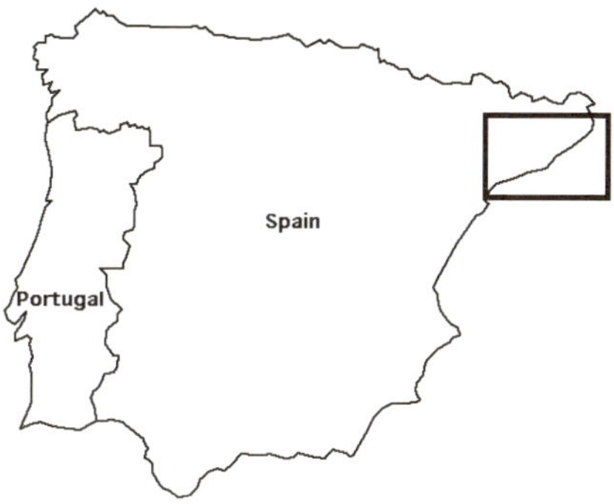

코스타 브라바 위치

코스타 브라바

라바 지역은 주로 지역 주민들의 낚시, 해수욕 등 주말 레저 장소로 이용되었던 곳으로 스페인 내전 후 국내 정세가 어느 정도 안정되고 국제 사회에서 스페인이 고립주의 정책에서 어느 정도 탈피하면서 국제적인 관광지로 점차 각광받기 시작하였다. 남부 프랑스에 위치한 코타쥬르에 지나치게 많은 인파가 몰리면서 관광객들이 번잡스러움을 피해 상대적으로 조용한 분위기를 던져 주었던 코스타 브라바에 오기 시작하자 스페인 정부는 이 지역이 영국, 프랑스 그리고 북유럽 관광객들에게 휴양 지역으로 적합한 지역임을 인식하고 본격적인 개발에 착수하였다. 환상적인 여름기후와 자연, 청결한 해안지역, 바르셀로나를 중심으로 한 문화, 그리고 상당히 저렴한 페세타화는 이들을 코스타 브라바로 이끈 근본적인 요인들이었다. 급증하는 외래 관광객은 자연스럽게 이 지역 경제의 선순환 구조를 창조하여 고급 호텔과 콘도미니엄들이 들어서면서 건축 산업의 붐을 일으켰고, 서비스업에 종사하는 노동력이 필요함에 따라 많은 지역 주민들이 관광산업의 틀 속으로 편입되었다. 이렇게 지역 주민들의 낚시와 주말 여가 지역이었던 코스타 브라바는 1950년대 이후 세계적인 휴양지로 거듭나게 되었다.

5. 문화의 관광상품화: 세계적 미술관들의 운영과 세계 문화유산의 테마화

2000년대 들어 스페인 관광정책의 핵으로 부상한 문화의 관광상품화 전략에서 두드러지는 것은 미술관과 미술 감상을 관광상품화 하는 것이다. 이것은 스페인이 풍부한 고전 미술 작품을 소유하고 있기에 가능한 것이기도 하지만 도시와 미술관의 만남을 통해 도시를 부활시키는 동시에 미술관을 관광상품화 하는 새로운 시도를 하고 있기에 가능하기도 한 전략이다. 이 전략의 대표적 사례가 스페인 북부 바스크 지방 빌바오Bilbao에 있는 구겐하임 미술관이다

이 미술관은 소장 미술품보다 미술관 그 자체가 더 유명한 미술관으로써 현대건축의 백미로 꼽히고 있다. 미국의 건축가 프랭크 게리가 헤엄치는 물고기의 이미지에 영감을 받아 설계한 이 미술관은 7,300만 평의 대지에 1억 5,000만 달러가 투자되었다. 건물은 직육면체라는 고정 관념을 깨고 원통과 사각형 블록을 무질서하게 붙여 놓아 얼핏 어지럽게 보이지만 전체적으로는 균형과 조화를 이루는 해체주의 기법을 극명하게 보여 주는 건축물로 평가받고 있다. 비행기 외장재로 쓰이는 티타늄을 0.5밀리미터로 잘라 3만여 개로 외벽을 장식해 메탈 플라워Metal Flower라는 애칭으로 불리기도 하는 이 미술관은 1997년 개관 이래 해마다 수백만 명의 관광객들을 끌어들이며 중소 도시 규모이던 빌바오를 일약 세계적인 도시로 변모시키는데 일등 공신 역할을 하였다. 그런데 빌바오 구겐하임 미술관은 미술관 자체의 건축 미학도 하나의 훌륭한 관광상품이지만 미술관과 도시의 조화가 어떻게 쇠퇴해 가던 도시를 부활시키는지를 보여 주는 대표적인 예다.

제2차 세계대전이 끝나고 조선과 철강 산업이 사양길로 접어들자 철강에 의존하던 공업도시 빌바오는 보기에도 끔찍한 공해산업이자 고철덩어리로 전락해 몰락의 길을 걷고 있었다. 그 돌파구로 시 당국은 미국 뉴욕의 구겐하임 미술관과 접촉하여 구겐하임 미술관 분관을 빌바오에 유치해 문

빌바오 구겐하임 미술관

화도시로 거듭나려 하였다. 그러나 착공한 지 7년도 안 되어 당초 예산의 1,400퍼센트라는 엄청난 비용초과를 가져왔으며 1997년 건물이 준공되어 미술관이 문을 열었지만 입장료 수입으로는 건축비는 물론 건물유지비를 감당하기에도 벅찼다. 빌바오라는 도시가 그때까지는 외국에 잘 알려지지 않은 스페인의 작은 도시였기에 찾는 관람객들이 수가 예상보다 저조했기 때문이다. 하지만 구겐하임 미술관이 단순히 특이한 디자인에 머물지 않고 본질적인 차별성을 둔 건물로 평가받기 시작하였고 당대를 풍미한 건축가 프랭크 게리의 철학적 사유와 이상이 녹아 있는 완성도 높은 건축물이 빌바오에 위치해 있다는 사실이 알려지기 시작하였다. 낙후된 도시와 새로운 개념의 미술관에 사람들이 관심을 갖기 시작한 것이다. 매스컴과 입소문은 확대 재생산 되었고 빌바오는 새로운 문화산업의 기틀을 확보했다. 미술관을 중심으로 부근에 공연장과 콘벤션 센터가 조성되어 빌바오는 쇠락의 도시에서 탈출해 관광도시로 거듭났다. 이때부터 '빌바오에 가면 구겐하임을 봐야 한다는 말보다는 구겐하임을 보기 위해 빌바오에 가야 한다'는 말이 생겨났다. 이렇게 문화가 도시의 경쟁력을 높이는 현상을 '빌바오 효과'라

마드리드 프라도 미술관

한다. 빌바오 미술관은 파리의 루브르 미술관, 런던의 테이트 모던 미술관에 이어 유럽에서 세 번째로 연 회원이 많은 곳으로 성장했으며 개관 이래 연평균 방문수가 136만 명에 이르러 문화를 관광에 접목시킨 성공한 사례가 되었다.

마드리드에 위치한 프라도 미술관은 빌바오의 구겐하임 미술관과 스페인을 대표하는 미술관이다. 약 8,000점 이상의 미술 작품을 소장하고 있는 대형미술관으로 프랑스의 루브르 미술관, 오스트리아의 비엔나 미술사 박물관과 함께 유럽 3대 미술관 중 하나다. 통계에 따르면 미술관을 한 번도 방문해 본 적이 없는 사람들이 최초로 방문한 미술관 중 1위가 파리 루브르 미술관이고 2위가 프라도 미술관일 만큼 프라도 미술관은 미술 애호가가 아니더라도 방문하고 싶은 미술관이다.

이 미술관은 1785년 카를로스 3세가 자연 과학 박물관으로 짓기 시작하였으나 나폴레옹과의 전쟁으로 중단되었다가 그 후 페르난도 7세가 왕실의 방대한 미술품을 보관할 목적으로 완성한 미술관이다. 특히 왕실을 중심으로 활동했던 화가들의 작품이 중점적으로 소장되어 있어 스페인 예술을 시대 순으로 감상하기에 적합한 곳이다. 티치아노, 엘 그레코, 루벤스, 벨라스케스, 고야 등 유럽 고전 미술의 정수를 음미할 수 있다. 고야의 작품은 스페인을 떠나 유럽 다른 미술관에서는 보기가 쉽지 않다. 특히 프라도 미술관은 벨라스케스를 비롯해 고야 작품이 가장 많이 소장되어 있어 스페인 고전 미술의 흐름을 한 자리에서 감상할 수 있다.

스페인 정부는 프라도 미술관을 중심으로 도보로 10분 거리에 피카소의 대표작인 게르니카를 비롯해 달리와 미로 등 스페인을 대표하는 현대 작가들의 작품들을 소장하고 있는 레이나 소피아 미술관Museo de Reina Sofía과 세계적으로 유명한 미술 작품 수집가인 티센 보르네미사 남작의 콜렉션이 전시된 티센 미술관Museo del Arte Thyssen Bornemisza을 배치해 미술관 벨트를 구성함으로써 이 일대를 마드리드 문화 관광의 중심지로 만들어 놓았다.

미술관의 관광상품화 외에 또 다른 문화의 관광상품화는 유네스코에 스페인 유적지들을 세계문화유산으로 등재하고 이것들을 하나의 벨트로 묶는 것이다. 스페인은 중세의 모습을 간직하고 있는 코르도바의 역사 지구, 고딕 양식의 백미로 꼽히는 부르고스 대성당, 르네상스 건축 양식의 본보기인 엘 에스코리알 수도원, 천재 건축가 가우디가 설계한 바르셀로나의 구엘 공원 등 총 41개의 문화유산을 세계문화유산에 등재하였고 이를 묶어서 관광상품으로 발전시켜 관광객들을 유치하고 있다.

이 중 대표적인 것이 알람브라 궁전이다. 알람브라는 만년설을 머리에 인 시에라 네바다 산맥을 배경으로 그라나다의 작은 언덕 위에 솟아 있다. 이 궁전은 711년 지브롤터 해협을 건너온 북아프리카 이슬람 교도들이 이미 있던 성채를 확장해 1238년경부터 건설하기 시작해 이후 개보수를 거치며 1358년에 완성하였다. 아랍 어로 붉은 성이라는 의미를 지닌 알람브라 궁전은 이사벨 여왕의 국토회복운동Reconquista으로 인해 1492년 1월 2일 전쟁에 패해 그라나다 왕국이 몰락할 때까지 그라나다 왕국의 궁전으로 사용되었다. 알람브라 궁전은 이슬람 세력이 이베리아 반도에서 완전 물러날 때까지 건립 후 250년 동안 아랍 문화의 영광이 녹아 있는 건물이다.

알람브라 궁전

알람브라 궁전은 유럽의 다른 곳에서 흔히 볼 수 있는 웅대하고 거대한 건축물은 아니다. 끊임없이 전쟁에 시달리며 넉넉지 않은 재정으로 점점 쇠락해 가는 그라나다 왕국의 궁전으로서 마지막 숨을 몰아가며 지었기 때문이다. 이 궁전의 마지막 주인인 보압딜 왕은 기독교도들과의 전쟁에 패해 약 800년 전 그들의 조상들이 이베리아 반도를 점령하러 왔던 그 길을 통해 쫓겨 갔다. 세찬 바람과 차디찬 눈보라 속에 시에라 네바다 산맥을 넘으며 "스페인을 잃는 것은 아깝지 않지만 알람브라를 다시 볼 수 없는 것이 원통하구나."라고 개탄하며 통한의 눈물을 흘렸다고 한다. 이런 이유로 그가 넘던 언덕을 '눈물의 언덕'이라 부른다. 이베리아 반도에 존재했던 마지막 이슬람 왕조인 그라나다 왕국은 쓰러져 가는 대부분의 왕조가 그렇듯 쾌락적이고 향락적이었다. 멸망을 예고라도 하는 듯, 그들이 건설한 왕궁은 아름다움과 사치가 극에 달해 지극히 감각적인 모습을 지니고 있다. 이것은 궁전 벽면에 새겨져 있는 "그라나다에서 눈이 먼다는 것보다 더 참혹한 삶은 없다."라고 말한 스페인의 시인 프란시스코 데 이카사의 표현에서도 알 수 있다.

알람브라 궁전의 존재는 건물 자체의 역사적 · 미학적 가치와 함께 스페인 문화의 혼종적 특징을 가시적으로 대변하는 상징적 의미를 가지고 있다. 스페인 정부는 알람브라 궁전의 보전을 위해 하루 입장객 수를 엄격히 제한하고 있으며 입장을 위해서는 예약이 필수다. 인구의 90퍼센트가 가톨릭을 믿는 가톨릭 대국 스페인이 이처럼 소중히 간직하고 보존하는 유적이 그들의 조상들이 피어린 전투를 통해 이베리아 반도에서 추방했던 이슬람 왕조의 궁전이라는 사실은 기독교를 바탕으로 한 스페인 문화는 결코 순수한 기독교 문화가 아니라 아랍 문화의 흔적을 거부하지 않고 그대로 함유하였기에 더욱 가치가 깊어진 그러한 기독교 문화라는 것을 대변해 준다.

6. 테마 관광상품의 본보기: 산티아고 순례길

스페인 정부가 기획하고 있는 문화의 관광상품화 중의 하나가 테마별 상품화다. "돈키호테의 길Ruta del Quijote"과 같이 문학예술작품 속에 나오는 지역들을 벨트화 하여 상품화하거나 와인이나 특산물 산지를 엮어 상품화하는 것이 테마별 상품화인데 이들 중 가장 유명하며 대성공을 거둔 것이 산티아고 순례길Camino de Santiago이다.

스페인 북서쪽 포르투갈 위쪽에 위치한 갈리시아 주는 갈리시아라는 주 이름보다 주도인 산티아고 데 콤포스텔라Santiago de Compostela가 더 잘 알려져 있다. 여기엔 예수 그리스도의 최초의 제자이며 12사도 중의 한 명이자 스페인의 수호 성인인 야고보 성인이 묻혀 있다는 성당이 있기 때문이다. 야고보의 무덤은 9세기 초인 813년 즈음에 발견되었다. 당시 그 소식을 들은 당시 아스투리아스의 왕 알폰소 2세는 왕국의 수도인 오비에도Oviedo에서 산티아고 데 콤포스텔라로 향했고, 그 땅에서 그를 기리는 성당을 건축할 것을 명하였다고 한다. 이 성당이 지금 볼 수 있는 산티아고 데 콤포스텔라 성당이다. 이후 이곳은 산티아고 순례의 길을 나선 이들의 최종 목적지가 되었다.

산티아고 데 콤포스텔라 대성당

이곳에 이르는 순례길 '카미노 데 산티아고El Camino de Santiago'는 예루살렘, 로마와 더불어 중세유럽 3대 순례 코스로 꼽히는 길이다. 1993년에 유네스코에 의해 순례길들 중 최초로 세계 문화 유산으로 등재되었고 순례길의 종착지인 산티아고 데 콤포스텔라는 2000년 유럽 문화 수도로 선정되었다. 유네스코는 산티아고 데 콤포스텔라 순례길을 세계 문화유산으로 등재하면서 이 순례길이 지닌 문화사적 의미를 다음과 같이 규정하였다. 우선 산티아고 순례길은 중세 시대에 이베리아 반도와 유럽의 다른 지역들 간 문화 교류를 촉진하는 역할을 하였다. 둘째, 중세 유럽의 정신과 문화생활에서 순례는 필요불가결한 요소였다. 또 이 길을 따라서 순례자들의 정신적 안정과 육체적 평온을 위한 시설들이 만들어졌다. 산티아고 데 콤포스텔라 순례길은 교회와 민간 건물, 크고 작은 집, 토목 건축물 등의 형태로 중요한 기록들을 완벽하게 보존하고 있다. 셋째, 산티아고 데 콤포스텔라 순례길은 중세와 그 이후 시대 동안 유럽 전역의 모든 사회계층 사람들에게 신앙의 힘과 영향력을 보여 준 탁월한 증거다[http://whc.unesco.org/en/list/669].

스페인 관광 당국은 스페인 어느 곳에서 출발해도 산티아고 순례길 루트를 쉽게 따라 걸을 수 있도록 다양한 루트를 개척해 놓았다. 그중 스페인과 프랑스 사이 국경 마을인 생 장 피 드 포르, 혹은 론세바예스에서 출발해 피레네 산맥을 타고 이베리아 반도의 북부를 가로질러 산티아고에 이르는 프랑스 루트 약 800킬로미터의 대장정이 가장 유명하다. 이 루트는 팜

다양한 산티아고 순례길들

플로나, 로그로뇨, 부르고스, 레온, 루고 등 스페인 북부의 대표적인 도시들을 지나기에 길을 걷는 것 자체가 곧 스페인 문화 체험이 된다.

프랑스 루트를 경험한 이들은 스페인 남부 세비야에서 출발해 북부 갈리시아로 이르는 길을 따라 이베리아 반도 서북쪽 거의 끝자락에 위치한 산티아고까지 이어지는 "비아 데 라 플라타Via de la plata"를 주로 선택해 또다시 순례의 길에 오른다. 이 길은 고대부터 이용되던 길로써 스페인 북부에서 채집한 주요 광물들을 카르타고로 가져가기 위한 무역로 역할을 하였던 곳인데 순례길이 인기를 얻으면서 현대에 들어 다시 각광을 받게 된 것이다. 피레네 산맥의 절경과 중세 기독교 건물들을 감상할 수 있는 프랑스 루트와는 대조적으로 이 루트는 과거 이베리아 반도의 절반을 800년 동안 지배하였던 이슬람의 문화를 맛보는 기회를 제공한다.

순례자들이 산티아고 데 콤포스텔라를 찾기 시작한 것은 약 900년 전부터다. 현재는 순례의 목적뿐만 아니라, 저마다 다른 목적을 가지고 찾아온 다양한 국적을 가진 수많은 사람들이 이 길을 찾고 있다. 산티아고 순례길이 관광상품으로 본격적으로 개발되기 시작한 것은 1960년대부터다. 1950년대에도 스페인 관광 당국은 프랑스 루트를 홍보하면서 순례길의 관광상품화를 도모하였다. 하지만 관광산업의 중요성을 누구보다 강조하였던 마누엘 프라가 정보관광부 장관은 한창 붐을 이루던 코스타 델 솔, 코스타 브라바 등 해변 리조트로는 스페인 관광산업 발전에 한계가 있다고 인식하고 문화를 관광상품화하여 스페인의 국가 브랜드 가치를 높일 필요가 있다고 생각하였다. 산티아고 순례길은 프라가 장관의 이와 같은 논리에 부합되는 문화상품이었다. 또한 이 길은 가톨리시즘을 국가 이데올로기로까지 승화시킨 프랑코 정권의 이념과도 상치되지 않는 것이어서 큰 어려움 없이 중앙 정부의 지원을 받아 순례길의 상품화에 착수하게 되었다(Pack, 2008: 662). 최근에 와서 산티아고 순례길을 걷는 사람들이 폭발처럼 늘어나게 된 계기는 파울로 코엘료의 『순례자』가 발간되고 나서부터다. 순례자들이 급증하면서 스페인 정부는 순례길 여정을 체계화하여 테마 관광상품의 대표주자로 육성하였다.

산티아고 순례길은 스페인 관광 당국에 의해 상당히 체계화가 되어 있다. 우선 순례자가 정해진 루트를 거쳐 산티아고에 도착했다는 증거를 나

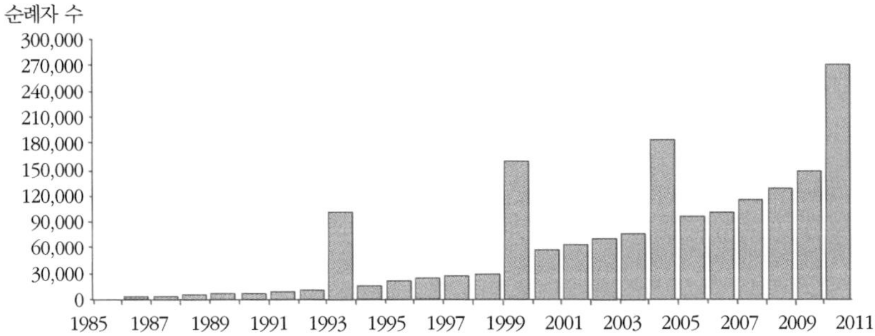

산티아고 순례길 순례자 수

타내기 위해서는 "순례자 여권credencial"을 순례를 시작하는 지점의 관광 사무소나 성당, 시청 등에서 약간의 돈를 내고 발급받아야 한다. 이 여권은 지나는 마을마다 도장을 받아 도착지인 산티아고 대성당에 이를 때까지 지니고 있어야 한다. 그래야 순례를 마쳤다는 증서를 받을 수 있다. 또한 이 여권이 있어야만 저렴한 공공 숙박 시설인 알베르게Albergue에서 숙박을 할 수 있다.

순례자는 이 여권에 지나는 지역마다 그 지역을 상징하는 스탬프를 받을 수 있다. 찍을 때 스탬프와 일자를 함께 적으며, 큰 도시의 경우 성당이나 호스텔, 관광사무소, 알베르게, 시청 등에서 도장을 받을 수 있다. 또 여권을 발급받을 때 순례자는 순례자임을 상징하는 가리비 껍질을 구매하거나 무료로 얻어 이를 배낭이나 옷에 매달고 다니면 저렴한 식사와 여러 혜택을 받을 수 있다.

산티아고 순례길은 도보로 100킬로미터 이상, 자전거로는 200킬로미터 이상 완주해 산티아고 데 콤포스텔라에 도착하게 되면 순례자 사무실이나 산티아고 대성당 수도회에서 크레덴시알에 찍힌 스탬프들을 확인한 후 순례자 증서Compostela를 발급해 준다.

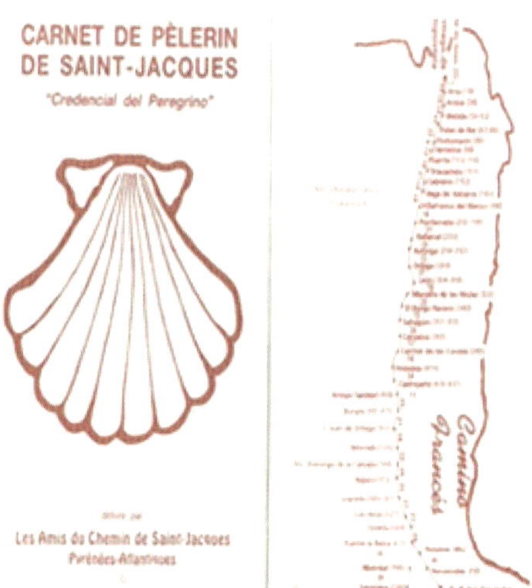

순례자 여권 크레덴시알

순례자 증서

다양한 산티아고 순례길 표식

순례길을 걷는 사람들에게 참여 의식을 높이기 위해 마치 재미있는 게임처럼 다양한 형식을 정한 스페인 관광 당국의 정책은 상당한 성공을 거두어 해마다 순례길을 걷는 인원은 증가하고 있다. 스페인 관광 당국은 이와 동시에 지방 자치 단체들과 함께 순례길의 관광상품화도 적극적으로 기획하고 있으며 순례길을 걷는 사람들이 길을 잃지 않도록 하기 위해 조개 모양의 표식을 설치하여 이들을 돕고 있다.

이렇게 순례자 여권이나 순례길 표시에 조개 모양을 이용하는 것은 야고보 성인 전설에 기인한다. 전설에 의하면 야고보는 유럽사람들에게 당시 지구의 끝이라 여겨졌던 피니스테레로 전도여행을 떠났다가 예루살렘에 돌아와 헤롯왕에 의해 목이 잘리는 순교를 당하게 된다. 그의 추종자들은 그의 시신을 몰래 빼돌려 돌로 만든 배에 실어 바다에 띄웠다고 한다. 이 배에는 노와 돛이 없는 상태에서 지중해와 대서양을 건너 산티아고에서 16킬로미터 떨어진 패드론 곳까지 다다랐다. 야고보의 시신을 실은 돌배가 패드론 근처에 왔을 때 말을 타고 해변을 달리던 사람에 의해 운반되었는데 그때 물속으로 들어갔다 나온 말과 사람의 온 몸에 조개가 붙어 나왔다는 데서 조개는 성 야고보의 상징이 되었고, 이 후 산티아고로 순례를 떠나는 순례자들은 성 야고보가 자신의 순례길을 보호해 준다는 믿음으로 조개 상징을 몸에 지니고 다녔다고 한다.

스페인 관광 당국은 이처럼 구비 전설까지도 관광 테마 상품 개발에 이용함으로써 상품에 역사성을 부여하는 동시에 순례자에게는 참여 의식을 더욱 고취시킨다. 그리고 이를 통하여 관광객들이 무의식적으로 스페인 역사와 문화를 체험하게끔 한다.

7. 영혼의 울림을 위한 관광을 위하여

스페인 국민들의 개방적 성격과 정열, 축복받은 자연 환경, 다양한 문화가 뒤섞인 사회적 환경, 그리고 스페인 정부의 체계적인 관광정책 수립과 실행은 스페인을 세계 관광시장에서 선도적 위치로 끌어올린 요인들이다. 종종 우리가 오해하고 있는 점은 '스페인은 조상 잘 만나 일하지 않고도 잘산다'란 것이다. 어느 정도는 일리가 있는 말이다. 기독교 문화와 이슬람 문화가 융합되어 탄생한 찬란한 유산들과 연중 맑은 날이 300일이 넘는 아름다운 지중해 해변은 현재를 살아가고 있는 스페인 사람들에게 거저 주어진 것이다. 그러나 자신들에게 주어진 신과 조상의 선물을 더욱 가치 있는 것으로 탈바꿈시킨 주체도 스페인 사람들이라는 사실을 우리는 잊어서는 안 된다.

스페인 근대 관광의 역사는 백 년이 넘는다. 19세기 말 완전히 쇠락한 국가를 부활시키기 위해 선택한 것이 관광산업이었다. 16세기 세계를 제패했던 제국의 영광은 신기루처럼 사라지고 유럽의 후진국으로 전락한 스페인에 있어 관광산업 진흥이 곧 근대화였다. 이런 연유로 스페인 관광산업은 정부의 강력한 주도로 발전하면서 고도의 효율성을 추구하였다. 2차세계대전 후 서유럽의 부흥과정에서 스페인은 독일, 영국, 북유럽 인들이 가장 선호하는 관광지가 되었고 정통성이 부재하였던 프랑코 독재 정권은 이런 상황을 통해 국가 이미지를 개선하기 위해 노력하면서 관광산업은 경제

뿐만 아니라 사회, 정치와도 밀접한 관련을 맺게 되었다. 80년대 들어 관광 대국으로 확고히 자리매김을 한 후로도 스페인은 자국 관광산업의 경쟁력 확보와 지속적인 성장 가능성, 고용 창출, 타 산업분야와의 시너지 효과 등을 위해 지속적으로 중장기 전략을 마련해 여기에 따른 행동 계획을 수립하여 실행하고 있다. 또한 전통적인 '태양과 해변'이라는 전략에서 벗어나 자국의 역사와 문화를 결합한 관광상품을 개발하고 카탈루냐 주, 발레아레스 제도, 안달루시아 주 등 몇몇 특정 지역에만 집중되는 관광객들을 스페인 전국으로 분산시킬 수 있는 프로그램들을 생산하여 스페인이라는 국가 그 자체를 하나의 관광상품으로 전환시키고 있다.

관광객 1,000만 시대를 맞은 우리는 지속 성장 가능한 새로운 관광산업 패러다임을 창조해야 할 시점에 서 있다. 서구와 비교해 짧은 관광산업 역사를 가지고 있는 우리가 오늘의 성과를 일구게 된 것은 그간의 정책적 노력과 더불어 2002 월드컵, G20 정상회담, 핵 안보 정상회의 등과 같은 국제적인 행사의 유치, 한류의 전 세계적 확산과 같은 문화적 차원에서의 국격의 상승이 종합되어 나타난 결과다. 이런 결과를 가져온 요인들에 대한 철저한 분석과 이를 바탕으로 한 미래 관광산업 육성 전략 수립은 당장 우리에게 부여된 과제다. 이 과제를 수행하는 데 있어서 우리와 경제 규모 면에 있어서나 인구 규모 면에 있어서나 유사한 스페인의 관광산업의 역사와 그간의 정책들은 우리에게 유용한 길잡이가 될 것이다. 현재 우리 정부가 적극 추진하고 있는 컨벤션 산업이나 생태 관광, 음식 관광, 체험 관광 등과 같은 테마 관광, 관광 대상지를 다변화하고 관광의 경제적 효과를 극대화하며 고용문제를 관광산업의 확대를 통해 해결하고자 하는 것들은 이미 1990년대부터 지금까지 수립되고 있는 스페인 관광 전략에서 깊게 다루고 있다. 따라서 스페인 관광정책 당국이 지금까지 이룬 성과와 맹점을 연구, 분석한다면 큰 시행착오 없이 오히려 스페인을 능가하는 관광상품을 개발할 수도 있을 것이다.

하지만 무엇보다도 우리가 고민해야 할 것은 관광 대국 스페인을 만든 핵심이 무엇인가라는 점이다. 필자는 그것이 스페인을 방문한 관광객들이 경험하는 영혼의 울림이라 생각한다. 눈을 뜰 수 없을 정도로 밝게 내리쬐는 태양과 다혈질인 스페인 사람들이 뿜어 내는 열정의 공간 속에서 그들은 자신들을 구속한 일상의 굴레에서 스스로 박차고 나와 어느덧 자유로운 영혼의 소유자가 된다. 이 과정은 의식적이라기보다는 무의식적이다. 세계에서 공공 질서 의식이 가장 높다는 독일인들이 스페인에 오면 스페인 사람들보다 더 스페인 사람들처럼 행동한다는 우스갯말은 스페인이라는 공간은 사회로부터 부여된, 혹은 자기 스스로 자신에게 부여한 인위적인 규정과 규범을 무화시키는 특징을 가지고 있음을 증명한다. 이것이 스페인을 방문한 관광객들의 뇌리에 깊이 각인되어 스페인에 대한 이미지를 형성하는 바탕이 되는 스페인만이 지닌 매력이다. 영혼은 이 매력과 만나는 순간 울리기 시작한다. 이 울림은 항상 인간의 내면에 잠재되어 있다 어느 순간 스페인이란 단어를 접했을 때 그 이미지와 매력을 그의 내면에서 부활시켜 다시 방문하고픈 또 다른 울림을 가져온다. 한 국가가 어떤 매력을 지니고 있다고 할 때 그 매력은 비록 단순하고 소박할지라도 인간의 영혼을 울리고 영원한 시원적 그리움을 던져줄 수 있을 때만이 진정한 매력일 것이다. 우리보다 훨씬 앞서 관광산업에 전념한 스페인으로부터 그들이 지금까지 일구어온 정책적 노력들과 방향들을 살펴보는 것은 매우 중요하다. 그러나 진정 중요한 것은 스페인을 연상할 때 무의식적으로 떠오르는 이미지, 즉 스페인만이 지닌 매력을 우리는 어떻게 창출하냐라는 점일 것이다.

참고문헌

한국은행(2011), 『우리나라 취업구조 및 노동연관효과: 2009년 고용표를 중심으로』, pp. 39-42.

Almeida Garcia, Fernando (2012), "La política turística en España y Portugal," *Cuadernos de Turismo*, 30: 9-34.

Martínez, Pellejero (2004), "La política turística en España. Una perspectiva histórica," Joaquín Aurioles Martín coord., *Las nuevas formas del turismo,* El Ejido, Almeria: Escobar Impresores, S.L., 268-282.

Ministerio de Industria, Turismo y Comercio (2007), *Turismo 2020: Plan del Turismo Español Horizonte 2020*, Madrid: Ministerio de Industria, Turismo y Comercio.

Ministerio de Industria, Energía y Turismo (2011), *Plan Nacional e Integral de Turismo (PNIT) 2012-2015*, Madrid: Ministerio de Industria, Turismo y Comercio.

Pack, Sasha D. (2008), "Tourism, Modernisation, and Difference: A Twentieth-Century Spanish Paradigm," *Sports in Society*, 11.6: 657-672.

http://www.costabrava.org

http://www.visitcostadelsol.com

http://whc.unesco.org/

http://www.xacobeo.es/

여유와 느림의 미학:
스페인의 음식문화

황수현

1. 스페인의 음식문화를 이해하기 위하여

문화 인류학자 루스 베네딕트는 개별 문화에서 일정한 패턴이 형성된 이유를 설명하기 위해 과학적 현상을 예로 들어 "전체란 구성요소의 단순한 집합이 아니라, 각 부분을 조정하고 상호 관계를 만들어 새로운 실체를 가져온 결과"라고 정의한다. 음식문화도 이와 같아서, 국가 고유의 식문화는 짧은 기간에 형성된 단순한 형태의 집적물이 아니라 자신이 처한 독특한 환경조건에서 생산된 식재료를 소비하는 습관에 따라 변화 조정된 산물이라 할 수 있다.

오늘날 음식문화는 세계화로 인해 표준화 혹은 동질화되고 있다. 음식문화의 표준화 현상은 특정 민족이나 국가의 음식이 세계화의 흐름을 타고 다른 나라의 밥상에 오르기 시작한 것에서 확인할 수 있다. 즉, 서울에서 스페인의 전통음식 파에야를 맛볼 수 있는 것이나 마드리드에서 불고기를 맛볼 수 있는 것은 표준화의 예로 들 수 있겠다. 또한 음식의 혼성화 역시 주목해야할 현상 중의 하나다. 이른바 퓨전 음식이라 부르는 이질적인 음식 사이의 혼합은 새로운 요리 혹은 기존의 음식과는 차별화된 다른 음식을 만들게 된다. 이러한 퓨전 음식은 문화 일반의 혼성화의 적절한 예로, 다른 전통을 가진 둘 이상의 음식이 섞인 형태로 나타나며 재료나 양념을 섞는 것도 혼성화의 예로 볼 수 있다. 혼성화의 결과로 김치를 곁들인 스테이크 같은 새로운 음식이 탄생하게 된다. 이러한 것은 글로벌한 음식이 특정지역에서 정착되는 과정에서 변용되는 것으로 글로컬리제이션glocalization의 한 예로 간주할 수 있다.

음식에 관한 문화적 연구는 문화 생태학적 접근이나 문화 구조적인 분석 등 다양한 형태로 진행되어 왔다. 이 책에서도 이와 같은 흐름을 바탕으로 스페인 음식문화를 고유의 역사, 지리적 배경 하에서 잉태된 다양한 문화적 요소 중 하나로 간주하여 살펴보기로 한다. 특히 스페인 음식문화를 대표하는 음식과 와인을 중심으로 이야기를 풀어 보고자 한다.

2. 스페인 음식문화의 특징

스페인은 일찍이 다원적 문화 전통을 형성한 나라다. 역사적으로 페니키아와 그리스, 카르타고, 로마, 서고트, 아랍 세력 등의 영향을 받았으며, 상이한 배경을 가진 이들과의 공존의 경험은 문화 접변을 통해 다원성으로 체화되고 그것은 음식문화에서도 나타난다. 이렇듯 이질적인 타자와 공존하며 수용한 문화는 각 지역 전래의 문화와 결합되고 용해되어 독특한 문화적 전통을 형성하게 된다.

스페인은 지리적으로 유럽과 아프리카를 연결하는 지중해와, 아메리카 대륙을 연결하는 대서양에 접해 있어 동서양의 식재료를 고루 수입하기에 용이하였다. 이베리아 반도는 남북으로 1,000킬로미터에 이르며, 동북부와 중북부는 산악 지형이, 중부는 완만한 구릉지역이, 안달루시아와 발렌시아 지역을 포함하는 남쪽에는 비교적 넓은 목초지가 펼쳐져 있다. 기후적으로는 남부 해안지역이 지중해성 기후를 띠는 데 반해 서북부 갈리시아Galicia 지역은 연중 강우량이 많은 해양성 기후를, 마드리드를 중심으로 하는 카스티야Castilla 지역은 비교적 건조한 대륙성 기후에 가깝다.

태양이 넘실대는 지중해 연안 국가의 사람들은 대체적으로 직관적이다. 사물을 파편적으로 관찰하고 심각히 분석하기보다 사물의 전체와 본질을 보는 경향이 있다. 그리스 작가 니코스 카잔차키스가 "스페인 사람은 날카로운 인식능력을 가졌다"고 지적한 것처럼, 스페인 사람들은 삶의 일상에서 사물에 깃들어 있는 아름다움을 감지하는 능력이 탁월하다. 이는 세속적인 것에서 숭고함을 찾아내는 통찰의 힘에서 기인한 것이 아닐까. 스페인은 문학, 음악, 미술, 건축, 무용 등 예술 전반이 고루 발달해 있어 수많은 작가와 예술가가 탄생한 곳이다. 그래서 그런지 음식도 예술적이다. "진정한 창조자는 가장 평범하고 비루한 것에서 주목할 만한 가치를 찾아낸다."고 했던 음악가 스트라빈스키의 말처럼 스페인 사람들은 얼핏 보면 특별할 것 없는 식재료에서 그들만의 예술적인 음식을 만들어 낸다.

스페인은 건강에 있어 가장 중요한 쾌식, 쾌면, 쾌변이 가능한 조건을 갖춘 3쾌의 나라다. 지중해성 기후로 좋은 포도주에 올리브유를 가진 것 외에도 삼면이 바다로 둘러싸인 반도 국가로 어패류가 풍족하며 신선한 과일과 채소 등 무공해 농축산물이 '쾌식'의 문화를 만든다. 게다가 뜨거운 여름철, 일의 능률이 오르지 않는 한낮을 피해 쉬고 서늘한 시간에 노동하던 풍습에서 기인한 시에스타siesta 문화는 오늘날 오후 2시에서 4시까지 넉넉히 먹고 일터에서 휴식할 수 있는 충분한 시간을 보장한다. 게다가 식물성 섬유질이 많은 과일과 올리브유 등을 섭취하면 '쾌변'까지 가능하다. 그래서 스페인은 평균 수명이 긴 장수국가 중 하나다.

지역적 차별성에다 가정에서 만드는 요리를 코시나 카세라cocina casera라 자랑하며 집집마다 가정의 대표음식을 하나씩 준비한다. 메추리 요리를 잘하는 하비에르 집, 애저요리를 잘하는 라우라 집 등 자기만의 독특한 음식을 자랑한다. 음식을 사랑하고 요리를 즐기며 외식도 마다하지 않는 문화는 음식문화에 대한 품격을 높여 요리사를 인기 직종으로 만든다. 그래서 수준 높은 '알타 코시나alta cocina'를 만드는 요리사들은 인기스타가 된다. 세계적인 요리사로 '분자요리'의 창시자이자 요리계의 연금술사라 불리는 페란 아드리아, 세계적인 레스토랑 평가 기관 미슐랭의 별점 3개를 받은 레스토랑 '산 파우San Pau'의 카르멘 루스카예다, 바스크 요리를 세계로 알린 후안 마리 아르삭 등은 현존하는 세계 최고의 요리사들로 알려져 있다.

일단 스페인 요리사들은 무엇보다 좋은 재료를 구하기 쉽다. 철마다 나오는 신선한 채소나 과일, 풍부하고 다양한 올리브 오일이나 향신료 등으로 작품을 만든다. 스페인이 낳은 화가 피카소나 달리처럼 자신만의 영역을 구축한다. 아인슈타인이 "창조적인 일에는 상상력이 지식보다 더 중요하다"고 간파한 것처럼 '캔버스 대신 식탁' 위에 상상력을 동원하여 만드는 새롭고 독창적인 요리는 예술의 경지에 이른다.

스페인 사람의 음식에 대한 관심은 대단하여 문호 세르반테스의 『돈키호테』 속에도 음식 이야기는 자주 등장한다. 작품의 주요 배경으로 소개되는 라만차 지역의 요리를 중심으로 약 150여 가지의 음식이 언급되고 있는데 소설의 1부 첫 장면부터 음식 이야기가 등장한다.

> 그다지 오래되지 않은 옛날, 이름까지 기억하고 싶지 않은 라만차 지방의 어느 마을에 창꽂이에 꽂혀 있는 창과 낡아빠진 방패, 야윈 말, 날렵한 사냥개 등을 가진 시골 귀족이 살고 있었다. 그는 양고기보다 쇠고기를 조금 더 넣어서 끓인 전골 요리를 좋아했는데, 밤에는 주로 살피콘 요리를, 토요일에는 기름에 튀긴 베이컨과 계란을, 금요일에는 완두콩을, 일요일에는 새끼 비둘기 요리를 먹느라 재산의 4분의 3을 소비했다.
>
> (미겔 데 세르반테스, 『돈키호테』, 37쪽)

돈키호테가 출간된 17세기, 스페인은 식민지 경략을 통해 보물과 향신료를 포함한 다양한 식재료를 구할 수 있었던 만큼 궁정의 삶은 호화로웠다. 한 끼의 연회에 40여 가지의 요리가 차려질 정도로 식도락 문화가 발달하였으나, 서민에게는 딱딱한 빵과 치즈 정도가 허기를 채우는 주요 음식일 뿐이었다. 돈키호테의 몸종이었던 산초는, "황제와 같은 테이블에 앉아 먹는 것보다 선 채로 혼자서 먹는 것이 나으며 아무것도 자유롭게 할 수 없는 식탁에서 칠면조 요리를 먹는 것보다는 빵과 양파를 먹는 것"을 편하게 여긴다. 당시의 고급 음식이었던 새끼 양고기나 칠면조 요리를 먹을 수 없었던 서민에게 마늘과 양파는 계급을 나타내는 징표와도 같았고 그래서 체취와 음식 냄새로 신분을 추측할 수도 있었다. 시종 산초가 다친 돈키호테를 치료하기 위해 소금, 기름과 포도주를 구하러 다니는 장면에서 확인할 수 있듯이 음식은 좋은 치료제이기도 했다. "어제의 빵과 오늘의 고기 그리고 오래 묵은 와인이 일 년의 건강을 보장한다."는 말에서도 나타나듯이 와인은 삶과 밀접한 관련을 맺는 음식의 하나였다.

3. 스페인 와인

와인은 단순히 마시고 취하는 술이라기보다는 대화의 장을 여는 마중물과 같다. 와인은 '빨리빨리' 마시기에는 부적합한 것이다. 포도의 재배과정이나 포도주의 숙성과 보관 과정만 봐도 그렇고 마시기 위해 코르크 마개를 천천히 돌려 따서 잔에 따르는 것에서도 확인할 수 있듯이 여러 가지 면에서 시간과 인내를 필요로 한다. 그래서 패스트푸드보다는 슬로우 푸드에 어울리는 술인지 모른다. 취하자고 마시지 않는 이상 대화가 흐른다. 코르크 마개를 따면서도, 잔에 천천히 따른 와인을 보면서도, 디켄팅 후 잠시 뜸을 들이면서도 이야기를 나눌 수 있다. 와인 빛깔에 따라 담아둔 이야기의 색을 바꾸면 정담이 시간의 강을 타고 흐른다. 와인이 발산하는 색채의

미학과 아로마는 와인을 신이 만든 걸작의 반열에 올린다. 그래서 "와인 속에 진리가 있다In vino veritas"고 하지 않는가.

1) 스페인 와인의 역사

포도 재배의 흔적은 이베리아 반도 곳곳에서 발견되나, 와인 생산은 기원전 12세기 지중해를 중심으로 교역활동을 하던 페니키아인들이 스페인 남부 안달루시아 지방에 도착하면서부터 시작된다. 그들은 스페인 남부 카디스Cádiz와 말라가Málaga, 알무네카르Almuñécar 등지에 도시를 건설하면서 포도 재배와 와인 생산을 하였는데 기원전 8세기 정도에 본격적으로 시작하게 된다. 이후 페니키아의 몰락으로 잠시 와인의 생산량은 감소하지만 로마가 스페인을 지배함에 따라 와인 산업은 성행하게 되는데 주로 속주인 타라고나, 베티카 지역에서 포도 재배와 와인 생산이 지속적으로 이루어진다. 와인 산업은 711년 무어 인의 침략으로 위기를 맞게 되는데, 이는 이슬람의 계율에 따라 공공 장소에서 음주를 금했기 때문이다. 하지만 무슬림 정권의 통치 하에도 가정에서 술을 마시는 것에는 비교적 관대하여 와인 산업은 명맥을 유지할 수 있게 되었다. 이후 스페인이 국토회복운동Reconquista에 성공하여 이슬람 세력이 물러나게 되자 다시 와인 산업이 활력을 띠게 된다. 15, 16세기에는 셰리의 주산지로 유명한 헤레스Jerez가 와인 산업의 중심지가 되어 다양한 와인을 영국과 북유럽에 수출하게 된다. 18세기 이후에는 중북부 지역인 리오하Rioja의 포도원에 투자가 이루어지고 이 지역은 새로운 와인 산지로 부상하게 된다. 1870년경 유럽의 와인 산업은, 포도나무 뿌리에 기생하며 수분을 빨아먹는 필록세라la filoxera: 포도 뿌리 혹벌레 병충해로 큰 피해를 입게 된다. 이때 프랑스 보르도의 와인 메이커와 양조 기술자들 상당수가 아직 필록세라 병충해로부터 안전하고 기후와 재배 조건이 유사한 스페인의 리오하로 이주하였고 프랑스의 선진적인 양조 기술이 이전되면서 스페인 와인의 품질은 개선되었다. 1910~1920년대 스페인의 와인 산업은 안으로는 내수 진작(1인당 88리터의 와인 소비량) 밖으로는 1차세계대전 기간 동안 수출량이 늘어 활기를 띠었고, 1930년에는 프랑스의 AOC제도와 유사한 원산지 표시 규정인 DO(denominación de origen)제가 도입되어 품질 관리가 체계적으로 이루어지게 된다. 하지만 호사다마라고 할까, 1936년에서 1939년까지 3년간 지속된 스페인 내전은 무려 10만 헥타르의 포도원을 상실케 했으며 연이은 프랑코의 독재는 유럽으로부터 스페인의 고립을 자초해 와인의 수출량은 급감하게 된다. 침체된 와인 산업은 1950년대 이후 양조업자들이 협동조합의 형태로 공동 생산 작업을 진행하며 자구 노력을 펼친 끝에 대량 생산 체계를 갖추게 된다. 1970년 12월 2일에는 주정 관리 법령을 정비하여 네 가지 등급으로 포도원 등급제를 실시하게 되고, 프랑코 사후 1980년대 이래 와인의 품질 개선을 위해 노력한 결과 좋은 와인이 생산되기 시작했는데 이는 무엇보다 1986년 EU에 가입하면서 포도원과 와인 제조장인 보데가에 투자를 유치하고 현대적 기술을 도입하여 양조기술의 발전을 가져온 데에 기인한다.

2) 스페인 와인 산업의 특징

스페인의 포도 경작 면적은 120만 헥타르로 세계 1위다. 약 15만 명의 양조업 관련 종사자가 5,000여 개의 보데가(양조장)에서 연간 약 40억 리터의 와인을 생산하고 있다. 포도 재배 면적이 가장 넓지만 와인 생산량은 전 세계에서 3위 정도인 것은 경작 방법의 차이에 있다. 이웃한 프랑스의 경우 일반적으로 포도나무를 사방 1.4미터 간격으로 심는 데 반해 스페인은 건조한 날씨와 수자원 부족으로 2미터 간격으로 심기 때문에 넓은 경작 면적에 비해 포도 수확량은 적은 편이다.

스페인 와인 생산 지역으로 유명한 곳은 스페인 중북부의 리오하 지역과 리베라 델 두에로Ribera del Duero 지역, 동부의 페네데스Penedés, 중부의 라만차La Mancha, 발데페냐스Valdepeñas와 남서부의 헤레스 지역이 대표적이다. 이 중에서도 리오하와 리베라 델 두에로 지역은 품질 좋은 레드와인 제품을 생산하는 지역으로 명성이 높다. 리베라 델 두에로는 두에로 강을 사이에 두고 있는 포도 경작지로 대부분 고지대이며 여름에는 낮이 덥고 밤에는 서늘하여 일교차가 크다. 이런 일교차가 큰 기후는 포도의 신맛을 유지하는데 도움이 된다. 주로 스페인이 원산지인 템프라니요tempranillo종의 포도를 생산하며 페스케라Pesquera와 베가 시실리아Vega Sicilia 등이 이 지역에서 생산되는 대표적인 와인이다. 리오하 와인은 에브로 강을 따라 약 120킬로미터에 펼쳐진 넓은 포도밭에서 생산되는데, 에브로 강을 사이에 두고 리오하 알라베사Rioja Alavesa, 리오하 알타Rioja Alta, 리오하 바하Rioja Baja로 나뉜다. 리오하 알라베사에서는 주로 템프라니요 품종을 재배하고, 리오하 바하에서 생산되는 와인의 주요 품종은 가르나차Garnacha다. 리오하 와인은 일반적으로 숙성기간에 따라 네 가지로 등급으로 분류한다. 갓 빚은 와인으로 숙성시키지 않은 채 1년 안에 출시되는 와인을 비노 호벤vino joven이라고 하고, 보데가에서 최소 2년간 숙성시킨 와인을 크리안사crianza라고 하며 보데가에서 최소한 3년 동안 숙성시킨 와인을 레세르바reserva라고 한다. 최상급인 그란 레세르바gran reserva는 오크통에서 2년, 병에 넣어 3년, 도합 5년 이상의 숙성 기간을 거쳐 출시하는 제품이다. 이러한 숙성 기간은 규정으로 만들어져 있는 만큼 반드시 지켜야 한다.

스페인 남부의 헤레스 지역의 특산 와인인 셰리는 화이트와인의 일종으로 숙성시킬 때 알코올을 첨가하여 만드는 와인이다. 헤레스 지역은 유럽에서 일조량이 가장 많은 지역 중에 하나로 포도를 키우기에 적당하며 백악질의 알바리사 토양은 셰리의 주재료인 팔로미노Palomino 포도를 키우기에 이상적이다. 셰리를 만드는 과정은 일반 와인의 생산 공정과는 달리 알코올 함량 11~12도 정도인 화이트와인에 와인을 증류한 브랜디와 같은 알코올을 첨가하여 도수를 15에서 18도 정도로 높인 것으로 주정 강화 와인이다. 셰리는 숙성 과정에 따라 피노fino와 올로로소oloroso 두 종류로 나누는데 피노는 도수가 상대적으로 낮은 편이나 올로로소는 18도 정도로 높은 편이다. 셰리는 주로 차게 해서 마시는 것이 일반적이다. 카탈루냐 지역의 페네데스는 레드와인과 화이트와인 등 다양한 종류의 와인을 생산하나 발

스페인의 와인

포성 와인인 카바cava로 유명한 지역이다.

미국의 와인 평론가 로버트 파커는 스페인의 대표적 와인으로 아르타디Artadi, 클로스 에라스무스Clos Erasmus, 알바로 팔라시오스Alvaro Palacios, 틴토 페스케라, 도미니오 데 핑구스Dominio de Pingus, 베가 시실리아 등을 든다. 스페인의 와인 평론가 호세 페닌José Penín은 소믈리에의 평점 90점이 넘는 와인을 선정하여 매년 페닌 가이드를 발행한다.

4. 스페인의 대표적인 음식

1) 지역별 전통 음식

스페인은 북부의 바스크 지역, 갈리시아 지역, 남부의 발렌시아 지역 등 다양한 지역만큼 특산 요리를 가진다. 그래서 "스페인의 유명한 요리는 무엇이냐?"라는 질문은 스페인을 각 지역으로 세분화해서 물을 때에만 구체적인 대답을 들을 수 있다.

북부 지역

스페인 북부 지역의 음식은 갈리시아, 아스투리아스Asturias, 바스크 지역País Vasco 등의 음식으로 구분된다. 갈리시아 지역은 대서양 연해에서 수확되는 풍부한 어패류로 만든 요리가 유명하다. 조개찜 요리, 갈리시아식 문어요리 등 토속적인 해산물요리와 다양한 조리법으로 만드는 대구 요리가 유명하다. 바스크 지역은 일찍 산업화가 이루어져 소득 수준이 높고 외식문화가 발달하였으며 지역 특유의 미식가적인 풍토로 인해 다양한 특산 음식을 보유하고 있다. 스페인 최고의 요리사를 배출하는 지역으로도 잘 알려져 있으며 특산 요리로는 새끼 뱀장어 요리인 앙굴라angula, 거미게로 만든 캉그레호 레예노cangrejo relleno, 빵 위에 작은 고기나 멸치 등을 얹어 먹는 핀초pincho 등이 있다. 아스투리아스 지역의 특산 음식으로는 돼지고기로 만드는 소시지와, 한국의 순대와 비슷한 초리소와 모르시아morcilla가 있으며, 돼지고기를 소금에 절인 토시노tocino에다 버터를 바른 콩을 넣고 끓인 스프 파바다fabada가 특산이며 사과로 만든 술 시드라sidra도 좋다.

동부 지역

스페인 동북부 해안 지역을 끼고 있는 카탈루냐Cataluña는 스튜타입의 요리가 발달된 지역이다. 생선과 조개류를 주재료로 토마토와 감자를 넣어 만든 수케트suquet와 새우, 가재, 조개 등을 그릴에 구워 내는 파리야다parrillada

가 유명하며 부티파라butifarra 소시지와, 아몬드와 꿀을 섞어 초콜릿처럼 만든 투론turrón도 맛이 있다. 마늘과 올리브유를 마요네즈와 섞어 만드는 알리올리alioli와 토마토와 고추를 섞어 만든 로메스코romesco는 이 지역에서 생산되는 음식에 맛을 더하는 대표적인 소스로 알려져 있다.

발렌시아Valencia와 그 주변지역은 지중해식 요리가 발달했는데 올리브, 쌀, 오렌지, 사프란 등을 소재로 만든 요리가 많고 특히 발렌시아의 전통음식을 넘어 스페인의 대표적인 요리로 알려진 파에야paella가 대표적인 음식이다. 이외에도 아라곤Aragón 지역에는 설탕 입힌 과일이 유명한데, 과일을 오랫동안 보존하기 위해 설탕을 입힌 데서 유래한 것으로 요즈음은 초콜릿을 입혀 먹기도 한다. 후식용으로 적당하다.

남부, 서부 지역

무어 인과 함께 공존했던 시간이 상대적으로 많았던 스페인 남부 지역은 아랍 음식문화의 영향을 가장 많이 받은 지역이다. 아몬드, 사프란, 올리브, 토마토 등이 식재료로 많이 사용되며 딸기와 멜론 등의 과일도 생산된다. 여름 기온이 높은 안달루시아 지역은 우리의 냉국과 비슷한 야채수프인 가스파초gaspacho를 즐겨 먹는다. 토마토를 갈아서 올리브유를 섞고 식초를 첨가한 것으로 여름철 시원하게 먹을 수 있는 별미 요리다. 이외에도 안달루시아 지방 사람들은 정어리와 오징어 튀김을 즐겨 먹으며 프리투라 데 페스카도fritura de pescado라는 새우와 생선을 튀긴 요리도 유명하다. 서부 지방의 하몬 이베리코jamón ibérico는 방목해서 기르는 돼지고기를 염장하고 숙성하여 먹는 특산 요리다.

중부 지역

카스티야 지역을 중심으로 하는 중부지역은 어린 양, 송아지, 새끼 돼지 등을 스튜로 혹은 구워 먹는 요리가 발달했다. 마드리드에서는 쇠고기, 닭고기, 소금에 절인 돼지고기인 토시노와 초리소chorizo에다 이집트 콩(가르반소)

을 넣어 끓여 낸 코시도 마드릴레뇨cocido madrileño와 마늘 수프인 소파 데 아호sopa de ajo 등이 지역 토속 음식이며, 세고비아 지역은 새끼 돼지(애저) 바베큐인 코치니요cochinillo가, 톨레도 지역은 메추리요리가 전통 음식으로 잘 알려져 있다. 중부지역은 햄과 치즈도 좋은데 스페인 최고의 치즈로 알려진 라만차의 케소 만체고queso manchego는 주로 양젖으로 가공하며 치즈의 숙성 정도에 따라 갓 만든 프레스코fresco, 세미쿠라도semicurado, 쿠라도curado: 만든 지 13주 이상 된 것, 아녜호añejo: 만든 지 7개월 이상 된 것로 구별하여 판매한다.

2) 대표적인 요리

타파스tapas

예술적인 취향이 댄디해서 귀족적인 느낌마저 주는 것과는 달리 스페인 사람의 생활은 서민적이다. 그래서 그런지 스페인에는 바Bar가 많다. 커피와 주류, 간단한 음식을 파는 바는 스페인 사람의 대화의 장이자 휴식터다. 한

마드리드의 동네 바

집 건너 바가 있다고 할 정도로 많은 이 서민적 카페이자 선술집은 다양한 타파스를 긴 유리 상자 안에 전시해 둔다. 이 타파스는 주로 점심, 저녁 식사 전에 마시는 맥주나 와인에 곁들여 나오는 것이 일반적이지만 손님이 원하면 조그만 접시에 정성을 담아 제공한다.

이 타파스의 유래가 재미있다. 스페인이 통일되기 전 스페인 중부지역에 위치했던 카스티야 왕국의 알폰소 10세가 병이 나자 주치의는 와인과 함께 소량의 식사를 섭취할 것을 권유했다. 지혜로운 왕 알폰소는 병에서 회복하자 모든 카스티야 지방의 여관과 식당에서 와인은 요리와 함께 주문할 때만 제공하도록 지시했다. 이는 알코올만 섭취할 경우 건강을 해칠 수 있고 다음 날 활동에 지장을 줄 수 있음을 감안한 것이었다. 이렇게 안주의 용도로 쓰이는 타파스에는 올리브, 멸치절임, 스페인식 오믈렛인 토르티야 tortilla, 하몬jamón, 초리소, 크로켓croquetas 등이 있다. 빵과 곁들여 먹으면 더 좋은 타파스는 안주도 되고 양이 많아 요깃거리가 되기도 한다.

올리브 열매로 만든 다양한 요리

로마 인들이 스페인에 전한 가장 중요한 두 가지 식재료는 마늘과 올리브이다. 이 두 가지는 스페인 음식에서 빼놓을 수 없는 중요한 요소라고 할 수 있다. 특히 스페인 음식에 있어 '아세이투나'라고 부르는 올리브 열매 aceituna, oliva의 쓰임새는 '약방의 감초'와도 같다. 먼저 올리브유는 샐러드 등 거의 모든 음식물에 드레싱용으로 사용되며 올리브 열매는 소금이나 생선젓갈에 절여서 타파스로 제공된다. 지중해성 식물인 올리브는 지중해 연안이 주요 산지로 스페인뿐만 아니라 많은 국가에서 두루 애용되는 인기 식품이다. 올리브의 기원에 대해서는 여러 가지 가설이 있으나, 지중해의 동쪽 끝의 터키와 중동지역에서 먼저 재배되어 북아프리카와 그리스, 스페인 등으로 퍼져 나갔다는 설이 유력하다. 올리브는 다른 종실류種實類가 씨를 짜 기름을 얻는 것과는 달리 과육의 3분의 1이 기름인 만큼, 주로 압착하여 기름을 얻는 방법으로 추출한다. 올리브유를 얻기 위해서는 올리브

올리브(사진 출처: www.wikimedia.org)

열매의 신선도가 중요한 만큼 수확 후 24시간 이내에 공정을 진행하여야 하는데, 먼저 이물질을 분리하고 세척하여 저온 압착 과정을 거쳐 필터링을 한 후 정제하면 된다. 요즈음은 대량생산에 적당한 원심 분리법을 이용하여 기름을 추출하는 방법을 주로 사용한다. 올리브유는 엑스트라 버진Extra virgen 등급을 최상품으로 간주한다. 엑스트라 버진은 산도 0.8퍼센트 이하로 올리브를 따서 압착한 후 첫 번째로 짜낸 기름이다. 올리브유는 비타민 A, D, E, K 등과 항산화 요소인 폴리페놀을 함유하고 있으며 콜레스테롤을 낮추고 심장병 예방 효과가 있다는 의학계의 연구 결과가 발표되기도 하였다.

파에야paella

스페인을 여행하는 사람이라면 누구나 얇고 평평한 냄비에 나오는 노랗게 물든 쌀 요리를 만날 수 있다. 스페인 남동부 지역에 위치한 발렌시아의 전통 음식인 '파에야'의 어원은, 얇고 평평하며 양쪽에 손잡이가 달린 후라이팬을 사투리로 '파에예라'라고 부른 데에서 기인하며 오늘날 이러한 쌀 요리를 가리켜 '파에야'라고 부른다.

원래는 습지가 많은 발렌시아에서 쉽게 잡을 수 있는 뱀장어, 달팽이, 개구리, 토끼나 야생오리 등을 쌀에 섞어 요리했다가 후에 신선한 새우,

사진 출처: www.language.iastate.edu

게, 홍합, 바다가재, 오징어 등의 해물을 첨가한 형태로 발전되었다. 스페인에서 쌀이 주원료가 되는 요리들은 주로 발렌시아 지역에서 유래했는데 이는 다른 지역이 건조하여 쌀농사를 할 수 없는데 반해 발렌시아는 수전식 농업이 가능했기 때문이다.

파에야의 주요 재료인 쌀은, 8세기 이후 무어인들에 의해 유럽으로 들어와 재배가 시작되었다. 스페인 어로 쌀이라는 뜻의 아로스arroz는 어원이 아랍어 아루즈aruz에서 비롯된 것이다. 파에야에 쓰이는 발렌시아 고유의 쌀은 둥글고 중간 길이 정도의 쌀인데 흡수력이 높아서 파에야에 들어가는 닭고기나 해물 등의 맛을 내기에 좋지만 질어지지 않도록 너무 오래 요리해서는 안 된다. 또한 파에야는 '금값'이라는 비싼 향신료 사프란zafrán으로 물을 들인다. 우리가 예전에 자주 사용하던 치자처럼 음식을 노랗게 물들이는 사프란은 밥맛도 좋게 한다. 이 노란 밥이 "스페인을 찾는 한국인이 가장 선호하는 요리"라고 하니 어쩌면 밥을 벗어나지 못하는 우리네 정서인 것 같다. 실제로 유럽에서 가장 한국적인 음식문화를 누릴 수 있는 것이 스페인이라니 더욱더 친근하다.

하몬jamón

사진 출처: www.ibericosdesalamanca.org

우리에게 익숙한 스페인 영화 한편이 있다. 비가스 루나 감독이 1992년에 제작한 영화 '하몽하몽'은 우리에게 약간은 외설적인 영화로 알려져 있다. 그러나 외설적이기보다 예술적인 이 영화는 돼지 넓적다리인 하몬을 들고 싸우는 장면으로도 유명하다. 돼지의 뒷다리 2개를 잘라 저울에 단 후에 다리 무게만큼 소금을 치고 절여서 오랫동안 숙성시킨 후 얇게 잘라 먹는 하몬은 스페인의 대표적인 저장 육류제품이다. 애피타이저로 혹은 안주로, 또 그 자체로도 훌륭한 요리가 되는 하몬을 이해하기 위해서는 먼저 스페인산 돼지인 세르도 이베리코cerdo ibérico가 무엇인지 살펴봐야 한다.

검은 잿빛의 스페인산 돼지인 세르도 이베리코는 넓은 목초지에 방목하여 기른다. 엑스트레마두라와 안달루시아의 초원에서 주로 사육되는 돼지는 도토리나무가 많은 풀밭에 떨어진 도토리 열매를 주식으로 먹고 자란다. 그래서 육질에 향긋한 도토리 내음이 배어 있다.

5. 스페인 음식문화에 나타난 문화 다원성

"오 스페인! 서양에서 인도 사이에 펼쳐져 있는 나라 중 가장 아름다운 너는 열국의 여왕이구나. 그 증거로 너를 통해 동양과 서양은 빛을 받는다." 라는 스페인의 신학자 이시도로의 말은 스페인의 영화로웠던 지난날을 짐작케 한다. 스페인이 역사적으로 페니키아, 그리스, 로마, 서고트, 유대, 무어 인 등과의 긴장 관계 속에서 생성된 다원적 문화를 계승하여 혼종성이 강한 국가를 건설하였으니, 음식문화에서도 이와 같은 현상은 나타난다. 라틴 아메리카에서 초콜릿, 커피, 설탕, 열대과일, 담배를 그리고 무어족에게서 오렌지, 레몬, 사프란 등을 가져온 스페인. 그래서 스페인 음식에는 동양과 서양이 만난다. 만나서 다투고 화해하고 사랑한다. 스페인 음식에는 동서양이 만나는 소스가 있다. 그래서 그들은 유럽에서 가장 동양적인지도 모른다. 즉 그리스, 로마, 아랍 문명이 씨실과 날실로 만나면서 이베리아판 퓨전 식문화를 완성하게 된 것이다.

참고문헌

베네딕트, 루스(2008), 『문화의 패턴』, 이종인 역, 연암서가.

세르반테스, 미겔 데(2008), 『돈키호테』, 박철 역, 시공사.

장홍(2008), 『문화로 풀어본 와인 이야기』, 학산문화사.

카, 레이몬드 외(2006), 『스페인사』, 김원중 · 황보영조 역, 까치.

카잔차키스, 니코스(2008), 『스페인 기행』, 송병선 역, 열린책들.

파커, 로버트(2008), 『THE GREATEST WINE』, 오상용 역, BaromWorks.

Penín, José (2008), *Historia del vino*, Madrid: Espasa Calpe.

__________(2010), *Guía Penín de los mejores vinos de España*, Penín Ediciones.

호모 루덴스의 삶:

축구, 투우, 복권, 바와 일상

황수현

1. 호모 루덴스의 삶

문화 인류학자 요한 호이징하는 저서 『호모 루덴스*Homo ludens*』에서, 문화와 놀이의 관계에 대해 언급하며 놀이가 문화의 한 요소가 아니라 문화 그 자체가 놀이의 성격을 갖고 있음에 주목한다. 결국 호이징하에 의하면 인간은 생각하는 인간이나 노동하는 인간homo faber보다 놀이하는 인간에 더 가깝다는 것이다. 이러한 호이징하의 '놀이'의 개념을 고찰하며 로제 카이와는 새로운 정의를 내어 놓는다. 그는 놀이와 제도를 구분하는 근거로 비밀과 신비의 희생 유무를 들고 비밀과 신비로 포장된 활동은 놀이가 아니라고 설파하며 이러한 놀이의 탈신성성에 주목한다. 로제 카이와는 그의 저서 『놀이와 인간』에서 놀이를 경쟁, 우연, 모의, 현기증이라는 역할에 따라

네 가지 범주로 구분한다. 아곤(경쟁), 알레아(요행, 우연), 미미크리(흉내, 모방), 일링크스(현기증)는 놀이의 영역에 속하며 각각 스페인의 놀이 문화 현상을 읽을 수 있는 프레임으로 사용할 수 있다. 조금은 과장된 형태일 수 있으나 카이와식 분류를 적용해 보면 스페인 프리메라리가의 축구는 팀과 팀 사이의 치열한 경쟁(아곤)이며 복권은 삶의 설렘을 제공하는 요행이자 운(알레아)이고 투우 축제에서 목숨을 걸고 질주하는 사람의 행위는 현기증 나는 혼돈(일링크스)이며 축제의 가장행렬에서 가면을 쓰고 흉내를 내며 노는 것은 모방(미미크리)이다. 카이와식의 분류를 적용하든 그렇지 않든, 스페인 사람의 일상에 나타난 놀이와 놀이의 현상을 미시적으로 살펴보는 것은 스페인 문화의 총체적인 이해를 위한 중요한 열쇠가 될 것이다. 스페인의 일상에 관해 이야기하기에 앞서 놀이에 대한 문화 인류학적 견해를 잠시 언급한 것은 스페인 사람이야말로 '호모 루덴스'라는 명칭에 가장 적합한 국민일 것이기 때문이다. 스페인의 교육이 '놀 줄 아는 인간'을 양성하는 교육이라면 스페인의 일상은 '놀이'와 밀접한 관련을 갖는다. 사물의 파편적인 면을 분석하기보다 통찰을 통해 사물의 본질을 보는 직관적 능력이 발달한 스페인 사람들은 인간이 인간답게 살 수 있는 인문주의적 환경 중의 하나를 놀이와 여유의 미학에서 찾는다. 스페인을 찾는 이에게 가장 보고 싶은 것이 무엇이냐고 물으면 대충 서너 가지의 답이 나온다. 플라멩코, 투우, 축구, 그리고 미술관, 모두가 스페인을 상징하는 데 부족함이 없는 볼거리이자 스페인의 놀이 문화 코드다.

2. 축구

축구 경기가 있는 날이면, 동네의 주민들은 삼삼오오 스페인식 카페테리아인 바bar로 모인다. 텔레비전 앞에 모여 앉은 사람들은 맥주나 와인 한 잔을 시켜 두고 타파스tapas를 먹으며 응원전을 펼친다. 고함과 욕설, 박수와

스페인의 축구복권
키니엘라Quiniela

탄식이 교차하는 카페의 풍경은 축구장을 옮겨 놓은 듯 떠들썩하다. 자신이 응원하는 팀의 근황을 꿰뚫고 있는 팬들은 단순히 관전을 하는 것이 아니라 경기에 적극적으로 개입한다. 감독의 선수기용과 전술적 변화, 선수의 몸 상태, 상대팀의 전력까지 언급하며 승부의 변수까지 예측하는 이야기를 듣다 보면 아마추어 수준의 수다를 넘어선 해박한 축구 상식을 가진 팬임을 알 수 있게 된다. 또한 마치 자신이 감독인 양, 전술 운용에 대해 미주알고주알 참견하고 심판 판정에 대해서도 열을 올리며 갑론을박하는 것을 보면 스페인의 일상에서 축구가 차지하는 위상이 어느 정도인지 가늠할 수 있게 된다. 과연 그라운드에서 뛰는 선수의 승부욕이 더 강한지 아니면 응원하는 팬의 열기가 더 강한지 측량키 어려운 축구 열기. 그래서 그런지 '안티 풋볼레로anti-futbolero', 즉 축구를 싫어하는 안티 축구팬들도 종종 만날 수 있다. 지나친 열광의 반대급부라고 할까. 이렇듯 스페인 사람의 일상에서 중요한 역할을 하는 축구에 대해 프리메라리가를 중심으로 살펴보기로 한다.

1) 스페인 축구 개황

스페인 축구 역사의 기원은 1890년대로 거슬러 올라간다. 축구의 종주국인 영국 출신의 광산기술자들이 스페인 북부 바스크 지역에 머물며 처음으로 소개하였고 1898년 스페인 최초의 축구팀인 아틀레틱 빌바오Athletic Bilbao가 창단된다. 1899년에는 FC 바르셀로나가, 1902년에는 레알 마드리드 팀이 공식적으로 출범하였으며, 이 시기 스페인 전역에 축구팀 창단의 붐이 일었다.

스페인 1부 리그인 프리메라리가Primera liga의 주축 팀인 레알 마드리드가 축구를 사랑하는 지역 청년들의 의해 창단된 반면에 FC 바르셀로나(바르사) 팀은 스위스 인 한스 감페르Hans Gamper에 의해 창단되어 초창기에는 외국인을 중심으로 구성되고 운영되었다. 하지만 점차적으로 카탈루냐 출신 선수들로 채워져 마드리드 중심의 중앙집권적 통치체제에 반대하는 지역 주민들의 정서를 담아내는 팀으로 탈바꿈하기 시작한다. 지역성이 강한 팀의 성격상 중앙정부로부터 견제와 감시의 시선을 받았고, 1920년대 프리모 데 리베라Primo de Rivera의 독재시절, 축구 시합 중 스페인 국가國歌가 연주되는 동안 야유를 보냈다는 이유로 바르사 팀은 6개월 동안 경기에 나설 수 없었다. 스페인 내전(1936~1939) 동안에는 바르사의 구단주가 암살되고 축구팀의 본부 건물에 폭탄 테러가 발생하는 등 수난을 겪게 된다. 이후 바르사는 스페인 최대의 경기장인 캄프 노우Camp Nou를 건설하는 등 중흥기를 맞게 되고 지금은 스페인 축구를 레알 마드리드와 함께 양분하는 팀으로 간주된다. 마드리드와 바르사의 경기인 '엘 클라시코El Clásico'의 경기 열기가 뜨거운 이유는 이와 같은 역사적 배경과도 관계가 있다.

스페인 프로축구 1부 리그는 '프리메라리가'라고 부르고 총 20개 팀으로 구성되며 8월 말 혹은 9월 초에 리그가 시작되어 다음 해 6월에 대단원의 막을 내린다. 리그 경기는 토요일, 일요일에 치러지고 UEFA 챔피언스 리그와 국왕배Copa del Rey 경기는 주중(화, 수요일)에 벌어진다. 리그는 홈 앤드 어웨이 방식으로 총 38라운드까지 하고 이기면 3점, 비기면 1점, 지면 0점을 주는 승점제를 채택한다. 물론 승점이 높은 팀이 우승을 차지하지만 승점이 같을 경우에는 원정경기에 가산점을 부여하는 규정이 있다. 즉 원정경기에서 이겼을 경우엔 +2를, 비기면 +1, 지면 0점이 되고 홈경기에서 이기면 0, 무승부면 -1, 지면 -2로 계산한다.

정규 시즌이 끝나면 상위 2개 팀이 UEFA 챔피언스 리그 직행 티켓을 확보하고 3, 4위 팀은 UEFA 챔피언스 리그 예선을 거쳐야 한다. 이때, 주로 빅리그(스페인, 잉글랜드, 독일, 이탈리아)가 아닌 나라의 리그 1, 2위 팀과 예선 경기를 가지고 여기서 승리하면 챔피언스 리그 본선에 진출할 수 있다. 리그 5, 6, 7위 팀은 챔피언스 리그보다 격이 낮은 UEFA컵 대회에 출전할 자격을 가진다. 국내 리그가 종료되면 시즌 경기 결과에 따라 1부 리그 18, 19, 20위, 즉 하위 3개 팀은 2부 리그로 강등되고, 2부 리그 상위 3개 클럽은 1부 리그로 승격한다. 정규 리그와 별도로 진행되는 국왕배의 우승팀에게도 UEFA컵 진출권이 주어진다. 프리메라리가는 해마다 차이는 있지만 전통의 강호 레알 마드리드, FC 바르셀로나 같은 명문 구단에다 다크호스로 발렌시아, 데포르티보 데 라 코루냐와 아틀레티코 데 마드리드, 아틀레티코 데 빌바오, 세비야, 비야레알 팀 등이 각축을 벌인다.

2) 레알 마드리드를 예로 살펴본 축구단 운영 형태

프로 축구 구단은 일반 사기업과 같이 영리를 목적으로 한다. 따라서 수입과 지출을 결산하여 흑자가 나도록 노력하고, 좋은 선수를 스카우트하는 데 상당한 돈을 지불하지만, 경기의 입장료와 중계권료로 많은 수입을 올린다. 일반적으로 스페인 프로축구 리그의 직·간접 경제적 창출 효과는 연간 80억 유로 정도로 계산한다. 이 가운데 가장 규모가 큰 팀인 레알 마드리드의 영향력은 대단하다.

21세기 들어 프로축구의 변화의 흐름에서 가장 먼저 축구 클럽을 기업화한 구단이 바로 레알 마드리드다. 레알 마드리드의 성공에는 플로렌티노 페레스Florentino Pérez 구단주가 있다. 건설회사인 ACS의 회장으로 구단주 선거에 나서 연임에 성공하며 지단, 베컴, 호나우두, 피구 등을 잇달아 영입하여 이른바 "갈락티코Galáctico" 팀을 만들어 세계 축구팬의 이목을 집중시켰다. 플로렌티노는 텔레비전 중계료, 입장료 등을 주 수입원으로 하던 기

스페인 프리메라 리가의 명문 구단들

존의 축구팀 운영 방식을 바꾸어 공격적 마케팅에 나선다. 즉 스포츠 마케팅을 통해 광고, 에이전트업(선수관리 및 양성), 스포츠 이벤트, 레알 마드리드 TV, 인터넷 홈페이지, 스포츠웨어, 스포츠 용품 등을 상품화하여 다양한 수입원을 확보하고 세계적인 축구 스타를 차례로 영입해 '명품으로서의 축구팀'이라는 새로운 형태를 선보인다. 대기업 중심의 모 기업의 지원으로 운영되는 우리나라의 프로 구단 운영 방식과 비교하면 뚜렷한 차별성을 가진다. 단일 클럽 형태로 독자적 생존의 길을 모색하는 갈 수밖에 없는 스페인 프로 구단의 성격상 레알 마드리드 식의 공격적 마케팅은 새로운 구단 운영의 사례가 되고 있다. 실제로 스페인을 찾는 사람이 스페인 최고의 기업인 산탄데르 금융그룹이나 자원 에너지 기업 렙솔보다 레알 마드리드를 더 쉽게 인지하는 것은 브랜드 파워의 한 예라고 할 수 있겠다.

3) 레알 마드리드의 부활: 세계 최고의 수입을 올리는 클럽

세계적인 축구 선수 디스테파노와 푸스카스를 앞세워 1960년대 자국 리그와 유럽 클럽 대항전을 휩쓸며 최고의 클럽으로 부상한 레알 마드리드. 하지만 80년대의 부진과 90년대의 방만한 경영으로 2000년에는 2억 7,000만 유로의 부채에 허덕이고 있었다. 이때 신임 구단주 플로렌티노 페레스는 부족한 재원을 확보하기 위해 레알 마드리드의 주경기장 산티아고 베르나베우Santiago Bernabeu 근처의 연습 경기장을 4억 8,000만 유로에 팔아 재원을 확보하고 이를 투자하여 마드리드의 바라하스 공항 근처에 국제 규격의 축구장 8개를 가진 연습 경기장을 건설했다. 유소년 팀과 청소년 팀까지 체계적으로 훈련시킬 수 있는 종합 경기장의 건설로 선수자원이 충분히 공급되고 훈련할 공간이 마련됨은 물론 지역 사회에도 이바지하는 일석이조의 효과를 누리게 된다. 플로렌티노 페레스 구단주의 정책은 이른바 '지단과 파본'이라고 지칭되었는데 '지단' 정책은 세계적인 스타플레이어를 영입함으로써 팀의 인지도를 높이고 마케팅의 수단으로 활용하며 '파본' 정책은 레알 마드리드 유소년 팀을 체계적으로 관리하고 선수를 육성하여 자체 수급이 가능한 선수 공급 체계를 구축하는 것이었다. 이와 같은 정책은 세계 최고의 선수를 영입하는 동시에 구단 출신 선수의 안정적 수급이라는 효과를 가져왔다. 그의 '갈락티코' 전략은 구단 수입의 증가를 가져와 2000/2001년 시즌 수입은 1억 3,800만 유로였으나 2008/2009년 리그 수입은 4억 유로를 초과했고 2012년 경제위기 속에서도 5억 유로에 육박하는 수입을 올렸다.

프로축구 구단의 수입

순위	클럽	수입 (단위: 100만 유로)	순위	클럽	수입 (단위: 100만 유로)
1	Real Madrid	479.5	11	Tottenham Hotspur	181.0
2	FC Barcelona	450.7	12	Manchester City	169.6
3	Manchester United	367.0	13	juventus	153.9
4	Bayern Munich	321.4	14	Olympique de Marseille	133.2
5	Arsenal	251.1	15	AS Roma	143.5
6	Chelsea	249.8	16	Borussia Dortmund	138.5
7	AC Milan	235.1	17	Olympique Lyonnais	132.8
8	Internazionale	211.4	18	Hamburger SV	128.8
9	Liverpool	203.3	19	Valencia	116.8
10	Schalke 04	202.4	20	Napoli	114.9

출처: Deloitte Football Money League 2012 (2010/2011 시즌)
매년 스포츠 구단의 수익을 비교하는 리스트를 내는 회계 컨설팅업체 딜로이트 보고서

표를 통해 살펴보면 레알 마드리드의 수입이 4억 7,900만 유로, FC 바르셀로나는 4억 5,000만 유로, 잉글랜드의 맨체스터 유나이티드가 3억 6,700만 유로의 수입을 올리고 있는 것으로 나타난다. 다른 유럽 축구팀에 비해 레알 마드리드가 상대적으로 많은 수입을 올리고 있음을 확인할 수 있는데, 레알 마드리드의 수입내역을 분야별로 살펴보면 스포츠 마케팅으로 인한 수입이 약 45퍼센트 정도, TV 중계권료 32퍼센트, 입장료 및 회원 가입비 23퍼센트 등이다. 여기서 2000/2001 시즌과 최근 시즌의 수입 형태를 비교해 보면 스포츠 마케팅에 의한 수입이 차지하는 비중이 28퍼센트에서 45퍼센트로 급증했음을 확인할 수 있다.

프리메라리가의 성공은 스페인 국가대표팀의 경기력에도 영향을 미쳐, 스페인 국가대표팀은 2008년 유럽컵 우승, 2010년 월드컵 우승에 이어 2012년 유럽컵에서도 이탈리아를 꺾고 우승하여 명실상부한 세계 최고의 팀이 되었다. 스페인 축구의 성공에는 여러 가지 이유가 있으나 무엇보다 바르사와 레알 마드리드 출신 선수로 구성된 대표팀이 해묵은 감정적 앙금을 털어내고 국가대표라는 단일팀에서 조화와 단결을 이루어 낸 데에서 승

레알 마드리드의 주경기장 산티아고 베르나베우(출처: www.turismoa2ruote.com)

리의 이유를 찾는 의견이 지배적이다.

3. 투우

이베리아 반도의 모습은 팽팽하게 잡아당긴 황소 가죽처럼 생겼다. 그래서 스페인은 투우의 희생을 필연적으로 요구하는 것일까? 투우사는 검은 소 토로toro를 응시하고 있다. 남성성의 상징인 은빛 칼날을 번득이며 투우의 거친 숨소리와 대면한다. 침묵과 긴장감이 흐르고 투우사 마타도르matador는 마지막 장면을 준비한다. 삶과 죽음이 찰나의 몸짓으로 나누어지는 순간 관중들도 숨을 죽이고 투우사의 마지막 공격을 지켜보고 있다. 검은 소는 이미 상복을 차려입은 것인가 하지만 흰 옷을 입은 투우사도 상복을 입은 것과 같다. 흑과 백, 죽음과 삶이 교차하는 순간. 죽음의 신 '타나토스'의 현현顯現을 감지하는지, 모두 숨을 죽인다. 매 경기마다 죽음의 문지방에 발을 올려놓는 투우사, 그래서 그들에겐 미신과 금기가 늘 따라다닌다. 석양에 물드는 경기장. 용감한 그들이 신비스럽게도 보이는 것은 투우 경기에 깃든 제의적 성격 때문인가. 시인 가르시아 로르카García Lorca는 투우 경기를 '종교극'에 비유하며 "아 스페인의 백색 성곽이여! 아 괴로움에 지친 투우여! 아 투우사의 응고된 피여!"라고 외친다. 그렇다. 투우사는 전쟁의 신神인 아레스의 스페인적 발현. 신성한 투우와 대결을 벌이는 그는 신성한 죽음을 입맞춤할 칼날을 사랑하는 투우의 등에 꽂아 넣는다. 피는 둘을 하나로 만드는 의식, 어느새 투우는 피안을 응시하고 있다.

멕시코의 지성 카를로스 푸엔테스Carlos Fuentes는 투우장을 "공동의 장소lugar común"라고 칭한다. 그는, 가난한 사람이든 부자든 매주 일요일 오후에 모여 이단적인 성향의 기독교적 미사라고 할 수 있는 희생제의를 치르기 위해 투우장에 모인다고 주장한다. 푸엔테스는 기독교의 미사와 투우경기를 비교하며 희생이라는 공통의 의미를 가지고 있지만 미사는 아침에 빛나는 태양 아래 행해지는 것이고, 투우는 석양이 질 무렵 행해지는 빛과 그림자의 미사라고 칭한다. 이렇듯 오후 6시에 시작되는 투우 경기는 색채미학의 향연장이다. 아픈 절규와 한숨, 탄식과 환호성 사이로 보이는 붉은 펜스, 황금빛 모래, 금실로 수를 놓은 옷을 입은 투우사, 번쩍이는 은빛 칼날과 검은 투우 '토로'가 쏟아내는 검붉은 피. 그래서 피카소의 그림에도, 천경자의 붓끝에도 투우경기의 색은 넘쳐난다. 투우 경기는 곱씹어 생각해야 한다. 브리지트 바르도처럼 동물 애호가 편에 서서 비판할 것인지 아니면 투우 경기의 미학을 찬양하는 편에 자리할 것인지 선택은 온전히 관객에게 있다.

스페인의 대표적인 영화감독 페드로 알모도바르의 <그녀에게>와 <마타도르>에도 등장하는 투우 경기는 스페인 어로 코리다 데 토로스corrida de toros라고 한다. 투우 경기는 지역적으로 차이가 있으나 4월에서 10월 사이에 주로 열린다. 매주 일요일 6시(혹은 7시) 본부석에 앉은 대회장의 신호에 따라 악단이 파소도블레pasodoble 음악을 연주하고, 경기에 참여하는 모든 구성원이 나와 인사를 하는 것으로 투우 경기는 시작된다. 투우는 마타도르(마지막에 투우와 승부하는 투우사)를 중심으로 보조 투우사를 포함하여 한 팀으로 구성되는데 이를 쿠아드리야cuadrilla라고 하며, 하루의 경기는 세 팀이 각각 두 마리의 투우를 상대하는 형태로 진행된다. 투우 경기는 마타도르와 투우의 대결인 만큼 포스터에 상대할 선수와 투우의 이름을 각기 적어 1대1의 승부임을 알린다.

투우 경기의 일정은 3단계로 나누어 진행되는데 이를 스페인 어로 테르시오스tercios라고 부른다. 첫 단계는 투우의 용맹성과 민첩성을 시험해 보는 테르시오 데 바라스tercio de varas의 장으로, 먼저 마타도르나 마타도르의 조수격인 투우사가 나와 토로의 성질과 움직임을 관찰하는데, 이때 분홍빛의 망토 카포테capote를 사용하여 투우를 흥분시킨다. 몸 가까이 투우가 접근하게 한 후 망토를 흔들어 천천히 유인하여 지나가게 하는 베로니카verónica 기술로 투우사는 용맹스러움을 과시한다. 어느 정도 탐색전이 끝나면 보호

장구를 한 말을 타고 두 명의 장창지기 피카도르picador가 등장한다. 장창지기는 투우의 등을 찔러 흥분시키고 또 서서히 힘을 빠지게 하여 마타도르가 투우를 상대하기에 용이하도록 도와주는 역할을 한다. 두 번째 단계는 테르시오 데 반데리야스tercio de banderillas로 3인의 단창지기 반데리예로banderillero가 짧은 작살처럼 생긴 단창 두 개를 투우 '토로'의 목덜미에 꽂는 장으로, 검은 소와 정면으로 마주한 단창지기의 용맹성을 시험할 수 있는 장이다. 달려오는 소의 뿔 앞에서 가슴을 내민 채 단창을 꽂는 용감한 단창지기를 볼 수 있다. 마지막 장은 테르시오 데 무에르테tercio de muerte로 투우사 마타도르가 망토보다 작은, 막대에 매단 붉은 천 물레타muleta와 칼을 들고 투우를 상대하며 마지막에 투우를 칼로 찔러 절명絕命하게 하는 에스토카다estocada의 장으로 진행된다.

투우 경기는 관객의 반응과 주장이 직・간접적으로 반영되는 유일한 경기다. 예를 들면, 투우가 경기장에 나왔으나 전의를 상실하고 뒤꽁무니를 빼며 슬금슬금 피하는 경우, 관객들은 손수건을 흔들며 푸에라 푸에라(꺼져라! 라는 뜻)를 외치고 대회장은 관객의 반응을 살펴 출전한 투우를 교체할 수 있다. 이때 투우를 경기장 밖으로 나오도록 유도하기 위해 목에 방울을 단 암소를 등장시켜 불안과 공포에 사로잡힌 소를 경기장 밖으로 나오게 한다. 또한, 관객은 투우사 마타도르가 투우의 저돌적 공격에도 물러섬 없이 용감하게 맞서고 경기 운영을 잘 하면, 하얀 손수건을 흔들며 오레하Oreja! 오레하!(귀를 떼어 주라는 뜻)를 연호함으로써 투우사에게 적절한 상을 내릴 것을 요구할 수 있다. 대회장은 관객의 반응과 경기 내용을 평가하여 상대한 투우의 귀 하나, 혹은 귀 둘을 떼어 줄 수 있도록 지시한다.

단창지기(출처: Wikimedia commons)

마타도르가 물레타로 투우를 상대하고 있다. 출처: www.picvi.com

투우 경기장은 원형으로 만들어져 어느 위치에서나 경기를 관전하기에 용이하다. 관중석은 일반 관람석, 발코니석과 귀빈석으로 나뉘고 경기 내내 그늘이 들어 시원하게 경기를 관람할 수 있는 그늘자리sombra와 햇빛이 드는 자리sol로 구분한다. 귀빈석 반대편에 투우사가 입장하고 퇴장하는 문이 있으며 투우 경기의 시작과 진행 단계를 알리는 악단이 자리한다. 투우 경기에 나오는 숫소는 일반적으로 생후 4~5년 된 450~600킬로그램 정도로 뿔이 휘어지지 않고 곧게 뻗어 있어야 하며, 토로는 목장에서 방목하여 기르다 경기할 때만 투우장에 나타난다. 투우 경기에 등장하는 소가 항상 패자가 되어 죽음을 맞이하지는 않는다. 용감하게 투우사와 대결을 벌여 투우사에게 치명적인 부상을 입히거나 사망하게 하면 투우가 승리한 것이다. 승리한 소는 다시 경기에 나오지 않고 여생을 목장에서 살며 용맹성의 씨를 뿌리는 종우種牛의 지위를 누리게 된다.

4. 복권

스페인 황금세기의 극작가 칼데론 데 라 바르카는 "인생은 꿈이다"라고 했다. 인생이 꿈이라는 사실을 인정하지만 꿈꾸기가 쉽지 않은 도시인의 정글에서 꿈을 그리는 날. 불확실성의 시대, 21세기의 꿈의 방식은 운(알레아)의 형태로 나타난다. 라틴 어로 주사위 놀이를 의미하는 알레아는 치열한 경쟁(아곤)과는 상관없는, 즉 상대방을 이기기보다 운명을 이기는 것이 중요하다. 우연의 자의성恣意性 자체가 놀이의 원동력이 되는 것. 알레아의 스페인 버전은 바로 복권이다. 그래서 스페인은 꿈을 또 다른 형태로 제조 판매하고 있다. 운명만이 승리를 만들어 내는 유일한 승자이기 때문이다. 꿈이 설렘이고 기다림이라면 매년 12월 22일 추첨하는 크리스마스 복권 '엘 고르도El gordo'는 적어도 스페인 국민을 꿈꾸게 한다. 비록 그 꿈이 한겨울 밤의 꿈일지라도.

복권의 유래는 로마 시대로 거슬러 올라간다. 스페인 복권의 역사는 18세기에 시작되었다고 전해지며, 크리스마스 복권인 '엘 고르도' 복권은 약 200년 정도의 역사를 가진다. 스페인 어로 '대박'이라는 뜻의 이 복권은 19세기 초에 처음 발행되었고, 오늘날의 복권 형태로 정착된 것은 1892년의 일이다. 복권 추첨은 금속으로 된 둥근 새장 모양의 통에 회양목으로 만든 구슬을 넣어 돌리고 이 통 아래의 홈을 통해 나오는 나무 구슬에 쓰인 숫자를 확인하는 형태로 진행된다. 이때 공정성을 유지하기 위해 초등학교나 중학교의 학생들이 직접 추첨에 참여하여 숫자를 확인하게 한다. 엘 고르도 복권은 매년 7월 첫째 주에 시작해 12월 21일까지 약 5개월간 스페인 전역의 복권판매소와 인터넷을 통해 동시 판매되는데 00000번부터 84999번까지 8만 5,000개의 번호가 행운의 숫자로 선택되는 날을 기다린다. 한 번호당 185개의 시리즈가 발행되고 한 시리즈는 10개의 낱장으로 구성된다. 총 발행 매수는 1억 5,725만 장. 스페인 전체 국민의 3배가 넘는 수로 그야말로 단일 복권으로는 세계 최대, 최고의 복권이다. 데시모로 불리는

스페인의 복권. 출처: Wikimedia Commons.

복권 한 장의 가격은 20유로이며, 한 시리즈는 데시모 10장으로 구성되어 가격은 200유로다. 1인당 한 장의 복권(데시모)을 구입한다고 가정할 때 1등 당첨이 될 가능성이 있는 사람은 1,850명이다. 배당금은 1등이 30만 유로, 2등은 각 10만 유로, 3등은 각 5만 유로다. 복권 추첨 시 맨 마지막 숫자 하나를 맞추어 행운상(제일 적은 당첨금)을 받는 당첨자까지 합했을 때 복권의 당첨 확률은 약 15퍼센트. 그러나 복권 한 장을 산 사람이 1등에 당첨될 확률은 8만 5,000분의 1이다. 확률로는 기대하기 어려운, 그러나 엘 고르도 없는 세모 풍경을 그릴 수 없는 스페인이다. 스페인 사람의 복권 사랑은 다양한 형태의 복권으로 나타난다.

엘 고르도 복권이 성탄절 축제를 준비하는 것이라면, 엘 니뇨El Niño 복권은 '동방박사 오신 날' 즉 주현절의 선물이다. 베들레헴에서 예수가 탄생했을 때, 세 명의 동방박사가 별을 보고 동쪽에서 찾아와 아기 예수에게 경배하고 황금·유향·몰약沒藥의 세 가지 예물을 바쳤다고 하는 '동방박사의 날'인 1월 6일 '엘 니뇨' 복권을 추첨한다. 국민 전체에서 가톨릭 교도가 차지하는 비중이 90퍼센트 정도나 되는 스페인이니, 전통적 축제일인 '동방박사 오신 날'은 거리가 온통 축제 분위기에 젖어든다. 가족과 함께 조용히 보내는 크리스마스와는 달리, 시가지는 사람으로 넘쳐난다. 거리 축제가 진행되는 동안 가장 행렬이 이어지고 형형색색의 차량에서는 거리에 나온 어린아이들을 향해 사탕을 던져 준다. 아이에겐 사탕이 기다려지고, 어른에게는 복권 당첨이 기다려지는 달콤한 유혹의 날이다. 엘 니뇨 복권은 한 시리즈가 10장의 복권으로 구성되고, 총 50 시리즈에 번호는 00000부터 99999까지 총 5,000만 장이 발행된다. 제일 적은 당첨금을 받는 맨 마지막 숫자를 맞힌 당첨자까지 합했을 때 당첨 확률은 약 35%. 스페인에서 발행되는 복권 중 당첨 확률이 가장 높은 복권으로 알려져 있다.

이 외에도 다양한 형태의 복권이 존재한다. 축구 경기가 있는 날, 혹은 다음날 동네의 바에서, 학교나 직장에서 삼삼오오 모여 이야기하는 화제는 십중팔구 프리메라리가 경기 이야기다. 축구 복권인 키니엘라Quiniela를 맞추어 보며 승부 예측의 결과를 확인하는 이들에게 축구와 복권이라는 묘한 조화는 긴장감과 설렘을 제공한다. 키니엘라 복권이 스포츠팬을 위한 복권이라면 온세ONCE 복권은 나눔의 실천을 위한 봉사 복권이다. '스페인 시각장애인 협회'에서 발행하는 온세 복권은 협회에 등록된 장애인만이 판매할 수 있다. 이 복권의 수익금은 장애인 복지 관련 기금으로 사용된다. 이 외에도 우리나라의 로또처럼 여섯 개의 숫자를 맞추는 프리미티바primativa 복권 등 그야말로 복권의 종류와 당첨금에 있어 명실상부한 세계 최고의 복권 국가라고 할 수 있다. 복권 판매액이 GDP에서 차지하는 비중만 보더라도 우리나라가 0.23퍼센트인데 비해 스페인은 약 1퍼센트에 이른다(2012년 기준). 또한 재정 세입 규모 중 복권 수익이 정부에 이전되는 금액의 비중 즉 복권 재정이 정부재정에서 차지하는 비중이 OECD 국가 중 가장 높은 것으로 알려져 있다.

이렇듯 스페인에서 복권이 국가 재정에 미치는 영향을 무시할 수 없는 정도이다. 그래서 복권을 바라보는 시각은 다양하다. 일각에선 복권을 통

복권을 사려고 줄 서 있는 사람들

해 일확천금을 노리는 허황된 꿈을 국가가 유포 혹은 조장하고 있다고 비판한다. 하지만 스페인에서 복권은 하나의 문화현상 그 자체다. 국민의 70퍼센트가 정기적으로 복권을 구입하며 즐기는 문화 뒤엔 국가가 복권 수익금을 일반 재정에 편입하나 다시 복지정책에 재투자할 것이라는 믿음과 공익성에 대한 신뢰가 있다.

실제로 스페인 사람들은 복권을 사서 잘되면 내가 돈을 벌고, 그렇지 않으면 남을 도울 수 있다는 공공성에 대해 생각한다고 한다. 오늘날 스페인 사회에서 복권사업이 성공하게 된 이유가 바로 여기에 있는 것이 아닐까.

5. 스페인의 바와 일상

카스티야 지역 속담에 "하느님이 진짜 하느님이 아니라면 하느님은 스페인 왕일 것이고 프랑스 왕은 그 요리사일 것이다"라는 말이 있다. 옛 제국의 영화와 스페인 사람의 자존심을 엿볼 수 있는 속담. 그러나 영광은 월계관으로 남았을 뿐 더 이상 현재적 삶을 웅변하지 않는다. 스페인의 옛 영광의 흔적은 유적지에서 만날 수 있으나 오늘날 자화상을 만나기 위해서는 바에 가야 한다. 한 집 건너 바가 있다고 할 정도로 수많은 스페인식 바에는 어김없이 사람이 있다. 대화가 있다. 그래서 스페인 삶의 일상이 민낯으로 만난다. 바마다 자신만의 비법으로 제조한 타파스를 내어 놓으며 손님을 맞는다. 커피를 마주하고 신문을 읽으며, 맥주 한 잔을 두고 삶을 이야기할 수 있으며 식사 시간이 되면 식당으로 탈바꿈하는 곳. 이런 다용도 공간이 어디 있을까. 그래서 바에는 미시적 삶의 '시장'과 '광장'이 있다. 증권 거래소와 은행을 박차고 나온 경제이야기가 논의되고, 의사당을 벗어난 정치는 난상토론을 위해, 교육과 문화는 경험과 정보를 공유하기 위해 찻잔을 든다. 여유와 느림이 스페인 삶의 미학이라지만 일은 언제 하나라고 궁금해하던 사람도 많은 일들이 바에서 진행되고 있음을 인지하게 된다. 바는 대화의 마중물을, 아침에는 커피로 오후에는 와인과 맥주로 바꾸어 담아 제공한다. 스페인 사람이 하루 평균 2~3회 이상 찾는 공간, 수다스러워 보이는 스페인 사람들이 정신적으로 건강한 이유가 여기에 있다면 지나친 해석일까.

빗살처럼 쏟아지는 태양 아래서 혹은 뉘엿뉘엿 저무는 석양을 등지고, 일의 무게를 내려놓고 팽팽한 긴장의 끈을 놓아 버리는 시간. 이런 카이로스의 시간을 찾아가다 보면 여유롭게 슬로푸드를 먹으며 약간은 과장된 몸짓으로 대화하는 모습의 스페인을 만난다. 그들의 대화에는 축구와 투우, 복권은 물론 삶의 시장이 열린다. 그곳에 호모 루덴스가 있다.

참고문헌

머레이, 빌(2008), 『축구의 역사』, 이정환 역, 일신사.

카이와, 로제(1994), 『놀이와 인간』, 이상율 역, 문예출판사.

푸엔테스, 카를로스(1997), 『라틴 아메리카의 역사』, 서성철 역, 까치.

호이징하, 요한(1993), 『호모 루덴스』, 김윤수 역, 까치.

황수현(2008), 「복권왕국 스페인」, 『위클리 조선』, 199호(2008.1.28.).

Delgado linacero, Cristina (2007), *Juegos taurinos en los albores de la historia*, Madrid: Egartorre.

Galeano, Eduardo (2006), *El fútbol a sol y sombra*, Madrid: Siglo XXI.

García de Cortázar, F. y González Vesga, J. M.(1993), *Breve Historia de España*, Barcelona: Círculo de Lectores.

Giulianotti, Richard (2008), *Sport. A Critical Socialogy*, Cambridge: Polity Press.

Kuper, Simon y Szymanski, Stefan (2010), *¡El fútbol es así! (Soccernomics)*, Barcelona: Urano.

| 찾아보기 |

ㄹ

ㅅ

| 필자 소개 |

김창민

마드리드 콤플루텐세 대학교 문학 박사

서울대학교 서어서문학과 교수

『라틴아메리카의 문학과 사회』(편저, 2001, 까치), 『문학 번역의 이해』(공저, 2007, 북스토리), 『멕시코의 역사』(역서, 2011, 그린비)

김춘진

마드리드 아우토노마 대학교 문학 박사

서울대학교 서어서문학과 교수

『스페인 피카레스크소설』(대우학술총서, 1999, 아르케), 『바벨의 도서관』(역서, 1991, 도서출판 글)

김원중

마드리드 콤플루텐세 대학교 역사학 박사

인하대학교 사학과 강의교수

『대항해시대의 마지막 승자는 누구인가?』(2010, 민음인), 『다민족, 다인종 국가의 역사인식』(공저, 2009, 동북아역사재단), 『과거사 청산과 역사교육』(역서, 2010, 동북아역사재단)

황수현

마드리드 콤플루텐세 대학교 문학 박사

경희대학교 스페인어학과 교수

El regalo del ave (Eun Hee-kyung)(2009, Buenos Aires, Emecé)

최해성

마드리드 콤플루텐세 대학교 역사학 박사

서울대학교 라틴아메리카연구소 HK연구교수

Corea interior, Corea exterior(공저, 2008, Verbum), 『브라질의 역사』(역서, 2012, 그린비), 『아메리카노: 라틴아메리카의 독립투쟁』(공역, 2011, 길)

김희곤

마드리드 건축대학 복원 및 재생 건축석사

CCA건축사사무소 대표/건축사, 삼육대학교 겸임교수

『반 바퀴 돌린 꿈』(2003, 현대건축사), 『아버지는 매일 가출하고 싶다』(2010, 다산책방)

정동희

마드리드 콤플루텐세 대학교 박사 수료

한양대학교 강의교수

『형이상학 강의』(역서, 2002, 서광사), 『철학이란 무엇인가』(역서, 2006, 민음사)

김상유

알칼라 대학교 문학 박사

경희대학교 책임연구위원/입학사정관

『EBS 입에서 톡 독학 스페인어 첫걸음』(2012, 문예림), 『서유럽문화기행』(공저, 2012, 한국방송통신대학교 출판부), 『이데아의 동굴』(역서, 2005, 민음사)

황보영조

마드리드 콤플루텐세 대학교 역사학 박사

경북대학교 사학과 교수

『대중의 반역』(2005, 역사비평사), 『세계사 특강』(2010, 삼천리), 『인류의 발자국』(2013, 삼천리)

임호준

마드리드 콤플루텐세 대학교 문학 박사, 한국예술종합학교 예술전문사

서울대학교 서어서문학과 교수

『현대 스페인 희곡선』(2003, 서울대학교출판부), 『시네마, 슬픈 대륙을 품다』(2006, 현실문화연구)

정연심

미국 뉴욕 대학교 대학원 미술사학 박사

홍익대학교 예술학과 교수

『절단된 신체와 모더니티』(2001, 조형교육), 『고갱의 스커트』(2004, 시공사), 『꼭 읽어야 할 예술비평 · 이론 40선』(공역, 2013, 미진사)

박정호

미국 뉴욕 대학교 대학원 미술사학 박사

서울대학교 고고미술사학과 교수

『바로크 · 로코코 시대의 궁정 문화』(역서, 2011, 국립중앙박물관), *Men in Armor: El Greco and Pulzone Face to Face* (New York: The Frick Collection, 2014)